W0076275

Zu diesem Buch

Mit ihrem Buch «Scheidelinien» setzt sich Anja Meulenbelt wieder bewußt zwischen alle Stühle. Sie legt den Finger auf die sichtbaren, aber auch auf die versteckten Barrieren innerhalb unserer Gesellschaft und entblößt das diskriminierende Verhalten der angeblich Gerechten. Jede bzw. jeder von uns gelangt in Situationen, in denen sie bzw. er sich rassistisch, sexistisch oder herrschsüchtig aufführt. Jeder ist gleichzeitig sowohl Unterdrücker wie Unterdrückter. Zur weiblichen Hälfte der Bevölkerung zu gehören, macht allein nicht toleranter oder fairer, nur weil man in einer Hinsicht – der Geschlechtszugehörigkeit – zu den Machtloseren zählt. Wie rassistisch ist das Verhalten einer Hausbesitzerin gegenüber ihrer dunkelhäutigen Putzfrau? Wie triumphierend gebärdet sich die Angestellte gegenüber der Arbeiterin?

Anja Meulenbelt, 1945 in Utrecht geboren, studierte Sozialwissenschaften in Amsterdam, wo sie heute als Dozentin und freie Journalistin tätig ist. 1987 erhielt sie für ihre schriftstellerischen Arbeiten den renommierten Annie-Romein-Preis. Anja Meulenbelt zählt zu den Begründerinnen und führenden Kräften der holländischen Frauenbewegung.

Außerdem bei Rowohlt lieferbar:
– Ich wollte nur dein Bestes (1986 / rororo 2866)
– Die Gewöhnung ans alltägliche Glück (1985 / rororo 2534)
– Bewunderung (1988)
– Zwischen zwei Stühlen (rororo 8480)
– Du hast nur einen Beruf – mich glücklich zu machen! (1992)

Inhalt

VI. Perspektiven: Hoffnung und Verzweiflung

Vorwort zur deutschen Ausgabe

In diesem Buch untersuche ich die Zusammenhänge zwischen Sexismus, Rassismus und Klassismus. Abgesehen vom wissenschaftlichen Material beziehe ich mich vor allem auf die niederländische Situation. Sind die Erkenntnisse und die Situationsbeurteilungen, zu denen ich hier komme, auf die Bundesrepublik übertragbar? Die Gemeinsamkeiten zwischen den beiden Ländern sind offensichtlich: Beide sind westliche Gesellschaften, in denen weiße Männer dominant sind, es sind Klassengesellschaften. Wir sind Nachbarn. Das ist keine Garantie dafür, daß ich als Niederländerin viel über die Bundesrepublik weiß, erst recht nicht, wenn man bedenkt, daß ich als Kriegskind mit sehr einseitigen Vorstellungen von den Deutschen aufgewachsen bin, sie waren die Besetzer, die «Moffen»; und uns selbst sah ich als eine ganz andere Gesellschaft. Ich lese zwar viel über Deutschland, und ich komme oft als Gast hierher. Aber inwieweit sich das Material, das ich in diesem Buch zusammengestellt habe, auf die deutsche Situation anwenden läßt, wird sich erst noch herausstellen müssen. Die Niederlande gelten als ein tolerantes Land. In einem gewissen Sinne stimmt das auch: Ich lebe in einer Stadt, in der vor kurzem mit feierlicher Zeremonie in einer Kirche, in Anwesenheit des Bürgermeisters und von Vertretern der Regierung, das «Homo-Denkmal» enthüllt wurde, ein großes rosafarbenes Dreieck aus Marmor, das jetzt an der Gracht steht. Ich lebe in der Stadt, in der der Bürgermeister immer ein Jude ist. Es ist eine multiethnische Stadt: Wenn ich auf dem Weg zur Arbeit in der Straßenbahn sitze, dann sind mehr als die Hälfte der Mitfahrenden Far-

9

bige. Die Amsterdamer Stadtverwaltung verfolgt eine aktive Politik gegen Benachteiligung und Diskriminierung: Gerade wurde beschlossen, daß in den nächsten Jahren nur noch Frauen als Schulleiter eingestellt werden, so lange, bis sich die Situation einigermaßen ausgeglichen hat. Und nirgendwo sonst sitzen so viele Vertreter von «Minderheiten» auf höheren Beamtenposten. Doch ist es auch das Land, in dem ein Kind aus der Arbeiterklasse beträchtlich weniger Chancen hat, die Universität zu besuchen, als ein Kind aus einem bessergestellten Milieu. Ein Land, in dem mit Zigeunern nicht gerade sanft umgegangen wird, in dem Menschen mit einer dunkleren Hautfarbe sehr viel weniger Chancen haben, eine Arbeit oder eine Wohnung zu bekommen. Und trotz einer starken Frauenbewegung bietet von allen europäischen Ländern nur noch Irland den Frauen, die neben der Kindererziehung einer bezahlten Arbeit nachgehen wollen, schlechtere Bedingungen. Und die Niederlande sind, trotz des jüdischen Bürgermeisters, das Land, wo ein Großteil der jüdischen Bevölkerung im Krieg abtransportiert wurde, ein größerer Prozentsatz als in den meisten anderen europäischen Ländern, und zwar mit Hilfe eines Teils der nichtjüdischen Bevölkerung, der wegsah, als die Juden abgeführt wurden. Es hat Widerstandskämpfer gegeben und Menschen, die jüdische Mitbürger versteckt hielten. Aber es gab auch Niederländer, die für den Betrag von siebeneinhalb Gulden pro Jude Untergetauchte denunzierten oder den Besetzern behilflich waren, damit diese die Züge pünktlich abfertigen konnten.

Das zentrale Thema in diesem Buch ist die Frage, inwieweit Unterdrückung und Benachteiligung bestimmter Gruppen nicht nur von der «gesellschaftlichen Struktur» abhängen, sondern auch von der Erziehung, der Sozialisation. Daß wir zu Frauen und Männern sozialisiert werden, ist mittlerweile bekannt, daß ein ähnlicher Prozeß auch gilt, wenn es sich um die ethnische Identität und um unseren individuellen Platz in der Klassengesellschaft handelt, sehr viel weniger.

Wir haben uns unsere gesellschaftliche Stellung nicht selbst ausgewählt, sondern wurden in sie hineingeboren, in dieser Hinsicht scheinen mir die Gemeinsamkeiten zwischen der deutschen und der niederländischen Gesellschaft groß genug zu sein, um mit dem Material auch hier etwas anfangen zu können. Auch die Bundesrepublik ist eine Klassengesellschaft mit großen Unterschieden, was den Lebensstandard und die Zukunftschancen der verschiedenen Bevölkerungsschichten betrifft. Rassismus findet sich in beiden Gesellschaften. Ich lese *Der Mohr hat seine Schuldigkeit getan* von Peter Schütt über den Rassismus in Deutschland, und es kommt mir alles schrecklich bekannt vor. Aber es gibt auch Unterschiede, wie sie mir ebenso zwischen den USA und den Niederlanden auffielen. In den USA fand die Sklaverei und der Kolonialismus innerhalb der eigenen Landesgrenzen statt. Die Niederlande konnten lange Zeit ihr Selbstbild eines toleranten Volkes aufrechterhalten, weil sich «unsere» Sklaverei und die größten Auswüchse des Rassismus außerhalb unserer Landesgrenzen abspielten, in Indonesien beispielsweise oder auf den Antillen und in Surinam. Erst jetzt, da viele Menschen aus den Exkolonien in den Niederlanden leben, die die niederländische Staatsangehörigkeit besitzen und somit keine «Ausländer» sind (*«We are here because you were there»*), und die weißen Niederländer erkennen müssen, daß wir mit unserer Kolonialvergangenheit eine Gesellschaft geschaffen haben, die multiethnisch ist und multiethnisch bleiben wird, werden wir spürbar mit unserem eigenen Rassismus konfrontiert. Das ist wieder eine etwas andere Situation als in Deutschland, das historisch gesehen ein viel weniger «erfolgreicher» Kolonialist war als die Niederlande und wo der Rassismus vor allem die Form der «Ausländerfeindlichkeit» annimmt, namentlich gegen die Türken. Das sind Akzentunterschiede, aber es gibt mehr als nur Akzentverschiebungen. Daß ich den Antisemitismus nicht als eine Nebenerscheinung des Rassismus behandelt habe, wie es oft geschieht, sondern dem Judentum und der Unterdrückung von Juden trotz der

Parallelen ein gesondertes Kapitel gewidmet habe, ist in Deutschland noch notwendiger als in den Niederlanden. Wenn ich dieses Kapitel jetzt noch einmal durchlese, sehe ich, daß eigentlich nur die Spitze eines Eisbergs zum Vorschein kommt. Ich lese, wie es ist, als Jude in Deutschland zu leben. Henryk M. Broder habe ich in diesem Buch zitiert, Lea Fleischmann gelesen *(Dies ist nicht mein Land)*, ebenso Peter Sichrovskys Buch *(Wir wissen nicht was morgen wird. Wir wissen wohl was gestern war)* über junge Juden in Deutschland und Österreich, und ich merke, wieviel mehr noch zu sagen wäre, als ich es getan habe. In Sichrovskys Buch über Kinder aus Nazifamilien *(Schuldig geboren)* erkenne ich einige Reaktionen wieder, die mir während meiner Besuche in der Bundesrepublik begegnet sind. Auf der einen Seite die Leugnung: das waren wir nicht, damit habe ich nichts zu tun, das ist vorbei, das waren die Nazis. Und auf der anderen Seite ein lähmendes Schuldgefühl, das zu stark ist, um zu etwas anderem zu führen als wieder zu einer Form der Leugnung.

Ich vermute, daß es noch weitere Unterschiede gibt. Ein Teil dieses Buches basiert auf meiner Unterrichtspraxis, eine Form der beruflichen Weiterbildung in der Sozialarbeit. Bei meiner Art Unterricht ist «Erfahrungslernen» eine Selbstverständlichkeit: Ich kann keine Sozialarbeiter ausbilden, die nur ihre Klienten betrachten und sich nicht trauen, sich selbst anzuschauen und das «Gepäck», das sie mitgebracht haben, also ihre eigene Sozialisation in allen wichtigen Bereichen wie Klasse, Hautfarbe, Geschlecht. Diese Form des Unterrichts ist kein Allgemeingut in den Niederlanden. Ich selbst habe Andragogik studieren können, dieses Fach behauptet, sich mit den Veränderungsprozessen von Menschen zu befassen. Außer mir selbst bin ich dabei niemand anderem begegnet. Aber es ist doch eine anerkannte Form des Unterrichts, die mir in der Bundesrepublik nicht begegnet ist.

In den Niederlanden wurde – völlig meinen Erwartungen entsprechend – vor allem von antirassistischen, antifaschistischen und linken Gruppierungen Kritik an diesem Buch geübt, ich würde mit der Betonung der Sozialisation politische Probleme «wegpsychologisieren». Ich glaube noch immer, daß wir uns nicht zu einer Polarisation in Scheingegensätze verleiten lassen sollten. Rassismus ist ein gesellschaftliches Phänomen, aber die Gesellschaft besteht auch aus Individuen, die es ermöglichen, daß die gesellschaftlichen Strukturen rassistisch bleiben. Und ich bedauere immer noch, daß es auf der einen Seite therapeutische Bewegungen gibt, die die politischen Aspekte der Probleme nicht erkennen wollen, mit denen die Individuen zu ihnen kommen, während es auf der anderen Seite politische Gruppierungen gibt, die die Tatsache vollkommen außer acht lassen, daß das politische System nicht nur in der uns umgebenden Welt seinen Platz hat, sondern auch in uns selbst.

Je krasser die politischen Polarisationen ausgeprägt sind, und ich glaube, daß dies in der Bundesrepublik stärker ist als in den Niederlanden, desto größer ist auch das Bedürfnis nach einem einfachen Feindbild: Das Bürgertum. Das Kapital. Der Staat. Männer. Faschisten. Die Einfachheit solcher Scheidelinien greife ich in meinem Buch an. Wir, die wir gegen Sexismus sind, gegen Rassismus, Antisemitismus und Klassenunterdrückung, sind nicht nur ein Teil der Lösung, sondern auch ein Teil des Problems. Solange wir isoliert voneinander arbeiten, jeder mit einem eigenen Feind vor Augen und mit blinden Flecken dort, wo es um jede andere Form der Unterdrückung geht als gerade diejenige, die wir uns als Kampfziel ausgesucht haben, brauchen wir gar keinen Gegner, der uns an unserem Platz hält. Wir besorgen das schon selbst. Ich erwarte nicht, daß die Kritik, die ich in den Niederlanden erhalten habe, in der Bundesrepublik weniger stark sein wird. Dennoch hoffe ich, zu der Diskussion innerhalb der progressiven Kreise meines Nachbarlandes einen Beitrag geleistet zu haben. Ich bin gespannt.

Deshalb will ich jetzt zu euch sprechen, um euch zu sagen: Niemand, der versucht, für ihre oder seine Identität die Verantwortung zu übernehmen, sollte so allein gelassen werden. Es muß Menschen geben, mit denen wir zusammen sitzen und weinen können, während wir dennoch zu den Kämpfern gezählt werden.

Adrienne Rich

Verantwortung

1. Einführung in das Thema

«Das Problem besteht darin, daß wir nicht wissen, wen wir meinen, wenn wir ‹Wir› sagen»[1], schreibt Adrienne Rich. Wir Frauen? Gleichen die Erfahrungen einer Inderin oder einer Antillianerin denen einer weißen Niederländerin?

Strebt eine Frau aus der Arbeiterklasse oder von bäuerlicher Herkunft die gleiche Emanzipation an wie eine Frau aus der Mittelschicht? Sind unsere Beziehungen zu ‹den Männern› die gleichen wie die zu schwarzen Männern, jüdischen Männern oder ausländischen Männern?

Zu Beginn der siebziger Jahre war es für viele Frauen eine neue Entdeckung, ‹Wir› sagen zu können. Wir Frauen. Nachdem wir uns so lange von der Kategorie ‹Mensch› ausgeschlossen gefühlt hatten. Wir erkannten das Gemeinsame, das verborgen geblieben war, solange wir voneinander getrennt waren, jede einem Mann – Vater, Freund oder Ehemann – zugeteilt oder zugehörig. Ich erinnere mich an die Arbeitsgruppen auf dem ersten großen Frauenkongreß 1972, an die Gruppen, in denen verheiratete und unverheiratete Frauen ihre Erfahrungen austauschten, an die Gruppe «Teile und herrsche», in der die Ehefrauen und die Geliebten verheirateter Männer einander die Wahrheit sagten. Wir alle sitzen im gleichen Boot, stellten wir fest, alle Frauen teilen in dieser Gesellschaft das Schicksal, eine untergeordnete Stellung innezuhaben. Sämt-

1 ‹Notes Toward a Politics of Location›, S. 11.

lich werden wir von Männern abhängig gehalten, verdienen weniger, weil von uns erwartet wird, daß wir heiraten. Alle müssen wir zumindest unseren eigenen Haushalt führen, alle laufen wir stärker als Männer Gefahr, mißhandelt, sexuell mißbraucht zu werden. Wir, Frauen. Sicher gab es auch Momente der Verwirrung, das Gefühl, daß irgend etwas nicht ganz stimmte, in diesen ersten Jahren der Euphorie. Zum Beispiel, als ich in einer Frauengruppe gelandet war, die ihr Verhältnis zu ihren Putzfrauen debattierte, und mir klar wurde, daß die Putzfrauen, ebenfalls Frauen, nicht dabei waren. Es entstanden Meinungsverschiedenheiten während der Diskussionen, wie ausländische Frauen, Türkinnen, Marokkanerinnen, stärker in die Frauenbewegung einbezogen werden könnten. Wie bekommen wir sie ins Frauenhaus, wurde damals gefragt. Sie. Was können wir ihnen bieten, meinten andere, wir müssen uns um sie bemühen, nicht sie sich um uns. Risse in einer vermeintlichen Einheit. Der Feminismus der achtziger Jahre wird durch die Einsicht gekennzeichnet, welche Unterschiede zwischen Frauen herrschen. Mädchengruppen sagen *wir* Jüngeren, um uns so von *euch* Älteren abzugrenzen. VIDO-Frauen* sagen *wir* Älteren, um uns von *euch* Jüngeren abzugrenzen. Schwarze Frauen haben sich organisiert und sagen *wir* Schwarze im Gegensatz zu *euch* Weißen. Jüdische Frauen haben eigene Gruppen gegründet, ebenso wie türkische, marokkanische Frauen und lesbische Frauen. Frauen aus der Arbeiterklasse stellen fest, daß sie in der Frauenbewegung unterrepräsentiert sind, und organisieren eigene Selbsthilfegruppen, genau wie Frauen aus anderen gesellschaftlichen Schichten. Das frühere ‹Wir› ist nicht länger unproblematisch, und es wird deutlich, daß es von Anfang an nicht so einfach war, das ‹Wir› von uns Frauen. Einige beklagen dies als Verzettelung der Frauenbewegung, als Auseinanderfallen in Fraktionen. Ich nicht. Eine erzwungene

---

* VIDO = Abkürzung für Vrouwen in de overgang (Frauen in den Wechseljahren). (A. d. Ü.)

Einheit schließt zwangsläufig Gruppen aus, schafft neue Herrschaft, bekämpft eine Unterdrückung mit dem Aufrechterhalten einer anderen. Und war das nicht genau der Punkt, den wir der linken Bewegung vorwarfen – wir, die Feministinnen der ersten Stunde –, daß unsere Interessen und Erfahrungen einem vermeintlichen ‹allgemeinen› Interesse untergeordnet wurden?

«Zwei Gedanken: Es gibt keine Bewegung, die nur ‹Ich› sagen kann. Es gibt keine kollektive Bewegung, die ständig für jeden von uns spricht»[2], schreibt Adrienne Rich. Es geht um ein neues Wir, nicht der Pluralis majestatis einer herrschenden Gruppe, die glaubt, im Namen der anderen zu sprechen, sondern das Wir von: Wir, die wir uns voneinander unterscheiden, Wir, die wir nicht gleich sein wollen. Dieses Wir muß noch errungen werden. Um Unterschiede zu überbrücken, müssen wir sie kennen.

2. Motivations- und Inspirationsquellen

Mit diesem Buch möchte ich fortsetzen, was ich in *Wie Schalen einer Zwiebel* begonnen habe. Dort geht es um die Geschlechtersozialisation, wie wir zu Frauen und Männern geworden sind. Doch schon dort heißt es, daß es mehr Unterschiede zwischen Menschen gibt, die unseren Sozialisationsprozeß beeinflussen, als nur die zwischen Männern und Frauen. So spielen die Klassenzugehörigkeit und die ethnische Herkunft ebenfalls eine wichtige Rolle.[3] Und, um es noch komplizierter zu machen: es handelt sich nicht um einfache Additionen. Im Erleben des einzelnen Menschen ist der Sozialisationsprozeß unteilbar, es ist *ein* Prozeß. ‹Männlichkeit› bedeutet in einer Hochschullehrerfamilie etwas anderes

---

2 ‹Notes Toward a Politics of Location›, S. 16.
3 *Wie Schalen einer Zwiebel*, S. 24.

als in einer Familie, in der die Mutter den Haushalt versorgt und der Vater Metallarbeiter ist. Obwohl wir die verschiedenen Formen der Unterdrückung und die verschiedenen Formen der Sozialisation *unterscheiden* können, können wir sie jedoch nicht voneinander *trennen*. Mein wichtigster Anstoß zu diesen Erkenntnissen, zu diesem Buch, entstammt meiner Unterrichtspraxis. Seit mittlerweile ungefähr zwölf Jahren unterrichte ich Frauengruppen. In diesen Gruppen teilen wir – Studentinnen und Dozentinnen – miteinander eine Eigenschaft: unser Geschlecht. Gerade durch diese Gemeinsamkeit fallen aber die *Unterschiede* zwischen uns stärker auf, Unterschiede zwischen lesbischen und heterosexuellen Frauen, zwischen Müttern und Nichtmüttern, zwischen Alleinlebenden und Frauen, die eine Familie haben, und nicht zuletzt die Altersunterschiede. Und quer durch diese hindurch unterscheiden wir uns in der Klassenzugehörigkeit.

Als wir in diesen Gruppen die Geschlechtersozialisation als Thema behandelten, zeigte sich immer wieder von neuem, daß keineswegs alle anwesenden Frauen die gleichen Erfahrungen mitbrachten. Die Erziehung zum Mädchen ist in einer Familie, in der die Kinder, auch die Töchter, nie mitzuhelfen brauchten, anders verlaufen als in einer Familie, wo die Hilfe der Töchter, zum Beispiel im Haushalt, aber auch darüber hinaus, schon sehr früh erforderlich war und die Mädchen in jungen Jahren von der Schule genommen worden sind, weil die Familie auch von *ihrem* Einkommen abhängig war. Die Sozialisationsgeschichte einer Surinamerin sieht anders aus als die einer Niederländerin, wie es sogar Unterschiede zwischen einer hinduistischen und einer kreolischen Surinamerin gibt. Auf der Suche nach einer Theorie, die an diese Unterschiede in der Erfahrung anknüpft, stellte ich fest, wie wenig es auf diesem Gebiet gibt. Mein wichtigster Beweggrund zu diesem Buch ist zum einen der Wunsch, etwas von den Entdeckungen, die wir in unseren Frauengruppen gemacht haben, schriftlich festzuhalten. Zum anderen möchte ich versuchen, die bestehende Theorie dergestalt zu bearbeiten, daß sie anwendbar ist, sei es als Hilfe im Unterricht, in der Sozialarbeit oder in der politischen Arbeit, also überall dort, wo wir mit Unterschieden konfrontiert werden, mit Unterschieden im Geschlecht, in der Hautfarbe, in der Klassenzugehörigkeit. Obwohl ich mich hier ausdrücklich darauf beschränke, hoffe ich, daß das Buch auch über die Frauenseminare hinaus aussagekräftig sein wird, daß es also in andere Zusammenhänge ‹übersetzbar› ist.

Neben meiner Tätigkeit als Dozentin gab es weitere Anstöße, mich mit diesen Fragen auseinanderzusetzen. In den Workshops des Co-Counselling[4] sammelte ich meine ersten Erfahrungen bei der Diskussion über die Unterschiede zwischen Frauen und Männern, zwischen schwarz und weiß, zwischen jüdisch und nichtjüdisch oder die verschiedenen Klassenzugehörigkeiten. Sowohl die Methode des Co-Counselling als auch seine Theorie haben mir neue Wege eröffnet. Anregend waren auch die Solidaritätsgruppen mit schwarzen und mit jüdischen Frauen, an denen ich anfangs als Gruppenmitglied teilnahm und die ich später auch selbst begleitet habe.[5]

Die Gedanken und Erfahrungen, die in dem Buch verarbeitet worden sind, stammen also nicht nur von mir, obgleich ich allein die Verantwortung für die endgültige Fassung trage. Dieses Buch ist nicht in einem intellektuellen Vakuum entstanden. Während wir im Rahmen des Unterrichts am IVABO* daran arbeiteten, die Unterschiede zwischen Frauen deutlich zu machen und auszuarbeiten, geschah das gleiche außerhalb. In der Zeit, als wir unsere ersten Gedan-

---

4 Über Co-Counselling schrieb ich einen Aufsatz, der den Titel trägt: ‹Das Persönliche bleibt politisch›, in: Anja Meulenbelt, *Weiter als die Wut*, S. 9 ff.
5 Zu den Solidaritätsgruppen siehe Gail Pheterson, ‹Bondgenootschap tussen vrouwen›.
* Instituut voor voortgezet agogisch beroepsonderwijs = eines der vier Institute für die berufliche Erwachsenenbildung, speziell für Sozialpädagoginnen mit Berufspraxis. (A. d. Ü.)

ken im ‹Frühlingsfrauenseminar› unter dem Motto: ‹Was verbindet und was trennt uns›[6] vorstellten, erschien zum gleichen Thema eine Sondernummer der feministischen Zeitschrift *Katijf*[7].

«Schreiben ist eine einsame Tätigkeit, aber Denken ist kollektiv», sagt die amerikanische Feministin Susan Griffin. Für kein anderes Buch, das ich schrieb, trifft das so zu wie für dieses. Erfahrungen von Frauengruppen aus zehn Jahrgängen haben zu den Gedanken in diesem Buch beigetragen. Die Liste der Menschen, bei denen ich mich bedanken muß, ist endlos; jedes Gesicht, an das ich mich erinnere, ruft wieder andere Gesichter hervor, Gesichter aus den vergangenen Jahren und den Jahren zuvor. Außerdem möchte ich meinen Kolleginnen vom Frauenteam am IVABO danken, in dem wir gemeinsam unser Unterrichtsprogramm entwickelten. Mein besonderer Dank gilt Joke Hermsen, die eine Verbindung zwischen den Ideen des Co-Counselling und denen des Unterrichts ermöglichte. Ich möchte mich bei Gail Pheterson bedanken, die als erste ein Konzept für die Solidaritätsgruppen erstellte und die ersten Gruppen für schwarze und weiße, jüdische und nichtjüdische Frauen begleitete. Ich möchte den Menschen danken, an deren Workshops ich teilnahm: Ricky Sherover Marcuse, Emma Ramos Diaz, Diane Balser. Und den Menschen, die auf eine andere Art anregend waren: Jan van der Horst, Jaap Sanders, Lida van den Broek. Den schwarzen Kollegen: Fred Budike und Ronald May. Den schwarzen Studentinnen und anderen schwarzen Frauen: Julia da Lima, Philomena Essed und Astrid Roemer, die mir einmal zurief: «Anja, es gibt keine Menschen ohne Hautfarbe!» Den Frauen, mit denen ich in einer Gruppe Kriegserfahrungen verarbeitete. Jüdischen Frauen. Jüdischen Freunden. Den Gesichtern, die auftauchen, wenn ich über die Klassen in unserer Gesellschaft schreibe. Keines meiner Bücher ist so dicht bevölkert wie dieses.

6 Mai 1982.
7 ‹Verschillen in de vrouwenbeweging›, *Katijf*, Juni 1982.

Die Erfahrungen der Menschen, mit denen ich zusammenarbeitete, am Institut oder bei Workshops, tauchen hin und wieder in diesem Buch auf. Wenn sie ‹öffentlich›, das heißt in Aufsätzen nachzuschlagen sind, dann habe ich sie wörtlich zitiert und die Quelle angegeben. Andere Äußerungen, die zur Illustrierung hier angeführt werden, habe ich bearbeitet. Jahrelang habe ich von dem, was mir Menschen im Vertrauen erzählten, Notizen gemacht und ihnen gesagt, daß ich keine ihrer Äußerungen wörtlich benutzen würde. Ich habe sie so verändert, daß sie zwar eine bestimmte Erfahrung repräsentieren, aber nicht mehr für eine bestimmte Person stehen. Mögliche Ähnlichkeiten mit lebenden Personen beruhen auf der Tatsache, daß sich einige unserer Erfahrungen nun einmal gleichen. Und schließlich möchte ich Lydia Helwig danken, die das Manuskript dieses Buches auszeichnete und kritisch kommentierte, und Ruben David Drucker, der die Bibliographie tippte.

3. Der Entwurf, das Thema

Es ist viel über Frauenunterdrückung, über Rassismus und Antisemitismus, über das Klassensystem, in dem wir leben, und seine Folgen für die Menschen geschrieben worden. Nahezu das gesamte Material behandelt aber immer nur eine Form der Unterdrückung als isolierte Tatsache. In diesem Buch versuche ich, die drei großen Systeme der Unterdrükkung, die eben nicht nur nebeneinander bestehen, sondern auch in ihrer Verquickung miteinander wirken, sowohl einzeln zu behandeln, als auch die Übereinstimmungen und Zusammenhänge zwischen ihnen aufzuzeigen. Ich betrachte dies als einen Anfang. Fast jedes Kapitel dieses Buches fordert mehr – an zu sammelnden Erfahrungen, an Nachdenken, an Untersuchungen.

Ich habe viel theoretisches Material benutzt, das ich anderswo fand und das für ein weiteres Studium von Nutzen sein kann. Aber das Wichtigste für mich ist die gelebte Erfahrung, die bei mir den Anstoß gab, mehr wissen und mehr verstehen zu wollen. Von daher mußte ich mich entscheiden. Die Verführung, eine bestehende Theorie weiter auszubauen und zu analysieren, war oftmals groß. Aber es läßt sich nicht alles in einem Buch verarbeiten, und dieses Buch dient vor allem dem Zweck, die Praxis zu beleuchten, die Alltagspraxis, in der wir leben, die Unterrichtspraxis, die Berufspraxis und die Praxis der politischen Bewegung.

Das Buch beginnt mit einer Einleitung zum Begriff ‹Unterdrückung› und wie ich ihn benutze. Dann folgt das erste Kapitel über die gesellschaftlichen Klassen und die Klassensozialisation, wie wir gelernt haben, wo in dieser Gesellschaft unser Platz ist. Daran schließt sich ein Kapitel über Hautfarbe, über ethnische Unterschiede und die damit verbundene unterschiedliche Sozialisation weißer und farbiger Menschen an. In beiden Kapiteln behandle ich auch die Stellung der Frauen innerhalb des Klassensystems und als Farbige. Daneben gilt mein Interesse besonders der Selbstkritik, die wir in bezug auf Rassismus und Klassismus innerhalb der Frauenbewegung benötigen. Daran schließt sich ein kurzes Kapitel über die jüdische Unterdrückung an, ein für sich stehendes Kapitel, weil Antisemitismus sowohl Rassismus beinhaltet als sich auch in wesentlichen Punkten von ihm unterscheidet. In diesem Kapitel versuche ich darzulegen, was wir unter der Unterdrückung von Juden zu verstehen haben und – ebenfalls dort – was sie für unsere Sozialisation bedeutet. Im darauffolgenden Kapitel komme ich auf ein altes Thema zurück, auf Männer. Indem ich von den Ergebnissen der ersten Kapitel, über Klassenzugehörigkeit und Hautfarbe, ausgehe, will ich von neuem die gesellschaftliche Stellung der Männer betrachten, wie wir uns als Frauen ihr gegenüber verhalten. Im letzten Kapitel versuche ich, die Fäden der vorausgegangenen Kapitel miteinander zu verknüpfen. Ich beschäftige mich dort mit den Bewußtwerdungsprozessen in bezug auf Klassismus, Sexismus und Rassismus und mit ihrem möglichen Zusammenwirken. Was können unterdrückte Gruppen gemeinsam tun, und was geschieht besser innerhalb der eigenen Kreise? Die alte Frage von Separatismus versus Integration und Zusammenarbeit. Was können Menschen aus unterdrückten Gruppen von Angehörigen der herrschenden Gruppen erwarten, ist ein Bündnis möglich? Welches sind die Hindernisse?

In diesem Buch liegt der Schwerpunkt eher auf der Sozialisation, also darauf, wie wir geworden sind, was wir sind, wie wir die Normen der herrschenden Gruppen übernommen haben, wie wir die Unterdrückung verinnerlicht haben, weniger auf den gesellschaftlichen und ökonomischen Ursachen der Unterdrückung. Mir ist klar, daß diese Gewichtung in vielen fortschrittlichen Gruppen eine sehr umstrittene Frage ist. Wenn Rassismus und Sexismus in den gesellschaftlichen Strukturen begründet liegen, wenn wir in einer Klassengesellschaft leben, in der die Hierarchie von den ökonomischen Interessen bestimmt wird, dann nützt es nichts, im stillen Kämmerlein auf die Kissen zu hauen, weil man früher so schlecht behandelt worden ist, und dann nützt es auch nichts, ‹den Rassisten in einem selbst› aufzuspüren, solange der große Rassist dort draußen weiter seinen Gang gehen kann. Die Leugnung gesellschaftlicher Ungleichheit muß auch auf gesellschaftlicher Ebene bekämpft werden, dem stimme ich voll und ganz zu. *Dennoch* betrachte ich es als ebenso wichtig, sich mit unserer Sozialisation zu beschäftigen, und es ist meiner Meinung nach keine Zeitverschwendung, uns zu fragen, was uns früher angetan worden ist, und auch keine Zeitverschwendung, uns als Weiße mit den rassistischen Botschaften auseinanderzusetzen, die wir vermittelt bekommen haben.

In den ersten Jahren unseres Lebens wird das Fundament errichtet für unsere Gefühle über uns selbst und über die anderen. Wir lernen, die anderen einzuordnen. In Frau oder Mann, schwarz oder weiß, höher oder tiefer. Wir lernen, uns selbst einzuordnen. Mit dieser Einordnung übernehmen wir gleichzeitig die gesellschaftliche Wertung für die jeweiligen Positionen. Höher ist besser als tiefer. Weiß ist besser als schwarz. Mann ist besser als Frau.

Die ersten Jahre bestimmen unsere spätere Haltung. Natürlich lassen sich Auffassungen ändern, viele von uns teilen später nicht die gleichen Ansichten, die in unseren Elternhäusern herrschten. Wir sind anfällig für Argumente, die uns rechtfertigen, und wir sind in bestimmtem Maße bereit, uns anzupassen, wenn die gesellschaftlichen Auffassungen wechseln. Viele Menschen, Frauen wie Männer, sind heutzutage emanzipationsfreudiger als noch vor zehn Jahren. Es gehört sich nicht mehr, seine Vorurteile gegenüber Juden oder Schwarzen laut zu äußern, und viele Menschen verhalten sich dementsprechend. Aber gerade weil die Beeinflussung so früh begonnen hat, bleibt unter der äußeren Schicht der Auffassungen eine tiefer liegende Schicht von Gefühlen zurück, die nicht so leicht zugänglich ist. Manchmal äußern sich diese Gefühle darin, daß das Vorurteil, welches gerade überwunden worden ist, augenblicklich durch ein anderes ersetzt wird. So berichtete zum Beispiel eine Frau aus der Bildungsarbeit im Anschluß an ein außergewöhnlich erfolgreiches Projekt, bei dem niederländischen Mädchen mehr Verständnis für türkische Mädchen vermittelt werden sollte, daß sie in den darauffolgenden Wochen beobachten konnte, wie sich plötzlich ein großes Unverständnis und eine starke Verachtung für ‹die Schwulen› zu entwickeln begann.

Ich habe auch meine eigenen Erfahrungen gemacht. In sozialistischen Gruppen, in denen mit großer Ehrfurcht von ‹dem Proletariat› gesprochen wurde – wir sahen die edlen, muskelgestählten, optimistisch in die Zukunft schauenden Männer schon vor uns –, wurde gleichzeitig voller Verachtung über die ‹Verbürgerlichung› der ‹gewöhnlichen Menschen›, ihre Geschmacklosigkeit und ihren Materialismus geredet. Der ‹Pöbel› war nur auf ein Auto und einen Farbfernseher aus. Wo wir die ‹echten› Arbeiter finden sollten, blieb etwas unklar. Und als Feministinnen haben wir oft genug erlebt, daß Männer mit einer solidarischen Haltung, die sich des modernsten Emanzipationsjargons befleißigten, in entscheidenden Momenten in vollkommen irrationales, unfeministisches Verhalten zurückfielen. Was sollen wir mit Männern anfangen, die vom Kopf her den größten Respekt vor selbständigen Frauen haben, aber deren Körper dennoch eine völlig unemanzipierte Gans anziehender finden.

4. Einschränkungen

Sozialisation also. Dies ist keine Anleitung zur Gesellschaftsveränderung und kein Handbuch für politische Aktionen, obwohl ich davon überzeugt bin, daß eine stärkere Beachtung der Sozialisationsprozesse für ein effektiveres Zusammenarbeiten zwischen Gruppen sehr nützlich wäre. Aber das gehört zu den Einschränkungen dieses Buches, welches keine umfassende Vision darüber entwickelt, wie wir zu einer klassenlosen Gesellschaft gelangen könnten, sich nicht mit den Vor- und Nachteilen eines juristischen Kampfes gegen Diskriminierungen beschäftigt oder mit den Veränderungen auf dem Arbeitsmarkt etc.

Es gibt weitere Einschränkungen. Neben dem theoretischen Material habe ich viele Beispiele aus der Praxis einfließen lassen, aber nicht in einer wissenschaftlichen Art, durch die universelle Aussagen verantwortet werden könnten. Erstens stammt das Erfahrungsmaterial vornehmlich von Frauen. Und wenn es um die Klassenherkunft oder um die Hautfarbe geht, dann sind die Erfahrungen von Frauen genausowenig repräsentativ für die gesamte Gruppe, wie es die Erfahrungen von Männern wären.

Obwohl fast alle Klassenzugehörigkeiten in den Gruppen vertreten waren, handelt es sich meist um die frühere Klassenstellung, nicht um die heutige. Die Frauen, die zum Beispiel davon sprechen, was es bedeutet, Bäuerin zu sein, sind es selbst nicht oder nicht mehr. Und gerade die Erfahrung, von einer Klasse in die andere zu wechseln, ist ausgesprochen wichtig. Ich weiß außerdem mehr über weiße Frauen als über schwarze, weil schwarze Frauen bis heute, auch in den Unterrichtsgruppen, eine Minderheit darstellen. Und ich kenne wiederum die Erfahrungen von Antillianerinnen oder Surinamerinnen besser als zum Beispiel die von Türkinnen oder Marokkanerinnen. Die jüdischen Frauen, die ihre Erfahrungen mit mir und den Gruppenmitgliedern geteilt haben, waren häufiger Frauen, die sich auf der Suche nach ihrem Judentum befanden, die nur einen jüdischen Elternteil hatten oder bei denen zu Hause ‹nichts mehr darauf gegeben wurde›, als solche, die nach der Halacha, dem jüdischen Gesetz, leben. Und für alle Erfahrungen gilt, daß das mittlere Lebensalter bei ungefähr 40 Jahren liegt. Wir sprechen also von Sozialisationsprozessen, die eine Generation zurückliegen. Es ist sehr gut möglich, daß Kinder, die heute zur Schule gehen, hinsichtlich ihrer ethnischen Herkunft weniger festgelegt sind, als das seinerzeit bei uns der Fall war, und die daher mit anderen Eindrücken nach Hause kommen. Wir müssen demnach vorsichtig mit den Erfahrungen in diesem Buch umgehen und aufpassen, daß wir nicht zu schnell in ein neues stereotypes Denken verfallen, nach dem Motto: so also sind Arbeiterfrauen, das also erleben schwarze Frauen. Ich möchte erreichen, daß wir uns unserer Sozialisation stärker bewußt werden und unsere Aufmerksamkeit stärker darauf richten, wie wir miteinander umgehen. Repräsentative Aussagen über Gruppen und Sozialisationsprozesse machen zu können erfordert weitere Forschungsarbeit und mehr Material, das von den Gruppen selbst geschrieben werden muß.

Ich habe mich auf die drei ‹großen› Unterdrückungen beschränkt: Rassismus, Klassismus, Sexismus. Aber es gibt natürlich mehr. In dem folgenden Kapitel über Unterdrückung nenne ich weitere Faktoren wie Lebensalter, Arbeitslosigkeit, sexuelle Ausrichtung. Diese Kriterien finden jeweils dort Erwähnung, wo sie mit den Hauptthemen in Zusammenhang stehen, werden jedoch nicht im einzelnen ausgeführt. Und wer verfolgt, welche Erfahrungen Menschen prägen, stößt noch auf weitere Gesichtspunkte. Es ist zum Beispiel nicht möglich, über das Judentum zu sprechen, ohne daß das Wort Krieg fällt. Und wenn dieses Wort fällt, tauchen andere Erinnerungen auf, wie die Erfahrungen der Niederländer in japanischen Lagern. Erfahrungen von Menschen oder ihren Kindern, die im Krieg aus einem anderen Grund als dem, Jude zu sein, verfolgt worden sind. Kommunisten. Zigeuner. Homosexuelle. Ein Kind von Widerstandskämpfern zu sein kann das weitere Leben stark beeinflussen, und obwohl die Widerstände bei vielen Leuten groß sind, dies zuzugestehen, erleben Kinder von NSBern* und von anderen Kollaborateuren, die verantwortlich gemacht werden für die Taten ihrer Eltern, oft eine Behandlung, die der anderer Verfolgter kaum nachsteht. Mit derartigen Phänomenen beschäftige ich mich in diesem Buch nicht, obwohl sie ebenso wichtige Folgen haben können wie die Erfahrungen, von denen ich spreche.

Und es gibt noch einen Aspekt, den ich hier außer acht lasse, den Einfluß der Kirche. Teils weil ich in einem Buch nicht zuviel gleichzeitig abhandeln möchte, teils weil ich darüber einfach zuwenig weiß.

* Nationaal Socialistische Beweging (A. d. Ü.)

5. Persönliche Verantwortung

«Was willst du gegen den Antisemitismus tun?»
Abel Herzberg: *«Ich? Nichts. Ich bin kein Antisemit.»*

Beim Schreiben dieses Buches überkommt mich ein Gefühl, das ich nicht immer hatte, wenn ich hinter der Schreibmaschine saß: Das Gefühl, daß ich vielleicht noch nicht wirklich bereit dazu bin. Natürlich weiß ich, daß jede Analyse an ihre Zeit gebunden ist und von neuem Denken eingeholt wird. Die größere Unsicherheit dieses Mal hat einen anderen Grund. Nicht zu wissen, wen wir meinen, wenn wir ‹Wir› sagen, ist nicht nur das Thema, es bedeutet auch eine Schwierigkeit beim Schreiben selbst. Auf der Fachhochschule für Sozialpädagogik schrieb ich vor Jahren einen Aufsatz mit dem Titel: «Die unverheiratete Mutter». In dem gesamten Aufsatz kamen die Worte ‹Ich› oder ‹Wir› nicht vor, obgleich es für jeden erkennbar gewesen sein muß, daß ich diesen Aufsatz schrieb, weil ich selbst eine unverheiratete Mutter war. Nachdem ich den Feminismus einmal entdeckt hatte, schrieb ich arglos und ohne zu zweifeln ‹Ich›, ‹Wir›. Als Unterdrückte hatte ich ein Recht dazu.

Aber ich bin nicht nur eine Frau. Ich stamme ursprünglich aus der höheren Mittelschicht, und nach der Heirat mit einem Mann aus einer niedrigeren Klasse, nach Scheidung, Armut, Sozialhilfe und Studium, bin ich von neuem in der Mittelschicht gelandet. Außer Frau zu sein, bin ich weiß. Außer Frau zu sein, bin ich nicht jüdisch. Dieses Bewußtsein läßt mich zweifeln, wie ich es mir auch von Männern wünsche, daß sie zweifelten, wenn sie über Frauen und Feminismus sprechen. An Privilegien teilzuhaben, auf der herrschenden Seite der Scheidelinie zu stehen, macht blind für vieles, was auf der anderen Seite geschieht. Mit Leichtigkeit erkläre ich jedem, was Frauenunterdrückung bedeutet. Darin bin ich Expertin, von Haus aus. Aber als Mitglied einer herrschenden Gruppe kann und mag ich nicht ‹im Namen› der schwarzen Menschen sprechen, im Namen der anderen Klassengruppen, im Namen der Juden. Aber kann ich dann gar nichts mehr sagen? Wem ist damit geholfen, wenn ich passiv bleibe und meinen Mund halte, während jede unterdrückte Gruppe im Namen ihrer selbst das Wort führt? Habe ich nicht gerade gelernt, daß Minderheitenprobleme in Wahrheit die Probleme der Mehrheit sind?

Ich gehe davon aus, daß es keine Leute gibt, die sich so weit außerhalb jeglicher Form der Unterdrückung befinden, daß sie mit dem Anspruch auf reine Objektivität Aussagen treffen können. Sicherlich mache ich Fehler, wenn ich über Formen der Unterdrückung rede, die ich selbst nicht erfahren habe, aber ich bin bereit, diese Fehler zu korrigieren. «Dennoch können wir nicht darauf warten», sagt Adrienne Rich, «daß die Unbeschädigten die Verbindungen für uns herstellen; wir können nicht so lange schweigen, bis wir uns vollends im klaren sind und das Recht haben zu sprechen. Es gibt keine Reinheit, und dieser Prozeß wird andauern, solange wir leben.»[8]

Ich befinde mich in diesem Buch nicht wie ein Zuschauer jenseits der Erfahrungen, von denen ich spreche. So wie niemand in Wahrheit außerhalb der Mann-Frau-Verhältnisse oder eines Klassensystems steht. Wenn man dieses als Tatsache akzeptiert, ergeben sich zwei Möglichkeiten: Einerseits, sich als objektiver Beobachter zu gebärden und sich einen ‹objektiven› Ton anzumaßen, indem über ‹Sie› geredet wird, wo ‹Wir› gemeint ist. Es gibt Wissenschaftler, die diese Strategie verfolgen, mit wechselndem Erfolg, denn meist verrät sich die eigene Position spätestens in den Schlußfolgerungen. Andererseits kann man die Unmöglichkeit einer objektiven Haltung eingestehen und gleichzeitig versuchen, die eigene Subjektivität so durchsichtig wie möglich zu machen. Ich habe mich für den zweiten Weg entschieden. Wenn das eigene Umfeld bei der Wahrnehmung der Welt eine so be-

8 ‹An der Wurzel gespalten›, S. 87.

deutende Rolle spielt, wenn die biographischen Daten einer Person so stark die Brille färben, durch die man schaut, dann sollten diese Prägungen lieber offen dargelegt werden. Ich habe eine kurze Zusammenfassung meiner eigenen Sozialisationsgeschichte hinzugefügt. Aus zwei Gründen: um deutlich zu machen, wie die eigene Geschichte aus unterschiedlichen Blickwinkeln heraus verschieden geschrieben werden kann, und um zu zeigen, welche Erfahrungen meine Sicht bestimmen. Für diejenigen, die sich darüber ärgern, wenn der Autor zuviel Raum einnimmt und die Sicht auf das Material verstellt, ist dieses Kapitel einfach zu überschlagen.

6. Zugabe: Einige biographische Anmerkungen

Die kollektive Geschichte der Menschheit muß immer wieder neu geschrieben werden. Aus der Sicht der arbeitenden Klasse, des ‹gemeinen Volkes› sieht die Geschichte anders aus als aus der Sicht der Herrschenden. Das gleiche gilt für die Frauen, für Farbige und auch für die persönliche Geschichte. Meine Geschichte als Frau und meine Entwicklung zur Feministin beschrieb ich in *Die Scham ist vorbei*. Sollte ich diese Geschichte noch einmal schreiben, so würde sie nicht mehr nur von mir selbst als Frau gegenüber Männern handeln. Ich würde über meine Klassenzugehörigkeit, über meine Hautfarbe schreiben.

Ich stamme aus der höheren Mittelschicht. Mein Vater war ein Unternehmer, Eigentümer und Direktor eines Betriebs. Meine Mutter hatte ihren eigenen Beruf, Lehrerin, aufgegeben. Ich hatte eine sogenannte ‹behütete› Kindheit. Mir mangelte es an nichts. Ich wurde von anderen Umwelteinflüssen ferngehalten. In die Arbeiterviertel der Stadt, in der ich lebte, kam ich als Kind nie. Es wurde mit dem Auto durch sie hindurchgefahren. Die Überzeugung der Mittelschicht lautete: Jeder, der arbeiten will, kann auch etwas erreichen. Die darin enthaltene, nicht ausgesprochene Überzeugung hieß: Wer nichts erreicht hat, der hat sich das selbst zuzuschreiben. Im Positiven gab mir diese Haltung Unternehmungsgeist, ich wartete nicht passiv, daß jemand kommen würde, um mir zu helfen. Wer etwas erreichen will, der muß es alleine schaffen. Negativ gesehen, brachte ich aus diesem Grund lange Zeit kein Verständnis für die Leute auf, die es in der Gesellschaft nicht zu etwas bringen.

Meine persönliche Geschichte belegt die These, daß die Klassenstellung der Frauen von Männern abhängig ist. Aus der Direktorentochter wurde die Frau eines Arbeiters. Der Schock des Übergangs war enorm. Zum erstenmal erlebte ich, wie anders man in Geschäften behandelt wird, wenn man wenig Geld hat und nicht zu den offensichtlich wohlhabenden Leuten gehört. Das Leben der Menschen in dem Arbeiterviertel, in dem ich damals wohnte, irritierte mich. Ich kämpfte mit den Urteilen, die ich zu Hause vermittelt bekommen hatte. Ich fand die Leute in meiner Umgebung zu laut, ihren Geschmack ‹ordinär›. Ich teilte zwar ihre ökonomische Stellung, fühlte mich aber natürlich als etwas Besseres. Dieses Gefühl habe ich meinen jungen Ehemann als Reaktion auf seine Erwartung, mich ihm als Frau unterzuordnen, sicher spüren lassen.

Nach der Scheidung lebte ich von der Sozialhilfe und von Gelegenheitsjobs. Danach das Studium. Allmählich kam ich wieder zur Mittelschicht, dieses Mal nicht über einen Mann, sondern aus eigener Kraft.

Daß ich mich schließlich zur Sozialistin entwickelt habe, hängt mit diesen Erfahrungen zusammen. Ich habe die Unterschiede in meinem eigenen Leben fühlen können. Aber es geschah auch als Abgrenzung gegen das elterliche Umfeld. Als ich mein Unterrichtspraktikum bei jugendlichen Schulabbrechern machte, fiel es mir nicht leicht, mit den Jungen zu arbeiten. Ich unternahm ungeschickte Versuche, die Kluft zwischen ihnen und mir zu überbrücken, indem ich begann, Platt zu sprechen. Aber darauf fiel keiner herein. Für sie blieb ich eine, die einer anderen Klasse angehörte. Sie rächten sich, indem sie mich mit ihrem Sexismus ärgerten.

Noch bevor der Feminismus wiederentdeckt wurde, fühlte ich mich von den Bewegungen angezogen, die gegen Unterdrückung und gegen Rassismus kämpften. Als Leute gesucht wurden, die in den Niederlanden in einem Solidaritätskomitee für die *Black Panther Party* mitarbeiten wollten, meldete ich mich. Auf die eine oder andere Weise sprachen mich die Wut und die Kraft an, mit der sie gegen das bestehende System zu Felde zogen. Das war auch das erste Mal, daß ich in direkten Kontakt mit surinamischen Menschen trat, sie waren ebenfalls in dem Komitee vertreten. Von ihnen lernte ich, daß es nicht nur in den USA Rassismus gibt, sondern auch hier in den kolonialen Beziehungen zu Surinam. Das war eine ziemlich erschreckende Erfahrung für mich, was weit weg zu sein schien, war plötzlich nah. Noch näher, als Eldridge Cleaver uns deutlich machte, daß alle Weißen betroffen wären: «Wer nicht Teil einer Lösung ist, der ist ein Teil des Problems.» Die Folge war schließlich, daß die Schwarzen selbst die Führung über ihre Befreiungsbewegung übernehmen wollten: Die Weißen mußten raus.

Damals begann für mich die Frauenbewegung. Nun ging es nicht länger um andere, sondern um mich. Erst nachdem ich mich zehn Jahre lang intensiv mit dem Feminismus auseinandergesetzt hatte, ‹erinnerte› ich mich wieder, daß es noch mehr Unterschiede gab als den zwischen Frau und Mann. Die Auseinandersetzungen innerhalb der Frauenbewegung selbst zeigten, daß wir nicht nur von Gemeinsamkeiten untereinander ausgehen konnten. Diese Entdeckung empfand ich als sehr schmerzhaft, denn ich war vollkommen in dem euphorischen Gefühl aufgegangen, daß wir als Frauen zusammengehörten und gemeinsam die Welt auf den Kopf stellen würden. Ich bemerkte, daß es in einer bestimmten Weise bequem ist, einer unterdrückten Gruppe anzugehören. Das Recht ist immer auf ihrer Seite. Über Frauenunterdrückung brauchte mir niemand etwas zu erzählen.

Als linke Männer uns beschuldigten, daß wir die Klassengegensätze vergessen würden, verwarf ich dies als einen männlichen Versuch, Zwietracht unter den Frauen zu säen. Ich verstand es als sexistischen Gegenangriff, und das war es auch. Schwieriger wurde es, als die Kritik nicht von außen, sondern aus den Reihen der Frauenbewegung selbst kam, von Feministinnen aus der Arbeiterklasse – es stellte sich heraus, daß es nicht sehr viele waren – und von schwarzen Frauen, die begannen, eigene Gruppen zu bilden. Antirassismus und Sozialismus bedeutete bis dahin für mich vor allem, die richtigen Auffassungen zu haben. Natürlich hatte ich die, und damit fühlte ich mich von weiterem Nachdenken über meine eigene Stellung befreit. Nun begannen Frauen mir zu sagen, daß ich nicht nur wie sie unterdrückt sei, sondern auch ihnen gegenüber Privilegien besäße. Neue Fragen kamen auf. Warum hatte ich eigentlich keine schwarzen Freunde und Freundinnen? Warum verwirrte mich die Gegenwart schwarzer Menschen so sehr, warum wurde ich unsicher, warum machte Kritik mich so ärgerlich? Und was gingen mich die Vorwürfe der Frauen aus der Arbeiterklasse an, konnte ich etwas dafür? Ich hatte den Kapitalismus doch nicht erfunden?

Von neuem wurde ich mit meiner eigenen Geschichte konfrontiert, aber jetzt nicht nur aus der Sicht der Geschlechtersozialisation, sondern auch in Hinsicht auf meine Erziehung als weißes Kind aus der höheren Mittelschicht. Die Erfahrungen, die ich als Mitglied einer herrschenden Gruppe gegenüber Menschen machte, die weniger Chancen gehabt hatten als ich, veranlaßten mich, das Verhältnis zwischen Frauen und Männern ebenfalls erneut zu betrachten, besonders das zwischen feministischen Frauen und Männern. Hatten wir damals den ‹linken Kerlen› nicht genauso die Hölle heiß gemacht wie nun schwarze Frauen uns weißen Feministinnen? Und hatten die männlichen Linken nicht genauso reagiert wie wir jetzt, anfangs leugnend, später schuldbewußt?

Die ganzen Jahre über soll ich geleugnet haben, daß auch

ich Privilegien besitze? Als Frau war ich doch schließlich unterdrückt? Inzwischen erkenne ich, daß ich blinde Flecken aus der Klasse, aus der ich stamme, übernommen habe. Ich sehe, daß ich meine heutige Stellung nicht nur durch hartes Arbeiten erreicht habe, sondern auch durch eine Leichtigkeit im Umgang mit der Sprache, durch Vorbilder aus meiner Umgebung, die es ‹weit› gebracht hatten. Ich kann erkennen, daß mir mehr als nur eine Botschaft in meinem Leben vermittelt worden ist, über Leute mit einer anderen Hautfarbe oder einer anderen ethnischen Herkunft als meiner. Auf der einen Seite das ehrlich gemeinte: Wir sind doch alle nur Menschen, ob jemand Jude ist oder nicht, macht keinen Unterschied. Meine Eltern zogen während des Krieges die Konsequenzen aus diesen Äußerungen und halfen mit, jüdische Kinder in Sicherheit zu bringen. Das bezeichneten sie ‹einfach als eine Frage des Anstands›, und diese Auffassung wurde an mich weitergegeben. Gleichzeitig erhielt ich auch andere Botschaften, verstecktere, gemischt mit Klassismus. Für schwarze Menschen, die nicht von hier stammten, gehörte es sich einfach, sich unseren «Normen» anzupassen, unsere Sprache zu sprechen, unsere Kleidung zu tragen, sich wie Damen und Herren zu benehmen. Taten sie das nicht, dann konnte man es ja wieder einmal sehen, daß sie doch ‹anders› waren.

Zurückblickend erkenne ich, daß ich mir diese eine Geschichte, meine Geschichte, immer wieder von neuem anschauen muß. Ich kann sie unter dem Einfluß betrachten, den der Krieg und die Beziehungen zu jüdischen Menschen auf sie gehabt haben. Ich kann sie unter den Urteilen und Vorurteilen betrachten, die mir über Leute anderer ethnischer Umfelder als des meinen vermittelt worden sind. Ich kann sie aus dem Blickwinkel der Klassenstellung betrachten, die ich eingenommen habe. Ich kann sie von meinen Beziehungen zu Frauen und meinen Beziehungen zu Männern aus betrachten. Jedesmal ist es die gleiche Geschichte und doch eine andere.

Das also ist das Prinzip der kleinen Tyrannen: jeder wird von einem Mächtigeren gesellschaftlich unterdrückt und findet immer einen weniger Mächtigen, auf den er sich stützen und dem gegenüber er selbst Tyrann sein kann.

Albert Memmi

Wir müssen arbeiten – und kämpfen – für die Integration von Männern und Frauen, Mensch und Mensch. Frantz Fanon betonte in Schwarze Haut, weiße Masken, *daß der Antisemit schließlich auch ein Antineger, ein Gegner der Farbigen sei. Ich möchte betonen, daß beide schließlich auch Antifeministen sind. Und ferner möchte ich betonen, daß jede Diskriminierung schließlich das gleiche ist, nämlich Antihumanismus.*

Shirley Chisholm

Es gibt einen Verrat, der so oft und so routiniert verübt wird, daß er keinerlei Spuren im Gewissen hinterläßt, nur einen ständig wachsenden Bodensatz von Elend und dumpfem, eingebranntem Selbsthaß. Der Verrat äußert sich kaum in Worten, sondern im Schweigen. Man schweigt bei dem Witz, über den jeder lacht: der frauenfeindliche Witz, der rassistische Witz. Man schweigt und leidet danach an Gedächtnisschwund. Und wenn die Sprache der Unterdrücker aus dem Mund eines Menschen kommt, den man bewundert, der einen durch seinen oder ihren Mut oder seine oder ihre Rednergabe beeindruckt hat, schiebt man es beiseite: das meinte sie nicht so, das sagte er nur so dahin. *Aber ungeachtet dessen setzt es sich fest wie Kesselstein in einem Kessel.*

Adrienne Rich

I. Unterdrückung

Unterdrückung ist ein zentraler Begriff in diesem Buch. Der Begriff ist vorbelastet, ruft Assoziationen hervor von Schuld, Opfern und Intrigen, um Menschen kleinzuhalten. Manche, die Menschen nicht in Schubladen und Parteien einteilen möchten, benutzen diesen Begriff nicht. Wer sich selbst als jemand begreift, der nicht auf Kosten anderer die eigene Position zu verbessern versucht oder der davon überzeugt ist, nichts gegen die ‹anderen› zu haben, sieht sich selbst nicht als ‹Unterdrücker›. Und es gibt Leute, die sich selbst nicht gern als ‹unterdrückt› definieren, Leute, die der Beigeschmack von Opfertum und Mitleid stört. Andere benutzen den Begriff ‹Unterdrückung› ständig, bei allem, was ihnen nicht gefällt, ganz gleich, ob er paßt oder nicht. Wenn jemand einem anderen auf die Zehen tritt, ist er schon ein Rassist oder Sexist, und jeder, der ein bißchen zu laut oder zu lange redet, ist bereits dabei, einen anderen zu unterdrücken. Angesichts der emotionalen Sprengkraft dieses Begriffs und der Mißverständnisse, die er hervorrufen kann, finde ich es wichtig, Klarheit darüber zu schaffen, was ich unter Unterdrückung verstehe und wie ich diesen Begriff hier verwende. Ich möchte damit auch deutlich machen, warum ich den Begriff Unterdrückung nicht durch die weniger belasteten Begriffe wie ‹Diskriminierung›, ‹Vorurteile› oder ‹Benachteiligung› ersetzen möchte.

In diesem Kapitel werde ich einige Thesen zum Begriff Unterdrückung darstellen und die dazugehörige Theorie erläutern, die sich wie ein roter Faden durch dieses Buch zieht.

In den Kapiteln über Rassismus, Klassismus, jüdische Unterdrückung und Männer werden die Thesen dann weiter ausgeführt.

I

Unter Unterdrückung verstehe ich ein System gesellschaftlicher Ungleichheit, bei dem man von einer nachweisbaren Dominanz der einen Gruppe von Menschen über eine andere sprechen kann. Diese Dominanz findet sich meist in den gesellschaftlichen Strukturen wieder, zum Beispiel in einer Gesetzgebung, die der einen Gruppe mehr Vorteile zusichert als der anderen, in einer Arbeitsteilung, die der einen Gruppe eine bessere ökonomische Position bietet als der anderen, oder in einer Überrepräsentanz der dominanten Gruppe an den Orten, wo Entscheidungen getroffen werden, das heißt im Parlament, in den Vorständen der Vereine und Betriebe, in den politischen Parteien und in der Gewerkschaftsbewegung. Diese Ungleichheit wird außerdem oft von der öffentlichen Meinung und der herrschenden Ideologie unterstützt, die Erklärungen dafür liefern, warum es ‹natürlich› ist, daß die eine Gruppe eine bessere gesellschaftliche Stellung einnimmt als die andere. Bei dieser Definition von Unterdrückung ist es meines Erachtens wichtig, daß das System auf diese Weise funktioniert, auch wenn es per se nicht *so beabsichtigt* ist. Damit weiche ich von den Autoren ab, die in ihrer Definition von Unterdrückung von einer Absicht der dominanten Gruppe ausgehen. Zwei Beispiele: Gail Pheterson schreibt: «Unterdrückung ist die Herrschaft über Menschengruppen *mit der Absicht*, sie in einer abhängigen und untergeordneten Stellung zu halten»[1] (kursiv von mir). Albert Memmi schreibt in seiner Definition von Rassismus, daß «das *Ziel* des Rassismus in der Vorherrschaft» liege[2] (kursiv von mir). In beiden Definitionen scheint es, als handele es sich um eine Instanz,

1 Gail Pheterson, ‹Bondgenootschap tussen vrouwen›, S. 100.
2 Albert Memmi, *Rassismus*, S. 60.

die mit aller Macht danach strebe, bestimmte Gruppen unterdrückt zu halten. Ein wichtiger Punkt ist nun aber gerade, daß ein unterdrückendes System die Tendenz hat, sich selbst zu reproduzieren, selbst wenn kaum Menschen zu benennen sind, die das explizit wollen. So muß es bei Bewerbungen nicht darum gehen, Frauen oder farbige Menschen willentlich von bestimmten Berufen auszuschließen. Oft sind sich die Mitglieder einer Bewerbungskommission ihrer eigenen Vorurteile nicht bewußt oder verkennen, daß die Normen, die sie bei einer Bewerbung anlegen, für eine bestimmte Gruppe von nachteiliger Wirkung sind.

Das ist ein Grund, weshalb ich zwar von Unterdrückung als System spreche, aber die ‹Unterdrücker› lieber als die dominante Gruppe bezeichne und die ‹Unterdrückten› als die dominierte Gruppe.[3] Sicher gibt es auch bewußte Rassisten und Sexisten, die die Absicht haben, alle Ausländer nach Hause zu schicken oder es Frauen zu verbieten, einer bezahlten Arbeit nachzugehen. Für das Verstehen der Mechanismen, die die Unterdrückung aufrechterhalten, ist es jedoch wichtig zu berücksichtigen, daß es sich nicht immer um ‹Schuld› handelt.

2

Unterdrückung geht meist mit Vorurteilen der dominanten Gruppe gegenüber der dominierten Gruppe einher. Unter Vorurteil verstehe ich eine ungerechtfertigte Verallgemeinerung über eine bestimmte Gruppe oder ihre Mitglieder. Kennzeichen eines Vorurteils ist seine Hartnäckigkeit, mit der es sich hält, auch wenn bessere oder differenzierte Informationen vorhanden

3 Es wurden mehrere Versuche unternommen, Begriffe zu finden, die einerseits die Realität berücksichtigen und sie nicht verschleiern, andererseits aber weniger emotional vorbelastet sind. Im Co-Counselling wird auch gern mit dem Ausdruck ‹targetgroup› gearbeitet. Damit ist die Gruppe gemeint, die das Ziel der Unterdrückung darstellt. Die dominante Gruppe ist dann die Nicht-Zielgruppe.

sind.[4] Mit dem Konstatieren der Vorurteile allein («Frauen sind von Natur aus fürsorglich und somit für die harte Politik ungeeignet»; «Schwarze sind noch nicht soweit, daß sie selbst die Führung übernehmen könnten»; «Bauern sind zwar schlau, aber nicht intelligent») ist der Mechanismus der Unterdrückung noch nicht erklärt. Albert Memmi unterscheidet hinsichtlich des Rassismus und der Vorurteile, die zu ihm gehören, verschiedene Aspekte. Erstens handele es sich darum, eine bestimmte Gruppe als ‹die andere› zu definieren. Zweitens um das Erstellen von Werturteilen, mit denen die anderen belegt werden, die negativ ausfallen. Und drittens darum, die Werturteile gegen die anderen zu benutzen.[5] Demnach stünden sich viele Gruppen mit Vorurteilen gegenüber, was aber nicht aus sich heraus zur Unterdrückung zu führen bräuchte. Rothaarige können durchaus als temperamentvoller angesehen werden, das allein ist noch keine Unterdrückung. Menschen können die eigenen kulturellen Errungenschaften als attraktiver erfahren als die einer anderen Gruppe. Wenn Marokkaner ihren eigenen Gottesdienst wertvoller finden als das hier praktizierte Christentum, dann ist das noch keine Unterdrückung. Etwas als ‹anders› zu definieren, ist eine Voraussetzung für Unterdrückung, doch erst wenn es sich um eine negative Bewertung handelt und die *Macht* hinzukommt, die Urteile gegen andere auch einzusetzen, können wir von Unterdrückung sprechen. So haben

4 Siehe zur klassischen Verwendung des Begriffs ‹Vorurteil› Gordon W. Allport, *Die Natur des Vorurteils*. Andere Definitionen oder Diskussionen zur Beschaffenheit von Vorurteilen siehe u. a. in: Jack Levin und William Levin, *The Functions of Discrimination and Prejudice*, Philomena Essed, *Alledaags racisme*, S. 20, Frank Bovenkerk, *Omdat zij anders zijn*, S. 28.
5 Albert Memmi, *Rassismus*, S. 44. Diese Auffassung impliziert, daß es keinen Sinn ergibt, von einem umgekehrten Rassismus zu sprechen, wenn Mitglieder der dominierten Gruppe ihre Meinung über Mitglieder der dominanten Gruppe verbreiten, die letzterer nicht gefallen. Wir können dabei in Betracht ziehen, daß unterdrückte Gruppen die dominanten Gruppen im allgemeinen besser kennen, als das umgekehrt der Fall ist. Außerdem haben sie diese meist nicht von ihrer besten Seite kennengelernt.

schwarze Menschen zweifellos nicht nur ein positives Bild von weißen Menschen, und vielleicht sind auch nicht alle ihre Urteile gerade gerecht zu nennen, aber weil Schwarze nicht die Macht haben, aus diesen Vorurteilen heraus zu handeln, führen sie auch nicht zur gesellschaftlichen Ungleichheit. Ebensowenig sind alle Urteile von Feministinnen über Männer gerecht, aber angesichts dessen, daß Frauen nicht die Macht haben, Männer aus Berufen auszuschließen, daß sie keine Mehrheit in der politischen Entscheidungsbildung und keine ökonomische Stellung haben, die es ihnen erlauben würde, Männer für sich arbeiten zu lassen, bleiben solche ‹Vorurteile› machtlos und nehmen normalerweise wenig Einfluß auf das gesellschaftliche Machtgleichgewicht.

Unterdrückte Gruppen werden also nicht deshalb unterdrückt, weil sie als ‹anders› erlebt werden. Rassistische und sexistische Sprache kann verletzen, aber Worte für sich haben nur eine beschränkte Macht. Wenn jemand als ‹dreckiger Jude› beschimpft wird, sind es nicht die Worte, die den größten Schaden anrichten. Die Worte verletzen durch die dahinter verborgene Androhung von Gewalt. Es sind nicht die sexistischen Bilder und Worte, die an sich so schlimm sind, es ist die Macht über Frauen, die Androhung von Gewalt gegen Frauen, die der sexistischen Sprache ihre Sprengkraft verleiht.[6] Wenn surinamische Kinder niederländische Kinder als ‹Weißärsche› beschimpfen und als Antwort ‹Niggerschwein› zu hören bekommen, können die Vorurteile, die dahinterstecken, ebenso ‹rassistisch› sein, aber sie haben nicht die Drohung von Macht. Vorurteile sind, obwohl sie die Grundlage der Unterdrückung bilden, erst wirklich bösartig durch den Kontext, in dem sie benutzt werden.

Eine Gefahr des Begriffs ‹Vorurteil› besteht darin, daß es so scheint, als hätten lediglich einzelne Menschen gegenüber anderen Menschen eine falsche Auffassung. Sicher waren es nicht nur falsche Auffassungen oder Mißverständnisse, die

6 Arthur Brittan und Mary Maynard, *Sexism, Racism and Oppression*, S. 19.

zu einem Massenmord an Juden führten, behaupten auch Brittan und Maynard in ihrem Buch über Sexismus, Rassismus und Unterdrückung.[7] *Genausowenig geht es allein um Diskriminierung.* Ursprünglich bedeutet das Wort nicht mehr als ‹einen Unterschied machen›. Sicher wird diskriminiert, wird unterschieden und werden bestimmte Gruppen dadurch benachteiligt, aber genauso wie bei den Vorurteilen geht es um mehr als um individuelle falsche Auffassungen der Mitglieder einer anderen Gruppe.

Auch der Begriff ‹Benachteiligung›, oft als eine milde Form benutzt, um von unterdrückten Gruppen als den ‹benachteiligten Gruppen› zu sprechen, verschleiert einen wichtigen Teil des Problems. Wenn wir uns die Bildungschancen, die Berufschancen, das Einkommen etc. anschauen, dann unterliegen die meisten unterdrückten Gruppen einer ‹Benachteiligung›. Aber wenn wir von ‹Benachteiligung› sprechen, ist der Blick auf die dominierte Gruppe gerichtet, nicht auf die dominierende. Als ob es nur darum ginge, daß etwas ‹aufgeholt› werden müsse, und es nichts mit den Interessen, den Vorurteilen, den Haltungen der dominanten Gruppe zu tun hätte. So wird Feminismus oft akzeptiert, wenn er nur Emanzipation genannt wird und es nur darum geht, daß Frauen eine bessere Ausbildung erhalten, mehr Raum, sich selbst zu entwickeln, ein höheres Einkommen und größeres Ansehen. Der wirkliche Sexismus zeigt sich erst in dem Augenblick, in dem Frauen sagen, daß nicht nur wir selbst etwas zu verändern haben, sondern die Männer ganz sicher auch. Das Aufholen der Benachteiligung einer dominierten Gruppe ist nicht möglich, ohne daß es für die dominanten Gruppen Folgen hat. Diese gegenseitige Abhängigkeit der gesellschaftlichen Stellung ist im Begriff ‹Unterdrückung› enthalten, der von zwei oder, wenn es sich um Klassen handelt, von mehreren Parteien ausgeht. Beim Begriff ‹Benachteiligung› scheint es, als wären nur die Unterdrückten das Problem, wie es sich bei den Begriffen

7 Ebd.

‹Vorurteil› und ‹Diskriminierung› scheinbar nur um die Auffassung und das Verhalten einzelner Menschen handelt.

Vorurteile (die Auffassung) und Diskriminierung (das Verhalten) machen also einen Teil der Unterdrückung aus, und die Benachteiligung ist meist die Folge davon.[8] Aber der Begriff ‹Unterdrückung› ist durch keinen dieser Teilbegriffe zu ersetzen.

3

Diese Verwendung des Begriffs ‹Unterdrückung› impliziert mehreres: Erstens bedeutet es, daß *jemand unterdrückt sein kann, ohne sich unterdrückt zu fühlen*.[9] Zu unserer Sozialisation gehört es, daß wir dazu neigen, die bestehenden Verhältnisse als gegeben hinzunehmen und unangenehme Wahrheiten zu übersehen. Viele Leute weigern sich zu Recht, sich als ‹Opfer› zu betrachten oder gar als ‹Unterdrücker›. Aber Unterdrückung ist objektiv nachzuweisen und vorhanden. Auch wenn ich mich überhaupt nicht bemitleidenswert fühle, bin ich immerhin eine Frau und setze mich der Gefahr der sexuellen Gewalt aus, wenn ich mich ohne ‹Beschützer› auf die Straße begebe. Auch wenn sich meine männlichen Freunde nicht dafür entscheiden, Frauen zu unterdrücken, wenn sie sich für eine Führungsposition bewerben, haben sie mehr Chancen als ich, immer noch. Ein Angehöriger der Arbeiterklasse braucht sich im allgemeinen nicht weniger wert zu

8 Zum Verhältnis zwischen Diskriminierung und Vorurteil siehe u. a. Philomena Essed, *Alledaags racisme*, S. 37 ff. «Daß sich die ‹Minderheitennote› der Regierung konsequent an Begriffe wie ‹Benachteiligung›, ‹Diskriminierung› oder ‹Vorurteil› hält, ist (…) symptomatisch. Das Wort ‹Rassismus› wird umgangen. Und damit auch die Erkenntnis, daß das niederländische Zusammenleben in seiner Art selbst rassistisch ist» (Essed, S. 15). Zu den Begriffen Diskriminierung und Vorurteil siehe auch: Frank Bovenkerk, *Omdat zij anders zijn*, S. 21 ff.

9 Diskriminiert zu *werden* ist für einige Leute nicht das gleiche wie sich diskriminiert zu *fühlen*. Dahinter steht die Überlegung, daß eine Diskriminierung nicht besteht, wenn man sich weigert, sich diskriminiert zu fühlen, schreibt Philomena Essed in *Alledaags racisme*, S. 46.

fühlen als jemand aus der Mittelschicht; das täuscht aber nicht darüber hinweg, daß seine oder ihre Möglichkeiten, einen eigenen Betrieb aufzubauen, beträchtlich geringer sind.

Und die zweite Implikation lautet: *Nicht jede schlechte Behandlung ist mit Unterdrückung gleichzusetzen.* Menschen können einander ich weiß nicht was antun, aber Unterdrückung, nach meiner Definition, ist es erst dann, wenn es mit einer strukturellen Ungleichheit einhergeht. Eine Frau, gerade weil es als ihre Aufgabe angesehen wird, ihre Familie glücklich zu machen, kann ihrem Mann das Leben sauer machen, jedenfalls bis zu einem bestimmten Punkt. Wenn demgegenüber ein Mann seine Frau mißhandelt, ist es mehr als eine individuelle Äußerung von Wut. Frauen sind ökonomisch abhängiger als Männer und können oft nicht weggehen. Sie besitzen seltener eine eigene Wohnung und konnten sich bis vor kurzem kaum wehren, weil der Polizeiapparat und die richterliche Macht sich nicht in etwas einmischen wollten, was sie als ‹Privatangelegenheit› betrachteten. Es besteht somit ein Unterschied zwischen schlechter Behandlung und Unterdrückung. Damit fälle ich kein moralisches Urteil. Moralisch gesehen, kann ich es einer Frau übelnehmen, wenn sie ihren Mann quält, aber ich nenne es nicht Unterdrückung. So können auch schwarze Menschen unfreundliche Gedanken über Weiße haben, und nicht alle ihre Vorwürfe sind gerechte Vorwürfe. Dennoch kann ich nicht behaupten, daß ich nun als Weiße von schwarzen Menschen unterdrückt werde, weil sich hinter einer solchen Äußerung nicht die strukturelle Macht verbirgt, mich von bestimmten Berufen fernzuhalten oder meinem Kind eine schlechtere Ausbildung zukommen zu lassen. Wird der Begriff ‹Unterdrückung› als individueller Vorwurf für alles benutzt, was irgend jemandem an einem anderen nicht gefällt, führt dies ebenso wie der unbedachte Gebrauch des Wortes ‹Faschismus› lediglich zu einer Begriffsinflation.

4

In dieser Gesellschaft existieren mehrere Formen der Unterdrückung, die sowohl nebeneinander bestehen, als sich auch miteinander vermischen. Ich nenne die drei ‹großen›, von denen dieses Buch handelt: Herrschaft von Männern über Frauen, Sexismus. Herrschaft weißer Niederländer über Gruppen mit einer dunkleren Hautfarbe und einer anderen ethnischen Herkunft, Rassismus. Herrschaft von Menschen mit einer besseren beruflichen Stellung und einer besseren Ausbildung über Menschen mit einer weniger angesehenen Arbeit oder überhaupt keiner Arbeit und einem niedrigeren Bildungsniveau, ‹Klassismus›. Es gibt noch weitere Formen, die hin und wieder zwischen den Zeilen eine Rolle spielen, aber die in diesem Buch nicht ausdrücklich behandelt werden. Zum Beispiel die Dominanz heterosexueller Menschen über homosexuelle. Die Unterdrückung in bezug auf das Lebensalter, die Jüngeren auf der einen Seite, die Älteren auf der anderen. Und damit zusammenhängend: die nachgeordnete gesellschaftliche Stellung eines jeden Menschen, der keinen Platz im Arbeitsprozeß einnimmt. Menschen, die körperlich nicht der herrschenden Norm entsprechen, Behinderte[10], dicke Menschen, Taube, Blinde, Menschen, die stottern.

In alle diese verschiedenen Formen der Unterdrückung mischt sich eine allgemeine, von der wir alle betroffen sind: Adultismus, die Macht der Erwachsenen über die Kinder. Dieses Machtübergewicht hat auf unsere frühe Sozialisation einen großen Einfluß ausgeübt und bildet die Grundlage für all das, was wir im Bereich der anderen Unterdrückungen lernen.

10 In den USA ist der Versuch unternommen worden, für die Behinderten einen Begriff zu finden, der nicht stigmatisierend wirkt: ‹physically challenged›, Menschen mit einer körperlichen Herausforderung. In den Niederlanden arbeiten die Behindertengruppen selbst auch mit dem Begriff ‹körperlich anders›, unter den ebenso Menschen fallen können, die zum Beispiel aufgrund der Tatsache, daß sie dick sind, aber nicht behindert, von der Norm abweichen.

Natürlich haben diese Formen der Unterdrückung nicht alle die gleichen Konsequenzen. Es gibt graduelle Unterschiede. Aber ich sehe kaum Gründe für zynische Bemerkungen, die ich gelegentlich doch höre: Wenn du so anfängst, kannst du Linkshänder und Motorradfahrer gleich mit auf die Liste setzen.[11] Wer selbst nicht stottert, kann leicht lachen. Wer selbst stottert, weiß, wie es ist, von den anderen gemieden zu werden, ständig mit der Ungeduld der Menschen konfrontiert zu werden, ausgeschlossen zu sein von Gesprächen und darüber hinaus: zu wissen, daß man viele Bewerbungen gleich vergessen kann. Die Formen der Unterdrückung reichen auf der einen Seite von der ‹unschuldigen› Version, zum Beispiel oft verspottet zu werden, bis hin zu der Drohung der totalen Vernichtung auf der anderen. Natürlich ist es ein Unterschied, ausgelacht oder ausgerottet zu werden. Ein Judenwitz ist nicht das gleiche wie ein Belgierwitz. Aber der Mechanismus, der in beiden wirkt, ist der gleiche: sich jemand anderem überlegen fühlen zu können. Keine einzige Form von Benachteiligung oder Vernichtung läßt sich durch eine schlimmere aufheben oder wird durch diese irrelevant, vor allem nicht für die Betroffenen.

11 So behauptet Anet Bleich (*De Groene Amsterdammer*, ‹We groeien allemaal voorbij de pijn›, 25. Juli 1984) in einem ziemlich herablassenden Artikel über das Co-Counselling, daß die dort verwandte Liste ihre Lachmuskeln in Bewegung setzt. Diese Art von Lachen ist natürlich denen vorbehalten, die nicht zu den Gruppen gehören, über die gelacht wird, und es ist ein hervorragendes Kennzeichen der Unterdrückung, von der wir sprechen. So sind auch unschuldig wirkende Witze wie die Belgierwitze für die Flamen selbst nicht sehr lustig. Wir sollten uns fragen, worauf dieses selbstverständliche Überlegenheitsgefühl – denn um ein solches handelt es sich – basiert und wozu es dient. Überhaupt sollten wir uns fragen, welche Funktion Humor hat, sofern es sich dabei um die Abgrenzung gegenüber Gruppen handelt, die als minderwertig angesehen werden. Siehe auch Arthur Brittan und Mary Maynard, *Sexism, Racism and Oppression*, S. 199.

5

Es gibt verschiedene Erklärungsweisen für das Entstehen von Unterdrückung. Die historische Erklärung geht in der Geschichte zurück auf der Suche nach dem ersten Auftreten von Rassismus, von Fremdenhaß und Ethnozentrismus; die Frage nach der Entstehung der Klassengesellschaft; ein Suchen nach den ersten Formen der Herrschaft von Männern über Frauen, in der Hoffnung, eine Gesellschaftsform nachweisen zu können, in der das nicht der Fall war. Die ökonomische Erklärung fragt nach der Ausbeutung und den ökonomischen Interessen, um die Ursachen der Unterdrückung aufzuzeigen. Es gibt soziologische und psychologische Erklärungen der Unterdrückung.

Ich gehe davon aus, daß sie sich nicht auf *eine* Art erklären läßt, die dann als die einzig richtige gilt.[12] Historische, ökonomische, soziologische und psychologische Erklärungen ergänzen einander. Erklärungen, die nur psychologische Faktoren berücksichtigen, die unterdrückendes Verhalten mit Persönlichkeitsstörungen zu erklären versuchen, ohne die Verhältnisse in der umgebenden Gesellschaft zu berücksichtigen, greifen zu kurz. Wer rassistische Auffassungen hat und mit Menschen aufgewachsen ist, die sämtlich rassistische Auffassungen hatten, ist nicht ‹gestört›, er ist lediglich rassistisch. Ebenfalls zu kurz greifen Erklärungen, die nur die ökonomischen Interessen in Betracht ziehen. Denn auch wenn der Ursprung des Rassismus von einem früheren Kolonialismus herrührt, erklärt diese Tatsache noch nicht, warum Menschen, die an diesen ökonomischen Interessen nicht beteiligt sind oder waren, dennoch rassistische Auffassungen teilen.

Es handelt sich also bei ‹Unterdrückung› um mehrere Faktoren, die nebeneinander bestehen:

a) um eine historisch gewachsene Ungleichheit zwischen verschiedenen Menschengruppen;

---

12 Darin stimmen mehrere Autoren wie auch Arthur Brittan und Mary Maynard mit mir überein. Siehe *Sexism, Racism and Oppression*, S. 5.

b) um einen gesellschaftlichen Kontext, in den die Ungleichheit eingebettet ist;
c) um eine Übernahme der Ideologie, die die Ungleichheit rationalisiert und durch Sozialisationsprozesse und durch große Gruppen von Menschen und Individuen verbreitet wird;
d) möglicherweise in einem bestimmten Maße auch um individuelle Persönlichkeitsstrukturen, welche die eine Person für Vorurteile empfänglicher machen als eine andere.

6

Zwischen den unterschiedlichen Formen der Unterdrückung gibt es Übereinstimmungen und Unterschiede. Übereinstimmungen: Fast immer handelt es sich um eine schon früh erlernte, verinnerlichte Ungleichheit. Häufig findet sich eine Unterteilung in ‹Wir› und ‹Sie›, bei der den anderen negative Eigenschaften zugeschrieben werden, die die gesellschaftliche Ungleichheit rechtfertigen sollen. Fast immer scheint auch das Bedürfnis eine Rolle zu spielen, sich als etwas Besseres fühlen zu können als die anderen, ihnen überlegen zu sein. Und wahrscheinlich ist dieses Bedürfnis um so größer, je schlechter die eigene gesellschaftliche Stellung ist. Manchmal scheint es kaum einen Unterschied zu machen, welcher anderen Gruppe man sich überlegen fühlt, sie scheinen untereinander austauschbar. Memmi fällt es in seiner Untersuchung des Rassismus auf, daß die Ausschlußmechanismen bei der Unterdrückung von Frauen, von Homosexuellen, von Jüngeren, von körperlich Behinderten auf den gleichen Prinzipien beruhen. Er nennt dieses Phänomen ‹Heterophobie›, wörtlich: die Angst vor den anderen.[13]

13 Albert Memmi, *Rassismus*, S. 122. Der Ausdruck kann mit Begriffen wie Hetero- oder Homosexualität verwechselt werden, ebenfalls mit Homophobie, der Angst vor der eigenen Homosexualität oder der eines anderen, und wird deshalb nicht gebräuchlich werden.

Auch andere Autoren verweisen auf diese Gemeinsamkeiten, auf die Verinnerlichung der Vorurteile sowohl bei den Herrschenden als auch bei der beherrschten Gruppe. So weist zum Beispiel Pheterson [14] auf die Verknüpfung der Bewertung von ‹Geschlecht› und ‹Rasse› hin, die in beiden Fällen zu einem sehr frühen Zeitpunkt erlernt wird. Brittan und Maynard nehmen an: «Die Ausübung der Herrschaft in einem Bereich existiert nie losgelöst von ihrer Ausübung in anderen Bereichen. Wer Arbeiter ausbeutet, dem macht es keine Schwierigkeiten, Schwarze auszubeuten. Wer zu Hause Frau und Kinder beherrscht, dem fällt es nicht schwer, auf dem Arbeitsplatz Menschen zu beherrschen. (...) Unterdrückung ist unteilbar. Wo wir Frauenunterdrückung begegnen, finden wir auch Unterdrückung anderer Gruppen. Wo wir ökonomische Unterdrückung sehen, entdecken wir Sexismus und Rassismus.» [15]

Schon häufiger sind die Übereinstimmungen in den Auffassungen über schwarze Menschen und Frauen festgestellt worden, beide Gruppen werden im stereotypen Denken als kindlicher, primitiver, der Natur nahestehender, unberechenbarer als die herrschende Gruppe, die weißen Männer, beschrieben. [16] Otto Weininger stellte eine Beziehung her zwischen den Eigenschaften von Juden und Frauen, beide Gruppen hätten keine ‹Persönlichkeit›, kein Gefühl für Würde, kein Gefühl für Gut und Böse, kein Gewissen. [17] Es

14 Siehe Gail Pheterson, ‹Bondgenootschap tussen vrouwen›.
15 Arthur Brittan und Mary Maynard, *Sexism, Racism and Oppression*, S. 180.
16 Siehe zum Beispiel Naomi Weisstein, ‹Women as Nigger›, in: Leslie B. Tanner (Hg.), *Voices from Women's Liberation*. Schwarze Frauen weisen darauf hin, daß der immer wiederkehrende Vergleich zwischen Frauen (als wären diese sämtlich weiß) und Schwarzen (als wären das nur Männer) dazu führe, daß schwarze Frauen unsichtbar bleiben. Zur weiteren Auseinandersetzung mit diesem Problem siehe den Abschnitt zu Rassismus und Feminismus in dem Kapitel über die Hautfarbe.
17 Siehe: Otto Weininger, *Geschlecht und Charakter* aus dem Jahre 1932.

ist kein Zufall, daß Menschen, die stark rassistisch denken, fast immer auch sexistisch denken.[18]

Die Neigung der herrschenden Gruppen, die beherrschten zu ‹tolerieren›, solange sie nur nicht zu auffällig werden, ist in den unterschiedlichen Gruppen mitunter erstaunlich gleich stark vorhanden. Die Neigung, behinderte Menschen unsichtbar zu halten, einzuschließen[19], von homosexuellen Menschen zu fordern, daß sie ihre Homosexualität nicht ‹zur Schau tragen›, obwohl Heterosexuelle täglich ihre ‹Normalität› zur Schau tragen, es den Juden übelzunehmen, wenn sie ihr Judentum nicht verstecken, auch das sind Ausschlußmechanismen.[20]

Aber es gibt auch Unterschiede, die mindestens ebenso wichtig sind wie die Übereinstimmungen. So stehen sich beim Sexismus und in einem gewissen Sinne auch beim Rassismus zwei leicht zu identifizierende Gruppen gegenüber. Im Falle des Klassismus ist das schon komplizierter, weil es sich dort um ein vielschichtigeres System handelt, eher um ein fließendes Ineinander-Übergehen als um zu unterscheidende Gruppen. Beinahe jeder hat eine Gruppe über sich und eine Gruppe unter sich.

Unterschiede lassen sich auch in der jeweiligen Nähe und der gegenseitigen Abhängigkeit aufzeigen. Schwarze und jüdische Menschen können vom Kontakt zu weißen beziehungsweise nichtjüdischen Menschen prinzipiell ausge-

18 Mehrere Autoren verweisen auf das Zusammenwirken von Sexismus, Rassismus und Antisemitismus, u. a. Arthur Brittan und Mary Maynard. Thomas F. Pettigrew zitiert in ‹The Mental Health Impact› Untersuchungen, die das Zusammenwirken rassistischer, sexistischer, antisemitischer und homophobischer Haltungen bestätigen (S. 105).
19 Gail Pheterson, ‹Bondgenootschap tussen vrouwen›, S. 403.
20 Ausschlußmechanismen bestehen in Wirklichkeit aus ‹Einschließungsmechanismen›, will sagen, dem Wunsch, die Gesellschaft in der eigenen Gruppe zu suchen. Weil der Ausschluß der ‹anderen› selten bewußt beabsichtigt ist, wird der Mechanismus auch selten als ein Symptom der Unterdrückung erkannt. James M. Jones, ‹The Concept of Racism and its Changing Reality›, S. 33.

schlossen werden. Ausländer kann man dorthin zurück-
schicken, wo sie herkommen. Frauen nicht. Frauen können
nur in einem bestimmten Maße in ein Getto eingeschlossen
werden. Ganz sicher im Haushalt, in sogenannten Frauenberufen, aber bei keiner anderen Form der Unterdrückung
leben die Herrschenden und die Beherrschten so eng zusammen, sind sie derart gefühlsmäßig miteinander verbunden.
Das hat Folgen. Sie zeigen sich zum Beispiel darin, daß
Frauenunterdrückung auch innerhalb der Familie stattfindet
und nicht nur in der Öffentlichkeit, oder darin, daß viele
Leute Gewalt gegen Frauen nicht als Unterdrückung definieren. Wenn Ausländer oder schwarze Menschen das Ziel von
Gewalt sind, wird zu Recht die politische Bedeutung davon
erkannt. Wenn Frauen vergewaltigt oder ermordet werden,
scheinen das individuelle Geschehnisse zu sein, die in den Pri-
vatbereich gehören.

7

*Unterdrückung und Vorurteile gehören zueinander wie die Außen-
und die Innenseite ein und desselben Phänomens, und die Vorurteile
erlernen wir in der frühen Sozialisation.* Kinder sind in den ersten Jahren ihres Lebens extrem abhängig von denjenigen,
die sie versorgen. Beinahe buchstäblich mit der Muttermilch
nehmen sie auch die ersten Eindrücke auf, das erste Gefühl,
wie die vorgefundene Welt zu sein hat. Diese erste ‹Internali-
sierung› von Auffassungen und Haltungen verläuft über die
Sprache, über die Äußerungen der Eltern, aber nicht nur über
bewußte Vermittlung. Die Distanz, die die Eltern gegenüber
den ‹anderen› halten, wird registriert, Äußerungen von Miß-
billigung und Wohlwollen, denen sich die Eltern noch nicht
einmal bewußt sein müssen, werden übernommen. In *Wie
Schalen einer Zwiebel* habe ich das Erlernen des Sexismus, das
zeitlich mit der Herausbildung einer Geschlechtsidentität zu-
sammenfällt, ausführlich dargestellt. Ein ähnlicher Prozeß
gilt auch für den Rassismus, für das Erlernen der eigenen
Identität, einer Gruppenmitgliedschaft, von Gefühlen und

Auffassungen gegenüber den ‹anderen›. Und ein ähnlicher Prozeß gilt auch in Hinblick auf die Klassenzugehörigkeit, für das Erlernen der eigenen gesellschaftlichen Stellung und für die Wahrnehmung, wer ‹höher› und wer ‹tiefer› steht. Kinder sind dabei übrigens keine willenlose Knetmasse, die nach Belieben geformt werden kann. In allen Sozialisationsgeschichten gibt es Momente des Widerstands und des Protestes oder eines verletzten Gerechtigkeitsgefühls gegenüber den Handlungen der mächtigeren Erwachsenen.[21] Das ‹Trauma der Mitschuld› gehört manchmal dazu, die Scham, wenn man sich zu Ungerechtigkeiten hat überreden lassen.[22] Diese frühe Sozialisation ist keinesfalls so determinierend, daß wir uns später nicht von den Auffassungen unserer frü-

21 In ‹Intersections of Gender and Class: Accomodation and Resistance by Working-Class and Affluent Females to Contradictory Sex-Role Ideologies› weist Jean Anyon darauf hin, daß die Mitglieder einer unterdrückten Gruppe, in diesem Fall Frauen, sich nie hundertprozentig anpassen und sich selten alle auflehnen. Bei den meisten Menschen handelt es sich um einen Prozeß, um das Entwickeln einer Überlebensstrategie, in der sowohl Elemente des Widerstands als auch der Anpassung zu finden sind. Sie bezieht sich dabei unter anderem auf die Arbeiten von Eugene Genovese, *Roll, Jordan, Roll: The World the Slaves Made*, wo beschrieben wird, wie schwarze Sklaven eine Überlebensstrategie entwickelten, in der sie das, was unvermeidbar war, akzeptierten, aber zugleich sowohl als Volk als auch als Individuen weiterhin für körperliche und psychische Überlebensmöglichkeiten kämpften. Es gibt viele Formen des Widerstands, die nie als solche erkannt worden sind: langsam zu arbeiten und sich dümmer zu stellen, wie es zum Beispiel Sklaven getan haben, oder extrem ‹weibliches› Verhalten bei Mädchen in der Schule wie Kichern und Flüstern, um so dafür zu sorgen, daß die Lehrer keinen Einfluß ausüben können.
22 Den Begriff des ‹Traumas der Mitschuld› habe ich aus einem Vortrag von Jeffrey Masson, dem Autor von *Was hat man dir, du armes Kind, getan?*, als er über niederländische Nichtjuden sprach, die nach dem ersten großen Streik, unter anderem als Folge der Repressalien gegen die Besetzer, in großer Zahl von jeglicher Unterstützung der Juden absahen. Die Folgen einer solchen passiven Mitschuld sind komplex. Verdrängung des Geschehenen, Leugnung der eigenen Verantwortlichkeit, oft auch die Verlagerung der Ursache des eigenen Schuldgefühls in die Opfer. Henryk M. Broder spricht in *Der ewige Antisemit* von einem ähnlichen Phänomen, wenn er beschreibt, wie viele Antisemiten es den Juden übelnehmen, daß sie sich nun schuldig fühlen müßten: Das Opfer wird als Verfolger gesehen.

heren Umgebung lösen könnten. Aber daß sie Spuren hinterläßt, gerade weil sie so früh begonnen hat, scheint mir unbestreitbar. Auch ist zu bedenken, daß es sich um mehr als nur um Auffassungen handeln kann.

Ich zitiere Wertheim, der in einem neueren Interview betont, daß rassistische Gedanken nicht dadurch verschwänden, indem man ihre Äußerung verbietet: «... ich weiß aus meiner kolonialen Erfahrung, wie tief diese ‹Mißverständnisse› verwurzelt sind. Und ich glaube, daß es sich hierbei um eine Frage sehr langer Erziehung handelt, mit der man diese Form rassistischen Denkens auf Dauer zurückzudrängen versuchen kann.» [23] Diese Betonung auf die sozial-psychologische Dimension der Unterdrückung wird nicht von allen antirassistischen und antisexistischen Gruppen geteilt, meiner Meinung nach zu Unrecht. Es erscheint mir sinnvoll, mehr Verständnis für die Mechanismen zu entwickeln, die die Unterdrückung aufrechterhalten, und von dieser Position aus zu überlegen, wie Veränderungsstrategien zu entwickeln sind, die sowohl die ökonomischen als auch die psychologischen Dimensionen berücksichtigen.

Daß wir schon von frühester Kindheit an in einer Gesellschaft aufgewachsen sind, in der ein bestimmtes Maß von Rassismus, Sexismus und Klassenunterschieden ganz normal war, und daß wir von daher wie auch durch unsere Sozialisation beeinflußt worden sind, zeigt die Sinnlosigkeit, in Begriffen von ‹Schuld› zu reden. Schuld handelt von der Vergangenheit, und die ist nicht mehr zu verändern. Und wer hat sich schließlich bewußt dafür entschieden, zu einem Rassisten oder einem Sexisten geformt zu werden? Schuld ist ein unproduktives und lähmendes Gefühl. Eher sollten wir davon ausgehen, daß wir uns unsere Vergangenheit und unsere Sozialisation nicht ausgesucht haben, daß wir aber dafür ver

23 In: ‹Een kwestie van langdurige opvoeding›, Gespräch mit W. F. Wertheim über Rassismus, geführt von M. Hisschemöller und M. Fennema, S. 37.

antwortlich sind, wie wir uns zukünftig verhalten.[24] Je besser wir die Sozialisationsprozesse verstehen, desto deutlicher wird, daß Menschen nicht völlig mit ihrem unterdrückenden Verhalten zusammenfallen, sondern daß Ursachen aufzuzeigen sind, warum jemand sexistische, klassistische oder rassistische Auffassungen verinnerlicht hat. Die Kunst ist dann, die Krankheit zu bekämpfen und nicht den Patienten.

8

Gail Pheterson unterscheidet zwischen den Folgen, die die Sozialisationsprozesse für die Mitglieder der herrschenden Gruppe haben, und denen, die sie für die Mitglieder der unterdrückten Gruppe haben. *Verinnerlichte Herrschaft definiert sie als die Verinnerlichung von Vorurteilen gegenüber den beherrschten Gruppen.* Das kann sich in Gefühlen von Höherwertigkeit, Normalität und Selbstgefälligkeit äußern.[25]

---

24 Vielleicht erscheint meine Betonung des Unterschiedes zwischen Schuld und Verantwortlichkeit vielen Leuten selbstverständlich. Dennoch begegne ich immer noch Menschen, für die die Übernahme der Verantwortung für bestehende Ungleichheit das Zugeständnis eines ‹Schuldgefühls› bedeutet und die es von daher von sich weisen. Ein neues Beispiel für dieses Denken findet sich in *Vermoorde onschuld* von Hermann Vuijsje, wo er gegen ‹Schuld- und Sühneprediger› zu Felde zieht, die das kollektive Etikett ‹Rassist› für alle weißen Niederländer als passend erachten würden. «Einfach etwas Schuldbewußtsein ist nicht genug, man muß sich stets mit der eigenen Verderbtheit geißeln» (S. 30). Dennoch führt Vuijsje ungewollt selbst die Argumente dafür an, weshalb es wichtig ist, nicht einfach zu sagen, wir tragen keine Schuld an dem kolonialen Verhalten unserer Vorfahren, und es dabei zu belassen. Die Niederlande waren kein ausgesprochen antisemitisches Land, dennoch war es möglich, daß im Krieg noch nicht einmal zwanzig Prozent der 140000 niederländischen Juden die Verfolgungen überlebt haben. Von den Deportierten waren etwa zwanzig Prozent untergetauchte Juden, die verraten worden waren (S. 154). Neben einer Reihe aktiver Widerstandskämpfer und einer Reihe aktiver Kollaborateure bestand die niederländische Bevölkerung also zu einem großen Teil aus Menschen, die es nicht als ihre Schuld und ihre Verantwortlichkeit betrachteten, was mit den Juden geschah. Nicht nur die aktiven Verfolger sind das Problem, auch die Menschen, die weggesehen haben, weil es sie nichts anging. Mit Schuld hat es also wenig zu tun, wohl aber mit Verantwortlichkeit.
25 Gail Pheterson, ‹Bondgenootschap tussen vrouwen›, S. 401.

Diese Gefühle gehen oft mit einer Leugnung der Wirklichkeit einher, mit blinden Flecken, erst recht, wenn es um das tatsächliche Leben der ‹anderen› geht. Es handelt sich um die Projektion der eigenen unerwünschten Eigenschaften auf die anderen (nicht der Mann hat die Frau überwältigt, sondern sie hat es herausgefordert, sie hat ihn dazu verführt, sie hat es verlangt). Das führt zu Angst, besonders vor der Aggression der beherrschten Gruppe und ihrem Bedürfnis nach Rache, und zu Schuldgefühlen, die stets von neuem wegrationalisiert werden müssen.

Der Sozialisationsprozeß der Unterdrückten sieht anders aus und wird von Pheterson als *verinnerlichte Unterdrückung* definiert. Das heißt, die Individuen einer unterdrückten Gruppe verinnerlichen und übernehmen die Vorurteile, die in der herrschenden Gruppe gegen sie bestehen. Das kann sich in Selbsthaß äußern, in Zurückgezogenheit, Minderwertigkeitsgefühlen, Untertänigkeit, Angst vor Gewalt, Machtlosigkeit und Dankbarkeit, weil man trotzdem leben darf.[26]

Wertheim betont gerade diesen Punkt, «daß der Status der Minderwertigkeit von den betroffenen Gruppen bis zu einem bestimmten Grad angenommen wird. Dieser sozialpsychologische Aspekt, die Verinnerlichung, so daß man selbst den anderen auch als höher gestellt betrachtet, ist noch nicht erklärt.»[27] Aber wer sich unsere Sozialisationsprozesse anschaut, der versteht dieses Phänomen schon etwas besser. Bei fast jedem ist zu erkennen, daß verinnerlichte Unterdrückung eine Art Überlebensstrategie darstellt, es ist der Versuch, sich mit einem Minimum an Schmerz zu behaupten. Zum Beispiel, indem man sich selbst unsichtbar macht: «Wenn sie nicht wissen, daß ich Jüdin bin, dann können sie mir nichts tun.» Oder die Versuche dazuzugehören, es den

26 Ebd.
27 In: Hisschemöller und Fennema, ‹Een kwestie van langdurige opvoeding›, S. 30.

Männern gleichzumachen, wenn man sich als Frau unter männlichen Kollegen behaupten will, noch sexistischer als diese zu sein, sich gegen die Mitglieder der eigenen Gruppe abzugrenzen; es gibt tausenderlei Möglichkeiten, die Unterdrückung individuell nicht fühlen zu müssen.

Niemand ist in einer geschlechtsneutralen, klassenlosen Umgebung frei von Unterschieden zwischen Menschen verschiedener Hautfarbe groß geworden, und davon tragen wir – auf welche Weise auch immer – die Spuren in uns. Gehöre ich also auch zu denen, die sagen, daß alle Weißen rassistisch seien und alle Männer sexistisch? Mit einigen Abstufungen, ja. Aber es bleibt erforderlich und nützlich, zwischen aktivem und passivem Rassismus zu unterscheiden, wie es unter anderem Philomena Essed macht.[28] Das bedeutet wiederum nicht, daß man sowieso nichts daran ändern könnte, weil schließlich keiner von uns blitzeblank den Sozialisationsprozeß durchlaufen hat. Ich glaube nicht, daß unterdrückte Gruppen für den Rest ihres Lebens Opfer sind und sich aus ihrem Opfertum nie mehr befreien könnten. Die Arbeiterbewegung, die Frauenbewegung, die eigenen Organisationen von schwarzen Menschen beweisen das Gegenteil. Aber ich glaube doch, daß mehr geschehen muß als nur der *Entschluß*, Antisexist oder Antirassist zu sein.

9

Sicherlich kennen wir mittlerweile alle die Liste der ach so armen ‹Minderheiten›: Ausländer, Frauen, Surinamer, Homosexuelle usw. *Die Schwierigkeit besteht darin, daß es sich hierbei nicht um ein einfaches Zusammenzählen von Unterdrückung handelt.* Erstens berücksichtigt eine Summe nicht die Tatsache, daß es sich hier keinesfalls um Kategorien handelt, die einander ausschließen. Die Arbeiterklasse besteht aus

28 In: *Alledaags racisme*, S. 35 ff. In diesem Verständnis bedeutet passiver Rassismus die Mitschuld am Rassismus, der von anderen ausgeht, da man nicht dagegen vorgeht.

Frauen und Männern. Ausländer ebenfalls. Homosexuelle auch. Einige Homosexuelle sind schwarz. Frauen sind hetero- oder homosexuell oder beides. Von einem Großteil der Literatur wird das wenig berücksichtigt. Es ist schon früher angemerkt worden, daß die meiste Literatur über Rassismus davon auszugehen scheint, alle Schwarzen seien Männer. Und die feministische Literatur gibt vor, alle Frauen seien weiß. Wo bleiben dann die schwarzen Frauen? ‹Doppelt unterdrückt› ist der Begriff, der gelegentlich benutzt wird, zum Beispiel dann, wenn es um Arbeiterfrauen geht.[29] Und lesbische schwarze Frauen? Dreifach unterdrückt. Aber was das genau bedeutet, ist selten untersucht worden. Margret Sloan, eine der Begründerinnen der amerikanischen *National Black Feminist Organization*, merkt dazu an: «Es wäre einfach, wenn die Unterdrücker die Woche aufteilten und sagten, von Montag bis Mittwoch machen wir sie fertig, weil sie eine Frau ist, und den Rest der Woche prügeln wir sie tüchtig durch, weil sie schwarz ist – aber so funktioniert es nicht.»[30]

Um es noch komplizierter zu machen: kaum jemand ist nur die Summe von Unterdrückungen. Ich bin eine Frau (unterdrückt), aber auch weiß (herrschend) und stamme aus der höheren Mittelschicht (ebenfalls herrschend). Einer meiner Freunde ist schwarz (unterdrückt), aber männlich (herrschend) und heterosexuell (herrschend). Kaum jemand von uns gehört nur zur Gruppe der Unterdrücker oder zur Gruppe der Unterdrückten, sonst wäre es beträchtlich einfacher, eine Strategie zu entwickeln, die uns von Unterdrückung befreit. Jede Minderheit könnte sich organisieren, wir bündeln die Kräfte, und siehe da, eine große Mehrheit mit nur einem einzigen Feind: eine kleine, unpopuläre Gruppe

29 Zur Ideologie der doppelten Unterdrückung siehe Joyce Outshoorn, ‹Feminisme en marxisme: het relaas van een echtscheiding op zoek naar een omgangsregeling›, S. 349.
30 Zitiert in Karen Kollias, ‹Class Realities: Create a New Power Base›, S. 138.

weißer, heterosexueller, nichtjüdischer Mittelschichtmänner zwischen dreißig und vierzig. Nicht behindert.

Daß Menschen nicht so einfach einzuordnen sind, ist eine Quelle vieler Schwierigkeiten, sowohl auf politischer Ebene als auch im menschlichen Miteinander und bei der Suche nach einer persönlichen Identität. Nehmen wir die Beziehung zwischen einem schwarzen Mann und einer weißen Frau oder die zwischen einem Mann aus der Arbeiterklasse und einer Frau aus der Mittelschicht. Wer unterdrückt wen? Daß beide sowohl einer herrschenden Gruppe angehören als auch einer beherrschten, kann zu einer großen Solidarität untereinander führen und zu einem Erfahrungsreichtum. Aber nicht selten wird es zur Ursache von Konflikten, nämlich dann, wenn die verinnerlichten Positionen gegeneinander ausgespielt werden. Wer hat ein größeres Anrecht auf Aufmerksamkeit, wer hat es schwerer, wer hat das größere Recht auf die Nachgiebigkeit des anderen?

Ähnliche Probleme, aber dann ins Politische übersetzt, spielen sich auch zwischen Gruppen ab. Es entstehen Streitereien darüber, welche Unterdrückung die ‹primäre› sei. Linke Gruppen versuchen, Sexismus und Rassismus aus dem Kapitalismus abzuleiten und schwarze Gruppen und Frauen dem Klassenkampf unterzuordnen. Radikale Feministinnen antworten dann, daß Sexismus die ‹wirkliche› Unterdrückung sei, denn dies sei die erste Form gewesen, der Rest von ihr abgeleitet.[31] Schwarze, von Männern dominierte Gruppen warnen ‹ihre› Frauen vor dem weißen Feminismus. Solange wir nicht die Funktionsweise erkennen, auf der Unterdrückung nicht nur nebeneinander her, sondern auch untereinander stattfindet, kommt es nur zu Loyalitätskonflikten, gegenseitiger Unterdrückung, einer ‹Teile-und-herrsche›-Politik anstelle von wirksamen Bündnissen.

31 Zum Radikalfeminismus siehe u. a. Joyce Outshoorn, ‹Feminisme en marxisme›. In dem Abschnitt über die Klassenstellung von Frauen im nächsten Kapitel komme ich hierauf zurück.

Klasse ist sehr viel mehr als die Beziehung zu den Produktionsmitteln nach der marxistischen Definition. Die Klasse bestimmt dein Verhalten und deine grundsätzlichen Lebensauffassungen. Dein Bewußtsein wird von den Erfahrungen beeinflußt, die wiederum von deiner Klasse bestimmt sind, davon, wie du gelernt hast, dich zu verhalten, was du von dir und anderen erwartest, deine Zukunftsvorstellungen, wie du Probleme erlebst und sie verarbeitest, wie du denkst, fühlst und handelst.

Rita Mae Brown *(The Last Straw)*

II. Klasse

1. Einleitung

Leben wir noch in einer Klassengesellschaft? Wenn Menschen
von früher erzählen, bemerken sie oft, daß die Scheidelinien
zwischen der einen und der anderen Klasse heute weniger klar
als damals gezogen sind. Es ist nicht mehr selbstverständlich,
den Arzt in die gute Stube zu bitten, während die Familie in der
Küche bleibt. Es ist nicht mehr selbstverständlich, daß es ge-
trennte Schulen für die Kinder der Armen und für die Kinder
der Reichen gibt. Viele Menschen glauben, daß wir prinzipiell
mit den gleichen Chancen geboren würden. Wer hart arbeitet
und intelligent ist, könne die gesellschaftliche Stellung erreichen, die er oder sie einnehmen möchte, wer ‹unten› in der
Gesellschaft hängenbleibt, hätte sich das selbst zuzuschreiben.
Viele Menschen glauben, daß die gesellschaftlichen Unterschiede nivelliert seien. Die Reicheren tragen die gleichen
Jeans wie die Armen, viele Leute besitzen ein Auto, und jeder
schaut sich dasselbe Fernsehprogramm an. Es existieren für
Kinder keine Hindernisse mehr, auf weiterführende Schulen
zu gehen; wer wenig Geld hat, für den gibt es Stipendien.
Manchmal, so hörte ich jemanden sagen, kann man nicht einmal mehr sehen, wer die Putzfrau ist und wer die Dame des
Hauses, wenn man bedenkt, was die Leute heute für Kleidung
ausgeben. Wir leben weniger als früher in einer ‹Ständegesell-
schaft›, in der die Hierarchie sorgfältig durch die Kleidung, die
man trug, durch Sprachgebrauch und Sitten aufrechterhalten
wurde. Doch selbst wenn die krasseste Armut durch ein System von Sozialhilfe und Fürsorge überwunden worden ist,

unsere gesellschaftliche Stellung bestimmt noch immer, wie wir leben. Zum Beispiel, wo wir wohnen, wie gesund wir sein werden [1] und in welchem Maße wir das Recht haben, selbst über unser eigenes Leben zu entscheiden. Obwohl es wenig formale Barrieren gibt, die Menschen in der Klassenschicht festhalten, in die sie hineingeboren worden sind, können wir beobachten, daß Kinder aus der Arbeiterklasse häufiger in der Arbeiterklasse verbleiben und daß Kinder aus den ‹höheren› Schichten später häufiger in der gleichen Schicht wiederzufinden sind. Wenige Arbeiterkinder werden es zu Top-Managern oder zum Hochschullehrer bringen, wenige Kinder aus höheren Schichten werden wir als Verkäuferin auf dem Markt oder als Packerin in einer Fabrik antreffen. Das System enthält also eine Anzahl beständiger Mechanismen, die die Tendenz haben, Menschen an ihrem gesellschaftlichen Platz festzuhalten. Nicht jeden in gleichem Maße. Daneben steht die ‹Mobilität›, das Auf- oder Absteigen auf der gesellschaftlichen Leiter, aber nur für wenige und selten weit. Klassenherkunft wirkt wie eine Handvoll Karten, die zu Beginn des Spiels ausgeteilt werden. Das Spiel muß noch gespielt werden. Wer gewinnen wird, hängt von vielen Faktoren ab, aber es ist deutlich, daß man mit einem guten Blatt die besseren Chancen hat. Bevor ich in diesem Kapitel darauf eingehe, was unter Klassenunterschieden zu verstehen ist und wie die Klassenstellung von Frauen beschaffen ist, zuerst noch einige Anmerkungen zum Zusammenhang von Sprachgebrauch und Klassismus.

[1] Um nur einen Aspekt zu nennen, wie sich die Klassenzugehörigkeit auf unsere Gesundheit auswirkt: Frauen aus der Arbeiterklasse geraten häufiger in psychische Schwierigkeiten als Frauen aus der Mittelschicht. Mit Labilität hat das wenig zu tun, wohl aber mit den materiellen Umständen, zum Beispiel mit den Wohnverhältnissen. Eine zu kleine Wohnung, zu viele Menschen auf engstem Raum, Lärm und Hellhörigkeit, alle Sorgen, die damit zusammenhängen, führen zu mehr Stress, als wenn man großzügig wohnt und dabei auch keine finanziellen Sorgen zu haben braucht. Siehe George W. Brown, Máire Ni Bhrolchán und Tirril Harris, ‹Social Class and Psychiatric Disturbance among Women in an Urban Population›.

Wie sehr Unterdrückung und Sprachgebrauch miteinander verwoben sind, zeigt sich schon, wenn man versucht, auf eine nicht ‹klassistische› Art zu schreiben. Wenn man die bestehende Ungleichheit nicht dadurch verfestigen will, indem man abwertende Begriffe den Menschen gegenüber benutzt, die aufgrund ihrer Klasse unterdrückt werden. Die Klassenverhältnisse spiegeln sich in der Sprache wider. Es ist quasi unmöglich, die Begriffe ‹oben› und ‹unten› zu vermeiden. Ich kann untere Klasse durch Arbeiterklasse ersetzen und Oberklasse durch ‹besitzende› Klasse, aber dann reden wir immer noch von höheren und niedrigen Ausbildungen, von ‹aufsteigen› und ‹hinunterfallen›, von Top-Managern, Untergebenen, von dem Haupt einer Schule, von über jemandem stehen, zu jemandem aufschauen oder auf jemanden herabschauen.[2] Es läßt sich nicht vermeiden. Wo es gelingt, klassistischen Sprachgebrauch zu umgehen, habe ich das getan. So ist der Begriff ABN *Allgemeen Beschaafd Nederlands*★, der impliziert, daß Dialekte nicht zivilisiert wären, durch Standardniederländisch zu ersetzen. Die Worte Kaffer für Bauern und, noch schlimmer, Buer als Schimpfworte sollten nicht benutzt werden, zumindest nicht von demjenigen, der einmal den in ihnen enthaltenen Klassismus erkannt hat. Auf die Bezeichnungen ‹hoch› und ‹niedrig› kann man kaum verzichten. Ich möchte dazu anmerken, daß diese Begriffe ein Ausdruck sind für die bestehende Machtungleichheit und daß sie nichts über die individuellen Menschen aussagen. Es sind Umschreibungen einer gesellschaftlichen Stellung, nicht eines tatsächlichen Wertes.

2 Nico Wilterdink und Bart von Heerikhuizen (Hg.), *Samenlevingen*, S. 174. Siehe auch Lillian Breslow Rubin, *Worlds of Pain*, S. 8.
★ Bezeichnung für «Hochniederländisch», analog zu Hochdeutsch, wörtlich übersetzt würde es soviel bedeuten wie ‹Allgemeine Kultursprache› oder ‹Allgemeine Zivilisierte Sprache›. (A. d. Ü.)

2. Klasseneinteilung

Über den ‹alltäglichen Klassismus› ist wenig geschrieben worden, ebenso wenig über die normalen, alltäglichen Klassenerfahrungen. In der Literatur finden wir häufiger Romane über die Erfahrung der Mittelschicht oder der höheren Klassen als über die der Arbeiterklasse oder der Bauern. Wenn es solche Romane gibt, stellen sie oftmals romantisierende oder eben klassistische Bilder dar, geschrieben aus der Sicht der Mittelklasse.[3] Und wenn doch etwas über das Leben in der Arbeiterklasse geschrieben wurde, dann wieder verhältnismäßig selten über Frauen. Auch Untersuchungen des konkreten Lebens in den verschiedenen Klassenschichten sind rar. Lillian Breslow Rubin, selbst aus der Arbeiterklasse stammend, schrieb die inzwischen bekannte Untersuchung über die Beziehungen zwischen Frauen und Männern in der Arbeiterklasse: *Worlds of Pain*. Im Ausland schrieben Sennett und Cobb *The Hidden Injuries of Class*. Bea Campbell, auf den Fußspuren von Orwell, der die Frauen der Arbeiterklasse übersah, beschrieb das Leben in der englischen Arbeiterklasse von heute, besonders das der Frauen in ihr.[4] Untersuchungen in den Niederlanden beschäftigen sich häufiger mit der Entstehung der Arbeiterklasse als mit den heutigen Lebensbedingungen darin.[5] Wir werden uns also vorläufig mit den eigenen Erfahrungen begnügen müssen. Da ich kaum etwas direkt aus der Literatur entnehmen kann, werde ich in diesem Kapitel ziemlich ausführlich angeben, in welchem Kontext die hier zitierten Erfahrungen gesammelt wurden.

---

3 Eine Ausnahme in den Niederlanden ist Maria van der Steen, die unter anderem *Die Annie ben ik* schrieb, ausgehend von ihren eigenen Erfahrungen als Frau aus der Arbeiterklasse.
4 George Orwell schrieb *Der Weg nach Wigan Pier*. Beatrix Campbell schrieb *Wigan Pier Revisited*.
5 Wie zum Beispiel Ali de Regt, *Arbeidersgezinnen en beschavingsarbeid* oder Jacques Giele, *Arbeidersleven in Nederland 1850–1914*.

Die Frauen der Seminargruppen, die ich jahrelang unterrichtet habe, teilen allgemein betrachtet die gleiche Klassenstellung: Sie sind Sozialarbeiterinnen mit einem staatlichen Abschluß, meist mit einem vernünftigen Gehalt und mit einem zusätzlichen Abschluß, haben Chancen auf bessere berufliche Stellungen oder Führungspositionen.[6] Aber wenn wir uns die Klasse anschauen, aus der sie stammen, dann finden sich fast alle Klassenherkünfte. Bauerntöchter, Landarbeitertöchter, Töchter aus der politisch bewußten Arbeiterelite und Töchter katholischer Arbeiter aus einem kleinen Dorf. Frauen, deren Eltern einen Bäckerladen hatten, einen Holzbetrieb oder eine Bankfiliale. Töchter von Anwälten, Diplomaten, Ärzten, Malern, Lehrern, Binnenschiffern. In anderen Ausbildungsgängen ist die Vielfalt von Klassenherkünften meist geringer. In niedrigeren Berufsausbildungen trifft man häufiger Leute mit einer ‹niedrigeren› Klassenherkunft, auf den Universitäten hingegen nur selten. Diese Vielfalt in der Sozialarbeiterausbildung ist historisch gewachsen. Früher stellte die Sozialarbeit für die höheren Bürgertöchter eine akzeptable Tätigkeit dar. Auf der anderen Seite erwies sich die Sozialarbeit auch als eine geeignete Laufbahn für Arbeiter- und Bauerntöchter, weil man sie über eine Reihe von Vorausbildungen, über praktische Berufserfahrung, über Kindererziehung, über untere und mittlere Berufsausbildungen und über Teilzeitausbildung erreichen kann.

In den ersten Jahren beschäftigten wir uns nicht mit den Unterschieden zwischen den Frauen, sondern hauptsächlich mit unserer Stellung als Frau. Konflikte gab es damals zwar auch schon, aber wir begriffen zu der Zeit noch nicht, daß diese aus der Tatsache resultierten, daß die einzelnen nicht nur ihre Sozialisation als Frau in das erwachsene Leben hin-

6 Obwohl das inzwischen unter dem Einfluß der Einsparungen schwieriger geworden ist. Immer mehr Sozialarbeiterinnen werden aus der bezahlten Arbeit herausgedrängt, und immer mehr Studentinnen leisten ehrenamtliche Arbeit.

eintragen, sondern auch die Klassensozialisation. So entstand in einer der ersten Gruppen einmal eine erhitzte Debatte über den Wert des Abschlusses. Ist doch nichts wert, dieser Fetzen Papier, hatte eine der Frauen gesagt, woraufhin eine andere so wütend wurde, daß sie kaum mehr ein Wort herausbrachte. Hierauf folgte eine politische Diskussion über die Bedeutung von Ausbildungen und Abschlüssen, die niemand verstand. Erst später erkannten wir, daß dieser Konflikt mit der unterschiedlichen Geschichte beider Frauen zusammenhing. Die eine stammte aus einer Familie von Intellektuellen. Für sie war es selbstverständlich, daß jedes Kind studierte. Und so ein Sozialarbeiterabschluß war eigentlich nicht gerade etwas, auf das man besonders stolz sein konnte. Zu Hause verteidigte sich die Studentin damit, daß es ihr nicht um das Studium ginge, sondern um die Arbeit mit Menschen. Die andere Frau kam aus einer Arbeiterfamilie, in der außer ihr fast niemand die Chance gehabt hatte, sich weiterzubilden. Sie wußte noch genau, wie schwer es für ihre Eltern gewesen war, zumindest eines der Kinder auf die Realschule zu schicken, und wie stolz sie nun waren, daß ihre Tochter es so weit gebracht hatte.

In den späteren Jahren, als es beim Thema ‹Sozialisation› nicht nur um die Gemeinsamkeiten zwischen Frauen, also um die Geschlechtersozialisation ging, sondern auch die Unterschiede untereinander zur Sprache kamen, wurde ‹Klasse und Klassensozialisation› ein fester Unterrichtsbestandteil.[7]

Lange nicht jede hatte zu Anfang ein klares Bild davon, aus welcher Klasse sie stammte und was diese Klassensozialisation für sie bedeutete. Es fällt auf, daß Frauen aus der ‹bewußten› Arbeiterklasse ganz genau wissen, woher sie kommen,

---

7 Ich gehe hier nicht weiter auf den Lehrplan des Ausbildungsganges Frauen und Sozialarbeit ein. Siehe dazu Meulenbelt, ‹Privat-Mütter und öffentliche Mütter› in *Weiter als die Wut* und Anita Aerts u. a., *Vrouwen en welzijnswerk* (Arbeitstitel), wo auch ein Artikel enthalten ist, in dem ich auf die Methodik und die Begleitung der Unterrichtseinheit zum Thema ‹Klasse› eingehe: Meulenbelt, ‹Klasse in de klas›.

aber viele Frauen aus der Mittelschicht kaum wissen, was sie sich unter dem Begriff ‹Klasse› vorzustellen haben. In der ersten Gesprächsrunde wird jede Frau gebeten, sich gemeinsam mit anderen einer Gruppe zuzuordnen, die im großen und ganzen das gleiche Klassenumfeld teilt. Die Gruppeneinteilung sieht folgendermaßen aus:

– bäurische Herkunft, auch Gärtner und Züchter;
– Arbeiterklasse, wenn genügend Personen da sind, unterteilt in gelernte und ungelernte Arbeiter;
– Mittelstand, Personen mit einem eigenen Geschäft oder einem kleinen Unternehmen neben der Wohnung;
– untere Mittelschicht, kleinere Büroangestellte, untere Beamten, kleine Gewerbetreibende;
– Mittelschicht, Kleinunternehmer oder Freiberufler, Lehrer, Künstler;
– höhere Mittelschicht und besitzende Klasse: Anwälte, Bankiers, Ärzte, Großunternehmer;
– Personen, die nirgendwo dazuzugehören scheinen, die aus dem Klassensystem herausfallen oder eine eigene Klasse bilden: Wohnwagenbewohner, Zigeuner, Schiffer.

Gegen diese Einteilung läßt sich natürlich das eine oder andere einwenden.[8] Die Grenzen zwischen den ‹Schichten› sind

8 Die ‹richtige› Einteilung in Klassen wird heftig diskutiert, zum Beispiel das Entstehen oder Nichtentstehen einer neuen Mittelklasse oder die Frage, ob die untere Mittelschicht, vor allem die Büroangestellten, nicht in Wirklichkeit bereits zur Arbeiterklasse gerechnet werden müssen. Besteht zwischen einer Phonotypistin und einer Fließbandarbeiterin in der Fabrik seit der stattgefundenen Automatisierung noch ein wesentlicher Unterschied? Ist der Unterschied zwischen Handarbeit und der sauberen Büroarbeit wirklich noch aufrechtzuerhalten? Auf der einen Seite könnten wir sagen, daß die kleineren Büroangestellten proletarisiert sind, wenn wir uns ihre Löhne anschauen, die nicht höher sind als die eines Fabrikarbeiters. Auf der anderen Seite bestehen durchaus noch Unterschiede, zum Beispiel der, daß das Büropersonal zum größten Teil aus Frauen besteht, während der überwiegende Teil der Industriearbeiter Männer sind. Diese Tatsache wird gelegentlich noch übersehen oder als unwesentlich beiseite geschoben, zum Beispiel in A. Stuart, K. Prandy und R. M. Blackburn, *Social Stratification and Occupations.* Über das Büropersonal wird dort angemerkt (S. 93), daß es zum größten Teil aus Frauen bestünde, der Rest des betreffenden Kapitels aber handelt

teilweise schwer zu ziehen. Tatsächlich sollte eher von einem Kontinuum gesprochen werden als von deutlich voneinander zu unterscheidenden gesellschaftlichen Stellungen. Außerdem stellt nicht jede genannte Gruppe eindeutig eine Klasse dar. Bauern zum Beispiel wären in alle Schichten einzuteilen. Es gibt ‹Großbauern / Gutsherren› mit großen Betrieben, mit Mägden und Knechten. Es gibt mittelgroße Bauernhöfe und kleine ‹Häusler›. Und es gibt Landarbeiter ohne eigenen Besitz.

Aber es hat sich in der Praxis gezeigt, daß diese Einteilung ihre Berechtigung hat, um die Erfahrungen der Teilnehmerinnen zu sammeln. Die Gemeinsamkeiten untereinander, zum Beispiel zwischen Groß- und Kleinbauern, werden als wichtiger erfahren als die Gemeinsamkeiten mit anderen gesellschaftlichen Gruppierungen. So wurde auch ‹Mittelstand› als eine einzelne Kategorie beibehalten, weil genauso wie bei Bauern die Arbeit in Ladenwohnungen und die Vermischung von Hausarbeit und Lohnarbeit großen Einfluß auf die Erziehung der Kinder ausüben.

Auch innerhalb der Klassengruppierungen gibt es Unterschiede: in der Arbeiterklasse nicht nur zwischen gelernten und ungelernten Arbeitern oder zwischen dem *hard-living* und dem *settled-living*, wie Rubin es unterscheidet,[9] sondern auch zwischen den politisch bewußten, wie zum Beispiel den Schriftsetzern und den Diamantenschleifern mit einer langen

ausschließlich von männlichen Büroangestellten. So wird selbst eine Mehrheit als Ausnahme übergangen.

Siehe ferner u. a. Jan Berting, ‹In het brede maatschappelijke midden: de veranderende positie van de middengroepen in de Nederlandse samenleving tussen 1850–1980›; Anthony Giddens, *Die Klassenstruktur fortgeschrittener Gesellschaften*; Anthony Giddens und Gavin Mackenzie, *Social Class and the Division of Labour*; Pat Walker, *Between Labour and Capital*; Frank Parkin (Hg.), *The Social Analysis of Class Structure*; Anthony Giddens und David Held (Hg.), *Classes, Power and Conflict*.

9 Lillian Breslow Rubin, *Worlds of Pain*, S. 30. Siehe auch Richard Sennett und Jonathan Cobb, *The Hidden Injuries of Class* und Ali de Regt, *Arbeidersgezinnen en beschavingsarbeid*.

sozialistischen Tradition, und den wenig politisch bewußten, wie zum Beispiel einer katholischen Arbeiterfamilie in einem kleinen Dorf. Auch ‹oben› zeigen sich Unterschiede, zum Beispiel zwischen denen, die zwar ‹aus gutem Hause stammen›, aber vielleicht wenig Geld haben, und den ‹Neureichen›, den Unternehmern, die zwar Geld haben, aber oft nicht die Kultur mit Konzertbesuch und Pferdereiten.

Bei der ersten Einteilung nach Klassengruppen zeigt sich sofort, daß sich die Wirklichkeit nicht so leicht in ein Schema pressen läßt. Hier einige Faktoren, die die Einteilung weiter erschweren:

a) Nicht alle Eltern hatten ihr ganzes Leben lang die gleiche Klassenstellung inne, und es ist gerade die Erfahrung ‹aufzusteigen› ebenso wie die ‹herunterzufallen›, die für eine Person entscheidend ist. Zum Beispiel bei den Familien, in denen das Einkommen geringer war als früher und wo alles dem Versuch untergeordnet wurde, diese Armut hinter einer Fassade von Anstand und guten Manieren zu verstecken.

b) Bei einigen Eltern stammten der Vater und die Mutter nicht aus der gleichen Klasse. Auffallend viele Frauen in den Gruppen hatten eine Mutter, die ‹nicht standesgemäß› geheiratet hatte. Es könnte sein, daß gerade Frauen, die sich dafür entschieden haben, sich einen eigenen Beruf aufzubauen, häufiger Mütter haben, die die beruflichen Pläne, die sie selbst nicht hatten verwirklichen können, auf ihre Töchter zu übertragen versuchen.

c) Einige Frauen waren ohne Vater erzogen worden, nur von einer Mutter oder von zwei Müttern, und das waren nicht nur zufällig die Frauen, die die größten Schwierigkeiten hatten zu sagen, zu welcher Klasse sie gehörten.

d) Einige Zugehörigkeiten scheinen als kennzeichnender erfahren zu werden als die der Klassenherkunft. Die Religion zum Beispiel. Manche Frauen erzählten, daß es bei ihnen auf dem Dorf wichtiger gewesen sei, ob die Familie katholisch wäre. Manchmal verschleiert die Religion

Klassenverhältnisse, und manchmal verschärft sie diese, so in den Fällen, wo die Reichen vorne in der Kirche saßen. Der Krieg, durch den viele festgeschriebene Verhältnisse durcheinandergerieten, kann ebenfalls die Klasseneinteilung überdecken, ebenso die Unterschiede in der ethnischen Herkunft. Tochter eines Lehrers in Surinam zu sein bedeutet etwas anderes, als die Tochter eines Lehrers in den Niederlanden zu sein.

e) Und dann gab es die Frauen, die nirgends dazuzugehören schienen: Eine Wohnwagenbewohnerin mit der eigenen Lagerkultur; die Tochter eines Schiffers, der sich eher mit der Arbeiterklasse verwandt fühlte, wenn es um die harte Arbeit ging und nie Freizeit zu haben, aber mit dem Mittelstand, wenn es um die Erfahrung ging, sein eigener Herr zu sein.[10]

Viele der Schwierigkeiten, Frauen nach ihrer Klassenherkunft einzuordnen, verweisen direkt auf das Thema, von dem wir noch sprechen werden: die spezifische Klassenstellung von Frauen. Daß Frauen ohne Vater nicht einfach einzuordnen sind, ist kein Zufall; daß Väter und Mütter, die eine unterschiedliche Klassenzugehörigkeit haben, Verwirrung schaffen, auch nicht. Ich komme darauf noch zurück.

Trotz der Abstufungen und der Schwierigkeiten zeigt sich, daß es doch wichtig ist, in einer mehr oder weniger homogen zusammengesetzten Gruppe zu untersuchen, wie die eigene Klassensozialisation ausgesehen hat, welche Botschaften uns

10 Typisch für die Schiffer: keinen festen Wohnort, nicht in Lohnarbeit, eine niedrige Ausbildung, ein geringer Grad von Organisation, sehr abhängig von den Marktverhältnissen. «Jeder sein eigener Herr, durch und durch Individualisten, manchmal bis zum bitteren Ende» (mündliche Mitteilung). Es gibt noch andere Gruppierungen, die wir selten in der Berufshierarchie aufgeführt finden: Menschen, die ihr Einkommen aus der Kriminalität oder aus der Prostitution beziehen. Auch innerhalb dieser Gruppen sind große Einkommensunterschiede möglich. In der Prostitution gibt es Klassenunterschiede, zum Beispiel zwischen Straßenhuren und Callgirls.

vermittelt worden sind, die uns in unserem späteren Leben noch beeinflussen, und wie unser Selbstwertgefühl mit diesen ersten Erfahrungen zusammenhängt. Gerade weil diese Erfahrungen so ‹normal› waren, werden wir uns ihrer erst bewußt, wenn wir sie mit denen der anderen vergleichen (wie auch in den ersten Frauengesprächsgruppen im Erfahrungsaustausch erst wirklich deutlich wurde, was Frauenunterdrückung eigentlich beinhaltet und wie tiefgreifend sie unser Leben bestimmte).

3. Die gelebte Erfahrung

Die Themen in der Unterrichtseinheit ‹Klasse› bei dieser ersten Begegnung mit der eigenen Klassengruppe lauten: Wie wurde zu Hause mit Geld umgegangen, war Geld da, wußte jeder wieviel, wer verfügte darüber? Wie wurde mit der Arbeit umgegangen und wie mit der Freizeit, gab es Freizeit, wenn ja, für wen? Wie sahen die Wohnverhältnisse aus? Wie war das Verhältnis zur ‹Kultur›, gab es Bücher, gab es Musik? Welche Ausbildungen waren für uns in der Zukunft möglich? Wie normal oder wie schwierig war es, weiter zur Schule zu gehen?

Die Berichte dieser ersten Gesprächsrunden fördern bereits einen erstaunlichen Erfahrungsreichtum zutage, schon dann, wenn nur der Umgang mit Geld herausgegriffen wird, der hinsichtlich der Klassenzugehörigkeit ein wichtiger Faktor ist. Geld ist die Ursache vieler Konflikte, sowohl in Beziehungen zwischen Frauen und Männern als auch zwischen Frauen untereinander, zum Beispiel am Arbeitsplatz und sogar innerhalb von Bewegungen.

Einige typische Erfahrungen:

(Bäuerliche Herkunft:) *Bei uns zu Hause war kein Geld übrig, das man für Luxus hätte ausgeben können. Fast alles, was wir aßen,*

71

kam vom Feld, und Spielzeug bekamen wir fast nie. Es gab so viele andere Dinge, mit denen man spielen konnte und die nichts kosteten. Aber ich erinnere mich auch an Situationen, wo Tausender über den Tisch gingen, zum Beispiel wenn der Viehhändler da war. Es wurde immer geschimpft, daß kein Geld da wäre. Aber dann stand am nächsten Tag doch ein neuer Trecker auf dem Hof. Noch immer geht es mir ein bißchen so, daß ich es als Sünde empfinde, Geld in einem Restaurant auszugeben, während man selbst genauso gut kochen kann und viel billiger. Aber es bereitete mir überhaupt keine Schwierigkeiten zu verhandeln, als ich ein Haus kaufen und dafür 150 000 Gulden hinblättern mußte, die ich teilweise mit meinen Ersparnissen und teilweise über eine Hypothek finanzierte. Das machte mich überhaupt nicht nervös.

(Höhere Mittelschicht:) Ich glaube schon, daß wir wohlhabend waren. Es wurde viel Geld für Sachen ausgegeben, die andere Leute sehen konnten, das Haus, das Auto, unsere Kleidung. Aber locker saß das Geld nie, denn es mußte immer wieder in den Betrieb investiert werden. Meine Mutter mußte immer um das Haushaltsgeld betteln.

(Untere Mittelschicht:) Geld war bei uns etwas Geheimnisvolles. Es wurde nie darüber gesprochen. Mein Vater hatte es zu verdienen. Aber wir kamen nie damit aus. Schulden zu machen, das war schrecklich. Wir mußten auch immer adrett aussehen. Meine Mutter arbeitete ebenfalls, aber immer ‹übergangsweise›, wie es hieß. Für den Luxus, sagte sie. Aber man konnte merken, daß sie mit dem Geld auch den Haushalt finanzierte, wenn sie nicht mit dem auskam, was mein Vater verdiente. Sie steckte uns auch schon mal etwas zu, aber das durften wir dann nicht unserem Vater sagen.

(Ungelernte Arbeiterklasse:) In unserem Stadtviertel galten wir als die Asozialen. Manchmal hatte mein Vater Arbeit und manchmal nicht. Er nahm alles an, was er bekommen konnte. Eigentlich arbeitete jeder bei uns, auch die Kinder, Einkäufe austragen, wenn in den Läden viel los war, und dann hofften wir auf einen Groschen.

Gespart wurde bei uns nicht, denn das hatte ja doch keinen Sinn. Ich habe es zwar einmal versucht, aber dann brauchte meine Mutter ein neues Gebiß, und wir mußten alles hergeben. Was ich davon behalten habe? Daß ich nie Angst habe, eines Tages ohne Geld dazusitzen. Es kommt immer schon wieder irgendwoher, und man kann ja auch, wenn es sein muß, von fast gar nichts leben.

Die individuellen Erfahrungen lassen allmählich Muster deutlich werden. Zum Beispiel, daß das erwachsene Verhalten der einen noch immer von der Angst bestimmt wird, kein Geld mehr zu haben und ‹herunterzufallen›, während die andere es leichtherzig ausgibt und keine schlaflosen Nächte hat, wenn sie in den roten Zahlen steckt.

Die Erfahrungen zeigen auch, wie viele unserer Reaktionen noch immer vom Klassenhaß bestimmt werden: Die glaubt sicher, daß sie etwas Besseres sei. Oder, welche Rolle der Neid immer noch spielt. Wie sich der Stolz der Eltern im eigenen Kopf festgesetzt hat. Unsere Einstellung zur Arbeit wird – wie sich zeigt – ebenfalls oft von den Erfahrungen unserer Jugendzeit geprägt und ist somit ebenfalls klassenbestimmt. Wer immer zu hören bekommen hat, daß Arbeit adele und die Faulheit des Teufels Ruhekissen sei, hat es später manchmal schwer, sich selbst Freizeit zuzugestehen. Ob man anderen Leuten Aufträge erteilen kann, hängt mit der Erfahrung zusammen, ob die Eltern früher zum Personal gehörten oder selbst Personal hatten.

Der Erfahrungsaustausch über konkrete Lebensumstände erweist sich als eine sehr emotionale Angelegenheit. Scham über die eigene Herkunft, sich daran erinnern zu müssen, daß man sich nicht traute, andere Kinder mit nach Hause zu bringen. Dank der Arbeiterbewegung hat die Arbeiterklasse einen gewissen Stolz auf ihre Herkunft entwickelt, Bauern hingegen sind immer noch die ideale Zielscheibe klassistischer Geringschätzung. Menschen aus der unteren Mittelschicht, finanziell manchmal schlechter gestellt als Facharbeiter, haben gelegentlich das Gefühl vermittelt bekommen, überhaupt nichts zu sein, nirgends dazuzugehören, nichts erzählen zu können, auf das sie stolz sein könnten. Und auch in den höheren Schichten spielen negative Gefühle eine Rolle: zum Beispiel die Scham über die Vorrechte, wenn man die Erzählungen der unteren Klassen hört, manchmal auch die Trauer über die emotionale Distanz zu Hause oder noch immer unter dem erlernten Leistungsdruck zu leiden. Bei allen negativen Erfahrungen mit der Klassensozialisation erweist es sich als schwierig, auch deren positive Seiten zu entdecken.

(Bäuerliche Herkunft:) *Ich wurde als Kind oft damit gehänselt, daß ich von einem Bauernhof komme. Ich ging mit Dorfkindern zur Schule, deren Eltern keine Bauern waren. Die riefen dann immer, da kommt sie, sie stinkt nach Kuhscheiße. Ich habe auf der Mittelschule nie gesagt, daß ich von einem Bauernhof stamme, und nie jemanden mit nach Hause genommen, obwohl es dort wirklich wunderschön war. Die Stadtleute hatten nicht soviel Platz wie wir. Aber im nachhinein sehe ich doch auch, was ich an Gutem davon behalten habe. Ich bin gewohnt, sehr hart zu arbeiten. Und ich bin sehr flexibel. Wenn ein Plan nicht gelingt, dann wirft mich das nicht um. Auf dem Bauernhof mußte man auch immer erst abwarten, wie das Wetter werden würde. Wenn man vorhatte, das Heu einzufahren, und es fing an zu regnen, dann machte man eben den Stall sauber. Ich kann Mißerfolge sehr gut verarbeiten. Die erlebt man ständig auf dem Lande.*

(Mittelstand:) *Mein Leben hat immer im Zeichen unseres Geschäfts gestanden. Eigentlich war das ganze Familienleben dem Laden untergeordnet. Ich konnte nie mit der Aufmerksamkeit meiner Mutter rechnen, immer mußte sie ‹nach vorne›, wenn Kunden kamen. Die Kunden gingen stets vor. Ich habe meine Mutter oft seufzen hören, wie sehr sie sich wünschen würde, ein ‹geschlossenes› Haus zu haben und eine normale Hausfrau zu sein, aber dafür ging der Laden nicht gut genug. Ich habe gelernt, zu jedem höflich und freundlich zu sein und vor allem nicht zu lautstark meine eigene Meinung zu äußern, denn dadurch hätte man ja Kunden verlieren* können. *Das Positive ist, daß ich mit vielen unterschiedlichen Menschen umgehen kann. Das Negative, daß mir noch immer der Angstschweiß ausbricht, wenn ich eine dezidierte Meinung vertreten oder etwas Unfreundliches sagen muß. Und dann macht es mir Schwierigkeiten, wirklich mit jemandem zusammenzuarbeiten und nicht jeden als Konkurrenten zu empfinden.*

(Ungelernte Arbeiterklasse:) *Wenn Geld da war, war das ein Fest. Dann nahm uns unsere Mutter allesamt mit in die Gaststätte, und dann hieß es: Kinder, wer möchte was trinken? Bis das Geld alle war. Ich habe früh gelernt zu betteln, Kleider aus Müllsäcken herauszuholen oder sie Leuten abzuschwatzen. Abends lief ich oft auf der Straße herum, während andere Kinder, vor allem die Mädchen, längst zu Hause sein mußten. Manchmal suchte mich einer meiner Brüder und zog mich an einem Ohr nach Hause, aber meist konnte ich tun, wozu ich Lust hatte. Ich habe mich dafür später zwar geschämt, und es ist mir in der Schule schwergefallen, mich anzupassen. Wenn sie mich auf den Flur schickten, lief ich einfach hinaus und kam den ganzen Tag nicht mehr zurück. Aber ich habe auch etwas davon übrigbehalten, was ich bei anderen Frauen nicht sehe. Ich habe keine Angst vor Männern. Ich habe gelernt zu kämpfen. Und ich habe auch keine Angst vor der Zukunft oder davor, daß ich ohne Geld dasitzen werde oder meine Arbeit verliere. Ich weiß, daß ich mir immer helfen kann, auch wenn ich gar nichts hätte.*

(Arbeiterklasse:) *Ich habe jetzt erst entdeckt, warum ich es so schwierig finde, in meinem Betrieb eine führende Position zu übernehmen, obwohl sie mir schon angeboten wurde. Mein erster Impuls war, das ist nichts für mich. Ich stamme aus der politisch bewußten Arbeiterklasse. Dort habe ich gelernt, daß man sich solidarisch verhalten muß. Es macht mir ungeheure Schwierigkeiten, mich selbst nun ‹über› die anderen Menschen zu stellen, mit denen ich vorher zusammengearbeitet habe. Ich empfinde es als Verrat.*

(Höhere Mittelschicht:) *Zu Hause hatten wir es gut. Das heißt: alles, was wir brauchten, war da. Wir hatten ein großes Haus, einen großen Garten und viel Personal, Leute für den Haushalt und auch Kindermädchen. In der Schule wurden wir mit Respekt behandelt, weil jeder wußte, daß wir Geld hatten. Mein Vater spendete auch regelmäßig für alle möglichen guten Sachen. Wenn ich keine Lust hatte, mit jemandem zu reden, dann konnte ich dem Dienstmädchen mitteilen, daß Fräulein Helene nicht da sei. Auf der anderen Seite fand ich es nie gemütlich bei uns zu Hause. Mein Vater arbeitete nur für das Geschäft, meine Mutter spielte Bridge und saß in allen möglichen Damenkränzchen. Es gab zwar immer Babysitter, aber die wechselten ständig. Im Endeffekt gab es niemanden, zu dem ich Vertrauen hatte. Ich war eigentlich eifersüchtig auf die Kinder, die es weniger gut hatten. Die saßen am Samstagabend mit einer Tüte Erdnüsse alle zusammen um den Tisch und hörten Radio. Bei uns war das nie so.*

(Mittelschicht:) *Ich habe eigentlich nie gelernt, richtige Freunde zu haben. Meine Eltern hatten fast überhaupt keine Freunde. Mit Leuten, die unter uns standen, sollten wir uns nicht abgeben, die Leute über uns wollten sich nicht mit uns abgeben, und die Leute, die uns glichen, das waren im Prinzip Konkurrenten. Es gab viel, was wir als Familie nicht durften. Zum Beispiel irgendwo an einem Imbiß ein Würstchen essen. Stell dir vor, daß einen das Personal sehen würde. Daß man auch Freunde haben konnte, einfach so, ohne daß sie etwas von dir wollten oder ohne daß man sich anstrengen mußte, weil man sie für irgend etwas brauchte, das ist eine ganz neue Erfahrung für mich.*

Es ist gegenwärtig weniger selbstverständlich, seine Klassenstellung offen zu zeigen. Leute mit geringem Einkommen haben die Tendenz, dies zu verbergen, aber auch in den höheren Klassen wird es nicht als schick empfunden, den Wohlstand allzu auffällig zur Schau zu tragen. Das bedeutet nicht, daß Leute nicht dennoch die Neigung haben, sich in einem günstigen Sinn von anderen abzuheben. Sprachgebrauch ist dabei ein wichtiger Faktor, und es ist nicht umsonst so, daß fast jeder, der aufsteigen möchte oder sich wünscht, daß seine Kinder es einmal besser haben werden, sich anstrengt, den Dialekt durch Standardniederländisch zu ersetzen. Ein anderer Faktor ist der Geschmack. Das subtile Vorzeigen von Markenartikeln, der besondere Übergangsmantel mit dem karierten Innenfutter, der nicht teuer aussieht, aber von dem jeder dennoch weiß, daß er einige hundert Gulden mehr kostet als ein normaler Regenmantel. Das Bedürfnis der ‹Oberen›, sich von den ‹Unteren› zu unterscheiden, besteht weiterhin, auch wenn es sich um stillschweigende Absprachen handelt, über die man nicht allzuviel reden darf. Selbst wenn Leute aus den höheren Klassen ständig betonen, daß es doch äußerst wünschenswert sei, wenn ihre – höhere – Kultur von den Leuten aus den unteren Schichten geteilt werde. Bram de Swaan bemerkte bereits, daß wir die Van Gogh-Reproduktionen, die «Vier Jahreszeiten» von Vivaldi und die kleinen Tänzerinnen Degas' von dem Moment an, da sie zur Kultur der unteren Schichten gehören, nicht mehr in den Häusern der Wohlhabenden vorfinden.[11] Wir können also von ‹fallenden Kulturgütern› sprechen: Sobald die Fonduesets nicht mehr nur in den feineren Läden zu kaufen sind, sondern auch in den Supermärkten, kehrt sich die höhere Klasse von ihnen ab.

11 Abram de Swaan, *Kwaliteit is klasse*, S. 48. «Alle die Neigungen, sich über andere zu erheben, werden jetzt stärker zurückgehalten: Das Verhöhnen gebrechlicher, häßlicher oder armer Menschen, die deutliche Geringschätzung für Mindere oder Minderheiten, das selbstgefällige Vorzeigen des größeren Wissens, des Reichtums, der höheren Herkunft oder des höheren Ranges, die Sucht, andere zu übertreffen», zitiert de Swaan sich selbst und fährt fort: «Aber es gibt eine Ausnahme. Die kollektive Selbsterhöhung durch Distanzierung geht durchaus ungebremst und unverhohlen weiter, ästhetische Geringschätzung und kultureller Haß werden nicht maskiert» (ebd., S. 49).

(Arbeiterklasse:) *Als ich gerade ein Zimmer gemietet hatte, besuchte mich eine Gruppe anderer Studenten. Ich glaubte, daß ich alles perfekt vorbereitet hatte, ich hatte mir jedenfalls fürchterlich viel Mühe gegeben. Dann fragte jemand, wo der Rotwein stünde, und ich sagte, im Kühlschrank. Da begannen sie zu lachen, daß ich so dumm gewesen bin, Rotwein in den Kühlschrank zu stellen, obwohl doch jeder weiß, daß man das nur mit Weißwein tut. Ich wurde puterrot.*

(Höhere Mittelschicht:) *Bei mir zu Hause wurde immer gesagt, daß man den Arbeitern Respekt entgegenbringen müsse. Aber gleichzeitig hörte ich auch, daß ‹diese Leute› keinen Geschmack hätten oder ‹ordinär› aussähen.*

4. Klassensozialisation: seine gesellschaftliche Stellung kennen

«Die Familie ist eine Klasseninstitution, die jedem von uns unsere ursprüngliche Klassenstellung gibt. Jedes Kind beginnt sein Leben in der Arbeiterklasse oder in der besitzenden Klasse oder unter Freiberuflern oder den kleinen Unternehmern oder im verarmten Adel oder in der untersten Gruppe, unter den Benachteiligten und Arbeitslosen. Die meisten Jungen werden ihr ganzes Leben in der gleichen Klasse zubringen und sogar in demselben Teil von ihr, die meisten Mädchen werden einen Mann heiraten, der eine gesellschaftliche Stellung einnimmt, die der ihres Vaters nahezu gleich ist», behaupten Barrett und McIntosh.[12]

Über die Geschlechtersozialisation wissen wir einiges, die Entwicklung einer Geschlechtsidentität ist erforscht. Untersucht wurde auch, wie Kinder lernen, sich selbst in schwarz oder weiß einzuteilen. Über Klassensozialisation aber gibt es

12 Michèle Barrett und Mary McIntosh, *The Anti-Social Family*, S. 43.

bis heute nur sehr wenig Untersuchungen.[13] Es gibt Studien zur Chancenungleichheit im Unterricht, und von dort aus wird auch eine gewisse Verbindung mit der Sozialisation hergestellt. Es ist beobachtet worden, daß sich bei der Kindererziehung Klassenunterschiede bemerkbar machen. So wird angenommen, daß Kinder aus den unteren Klassen allgemein strenger erzogen werden, einen direkten, aber auch einfacheren Sprachgebrauch erlernen. Kinder aus den höheren Klassen dagegen werden liberaler erzogen und verfügen über einen größeren Wortschatz, mit dem sie sich komplizierter ausdrücken können.[14] In einigen Studien wird auch eine Verbindung hergestellt zwischen der Erziehung und der zukünftigen Berufsperspektive: Wenn versucht wird, Arbeiterkinder stärker mit Disziplin zu erziehen, dann hat das unzweifelhaft damit zu tun, daß die Eltern selbst meist einer Arbeit nachgehen, in der es auf Disziplin ankommt und nicht auf kreativen Erfindungsreichtum oder Selbständigkeit.[15] «Du wirst nicht fürs Denken bezahlt.»[16]

Auch wenn wir nicht genau wissen, wie es funktioniert,

13 Sogar Arthur Brittan und Mary Maynard, *Sexism, Racism and Oppression*, die sich ausführlich mit der Geschlechtersozialisation und der ethnischen Sozialisation befassen, behandeln die Klassensozialisation nicht.

14 Zu den Unterschieden in der Erziehung siehe u. a. Wilfried Gottschalch, Marina Neumann-Schönwetter und Gunter Soukup, *Sozialisationsforschung*. Siehe auch Lillian Breslow Rubin, *Worlds of Pain:* «Weil sie sich selbst für dumm halten und nicht glauben, daß sie ihre geringen Fähigkeiten ihren Kindern vermitteln können, fordern diese Eltern (aus der Arbeiterklasse) von der Schule eine strenge Disziplin, in der Überzeugung, daß ihre Kinder nur dann alles lernen werden, was sie selbst nicht gelernt haben» (S. 127). Dieses und mehr als Erklärung für die ‹strengere› Erziehung in der Arbeiterklasse.

15 Vor allem von marxistischer Seite ist auf die Sozialisation als Vorbereitung auf die zukünftige Berufsrolle viel Nachdruck gelegt worden. Joyce Outshoorn bespricht einen Teil dieser Literatur in ‹Zo vader zo zoon en van moeder op dochter›. Siehe ferner: Petra Milhoffer, *Familie und Klasse*, Lothar Lorenz, *Arbeiterfamilie und Klassenbewußtsein*, verschiedene Aufsätze in Dieter Claessens und Petra Milhoffer, *Familiensoziologie* und auch: Carol Hagemann-White und Reinhart Wolff, *Lebensumstände und Erziehung*.

16 Lillian Breslow Rubin, *Worlds of Pain*, S. 128.

können wir doch konstatieren, daß Klassensozialisation die Tendenz hat, uns in unserer gesellschaftlichen Stellung festzuhalten. Wenige Leute können später exakt angeben, wie sie gelernt haben, ihre Zugehörigkeit zu erkennen, da dieser Prozeß schon sehr früh begonnen hat. Aber nahezu jeder weiß zweifellos anzugeben, wer in der Kinderzeit als ‹mehr wert› und wer als ‹weniger wert› galt. Klassistische Botschaften werden oft in einer versteckten Form weitergegeben. «Wenn du deine Hausarbeiten nicht machst, bleibst du sitzen. Willst du später etwa Wurst im Supermarkt verkaufen?» Womit nicht nur die Angst übertragen wird, daß die Kinder es später nicht gut haben werden, sondern auch das Urteil über die Menschen, die ihr Geld als Wurstverkäufer verdienen.

Ein großer Teil der Klassensozialisation, die wir als Kind erfahren, vollzieht sich nicht bewußt, nicht mit der Absicht, Klassenverhältnisse zu reproduzieren, sondern aus dem verständlichen Wunsch der Eltern heraus, daß ihre Kinder es später gut oder besser haben sollen als sie selbst, daß sie nicht ‹absteigen›. Sich darum zu kümmern, welchen Umgang die Kinder haben, hängt damit zusammen und auch die Angst, daß der Sohn oder die Tochter mit einer ‹falschen› Partie sitzenbleiben, bei einem Mädchen insbesondere die Angst, daß sie ‹unter ihrem Stand› heiraten wird und so ein schwereres Leben haben wird, als es die Mutter gekannt hat.

(Untere Mittelschicht:) *Bei uns zu Hause wurde schrecklich viel Wert auf gute Manieren gelegt. Bevor sie heiratete, hatte meine Mutter in einem Hotel gearbeitet, und davor war sie bei reichen Leuten im Haushalt gewesen. Sie machte alles nach, was sie bei denen gesehen hatte, bis hin zu den Servietten bei Tisch und dem Nicht-aufstehen-Dürfen, bevor die Mutter es erlaubte. Und sie war beleidigt, wenn man laut sagte, daß sie Dienstmädchen gewesen war, das wurde immer sorgfältig verschwiegen. Ich habe lange geglaubt, daß wir auf irgendeine Art besser wären als die Kinder, die nicht so wohlerzogen waren wie wir. Aber das kleine Geschäft meines Vaters, das war nicht sehr viel wert. Mein Vater fand das ganze*

Getue auch übertrieben. Aber wenn er sich nicht daran hielt und zum Beispiel seine Ellenbogen auf den Tisch legte oder die Ärmel seines Hemdes aufgerollt hatte, bekam er von meiner Mutter eins auf den Deckel. Mach es für die Kinder, sagte sie dann, und er seufzte und tat, was sie wollte. Schöner wurde es davon nicht, zu Hause. Es herrschte immer so eine gespannte Atmosphäre.

(Untere Mittelschicht:) *Von unserem Vater mußten wir immer sagen, er sei Beamter. Er war Pförtner in einem Gemeindebetrieb. Hätte er in einer Fabrik gearbeitet, dann hätte er sich nicht Beamter nennen können. Die Arbeit war natürlich die gleiche. Aber irgendwie fühlte er sich als etwas Besseres, wenn er sich Beamter nennen konnte, und wir mußten alle dieses Spiel mitspielen.*

(Arbeiterklasse:) *Wir haben immer dazu gestanden, daß wir Arbeiter waren, wir haben uns nie anders genannt. Aber wir fühlten uns auch als etwas Besseres als die Arbeiter, die sich dessen nicht so bewußt waren wie wir. Wir hatten zu Hause Bücher aus der Bibliothek und ein Abonnement bei der* Arbeiderspers. *Schon als Kinder verteilten wir sozialistische Flugblätter. Bei uns zu Hause gab es nicht diesen kitschigen Kram und keine Polstergarnitur. Einen Fernseher bekamen wir erst sehr spät, denn meine Eltern waren dagegen. Wenn wir frei hatten, dann fuhren wir mit der ganzen Familie Fahrrad. Wir fühlten uns wohl einen Tick besser als die Arbeiterfamilien, die nichts für ihre Entwicklung taten.*

Die schmerzhaftesten Erinnerungen stammen häufig von den Familien, in denen man von einer ‹gemischten› Ehe sprechen kann. Mütter hatten ‹unter ihrem Stand› geheiratet und waren darüber verbittert. Die Eltern stritten sich, und die Kinder saßen dazwischen.

(Bauernherkunft:) *Mein Vater war Bauer. Meine Mutter sagte immer, daß sie nie die Absicht gehabt hatte, einmal auf einem Bauernhof zu landen. Aber warum sie dann meinen Vater geheiratet hat, weiß ich nicht. Ich glaube, daß er versucht hat, etwas anderes* zu tun, daß er aber auf den Bauernhof zurückgekehrt ist, als sein Vater gestorben ist und sein kleinerer Bruder noch zu jung war. Jedenfalls sagt meine Mutter immer, auch wenn mein Vater dabei ist, heirate nie einen Bauern, denn dann hast du nichts vom Leben. Mein Vater darf das Haus auch nicht in seinen Arbeitskleidern betreten. Ich ergriff früher stets für meinen Vater Partei, auch wenn wir nie darüber gesprochen haben. Aber auf der anderen Seite habe ich mich auch ungeheuer angestrengt, um in der Schule weiterzukommen, ich wollte keine Bäuerin werden.

(Arbeiterklasse:) *Mein Vater war einmal ein richtiger Tischler. Er stellte Möbel her. Dann ist damals das Geschäft in Schwierigkeiten gekommen, weil jedermann dazu überging, fertige Möbel zu kaufen. Danach arbeitete er in einer Fabrik, wo sie Türen und Schränke am Fließband herstellten. Seine eigentlichen Fähigkeiten bemerkt man nur noch, wenn er Spielzeug bastelt. Ich habe noch die Bauklötze und das Puppenhaus, die er für uns gemacht hat. Meine Mutter war sehr verbittert und hat sich zurückgezogen, denn das war nicht das Leben, das sie sich vorgestellt hatte, als er noch sein eigenes Möbelgeschäft besaß. Zwischen den Zeilen ließ sie ihn spüren, daß sie ihn als Versager betrachtete und sie von ihrem Elternhaus her Besseres gewöhnt war. Wenn sie ihre Familie besuchte, ging mein Vater nie mit.*

(Bauernherkunft:) *Ursprünglich war mein Vater Knecht auf dem Bauernhof. Als meine Großeltern es nicht mehr schafften, hat meine Mutter ihn geheiratet. Ich glaube, weil es damals einfach klar war, daß man als Frau allein nicht einen Bauernhof führen konnte. Aber eigentlich ist mein Vater immer ein wenig der Knecht geblieben. Es war stets deutlich, daß der Bauernhof ihr gehörte, auch wenn er den größten Teil der Arbeit machte. Ich habe nie sehr zu Männern aufgeschaut. Ich denke, daß ich sie eher als ein bißchen untergeordnet empfunden habe.*

(Mittelschicht:) *Ich dachte immer, daß unsere Scheidung etwas damit zu tun hatte, daß er es als Selbstverständlichkeit betrachtete, daß ich den ganzen Haushalt machte. Er konnte es einfach nicht ertragen, daß ich meinen Beruf genauso ernst genommen habe wie er seinen. Aber wenn ich zurückblicke, gab es noch einen anderen Konflikt: Sein Vater war Gemüsehändler. Er sagte immer, mein Vater hatte ein Geschäft. Aber ich sagte immer, dein Vater war Gemüsehöker, dafür brauchst du dich doch nicht zu schämen. Aber dazwischen habe ich ihn sicher oft auf subtile oder weniger subtile Weise merken lassen, daß ich besser wußte, was sich gehörte. Daß ich früher mehr gelesen hatte als er, daß ich bessere Tischmanieren hatte. Ich verbesserte ihn auch, wenn er Worte falsch benutzte. Denke ich nun darüber nach, schäme ich mich für damals. Ich glaube, daß ich das vor allem gemacht habe, um ihn auf den Arm zu nehmen, ihn herunterzumachen, wenn er wieder damit anfing, über meine Arbeit herzuziehen, die doch nichts wert wäre. Ich weiß nicht mehr, wer damit angefangen hat, ob ich ihn mit seiner Klasse provozierte, weil er mich als Frau beleidigte, oder ob er mich zu quälen versuchte, weil ich ihn gedemütigt hatte. Als Feministin glaubte ich das gute Recht dazu zu haben, ihn als Mann hin und wieder auf das richtige Maß zu stutzen, aber wenn ich im nachhinein darüber nachdenke, wie ich das gemacht habe . . .*

Eine Theorie über die frühe Klassensozialisation, darüber, wie wir gleichzeitig mit einer Geschlechtsidentität und einer ethnischen Identität auch eine Klassenidentität erwerben, existiert fast gar nicht. Wir können vermuten, daß sich die Mechanismen nicht sehr voneinander unterscheiden. Da gibt es die bewußte Beeinflussung, die direkte Steuerung durch die Eltern, die passendes Verhalten belohnen und unpassendes Verhalten tadeln oder bestrafen. Daneben stehen die verbalen Botschaften: «Das ist nichts für unsereinen.» – «Wer als Esel geboren wird, bleibt ein Leben lang ein Esel.»

Viel wird über Gebote vermittelt, mit wem man als Kind spielen durfte und mit wem lieber nicht, wen man mit nach Hause bringen, zu wem man nach Hause kommen durfte und zu wem nicht. Die Klassensozialisation erweist sich vor allem als ein Einüben der ‹passenden› sozialen Distanz: Durchaus nach oben schauen, aber nicht zu weit, und auf keinen Fall nach unten. Zu wissen, in welche Gegenden man gehen durfte und in welche nicht. Eltern wollen, daß ihre Kinder es einmal besser haben als sie, daß sie es nicht schlechter haben. Aber selbst wenn sie ehrgeizige Pläne für ihre Kinder hegen, geben sie auch die Erfahrung ihres eigenen Versagens weiter, ihren Fatalismus, wenn sie selbst nicht das aus ihrem Leben gemacht haben, was sie davon erwartet hatten. Sie geben ihre Ängste vor der Armut, dem gesellschaftlichen Abstieg weiter. Sie geben ihren Haß weiter, den Haß auf die Menschen, die es besser haben, oder ihre Geringschätzung für diejenigen, die schlechter dran sind. Aber selbst wenn sie für ihre Kinder nach Höherem streben, so macht ihr eigenes Versagen diese Zukunftserwartungen oft zu irrealen Träumereien. In den verschiedenen Klassenschichten ist eine Wechselwirkung zwischen den Zukunftserwartungen und dem Beruf oder der Heirat zu erkennen. Was verwirklicht, also sozialisiert wird, das bestimmt wiederum, welche Zukunftserwartungen entstehen können. Dabei haben Kinder aus den höheren Klassen eine größere Palette von Möglichkeiten. In ihrer eigenen Umgebung begegnen sie mehr Leuten in den besser bezahlten Berufen, und damit erscheinen diese Stellungen erreichbarer. Dem steht allerdings oft ein bestimmter Leistungsdruck gegenüber. Eltern, die befürchten, daß ihre Kinder die in sie gesetzten Hoffnungen nicht erfüllen, machen das manchmal auf eine schmerzliche Art deutlich.

Klassensozialisation sieht in jeder Klassenschicht anders aus. In einigen Umfeldern gehört gerade Konkurrenz zu der besten Strategie, um es gut zu haben, in anderen geht es dagegen um Zusammenarbeit. Wer gelernt hat, seine Mitmenschen als potentielle Konkurrenten zu sehen, empfindet Zusammenarbeit später anders als die Leute, die gerade gelernt haben zusammenzuarbeiten und die ihrerseits später vielleicht Schwierigkeiten haben werden, sich selbst in den Vordergrund zu stellen.

Wir haben gelernt, Menschen ‹einzuteilen› und schnell festzustellen, aus welcher Klassenschicht jemand stammt. Das ist keine neutrale Information, ihr haftet eine gesellschaftliche Wertung an. Diese Wertung hat nicht nur Einfluß darauf, wie wir andere beurteilen, sondern ebenso darauf, wie wir uns selbst erfahren. Auch bei der Klassensozialisation kann man von ‹verinnerlichter Unterdrückung› sprechen. Es zeigt sich, daß es nicht leicht ist, der gesellschaftlichen Unterbewertung ein großes Maß an Selbstwertgefühl entgegenzusetzen. Der Mythos, daß jeder mit den gleichen Chancen geboren wird, und die Auffassung der Mittelschicht, daß jeder alles erreichen kann, wenn er nur will, führen dazu, daß Menschen aus unteren Klassen manchmal auch selbst glauben, daß es an ihnen läge, wenn sie nicht ‹weiter›kommen oder daß Leute, die studieren, nun einmal von Natur aus schlaue Köpfe seien. «Menschen aus der Arbeiterklasse geben sich selbst die Schuld, wenn sie nicht mehr Erfolg haben», sagt Mary-Therese Riccio. [17]

Beim ‹Höher›-hinaufkommen-Wollen existieren mehr als nur materielle Hindernisse. Eines davon ist das Fehlen von Vorbildern in der unmittelbaren Umgebung. Lillian Rubin äußert als Kommentar auf einen Mann, der sagt, daß er nie darüber nachgedacht habe, daß er auch etwas anderes als Monteur hätte werden können: «Tatsächlich hatte es nicht nur ‹nicht viel Sinn, darüber nachzudenken›, es bestand auch keine Möglichkeit dazu. Denn um Pläne für die Zukunft machen zu können, müssen Menschen an die Möglichkeit glauben, daß sie ihr Schicksal in die eigene Hand nehmen können. Ein Glaube, der nur dann bestehen kann, wenn er von der Erfahrung genährt wird. Und das geschieht in der Arbeiterklasse nur selten. Im Gegenteil, bei den meisten steht die harte Realität ihres Lebens der Fähigkeit, sich auf eine Zu-

17 In: ‹If I've upset You, You've Got the Message›, S. 37.

kunft auszurichten, im Wege. In der Tat ist es gerade dieses Unvermögen, welches das Bewußtsein der Arbeiterklasse am stärksten von dem der privilegierteren Klasse unterscheidet.»[18]

Was oft als Charaktereigenschaften verstanden wird, wie zum Beispiel ein Mangel an Durchsetzungsvermögen, an Ehrgeiz oder an Intelligenz, ist in Wahrheit der Mangel einer ganzen Gruppe an einer Zukunftsperspektive. Ans van Dijk beschreibt das Zusammengehörigkeitsgefühl untereinander, dieses Immer-füreinander-Einstehen, das Immer-aufeinander-rechnen-Können, wie es in dem Arbeiterviertel herrschte, aus dem sie stammt: «Aber der Preis, den man für diese Unterstützung zahlen mußte, bestand darin, sich an die Abmachung zu halten: Keine Großtuerei, keine großen Töne spucken, kurz, die Anweisung, sich ‹normal› zu verhalten.»[19] Wir könnten das als eine Überlebensstrategie einer unterdrückten Gruppe bezeichnen: das Füreinander-Einstehen, solange jeder innerhalb der Gruppe bleibt. Dieses Verhalten kommt dem Überleben einer Gruppe als solcher sicher zugute, aber es errichtet eine Barriere für jeden individuellen Emanzipationsversuch. Ich glaube, daß ähnliche Überlebensstrategien auch bei anderen unterdrückten Gruppen üblich sind. Carol Stack untersuchte die zwischenmenschlichen Beziehungen in einem amerikanischen Schwarzen-Getto,[20] und er beobachtete, wie Menschen bereit waren, sich gegenseitig zu helfen, gemeinsam für die Kinder zu sorgen, miteinander zu teilen, wenn Geld hereinkam oder jemand etwas zusätzlich verdient hatte. Durch diese Solidarität konnte die Gruppe zwar als Ganzes überleben, dagegen war es keinem der Mitglieder möglich, Geld zur Seite zu legen oder ausreichend Geld zu besitzen, um weggehen zu können. Wer heiraten wollte und sich damit dem Netzwerk entzog,

18 Lillian Breslow Rubin, *Worlds of Pain*, S. 38.
19 Ans van Dijk, *Het mag geen naam hebben*, S. 8.
20 Carol Stack, *All Our Kin*.

mußte sich völlig sicher sein, es wirtschaftlich schaffen zu können. Oft kehrten sie mit hängenden Schultern wieder in das Viertel zurück, nachdem sie versucht hatten, sich dem Druck zu entziehen. Möglicherweise lassen sich ähnliche Mechanismen in fast jeder Emanzipationsbewegung entdecken: Auch innerhalb der Frauenbewegung war das individuelle Weiterkommen lange Zeit tabuisiert, ein Vorgang, den wir als den ‹Krabbeneimereffekt› bezeichnet haben. (Wenn man gefangene Krabben in einen Eimer steckt, braucht man diesen nicht mit einem Deckel zu verschließen, um das Entkommen der Krabben zu verhindern. Jede Krabbe, die zu entkommen versucht, wird von den anderen wieder nach unten gezogen.)[21]

Verinnerlichte Unterdrückung funktioniert also auf verschiedenen Ebenen. Durch einen Mangel an Selbstwertgefühl und Zukunfterwartungen, aber auch durch den Druck, die eigene Gruppe nicht im Stich zu lassen.

Wer in eine höhere gesellschaftliche Funktion aufsteigt, macht das meist auf Kosten des Gefühls, irgendwo zu Hause zu sein. Der Versuch, die alte Herkunft zu verbergen, wirkt oft entfremdend: Zwischen zwei Kulturen zu sitzen und in beiden nicht zu Hause zu sein. Und oft entsteht ein Gefühl von Verlust und Verrat gegenüber den ‹Zurückgebliebenen›, ganz gleich, wie schön man die neue Position auch finden mag.

Das Gefühl, nicht wirklich dazuzugehören, selbst wenn man sich äußerlich angepaßt hat, wirkt für viele Menschen weiter, zum Beispiel bis in die Universität hinein. Krijnen sagt hierzu: «Durch den Mangel an kulturellen Referenzmöglichkeiten auf der Universität äußert sich kulturelle Entwurzelung in individuell gefärbten Gefühlen von Unbehagen. Es ist, als ob eine Stimme, weit weg im Unterbe-

21 Das habe ich in dem Aufsatz: ‹Tut ‹führen› weh? Schafft ‹Leiten› Leiden?› beschrieben. In: *Weiter als die Wut*, S. 17ff.

wußtsein, ständig flüstern würde: ‹Du gehörst nicht hierher, du gehörst irgendwo anders hin.›» [22]

Dieses Gefühl, nicht dazuzugehören, durch das Netz zu fallen, kann bis in das spätere Berufsleben hinein noch eine Rolle spielen.

(Arbeiterklasse:) *Ich merke, wie ich in neuen Situationen immer noch unsicher bin. Ich habe gelernt, akzentfrei zu sprechen, dennoch behalte ich das Gefühl, sie können durch mich hindurchschauen und sehen, daß es nicht echt ist. Bestimmt mache ich gleich etwas falsch, und dann merken sie, wer ich eigentlich bin. Die Nelie von der Putzfrau. Ich mußte gerade eine Versammlung leiten. Ich kann das sehr gut. Wenn sie anfangen, so grauenhaft herumzulabern, unterbreche ich sie einfach. Ich bin Spezialist dafür aufzupassen, daß es noch ein bißchen praktisch bleibt. Aber plötzlich war es, als ob ich mich von der anderen Seite des Saals aus selbst beobachten würde. Ich dachte, da sitzt Nelie, die Tochter der Putzfrau. Was macht Nelie dort zwischen all den Leuten, dort gehört sie doch nicht hin.*

Hier sprechen wir von den Kindern, die weiterlernen, die nicht unterwegs aufgeben. Eine Untersuchung über männliche Studenten aus der Arbeiterklasse zeigt, wie hilfreich die Unterstützung der Eltern ist, die wollen, daß ihre Kinder erreichen, was sie selbst nicht geschafft haben. Manchmal steckt allerdings eher ein Bedürfnis nach Rache dahinter, entstanden aus dem Gefühl, daß das Leben ihnen übel mitgespielt habe. Aber auch wenn Eltern stolz auf ihre Kinder sind, kommt es zur Entfremdung untereinander. Die Jüngeren spüren, daß sie nicht zurückkönnen. [23]

Auch im Klassenzusammenhang kann man also von verin-

22 Henk Krijnen, ‹Arbeidersjongens op de universiteit. Tussen emancipatie en identiteitsverlies›, S. 523.
23 Siehe zu den Erfahrungen von Arbeiterkindern, die in höhere Ausbildungen vordringen, außer Krijnen auch Anja Hoogland, *Heb je je handen aan de zaligheid beloofd* und Jake Ryan und Charles Sackrey, *Strangers in Paradise. Academics from the Working Class.*

nerlichter Unterdrückung sprechen und somit – auf der anderen Seite – von verinnerlichter Herrschaft. Menschen aus den höheren Klassen haben meist gelernt, daß ihre gesellschaftliche Stellung ihnen zusteht. Ihre Privilegien empfinden sie nicht als Vorrechte, sondern sie glauben, diese verdient zu haben. Die Vorteile einer höheren Klassensozialisation sind die Leichtigkeit, sich in Gesellschaft zu bewegen, die Sprache zu sprechen, die einem die Türen öffnet, keine Angst im Umgang mit Autoritäten zu haben. Dem stehen die blinden Flecken gegenüber, die Unwissenheit darüber, wie andere Menschen leben. Manchmal stößt man auf verkrampfte Versuche, den Schein aufrechtzuerhalten, die in Rigidität münden. Die verinnerlichte Geringschätzung eines anderen ‹Geschmacks› und anderer Sprachen erschweren den Kontakt mit Menschen aus den unteren Klassen sehr.

(Höhere Mittelschicht:) *Bei uns wurde großer Wert darauf gelegt, daß wir uns anständig benehmen sollten. Ich bin also ein wohlerzogenes Mädchen geworden. Weil mein Vater eine repräsentative Stellung hatte, mußten auch wir Modellkinder sein. Oft denke ich, daß alle die schönen Kleider und teuren Sachen nicht wirklich für uns waren, sondern nur zum Vorzeigen. Was ich an Gutem von meiner Klassenherkunft behalten habe: Organisationstalent, ein breites Interessengebiet, sich immer weiter zu entwickeln. Ich kann mich überall benehmen, und ich weiß, wie man sich durchsetzt. Aber sie hat auch schwierige Seiten. Normen wie ‹Das gehört sich nicht› können mich unheimlich bremsen. Die verdammte Selbstbeherrschung! Ich fühle jetzt noch alle Augen auf mich gerichtet, wenn ich einmal aus der Reihe tanze.*

(Höhere Mittelschicht:) *Ich bin mit einem Mann verheiratet, der durch sein Studium gesellschaftlich aufgestiegen ist. Ich dachte nicht, daß unsere unterschiedliche Klassenherkunft etwas ausmachen würde, und wenn wir miteinander allein sind, haben wir auch keine Probleme. Aber seine Familie! Nachdem unser erstes Kind geboren war, kam seine Mutter dauernd bei uns vorbei und seine Schwestern auch. Stundenlang saßen sie dann bei mir, um zu schwatzen. Ich habe meinen Mann gebeten, ob er ihnen nicht sagen könnte, daß sie erst anrufen sollen und fragen, ob es mir auch passen würde. Darüber waren sie sehr beleidigt, sie fühlten sich nicht mehr bei mir willkommen, und mein Mann bekam zu hören, daß er mit einem kalten Frosch verheiratet wäre, mit einer eingebildeten Ziege, die sich für seine Familie sicher zu gut wäre. Das war für ihn sehr schlimm. Bei ihnen zu Hause waren sie es gewohnt, beieinander ein und aus zu gehen. Bei mir zu Hause verabredete man sich, man kam nicht einfach so vorbei und aß mit. Ich habe lange gebraucht, bevor ich das begriff und realisierte, wie sehr er zwischen uns aufgerieben wurde.*

5. Schule

Heutzutage wird der soziale Status immer seltener als ‹erbliche Größe› und immer häufiger als persönliche Errungenschaft angesehen, abhängig vom beruflichen Erfolg. Deshalb sind Schulabschlüsse wichtiger denn je. [24] Die Tochter eines Bauern wird nicht mehr automatisch Bäuerin, der Sohn eines Industriellen wird nicht mehr zwangsläufig als der Nachfolger seines Vaters gesehen. Will er eine höhere Position erreichen, dann wird er entsprechend lernen müssen. Hat die Schule einen Einfluß auf die spätere Klassenstellung?

24 Matthijssen behauptet, daß wir den sozialen Status immer weniger als Selbstverständlichkeit betrachten und immer häufiger als etwas, das jedes Individuum für sich selbst durch die Leistungen, die man zum Beispiel in der Schule erbringt, erreicht. Während es früher also als normal empfunden wurde, daß die Kinder von Arbeitern selbst wieder Arbeiter wurden und die Kinder von Landbesitzern selbst Landbesitzer, will sagen die Jungen, herrscht nun eine Ideologie, daß man seine gesellschaftliche Stellung selbst bestimmt. Damit wird aber verschleiert, in welchem Maße die Umstände, in denen man geboren wird, dafür oder dagegen arbeiten. Mit dieser neuen Ideologie scheint es eher zur eigenen Verantwortlichkeit geworden zu sein. Siehe Matthijssen, *Klasse-Onderwijs*, S. 24.

Grundsätzlich sind unsere Schulen klassenlos. Die Schulpflicht gilt für alle Kinder, die Grundschule soll für alle gleich sein. Erst wenn die Kinder älter sind, verteilen sie sich auf die verschiedenen Schultypen, die ihrem späteren Beruf und ihrer späteren Klassenstellung vorgreifen. Obwohl die Absicht formal nicht besteht – im Gegenteil, auch die Regierung ist darüber besorgt –, stellt sich doch heraus, daß die schulische Ausbildung die bestehenden Klassenverhältnisse reproduziert. Kinder aus den unteren Schichten besuchen zu einem viel größeren Anteil die unteren Schultypen, beenden die Schule nicht oder machen Abschlüsse, die ihnen viel weniger Berufsmöglichkeiten eröffnen.[25] Kinder aus den höheren und mittleren Schichten begegnen wir später häufiger in weiterführenden Berufsausbildungen und auf der Universität. Dieser Unterschied ist in den letzten fünfundzwanzig Jahren sicher etwas kleiner geworden, aber er ist immer noch auffallend groß. Wenn wir, um ein Beispiel zu nennen, die Universitäten betrachten, stammten früher sechs Prozent der Studenten aus den unteren Schichten, jetzt zehn Prozent.[26] Noch immer stammen also 90 Prozent aus den mittleren und höheren Schichten (und davon wieder weniger Mädchen als Jungen).

Auch in bezug auf den Unterricht kann also von Klassenungleichheit gesprochen werden. Nicht nur, weil die meisten Kinder mit Abschlüssen von der Schule abgehen, die sie in eine ähnliche Klassenstellung schleusen wie die ihrer Eltern, sondern auch, behauptet Matthijssen, weil Kinder aus den höheren Schichten im Verhältnis gesehen länger zur Schule gehen und somit für sie viel mehr Geld ausgegeben wird als für Kinder aus den unteren Schichten.[27] Warum verfestigt das Schulsystem die bestehende Ungleichheit, anstatt sie auf-

25 Siehe Rineke van Daalen, ‹Verzorgingsinstellingen›, in: Nico Wilterdink und Bart van Heerikhuizen, *Samenlevingen*.
26 Matthijssen, *Klasse-Onderwijs*, S. 28.
27 Matthijssen, *Klasse-Onderwijs*, S. 204.

zulösen, obwohl dies nicht seine Absicht ist? Im Laufe der Zeit wurden verschiedene Erklärungen für diesen Sachverhalt entwickelt. [28]

Anfangs wurden die Probleme bei den Kindern selbst gesucht. Sollten Arbeiterkinder etwa doch weniger intelligent sein, und sollte damit doch nachzuweisen sein, daß Intelligenz vererbbar ist? Beweise für die Vererbbarkeit der Intelligenz sind nie überzeugend gewesen, bei keiner einzigen gesellschaftlichen Gruppe, weder bei Frauen noch bei Farbigen oder Arbeitern. [29] Doch bleiben die ersten Erklärungsansätze sehr in der Nähe einer Vererbungstheorie, auch wenn dort nicht über die ‹Intelligenz›, sondern über die ‹Schuleignung› eines Kindes gesprochen wird.

Danach wurde stärker auf das Umfeld geachtet, aus dem das Kind kam, auf die Erziehung, die ihm von zu Hause mitgegeben wurde. Einige unterschiedliche Merkmale waren, wie sich herausstellte, nachweisbar. Kinder aus den unteren Schichten haben bereits in der ersten Klasse mehr Schwierigkeiten auf dem Gebiet der Lesefähigkeit, und die Ursachen wurden in der Erziehung der Familie gesucht, in dem Sprachgebrauch dort, der beschränkter sein soll als der Sprachgebrauch in den höheren Schichten. Und erst an dritter Stelle wurden die Schulen selbst betrachtet, welche Faktoren dort eine Rolle spielen – die Unterrichtsmethoden, die Haltung der Lehrkräfte, der Unterrichtsstoff selbst – und dazu führen, daß die Chancen von Arbeiterkindern geringer sind, die Schule erfolgreich abzuschließen.

28 Paul Jungbluth, *Docenten over onderwijs aan meisjes*, S. 10ff.
29 Was nicht heißen soll, daß die Vererbung bei der Intelligenz überhaupt keine Rolle spielen würde. Tatsächlich ist die Diskussion komplizierter, als sie hier wiedergegeben wird. Zum Beispiel besteht ein Unterschied zwischen individueller Vererbung und genetischen Faktoren. Ich verwahre mich hier gegen einfache Theorien, in denen die gesellschaftliche Stellung von Gruppen mit einem einzigen Faktor erklärt wird. Philip Green untersuchte in *The Pursuit of Inequality* die verschiedenen pseudowissenschaftlichen Erklärungen, mit denen Unterschiede in der Hautfarbe, der Klasse und im Geschlecht ‹erklärt› werden.

Die bekannte Untersuchung über den Zusammenhang von Schuleignung und familiärem Umfeld wurde in den sechziger Jahren unter Leitung von Van Heek[30] durchgeführt. Er behauptete, daß es inzwischen in den unteren Klassen kein Reservoir an ‹verborgenen Talenten› gebe und daß die Kinder im Prinzip unbehindert den für sie geeigneten Schultyp erreichen könnten. Diese Untersuchung wurde heftig kritisiert. [31] Sind die Kinder nicht ‹schulgeeignet›, oder sind die Schulen vielleicht eher ‹kinderungeeignet›? Wer muß sich eigentlich wem anpassen? Spätere Untersuchungen machten deutlich, daß die Schulen selbst einen Anteil an der Reproduktion der Ungleichheit haben. Arbeiterkinder werden nicht nur ungünstiger beurteilt, wenn es um ihre schulischen Leistungen geht, sondern auch als Personen. Und das nicht nur von den Lehrkräften, sondern auch von den anderen Schülern, wenn diese aus den höheren Schichten kommen. Es kann demnach geschehen, daß Kinder, die Lernschwierigkeiten haben und gleichzeitig aus sozial schlechter gestellten Familien stammen, auf der Schule ein Gefühl von Minderwertigkeit entwickeln oder das bestehende Gefühl noch einmal bestätigt bekommen. [32] Mitunter fühlen Kinder sich auf den unteren Schulebenen noch wohl, sofern sie zwischen Kinder aus ihrem eigenen sozialen Umfeld gesetzt werden und sich dieses Umfeld von dem der Lehrkräfte nicht zu sehr abhebt. Dann kommt es erst auf der Realschule zur stärksten Konfrontation, wie es sich in dem Bericht einer Tochter aus einer Landarbeiterfamilie zeigt. [33]

30 F. van Heek u. a., *Het verborgen talent*.
31 Ein Kommentar zu Van Heek siehe u. a. bei Paul Jungbluth, *Docenten over onderwijs aan meisjes*, S. 7ff; Rineke van Daalen, ‹Verzorgingsinstellingen›, S. 324; Matthijssen, *Klasse-Onderwijs*, S. 31ff; Lieuwe Pietersen, *Taalsociologie*, S. 123ff; Marja von Erp und Sibe Soutendijk, *Sociaal milieu en lesgebeuren*, S. 183.
32 Matthijssen, a. a. O., S. 33, zitiert hier van Calcar.
33 Jitske Hofstra, *Ik maak mijn ramen schoon*, S. 7.

Ich versuchte dazuzugehören, genauso wie ich auf der Grundschule dazugehört hatte. Ich war oft laut, um gehört zu werden. Es half nichts, ich stand dauernd außerhalb der Klasse. Ich erinnere mich an die Geringschätzung des Mathematiklehrers, der mich anschrie: «Du kommst sicher aus der Walachei, daß du hier so herumbrüllen mußt.» Mein Minderwertigkeitsgefühl wuchs und wuchs! Ich kam mir linkisch vor. Ich hatte nicht gelernt, mit Messer und Gabel zu essen, und auch nicht, zur richtigen Zeit danke und bitte zu sagen. Genausowenig hatte ich gelernt, mich zu entschuldigen, und was weiß ich noch alles. Ich hatte nicht zu argumentieren gelernt, sondern zu kämpfen. So lernte ich, mich für meine Herkunft zu schämen.

Lehrkräfte teilen Schüler, wie Untersuchungen zeigen, sehr stark nach ihrer Klassenherkunft ein. Lehrer neigen dazu, Kinder aus den oberen Schichten in ihre Nähe zu setzen und sie besser zu behandeln. [34]

Dieser eigenen Vorurteile sind sich Lehrer und Lehrerinnen lange nicht immer bewußt. Ein Wissenschaftler legte angehenden Lehrern Geschichten über fiktive Schüler zum Lesen vor. Diese stimmten hinsichtlich der Intelligenz, den Schulnoten und den Verhaltensauffälligkeiten so weit wie möglich überein. Bei einigen Schülern wurde der Eindruck erweckt, daß sie aus der Mittelschicht stammten, bei anderen, daß sie aus den unteren sozialen Schichten kamen. Mittelschichtschüler wurden in den meisten Verhaltensbeurteilungen günstiger eingeschätzt. [35] Die Information über die Klassenherkunft ist offenbar also bereits ausreichend, um

34 Siehe J. P. van Oudenhoven und F. Siero, ‹Vooroordelen in het onderwijs›, S. 114ff.
35 Van Oudenhoven und Siero, a. a. O., S. 116. Wahrscheinlich kann man von einem Faktor sprechen, der dazwischen liegt: Schulische Leistungen werden in dem Maße günstiger beurteilt, in dem das Verhalten der Schüler günstiger beurteilt wird (siehe Marja van Erp und Sibe Soutendijk, *Sociaal milieu en lesgebeuren*, S. 66). Die Chance, daß das Verhalten günstiger beurteilt wird, hängt wiederum mit den Normen der Mittelschicht, damit, was sich gehört, zusammen.

sich über eine Menge von Verhaltensmerkmalen, über Charaktereigenschaften und zukünftige schulische Leistungen ein Urteil oder ein Vorurteil zu bilden. [36]

Wie kommen Lehrer zu der Einschätzung, aus welcher sozialen Klasse Schüler stammen? Der Beruf der Eltern spielt eine Rolle, die Gegend, in der man wohnt. Aber selbst wenn man das alles nicht wüßte, wird auf andere Merkmale reagiert, insbesondere auf Kleidung und Sprache. Es hat sich gezeigt, daß nur eine sehr geringe Information über das Sprachverhalten notwendig ist, also eine winzige ‹Abweichung› vom Standardniederländischen, um Lehrer zu stereotypen Auffassungen zu bringen. Und je stärker das Kind als abweichend wahrgenommen wurde, desto niedriger waren auch die Erwartungen an seine zukünftigen Leistungen. [37]

Nun könnte eingewandt werden, daß Lehrkräfte weniger Vorurteile haben als vielmehr einfach aus der realistischen Einschätzung heraus reagieren, daß Kinder aus den unteren Schichten in der Schule schlechter abschneiden. Aber dagegen ist ebenfalls etwas vorzubringen. Die Negativurteile werden nämlich auch dann gefällt, wenn ein Kind nachweisbar genauso gut ist wie ein Kind aus einer anderen sozialen Klasse. Und es kommt noch ein Problem hinzu: Kinder reagieren auf die Erwartungen, die Lehrer an sie stellen. Selbst Ratten lernen besser, wenn ihr Ausbilder das von ihnen erwartet, schreiben van Oudenhoven und Siero, [38] für Kinder gilt das sicher nicht weniger.

Die klassische Untersuchung, die diese Behauptung belegt, stammt von Rosenthal und Jacobson. In einigen Schulklassen wurde ein sogenannter Intelligenztest durchgeführt. Den Lehrern wurde erzählt, daß mit diesem Test festgestellt werden könnte, bei welchen Kindern in Zukunft noch ein

36 J. P. van Oudenhoven und F. Siero, ebd., S. 116. Siehe auch Marja van Erp und Sibe Soutendijk, ebd., S. 83.
37 Van Oudenhoven und Siero, ebd., S. 118.
38 Ebd., S. 120.

besonderes intellektuelles Wachstum zu erwarten sei. Zu Beginn des Schuljahres wurden die Namen dieser Kinder, der sogenannten Spätentwickler, den Lehrern mitgeteilt. Tatsächlich waren die Kinder per Los ausgewählt worden. Einige Monate später wurden sie von neuem getestet. Bei den durch das Los ausgewählten «Spätentwicklern» stellte man fest, daß der Intelligenzquotient stark gestiegen war. [39] Lehrer geben, ohne es zu wissen und zu wollen, Kindern aus den höheren Gesellschaftsklassen mehr Chancen als Kindern aus den unteren Gesellschaftsklassen. Natürlich gilt das nicht für alle gleichermaßen. Es gibt auch Lehrer, die sich für die Chancengleichheit in der Schule stark machen. Aber ohne es selbst zu merken, wird der einzelne von früh erlernten Vorstellungen über die Klassenherkunft beeinflußt.

Natürlich geht es um mehr als nur um die Haltung der Lehrer. Ebenso wichtig ist die Frage nach dem Einfluß der Familien auf die schulischen Leistungen. Der Einsatz und die Erziehungsmuster der Eltern hängen eng mit dem Erfolg zusammen. Nun haben sich die Untersuchungen meist mit der Erziehung der Mütter beschäftigt, nicht mit der der Väter. Mütter, die mit ihren Kindern mehr Geduld haben, ihnen mehr Zeit widmen, sie stärker ermutigen und weniger strafen, haben einen günstigen Einfluß auf die schulischen Leistungen ihrer Kinder. [40] Und weiter zeigte sich, daß die Erziehungsmuster in den unteren Klassen strenger sind, daß dort häufiger bestraft als belohnt wird und daß die Mütter ihren Kindern weniger Zeit widmen. Dieses Verhalten wird konstatiert, nicht erklärt, und wer es so liest, würde sofort den klassischen Schluß ziehen, daß Mütter aus der Arbeiterklasse schlechtere Mütter sind als die aus den höheren Schichten. Aus unseren eigenen gesammelten Erfahrungen wissen wir

39 R. Rosenthal und L. Jacobson, *Pygmalion in the Classroom*, besprochen in: Van Oudenhoven und Siero, a. a. O., S. 120 und in: Marja van Erp und Sibe Soutendijk, a. a. O., S. 74ff.
40 Matthijssen, *Klasse-Onderwijs*, S. 67ff.

aber mehr über die ungleich verteilte Zuwendung und Belohnung der Kinder in den verschiedenen gesellschaftlichen Klassen.

Zum ersten unterscheiden sich die materiellen Umstände. Menschen aus unteren Schichten wohnen beengter, Kinder haben viel seltener ein eigenes Zimmer, und wenn Menschen zusammengepfercht leben und einander ärgern, werden Kinder schneller nach draußen geschickt. [41] Materielle Umstände führen auch dazu, daß viele Frauen aus der Arbeiterklasse außer Haus einer Tätigkeit nachgehen müssen und abgesehen von dieser Belastung auch wegen des buchstäblichen Zeitmangels ihnen weniger Aufmerksamkeit widmen können. [42]

Daneben ist es wahrscheinlich, daß auch die größere Betonung von Disziplin und Strafe hiermit zusammenhängt. Wer eng wohnt, müde ist und wenig Zeit hat, ärgert sich schneller über die Unordnung, die Kinder machen, und erkennt sie weniger schnell als Spielen und somit als Lernen. Außerdem spielt die Angst vor dem sozialen Abstieg bei der Disziplinierung der Kinder eine Rolle. Welche Chance haben Kinder, die nicht gehorchen lernen, später in Arbeitssituationen, wo es nicht auf Kreativität, sondern auf das gehorsame Befolgen von Aufträgen ankommt?

Die Kultur der Schule ist eine Mittelschichtkultur. Die Gewohnheiten stammen aus der Mittelschicht, auch der

41 Sibe Soutendijk, ‹Eénoudergezinnen, etniese groepen en gelijke onderwijskansen›, S. 108. Soutendijk untersucht in diesem Artikel das Vorurteil, daß Kinder mit einem Elternteil (Mutterfamilien) schlechtere Leistungen in der Schule erbringen würden. Nach einer Neuinterpretation der bestehenden Untersuchungen merkt er an, daß zwischen Kindern aus armen, schlecht untergebrachten Mutterfamilien und Kindern aus viel besser situierten Zwei-Eltern-Familien mit einer durchgängig besseren Ausbildung ein falscher Vergleich gezogen werde. Was Kindern mit alleinerziehenden Müttern in bezug auf ihre schulischen Möglichkeiten fehle, sei nicht so sehr ein Vater als vielmehr das Vorhandensein eines anständigen Einkommens.
42 Dem steht nach Ansicht Soutendijks bei Einelternfamilien wiederum als Positives gegenüber, daß den Kindern mehr Aufmerksamkeit zukomme, weil es keinen Vater gibt, der diese fordert oder der verlangt, daß alles aufgeräumt und ruhig ist, wenn er nach Hause kommt.

Sprachgebrauch. Viele Kinder aus den unteren Klassen erleben die erste Konfrontation mit ihr als Kulturschock. Wollen sie es schaffen, dann müssen sie sich anpassen. In dem Maße, in dem Kinder sich stärker der Mittelschichtsumgebung angleichen, werden sie auch stärker toleriert und weniger stigmatisiert. [43]

Krijnen nennt dieses Verhalten kulturelle Emigration. [44] Der Preis für sie ist der Bruch mit der ursprünglichen Kultur, der von einigen als positiv erlebt wird, aber doch meist auch als schmerzhaft.

(Bauernherkunft:) *Als ich zur Oberschule ging, schrie mich mein Vater ständig an, na, was hast du nun gelernt. Aber wenn ich ihm erklären wollte, was ich gelernt hatte, machte er alles schlecht. Und was hast du nun davon, sagte er dann. Können sie dir nichts Nützliches beibringen? Es ärgerte mich maßlos, und ich gewöhnte es mir ab, zu Hause zu erzählen, was ich in der Schule machte. Aber ich vermißte schon, was andere Kinder erlebten, deren Eltern halfen schon mal mit, wenn eine Arbeit geschrieben werden mußte.*

(Arbeiterklasse:) *Ich war die letzte in der Klasse, die noch mit Holzschuhen vom Sozialamt herumlief. Ich schämte mich für die Kleider, die ich trug. Als ich die Prüfung zur weiterführenden Schule ablegen mußte, habe ich sie mit Absicht verhauen. Ich dachte, ich will nachher nicht zwischen all diesen Kindern mit den neuen Kleidern sitzen, dann schäme ich mich zu sehr.*

(Mittelstand:) *Ich war auf der Grundschule des Dorfes eine der besten Schülerinnen. Aber als ich auf die Realschule gehen durfte, wurde es mit einem Male schwierig. Alle, mit denen ich redete,*

43 Henk Krijnen, ‹Arbeidersjongens op de universiteit. Tussen emancipatie en identiteitsverlies›, S. 528. Siehe auch Paul Willis, *Learning to Labour. How Working Class Kids Get Working Class Jobs*. Weitere Literatur über die Arbeiterklasse und soziale Mobilität wird besprochen in: Hedwig Ortmann, *Arbeiterfamilie und sozialer Aufstieg.*
44 Henk Krijnen, a. a. O., S. 529.

ärgerten mich. Die kommt direkt aus der Walachei, sagten sie über mich, und wenn ich zu spät kam: Du mußtest wohl noch die Kühe melken? Dabei waren wir noch nicht einmal Bauern, wir hatten einen Laden auf dem Dorf. Ich fühlte mich so elend, daß ich mich nicht mehr traute, irgend etwas zu sagen. Wenn ich etwas gefragt wurde, bekam ich einen roten Kopf und biß meine Zähne zusammen. Also bekam ich schlechte Noten. Ich habe mich schrecklich angestrengt, um genauso wie die anderen zu sprechen. Aber dann sagten sie zu Hause eingebildete Gans zu mir. Möchte das Fräulein Prinzessin sich vielleicht auch an den Tisch setzen? Oder: Mithelfen im Laden, dafür bist du dir jetzt sicher zu schade?

Viele Kinder geben unterwegs auf. Manchmal würden sie wohl gern weitermachen wollen, wenn sie nur das Gefühl hätten, daß sie es schaffen könnten. Aber es gibt auch Gruppen von Jugendlichen, die dem Schulsystem Widerstand leisten und es als ein Symbol für eine Welt betrachten, gegen die man sich abgrenzen muß. Paul Willis führte in England eine Untersuchung durch, die sich mit der Subkultur von Arbeiterjungen beschäftigte, für die der Lehrer ‹der Feind› ist und deren Selbstwertgefühl sich aus ihrer Stellung innerhalb dieser Subkultur herleitet. Wo das Selbstwertgefühl nicht von einer gesellschaftlichen Stellung abgeleitet wird, bilden sich andere Normen heraus, Normen von «Männlichkeit» zum Beispiel, die sich in einem ziemlich groben Sexismus Mädchen gegenüber äußern und mitunter auch in rassistischem Verhalten gegenüber ethnischen Minderheiten. [45] Manche Schüler geben früh auf, weil sie das Schulsystem zu sehr hassen und so schnell wie möglich selbständig sein, selbst Geld verdienen wollen. Manchmal können die Eltern nicht auf das Geld für eine längere Ausbildung verzichten. Manchmal fehlt es den Eltern an einem echten Vertrauen, daß ihre Kinder es schaffen können,

45 Paul Willis, *Learning to Labour. How Working Class Kids Get Working Class Jobs*. Siehe auch Arthur Brittan und Mary Maynard, *Sexism, Racism and Oppression*, S. 174.

und dann gehen diese beim ersten Einbruch der schulischen Leistungen von der Schule ab. Kinder aus den höheren Klassen werden häufiger durchgeschleppt. Es gibt Gespräche mit den Lehrkräften (Eltern, die selbst einen höheren Status haben als der Lehrer, lassen sich weniger leicht einschüchtern als Eltern, für die Lehrer Autoritäten sind), Nachhilfestunden, besondere Aufsicht bei den Hausaufgaben. [46]

(Mittelschicht:) *Ich habe eine Phase durchlaufen, in der ich sehr schlecht in der Schule war. Ich konnte mich nicht konzentrieren, mich interessierte überhaupt nichts. Ich hätte am liebsten das Jahr schmeißen mögen und wollte von der Schule abgehen. Aber meine Eltern erlaubten das nicht. Sie waren davon überzeugt, daß ich es konnte. Sie waren schrecklich hinterher. Meine Mutter saß nachmittags so lange neben mir, bis ich meine Hausaufgaben fertig hatte. Es wurde mit der Schule gesprochen, sogar ein Psychologe wurde hinzugezogen. So schleppten sie mich durch. Wenn sie das nicht gemacht hätten, dann hätte ich es nicht geschafft und hätte nun das Abitur auf der Abendschule nachmachen müssen.*

Für die Kinder aus den ‹oberen› Klassen gibt es oft mehrere Möglichkeiten. Kinder aus den ‹unteren› Klassen bekommen meist nur eine Chance.

(Landarbeiter:) *Auf der Berufsschule habe ich aufgehört zu lernen. Ich blieb sitzen, und das bedeutete in unserer Familie, daß man von der Schule abgehen mußte, um sein eigenes Geld zu verdienen. Wir bekamen eine Chance. Ich konnte es auf der Berufsschule nicht länger schaffen. Ich weiß jetzt, daß es alles mit meiner Klassenunterdrückung zu tun hatte. Ich konnte mich nicht mehr konzentrieren: Ich fühlte mich dumm und minderwertig.* [47]

---

46 Eltern aus der Arbeiterklasse haben im Verhältnis gesehen weniger Kontakt mit den Lehrern, sind schlechter über die Schule und über mögliche Laufbahnen für die Kinder informiert. Brian Jackson und Dennis Marsden, *Education and the Working Class.*
47 Jitske Hofstra, *Ik maak mijn ramen schoon.*

Trotz der Tatsache, daß das letzte Wort in der Diskussion um die Chancenungleichheit noch nicht gesprochen wurde, ist es bereits offensichtlich, daß man von einem Bündel von Faktoren sprechen muß. Die frühe Sozialisation zu Hause: die Botschaften, die einem vermittelt werden. Der Kulturschock, der auftreten kann, wenn das Kind zur Schule kommt. Das Maß, in dem die Kultur der Schule als etwas Fremdes erfahren wird oder nicht, die Haltung der Lehrkräfte. Die materiellen Umstände. Die Fähigkeit der Eltern, ihrem Kind zu helfen, nicht nur inhaltlich, sondern auch indem sie sich nicht einschüchtern lassen und das mutige Gespräch mit den Lehrern suchen. Es hat sich gezeigt, daß Eltern, die selbst die Schule nicht abgeschlossen haben, schneller aufgeben, wenn ihre Kinder es nicht auf Anhieb schaffen. Teilweise, weil auf die Mitarbeit zu Hause oder das Einkommen der Kinder, wenn sie aus dem schulpflichtigen Alter heraus sind, nicht verzichtet werden kann. Teilweise wegen der verinnerlichten Unterdrückung der Eltern selbst, die es nicht erstaunt, wenn ihre Kinder es nicht schaffen, und die mitunter zu den Lehrkräften, ‹die es schon wissen werden›, aufschauen. Viele Erfahrungen haben mir deutlich gemacht, wie wichtig es sein kann, daß Eltern sich nicht damit abfinden, wenn ihre Kinder in der Schule schlecht bewertet werden, wie wichtig es ist, daß sie darauf achten, daß ihre Kinder Nachhilfestunden bekommen oder ihnen besondere Aufmerksamkeit geschenkt wird. Und es fällt auf, daß Kinder aus den unteren Klassen oft nur eine Chance bekommen, im Gegensatz zu den Kindern aus höheren Klassen, die mehrere erhalten.

6. Sprache

Eine Sprache ist nicht mehr als ein Dialekt, der über ein Heer und eine Flotte verfügt.

Pieterson *(Sprachsoziologe)*

Die Tatsache, daß Kinder aus den unteren Klassen im Verhältnis gesehen in der Schule schlechter abschneiden, wird oft mit dem sogenannten ‹Sprachrückstand› oder der sogenannten ‹Spracharmut› von Arbeiterkindern erklärt. Bernstein hat dieses Phänomen untersucht und kam zu dem Schluß, daß in verschiedenen Klassen unterschiedliche Sprachcodes bestehen. Kinder aus den oberen Klassen verfügen über einen ‹elaborierten› Code, Kinder aus den unteren über einen ‹restringierten› Code, über einen Sprachgebrauch, der direkter, einfacher und vorhersehbarer ist.[48] Kinder aus der Arbeiterklasse haben eine eingeschränktere Vorstellung von der Bedeutung der Wörter.

Aber selbst wenn der Wortschatz von Arbeiterkindern kleiner wäre, dann wäre das nur ein Teil des Problems. Der Wortschatz in dem ‹chancenarmen› sozialen Umfeld ist vor allem *anders* als der offiziell anerkannte Dialekt, das Standardniederländisch. Eine amerikanische Untersuchung zeigt, daß ein Viertel des Wortschatzes von Arbeiterkindern in den am häufigsten gebrauchten Lehrbüchern nicht vorkommt.[49] Und auch Michael den Hartog stellt in einer Untersuchung über den angeblichen Sprachrückstand von Schifferkindern fest, daß es sich keineswegs nur um einen eingeschränkteren Wortschatz handelt: Landkinder kennen zum Beispiel mehr Worte für Bäume, Schifferkinder kennen viele Worte für Schiffe und

---

48 Basil Bernstein, ‹Education Cannot Compensate for Society›. Bernsteins Theorie wird u. a. bei Matthijssen, a. a. O., S. 57ff und 62ff besprochen, wo der ‹Zusammenhang zwischen Sprachentwicklung und sozialem Milieu› weiter ausgeführt wird. Ferner siehe: Lieuwe Pieterson, *Taalsociologie,* das Kapitel ‹De taalachterstand in de lagere milieus›, S. 129ff.
49 Zitiert in: Matthijssen, *Klasse-Onderwijs,* S. 64.

viele Ausdrücke, die mit ‹Fahren› im Zusammenhang stehen. [50] Kommt ein Kind mit einer vom Standardniederländischen abweichenden Sprache auf die Schule, dann wird ihm nicht nur ein neuer Sprachgebrauch beigebracht, die alte Sprache wird ihm auch weggenommen, Wörter und Ausdrücke sind plötzlich nicht mehr akzeptabel. In dieser Hinsicht machen Schulen Kinder dann sprachärmer, als sie zuvor waren.

Es handelt sich nicht um das Problem spracharmer Kinder, sagt u. a. van Calcar. Arbeiterkinder können sich hervorragend ausdrücken, zum Beispiel in gutem ‹Amsterdams›. Es handelt sich sehr viel weniger um einen eingeschränkten Sprachgebrauch, als vielmehr um einen vom offiziellen Dialekt abweichenden Dialekt. [51]

Klassismus zeigt sich in der Art und Weise, in der nicht nur die Unterschiede im Sprachgebrauch festgestellt werden, sondern auch den Abweichungen vom Standardniederländischen ein negativer Wert zuerkannt wird.

(Bauernherkunft:) *Meine Angst vor Kritik wurde mir auch eingebleut durch die Angst, daß man mich als dummer Bauer ansehen könnte. Mein Dialekt verriet meine Herkunft. (Jetzt bin ich stolz auf sie.) Bei Großstädtern mit ihrem flotten Mundwerk wurde ich still. Hochniederländisch ist für mich immer eine Zweitsprache geblieben. Keine Muttersprache. Meine Gefühle äußerte ich sowieso nicht. Das habe ich auch nie gelernt. Im Dialekt gibt es wenig Ausdrücke dafür. Wenn ich verwirrt bin, böse oder mich über eine Bemerkung über mein Verhalten ärgere, dann kann ich nicht mehr zuhören.* [52]

Emotional hat das Verlernen der ursprünglichen Sprache und das Erlernen einer neuen Sprache viele Folgen. Es schafft zwischen einem selbst und der Familie, aus der man stammt, eine Distanz. Manchmal erweisen sich die gleichen Eltern,

50 Michael den Hartog im Interview mit Peter Marijnissen: ‹Hun woordenschat is niet kleiner, maar anders.›
51 ‹Berichten van de Amsterdamse Nood-Adviesdienst›, zitiert in: Matthijssen, S. 208.
52 Roel Batterink, *Klein verzet, groot gevolg*, S. 21.

die alles dafür getan haben, daß ihre Kinder es einmal besser haben werden, dennoch als mißgünstig, wenn ihr Kind es dann auch wirklich schafft. Alter Klassenhaß, altes Mißtrauen, die sich jetzt gegen die eigenen Kinder richten. «Dafür bist du dir jetzt sicher zu fein», wenn man fragt, ob man beim Abwasch mithelfen soll. Wenige Leute, die standardniederländisch erzogen worden sind, begreifen, was es wirklich bedeutet, ‹zweisprachig› zu sein. Es wird auf einen ebenso herabgesehen wie auf Ausländer oder auf Leute mit einer anderen ethnischen Herkunft als der niederländischen, die noch gebrochen Niederländisch sprechen oder mit einem Akzent; als ob es keine Leistung wäre, eine zweite Sprache dazuzulernen.

Bei mir zu Hause versuchten meine Eltern, Holländisch zu sprechen, weil sie davon ausgingen, daß es den Kindern mehr nützen würde, als wenn wir Groninger Platt sprechen würden. Aber sobald es Krach gab oder wenn Vater und Mutter sich miteinander unterhielten, dann fielen sie wieder ins Groninger Platt. Groninger Platt ist immer die Sprache der Gefühle geblieben. Ich merke das heute noch, zum Beispiel wenn die Situation sehr emotionsgeladen ist, dann bekomme ich kein Wort heraus, das Groninger Platt ist nicht mehr meine Sprache, aber Holländisch ist es auch nie geworden.

Wenn du Friesisch sprichst, dann geht das gerade noch, es herrscht ein wenig die Vorstellung, daß das Friesische eine eigene Sprache sei, und man darf auch ein bißchen stolz darauf sein. Vielleicht geht es Limburgern ähnlich. Aber was machst du mit dem Brabantischen? In der Schule bekam ich zu hören, daß ich nicht wie ein Hinterwäldler reden sollte, und sie äfften mich nach. Wenn ich jetzt versuche, Brabantisch zu sprechen, fange ich sofort an zu weinen.

Es zeigt sich also, daß zwischen Klasse und Sprache ein direkter Zusammenhang besteht, ebenso wie zwischen Sprachgebrauch und Unterdrückung. Der Sprachgebrauch der oberen Klassen wird höher bewertet als der Sprachgebrauch der Arbeiterklasse oder der der Bauern, höher als das städtische

Platt oder die Dialekte der ländlichen Regionen. Mitunter hat dieser Zusammenhang eine komplizierte Geschichte.

(Arbeiterklasse:) *Ich stamme aus der Maastrichter Arbeiterklasse. Ich bin mit dem Limburgischen aufgewachsen. Ich habe gemerkt, wie viele Vorurteile bei den Holländern noch immer gegenüber Limburg bestehen. Umgekehrt werden die Holländer bei uns richtig gehaßt. Wir gehören noch immer nicht ganz dazu, und das kann man täglich merken. Wenn sie im Wetterbericht vom Süden sprechen, dann sprechen sie von Brabant. Limburg ist für sie zu weit unten, zu südlich, es gehört nicht mehr dazu. Wenn wir die Wetterlage kennen wollen, dann müssen wir den belgischen Rundfunk einschalten. Holländer wissen wenig über die Geschichte des Limburgischen Proletariats, wie die Industrialisierung hier schon sehr früh begonnen hat, mit den Gruben und den Manufakturen.*[53] *Die Bosse in Limburg, das waren Holländer. Und noch immer bekommen die Holländer die besten Berufe. Ich wohne bereits vierzehn Jahre lang im Norden, aber meine Eltern kommen mich nie besuchen. Für sie bin ich eine Abtrünnige. Täglich merke ich, wie auf mich herabgesehen wird. Ich spreche zwar Niederländisch, aber ich habe nicht versucht, mir mein weiches G abzugewöhnen. Man merkt doch, wie darüber gedacht wird: diese Hinterwäldlersprache, der dunkle Süden. Ich habe mich hier sehr anpassen müssen. Es ist nicht leicht, stolz auf meine Herkunft zu sein. Ich fühle mich oft stärker mit den surinamischen Frauen hier verwandt als mit holländischen.*

Wenn wir alles zusammenzählen, sehen wir, daß von wirklicher Chancengleichheit noch keine Rede sein kann. Kinder aus der Arbeiterklasse, von Kleinbauern oder aus der unteren Mittelschicht müssen viel härter arbeiten, um das gleiche Ergebnis zu erreichen wie Kinder aus der Mittelschicht und den

---

53 Zur Geschichte des Limburger Proletariats siehe: M. Ubachs, *Een eeuw modern kapitalisme. De Regouts, leed en strijd van Maastrichts proletariaat;* Wim Nijssen, Jos Bours und Marlies Hautvast, *Mijnwerkers. Verhalen om te onthouden.*

oberen Klassen. Sie müssen sich anders ausdrücken lernen, mitunter wirklich eine Sprache zusätzlich lernen; sie müssen sich an eine Kultur anpassen, die sie nicht von klein auf kennen, mit geringeren materiellen Möglichkeiten dazu; sie müssen sich wehren gegen die niedrigeren Erwartungen, die die Umgebung ihnen gegenüber hegt, ganz abgesehen von dem Kampf gegen die eigenen verinnerlichten Zweifel: kann ich es wirklich?

7. Die Klassenstellung von Frauen in der Theorie

Bisher haben wir über Klasse und Klassensozialisation geredet, als hätten diese Faktoren nichts mit dem Geschlecht zu tun. Aber die Wirklichkeit ist komplizierter. Daß Frauen, die ohne Vater erzogen worden sind, oft nicht wissen, zu welcher Klasse sie gehören; oder daß Frauen erzählen, sie hätten oft ihre Klasse gewechselt, indem zum Beispiel ihr Vater starb und ihre Mutter sich neu verheiratete, stellt nicht einfach eine ‹Unregelmäßigkeit› in der Theorie über die Klassenerfahrungen dar, sondern verweist auf ein tieferliegendes Problem: Geschlecht und Klasse stehen nicht nebeneinander, sondern vermischen sich. Bei Linda Gordon heißt es: «Die Erfahrung des Frauseins verändert sich entsprechend der eigenen Klassenposition, aber es ist ebenso richtig, daß sich die Klassenstellung dem Geschlecht entsprechend verändert.» [54]
Wie die Stellung von Frauen von der der Männer im Klassensystem differiert, wird deutlich, wenn wir den Gruppen, die nach ihrer Klassenherkunft zusammengestellt sind, die Frage vorlegen: Wie unterscheidet sich die Stellung deiner Mutter oder anderer Frauen in deiner Umgebung von der deines Vaters? Vergleicht man die Merkmale, welche mit der

54 ‹Kostwinnen en koesteren›, S. 14.

Klassenstellung in Verbindung stehen, nämlich Geld, Arbeit, Ausbildung, Freizeit, Kultur, so zeigt sich sofort, daß Frauen dazu im allgemeinen ein anderes Verhältnis als Männer haben.

Geld: Wenn nicht viel Geld vorhanden ist, sind es oft die Frauen, die es verwalten. Aber auch dann empfinden sie es nicht als ihr Geld, sondern eher als einen Rohstoff, den sie möglichst effektiv einsetzen müssen. Viele Frauen der oberen Klassen wissen nicht, wieviel Geld da ist, und müssen um das Haushaltsgeld betteln. Wenn Frauen ihr ‹eigenes› Geld verdienen, dann doch meist weniger als der Mann in der Familie. Verdient sie mehr oder hat sie von ihren Eltern Geld oder Besitz geerbt, dann gibt das oft Anlaß zu Konflikten.

Arbeit: Meistens haben die Männer die Arbeit mit einem höheren Einkommen und einem höheren Status. Fast alle Frauen, ob sie nun außer Haus arbeiten gehen oder nicht, verrichten den Löwenanteil der Hausarbeit.

Freizeit: Frauen verfügen über weniger Freizeit als Männer, und sie ist weniger klar abgegrenzt, weil die Hausarbeit sowieso in sie hineinreicht. Auch an Wochenenden muß gekocht und aufgeräumt werden.

Ausbildung: Noch immer kommt es vor, daß Jungen eher weiterlernen können als Mädchen. Und wenn Frauen doch eine Ausbildung haben, dann bleibt noch die Frage, ob sie diese, wenn sie heiraten, nutzen können. Frauen haben häufiger eine ‹unterbrochene› Laufbahn. Ein paar Jahre ‹raus wegen der Kinder›, später, wenn es wieder geht, Aufbauausbildungen. Der Karriereweg von der Schule, über eine höhere Ausbildung, über einen Beruf bis hin zum beruflichen Aufstieg verläuft bei Frauen viel weniger geradlinig als bei Männern. Bei Frauen kann man auch viel seltener von ihren schulischen Leistungen auf ihre zukünftige Funktion schließen. Obwohl es bei heterosexuellen Paaren vor allem die Väter sind, die die Klassenstellung, bemessen nach sozialer Stellung, Einkommen und dergleichen bestimmen, spielen die Frauen die entscheidende Rolle bei der Gestaltung des ‹Gesichts›, das man nach außen zeigt. Sie bestimmen die Erziehung der Kinder, ihr Äußeres, die Wohnungseinrichtung, sie geben die ‹guten Manieren› weiter und achten auf ihre Einhaltung. In den meisten Familien sind die Frauen die wichtigeren ‹Kulturträger›.

Obwohl Frauen und Männer, die zusammen eine Familie bilden, in einem bestimmten Maße die gleiche Klassenstellung einnehmen, haben sie, gemessen an ziemlich allen Faktoren, innerhalb dieser Klasse eine unterschiedliche Stellung. Von daher kann von einer ungleichen Machtverteilung gesprochen werden. [55]

Auch in anderer Hinsicht zeigt sich, daß die Klassenstellung der Frauen anders ist als die der Männer. Wir sehen es an der Tatsache, daß Frauen ihre Klassenstellung im Laufe ihres Lebens öfter verändern. Zu welcher Klasse gehört die Frau eines Arztes, die selbst ausgebildete Krankenschwester ist, aber ihren Beruf bei der Heirat aufgegeben hat, wenn sie sich scheiden läßt? Zu welcher Klasse gehört die Mutter, die von der Sozialhilfe lebt und einige Jahre zuvor noch die Tochter eines gelernten Arbeiters war? Und zu welcher Klasse, wenn sie doch noch beschließt, einen Sozialarbeiter zu heiraten, der eine feste Stelle hat? Und zu welcher Klasse, wenn sie selbst Sekretärin wird? Und zu welcher Klasse, wenn sie nicht heiratet, sondern mit jemandem zusammenlebt, der eine bessere Stellung hat als sie? Diese Fragen verweisen auf Komplikationen, die deutlich machen, daß Geschlecht und Klasse nicht einfach nebeneinanderzustellen sind.

Bevor ich zu einer Beschreibung des Zusammenhangs zwischen Klasse und Geschlecht übergehe, möchte ich zuerst

---

55 Eine Menge Materialien zur Machtverteilung zwischen Frauen und Männern und zu den damit zusammenhängenden Klassenunterschieden enthält vor allem die Untersuchung von Aafke Komter, *De macht van de vanzelfsprekendheid*. Siehe ferner auch Meulenbelt, ‹Über politisches Bewußtsein und die Frage der Männlichkeit›; Lillian Breslow Rubin, *Worlds of Pain*.

auf die Theorie eingehen, auf die Frage, was die verschiedenen Theorien über die Klassenstellung von Frauen zu sagen haben.

Es gibt zwei gängige Definitionen von Klasse. Die einfache soziologische, die von einer Hierarchie ausgeht, in der sich die Stellung der Menschen, also ob sie weiter ‹oben› oder weiter ‹unten› auf der gesellschaftlichen Leiter stehen, an ihrem Beruf, ihrer Ausbildung und ihrem Einkommen bemißt: das sogenannte ‹Schichtmodell›. Daneben gibt es den klassischen marxistischen Klassenbegriff. Nicht eine einfache Schichtung nach Berufen ist dort der Ausgangspunkt, sondern die Stellung, die Menschen innerhalb der Produktionsverhältnisse einnehmen. Es gibt Menschen, die die Produktionsmittel besitzen (Rohstoffe, Maschinen, Fabriken) und die damit die Macht haben, Menschen für sich arbeiten zu lassen. Und dann gibt es die anderen Menschen, die Besitzlosen, die höchstens noch über die unmittelbar für die Existenz notwendigen Dinge verfügen, die somit nicht die Macht haben, um andere für sich arbeiten zu lassen. Das Proletariat, die arbeitende Klasse, kann nur überleben, indem sie ihre Arbeitskraft an die besitzende Klasse verkauft.

Bei dem Versuch festzustellen, wie nun eigentlich die Klassenstellung von Frauen aussieht, werfen beide Sichtweisen zahllose Probleme auf, und die feministische Kritik, sowohl an dem soziologischen Schichtmodell als auch an dem marxistischen Klassenbegriff, fehlt denn auch nicht.

Das Schichtmodell nimmt meist den Beruf (plus Ausbildung, Einkommen und sozialer Status) als Ausgangspunkt für die Bestimmung, zu welcher Klasse jemand gehört, und wenn es sich dabei nicht um einzelne Menschen in einem Beruf handelt, wird von der Einheit ‹Familie› ausgegangen. Der Beruf des ‹Familienoberhauptes› bestimmt dann den Platz in der sozialen Rangordnung.[56]

56 Die jüngste Veröffentlichung, die sich mit der Frage der gesellschaftlichen Schichtung und der Stellung der Frauen in ihr beschäftigt, ist die Auf-

Von den feministischen Wissenschaften aus ist daran viel Kritik formuliert worden.[57]

Denn es leben lange nicht alle Leute in einer Kernfamilie. Die Prozentzahl alleinlebender Menschen wächst noch immer. Auch ist in vielen Familien der Mann nicht der einzige Ernährer. Zwei oder mehr Mitglieder gehen einer bezahlten Tätigkeit nach, und das ist für diese Familie für den jeweiligen Lebensstandard von großer Bedeutung. In zunehmendem Maße finden sich Familien ohne männlichen Ernährer, weil der Mann arbeitslos ist oder weil zu der Familie kein Mann dazugehört. Alleinstehende Frauen mit Kindern fallen völlig aus dieser Theorie heraus, sie bleiben unsichtbar. Daneben verschleiert die Verwendung des Begriffs ‹Familie›, daß in-

satzsammlung von Rosemary Crompton und Michael Mann, *Gender and Stratification*. Die ‹orthodoxen› Positionen in der Schichtungstheorie werden u. a. von Lockwood und Goldthorpe vertreten, die von mehreren Autoren in der Sammlung kritisiert werden. David Lockwood leugnet in ‹Class, Status and Gender› einfach die Existenz eines Problems. Es gebe keine fundamentalen Unterschiede zwischen dem Status von Frauen und dem der Männer noch wesentliche Konflikte oder Interessensunterschiede, behauptet er (S. 15). Ein anderer hartnäckiger Vertreter dieser Position ist J. H. Goldthorpe in ‹Women and Class Analysis: in Defence of the Conventional View›. Ein dritter bewußt Konservativer (der die Frage der Frauen also ‹vergißt›, bis er darauf aufmerksam gemacht wird) ist Frank Parkin in *Class Inequality and Political Order*. Aber bei den meisten Theorien handelt es sich nicht um eine bewußte Einnahme der Haltung, Frauen auszuschließen oder zu übersehen. Auch bei Wilterdink und van Heerikhuizen (ebenfalls ziemlich frauenfreundlich) wird in dem Kapitel ‹Stratificatie› zwar der Ungleichheit und den ethnischen Unterschieden ein eigener Teil gewidmet, nicht aber den Geschlechterunterschieden.

57 Unter anderem in der bereits genannten Aufsatzsammlung von Rosemary Crompton und Michael Mann: Sylvia Walby, ‹Gender, Class and Stratification›; Christine Delphy und Diana Leonhard, ‹Class Analysis, Gender Analysis and the Family›; Cynthia Cockburn, ‹The Relations of Technology. What Implications for Theories of Sex and Class?›. Ferner: Christine Delphy, ‹Women in Stratification Studies›; Chris Middleton, ‹Sexual Inequality and Stratification Theory›; Joan Acker, ‹Women and Social Stratification. A Case of Intellectual Sexism›; Jackie West, ‹Women, Sex and Class›; Elizabeth Garnsey, ‹Women's Work and Theories of Class and Stratification›; Sheila Allen, ‹Gender Inequality and Class Formation›. Das ‹sexistische› Schichtmodell wird ebenfalls von Margrit Eichler, in *The Double Standard*, S. 97, und von Ann Oakley, in *Subject Women*, S. 281ff, besprochen.

nerhalb dieser Familien zwischen Männern und Frauen Unterschiede bestehen, bei den Besitzverhältnissen zum Beispiel.[58] Daß Männer und Frauen innerhalb derselben Familie den gleichen Lebensstandard haben, braucht nicht zu stimmen: Betrachten wir nur, wer das Auto benutzen darf, wenn es nur eines gibt.[59] Und selbst in Theorien, in denen Frauen mitgezählt werden, wenn sie einen eigenen Beruf haben, wird die tatsächliche Ungleichheit zwischen Frauen und Männern übersehen. Die etwa 35 Prozent Frauen, die in den Niederlanden außer Haus arbeiten gehen, haben damit auf dem Arbeitsmarkt noch nicht die gleiche Stellung wie Männer. Die meisten Frauen konzentrieren sich auf Frauenberufe, das sogenannte ‹Tipp-Proletariat›, der Dienstleistungssektor. Und selbst wenn eine Frau den gleichen Beruf hat wie ein Mann, ist die Chance, daß sie befördert wird, geringer. Die bestehenden Schichtmodelle, gedacht, um die Ungleichheit sichtbar zu machen und die soziale Mobilität untersuchen zu können, greifen zu kurz, sobald es um Frauen geht.

Auch der marxistische Klassenbegriff ist problematisch, sobald es darum geht, die Klassenposition von Frauen zu erklären. In der marxistischen Theorie spricht man, wenn es um ‹Arbeiter› geht, fast automatisch von Männern oder im besten Falle noch von geschlechtslosen Wesen.[60] Frauen sind

58 In ‹Class Analysis, Gender Analysis and the Family› weisen Christine Delphy und Diana Leonhard auf die Tatsache hin, daß es in landwirtschaftlichen Regionen bei den Besitzverhältnissen im Zusammenleben zwischen Männern und Frauen Unterschiede gibt. Fast immer geht der Bauernhof und das Land auf einen Mann über. Wenn Töchter erben, werden sie selten die Gelegenheit erhalten, eine selbständige Unternehmerin zu werden. Meist wird der Bauernhof in einem solchen Fall auf den Ehemann übertragen (S. 71).
59 Laura Oren weist in ‹Welfare of Women in Labouring Families› darauf hin, daß der Lebensstandard in Familien für Frauen und Männer beträchtlich voneinander abweichen kann. So kommt in schlechten Zeiten das beste Essen, wie Fleisch, traditionsgemäß dem Mann zu. Siehe auch Heidi Hartmann, ‹The Unhappy Marriage of Marxism and Feminism›, S. 9; Christine Delphy, ‹Sharing the Same Table: Consumption and the Family›.
60 Die meisten Leute haben inzwischen vergessen, daß die ersten wirk-

dabei nur sichtbar und nur dann für die Theoriebildung von Interesse, wenn sie genauso wie Männer lohnabhängige Arbeit leisten. Tatsächlich sind dabei alle Frauen unsichtbar, die keiner bezahlten Arbeit nachgehen (aber auch Männer, die durch Arbeitslosigkeit, Alter, Arbeitsuntauglichkeit und dergleichen mehr ohne Arbeit sind, fallen heraus), und zusätzlich wird übersehen, daß die Frauen, die eine bezahlte Arbeit haben, auf dem Arbeitsmarkt eine andere Position einnehmen als Männer.[61] Durch die Zweiteilung in Bourgeoisie und Proletariat fällt zumindest eine bedeutende Gruppe von Menschen aus dem Boot. Denn es gibt eine große Anzahl Menschen, die keinen Besitz an den Produktionsmitteln haben (selbst wenn sie mit einem solchen männlichen Besitzer verheiratet sind) und die, um zu überleben, nicht vom Verkauf ihrer Arbeitskraft, sondern von einem Mann abhängig sind, der seine Arbeitskraft verkauft, nämlich die Hausfrau ohne bezahlte Arbeit, noch immer ein großer Teil der weiblichen Bevölkerung. Diese Gruppe verfügt über kein eigenes Einkommen, aber wird im Tausch für das Verrichten der Hausarbeit und die Versorgung der Kinder mit Kost und Logis unterhalten.[62]

lichen Proletarier Frauen und Kinder waren. Siehe Jürgen Kuczynski, *Das Entstehen der Arbeiterklasse*. Auf viele Arten sind Frauen als Arbeiter unterschlagen worden. Harry Braverman beschreibt ein interessantes Phänomen: Sexismus in der Sprache. In der englischen Übersetzung des *Kapitals* von Marx wird von «great masses of men» gesprochen, wenn von der Masse der Arbeiter gesprochen wird. In der ursprünglichen deutschen Ausgabe spricht Marx richtiger von «Menschenmassen», und tatsächlich handelt dieser Absatz eher von Frauen als von Männern (Braverman, *Die Arbeit im modernen Produktionsprozeß*, S. 254). Es mag zwar die Vereinbarung bestehen, daß es sich um Männer *und* Frauen handelt, wenn wir von Menschen, man, jeder, jemand sprechen, tatsächlich aber zeigt sich, daß ‹man› im Sprachgebrauch oftmals unbemerkt von Menschen auf Männer übergeht. Siehe auch Cheryl Benard, *Die geschlossene Gesellschaft und ihre Rebellen*, S. 44ff; Casey Miller und Kate Swift, *Words and Women*, das Kapitel ‹Who is Man?›.
61 Siehe Heidi Hartmann, ‹Capitalism, Patriarchy and Job Segregation by Sex›; Anne Phillips and Barbara Taylor, ‹Sex and Skill›.
62 Die Reaktion auf diese Lücke in der marxistischen Theorie ist als ‹die Hausarbeitsdebatte› bekannt. Eine Zusammenfassung darüber siehe in: Anja

Christine Delphy bemerkt hierzu zynisch: «Offensichtlich ist es genauso richtig anzunehmen, die Frau eines Bourgeois sei selbst bürgerlich, wie anzunehmen, der Sklave eines Plantagenbesitzers sei selbst ein Plantagenbesitzer.»[63]

Einige Feministinnen haben als Reaktion auf das Zu-kurz-Greifen der bestehenden Klassentheorie Versuche unternommen, den abweichenden Status von Frauen mit anderen Systemen gesellschaftlicher Ungleichheit zu vergleichen, zum Beispiel mit anderen Minderheitengruppen, obwohl sofort anzumerken ist, daß Frauen, immerhin 51 Prozent der Bevölkerung, keine Minderheit sind.[64]

Die bekannte Feministin Simone de Beauvoir verglich die gesellschaftliche Stellung der Frauen mit der einer ‹Kaste›, also mit einer gesellschaftlichen Stellung, in die man hineingeboren wird und die man zeit seines Lebens nicht mehr verändern kann.[65] Aber auch diese Umschreibung reicht nicht aus. Menschen in einer ‹Kaste› haben durchweg die gleiche ökonomische Stellung, und dafür sind die Unterschiede zwischen Frauen zu groß. Und noch etwas stimmt nicht: Das wichtigste Merkmal einer Kaste ist ja gerade, daß seine Mitglieder nicht die Mitglieder einer anderen Kaste heiraten dürfen. Und wenn es irgend etwas gibt, was die soziale Stellung

Meulenbelt, ‹Die politische Ökonomie der Reproduktionsarbeit›. Danach sind u. a. noch erschienen: Maxine Molyneux, ‹Beyond the Domestic Labour Debate›; Eva Kaluzynska, ‹Wiping the Floor with Theory›; Bonnie Fox, *Hidden in the Household. Women's Domestic Labour under Capitalism*; Ellen Malos, *The Politics of Housework*; Gertrude Kittler, *Hausarbeit. Zur Geschichte einer ‹Naturressource›*.

63 Zitiert in: Meulenbelt, ‹Die politische Ökonomie der Reproduktionsarbeit›, S. 45.

64 Zu den Vergleichen von Frauen mit Minderheitsgruppen siehe Joke Smit, ‹Vrouwen als minderheidsgroep› in: *Er is een land waar vrouwen willen wonen*; Helen Mayer Hacker, ‹Women as Minority Group›. Zur Kritik an dieser Theorie siehe: Margrit Eichler, *The Double Standard*, S. 94.

65 Über Frauen als Kaste spricht Simone de Beauvoir im Interview mit Alice Schwarzer, ‹Ich bin Feministin›; in A. S., *Simone de Beauvoir heute. Gespräche aus zehn Jahren*, S. 35; siehe auch Simone de Beauvoir, *Das andere Geschlecht*, S. 149.

von Frauen kennzeichnet, dann das, daß von uns erwartet wird, daß wir die Mitglieder dieser anderen Kaste heiraten, nämlich die Männer.[66]

Schließlich gibt es auch die Versuche, Frauen als eigene Klasse zu definieren. Vor allem unter radikalfeministischen Theoretikerinnen aus Amerika, den *Redstockings* wie Shulamith Firestone, Kate Millet und Ti-Grace Atkinson, war diese Auffassung populär.[67] Varianten dieser Interpretation finden wir in den Niederlanden in den Veröffentlichungen der *Bonte Was*[68] wieder. Eine ökonomische Variante der ‹Frauen-als-Klasse-Theorie› stammt von Christine Delphy, die davon ausgeht, daß Frauen als Hausfrauen ein anderes Verhältnis zu den Produktionsmitteln haben als Männer und somit eine andere Klassenstellung.[69] Diese Theorie hat die Frauenbewegung dahingehend beeinflußt, daß jetzt Männer als Gruppe, als Kategorie problematisiert werden und nicht länger in vagen Begriffen über ‹das System› oder ‹die Geschlechterrollen› als die für die Unterdrückung der Frauen Verantwortlichen geredet wird.[70] Aber auch die ‹Frauen-als-Klasse-Theorie› hat ihre Beschränkungen: Die Unterschiede zwischen Frauen untereinander werden damit ebenso geleugnet wie die unter Männern. Wenn wir davon ausgehen, daß alle Männer über alle Frauen herrschen, verschwinden die Abstufungen, und andere Formen der Unterdrückung geraten aus dem Blickfeld. Schließlich wird, wie Kritiker be-

---

66 Siehe Margrit Eichler, *The Double Standard*, S. 96; Joan Kelly-Gadol, ‹The Social Relations of the Sexes›, S. 6.
67 Siehe das Red Stockings ‹Manifesto› und auch Kate Millet, *Sexismus und Herrschaft*; Ti-Grace Atkinson, *Amazonen Odyssee*.
68 In *De feminist*, 1 und 2.
69 Christine Delphy, ‹The Main Enemy› und andere Aufsätze, in: *Close to Home*.
70 Joyce Outshoorn in ‹Feminisme en Marxisme: het relaas van een echtscheiding op zoek naar een omgangsregeling› weist hierauf hin (S. 352) und gibt einen Überblick über die Auffassungen, die über Geschlecht und Klasse in den verschiedenen feministischen Strömungen in den Niederlanden herrschen.

merken, Lady Astor nicht von ihrem Chauffeur unterdrückt, und es ist fraglich, ob ihre Putzfrau mehr von ihrem Mann als von ihrer Arbeitgeberin unterdrückt wird.[71]

Jeder Vergleich mit einer anderen bestehenden gesellschaftlichen Ungleichheit führt sicher zu einer Menge interessanter Gesichtspunkte, aber greift letztlich zu kurz.

«Wir sind mit Begriffen, die nicht wirklich auf die Stellung der Frauen paßten, hinters Licht geführt worden. Frauen sind mit Sklaven, mit einer Kaste, mit einer Klasse, mit Minderheitsgruppen verglichen worden. Wie bei allen Analogien gab es Punkte der Übereinstimmung, die auf die Stellung der Frauen ein gewisses Licht warfen – aber auch Punkte der Verschiedenheit, die vollkommen unterschlagen worden sind», sagt Joan Kelly.[72]

---

71 Siehe hierzu Pat Armstrong und Hugh Armstrong in ‹Beyond Sexless Class and Classless Sex. Towards a Feminist Marxism›, S. 29. In den feministischen Debatten darüber, was als Unterdrückungssystem nun wichtiger sei, Geschlecht oder Klasse, kritisierten die orthodoxen marxistischen Frauen am stärksten die ‹Frauen-als-Klasse-Theorie› der Radikalfeministinnen. Zum Beispiel Evelyn Reed: «Frauen als Klasse gegen Männer abzugrenzen kann nur zu einem Ablenken vom wahren Klassenkampf führen», in: ‹Women: Caste, Class or Oppressed Sex?› Und: «Frauen aus den höheren Klassenschichten sind nicht nur die Bettgenossinnen ihrer reichen Ehegatten. (...) Sie sind auch die ökonomischen und politischen Bettgenossinnen, vereinigt in der Verteidigung des Privatbesitzes, des Profitstrebens, des Militarismus, des Rassismus und der Ausbeutung anderer Frauen.» Andere Kritikerinnen gehen davon aus, daß sowohl die Geschlechter- als auch die Klassenunterschiede wichtig sind. Molyneux in: ‹Beyond the Domestic Labour Debate›, S. 14: «Natürlich erfährt die Frau eines Bürgers, die für die Hausarbeit und die Kinderbetreuung Dienstmädchen beschäftigt, nicht die *gleiche* materielle Unterdrückung wie weniger privilegierte Frauen; ihr Unterdrücktsein äußert sich in der Tatsache, daß ihre Privilegien von der Welt ihres Ehemannes abhängen.» Siehe auch Lise Vogel, ‹Unhappy Marriage, Trial Separation or Something Else?›; Zillah Eisenstein, ‹Some Notes on the Relations of Capitalist Partriarchy›; Michèle Barrett und Mary McInthosh, ‹Towards a Materialist Feminism›; Diana Adlam, ‹Review of «The Main Enemy» by Christine Delphy›; Joan Kelly-Gadol, ‹The Social Relations of the Sexes›.
72 In der Einleitung zu *Women, History and Theory*, S. XXV; ähnlich auch Gerda Lerner, zitiert in Kelly, S. 6. Siehe auch: Linda Gordon, ‹Kostwinnen en koesteren›, S. 12.

Abschließend ist nur die Feststellung möglich, daß Frauen allein als ‹Geschlecht› definiert werden können und daß die Geschlechter-Ungleichheit auf eine komplizierte Weise in die Klassen-Ungleichheit hineinspielt.

Eine Theorie, die alle Frauen zu einer Klasse zusammenfaßt, negiert die Klassenunterschiede der Frauen untereinander. Eine Theorie, die die Stellung der Frauen von der ihrer Männer oder Familien ableitet, negiert die Unterordnung von Frauen, ihre Hausarbeit und ihre Arbeit auf dem Arbeitsmarkt. Eine Theorie, die die Stellung von Frauen aus ihrer bezahlten Arbeit heraus definiert, vergißt sowohl die Segregation auf dem Arbeitsmarkt als auch die Hausarbeit. Eine Theorie, die blind ist für die Geschlechterunterschiede, verhüllt damit nicht nur die Unterschiede, die innerhalb jeder Klasse bestehen, sondern auch die Struktur des Kapitalismus selbst. Die Arbeiterklasse besteht ebenso wie die herrschende Klasse aus zwei Geschlechtern.[73]

In einem der folgenden Abschnitte möchte ich aufzeigen, wie die verschiedenen Auffassungen über die Klassenstellung mit der ‹Marke› des Feminismus zusammenhängen, nämlich damit, ob man eine Anhängerin des sozialistischen Feminismus oder des Radikalfeminismus ist. Und ich möchte aufzeigen, wie sich das Denken über die Klassenstellung innerhalb der Frauenbewegung entwickelt hat. Zuerst aber möchte ich auf die Praxis zurückkommen: Was können wir erkennen, wenn wir über unsere ökonomische Stellung und unsere ökonomischen Möglichkeiten sprechen?

73 Pat Armstrong und Hugh Armstrong, ‹Beyond Sexless Class and Classless Sex: Towards a Feminist Marxism›, S. 30.

8. Die Klassenstellung von Frauen in der Praxis

Wir können die Klassenstellung von Frauen nicht einfach von der des ihr nächststehenden Mannes ableiten, aber wir können auch nicht so tun, als ob die Klassenstellung der Frauen völlig von der der Männer losgelöst wäre. Während sich die Klassenstellung von Männern unmittelbar aus ihrem Beruf herleiten läßt, gelten für Frauen zwei Faktoren: ob sie verheiratet oder unverheiratet sind und wenn ja, mit wem, und ob sie einen eigenen Beruf haben und wenn ja, welchen.[74]

Das erklärt auch, warum Frauen im Laufe ihres Lebens häufiger ihre gesellschaftliche Stellung verändern. Eine Heirat oder eine Scheidung kann für die ökonomischen Umstände, in denen eine Frau lebt, viel ausmachen. Einen eigenen Beruf zu haben oder nicht zu haben hängt ebenfalls eng mit Ehe oder Scheidung zusammen. Viele Frauen geben für eine Ehe noch immer ihren Beruf auf oder passen diesen Beruf dem Familienleben an.

Wie sehr Klassenstellung und Geschlecht miteinander verwoben sind, wird deutlich, wenn wir die gesellschaftliche Stellung von Frauen betrachten, die sich nicht an die Norm der heterosexuellen Familie halten. Lesbische Frauen werden sich Stück für Stück der Tatsache bewußt, daß sie, wenn sie das Elternhaus verlassen oder aus einer Ehe ausbrechen, es alleine schaffen müssen und nicht an dem Einkommen eines Mannes teilhaben können. Für Frauen aus der Mittelklasse bedeutet die Entdeckung oder die Entscheidung, lesbisch zu sein und ohne einen Mann leben zu wollen, oft eine ‹Deklas-

---

74 Das korreliert mit der ‹Doppelten-System-Theorie› von Heidi Hartmann, die aussagt, daß es sich um kapitalistische und patriarchale Strukturen handele, die nebeneinander und unabhängig voneinander bestünden. Heidi Hartmann, ‹Capitalism, Patriarchy and Job Segregation by Sex›. Siehe auch: Rosemary Crompton und Michael Mann, *Gender and Stratification*, S. 5; Sylvia Walby, ‹Gender, Class and Stratification›; Gittins, ‹Inside and Outside Marriage›.

sierung›, sagt Falk.[75] Denn angesichts der Tatsache, daß Frauen mit dem gleichen gesellschaftlichen Umfeld und der gleichen Ausbildung wie Männer durchschnittlich weniger verdienen, führt das Selbständigbleiben oftmals zu Einbußen im Lebensstandard. Für Frauen aus der Arbeiterklasse bedeutet ohne einen Mann leben zu wollen die Notwendigkeit, ‹höher› aufzusteigen.[76] Von den Berufen, die Frauen aus der Arbeiterklasse offenstehen, ist es kaum möglich, selbständig existieren zu können, die Löhne für ungelernte ‹Frauenarbeit› sind auf Ehen abgestimmt, sind als Ergänzung gedacht. Das bedeutet für lesbische Frauen aus der Arbeiterklasse eine doppelte Entwurzelung, sagt Ans van Dijk. Wo ‹Anstand› das einzige ist, was die Arbeiterklasse meist besitzt, werden Frauen, die ein lesbisches Leben führen, nur schwer akzeptiert. Wenn sie so leben wollen, dann müssen sie zusehen, eine bessere Ausbildung und einen besseren Beruf zu bekommen als die anderen Menschen in ihrer Umgebung.[77]

Ganz unabhängig davon, ob Frauen sich bewußt dafür entscheiden, ohne Mann zu leben, oder ob es unfreiwillig erfolgt, durch Scheidung oder Tod des Ehegatten, die Klassenstellung von Frauen ist anders als die der Männer. Wenn wir uns anschauen, welche Menschen in den Niederlanden nahe der Armutsgrenze leben oder schon unter ihr, so finden wir zu mehr als zur Hälfte Frauen, die allein leben. Hierbei handelt es sich vor allem um Frauen, die ihre Kinder allein aufziehen, und ältere alleinstehende Frauen nach einer Scheidung oder dem Tod des Ehegatten. Und in dem Maße, in dem die Zahl

75 Candace Falk, ‹Women and the «Karl Marx Question». Radical Feminism and Socialist Feminism›, S. 228.
76 Charlotte Bunch, ‹Not for Lesbians Only›; Colletta Reid, ‹The «Upward Mobility» of Lesbians›; mein Interview mit Rieck Stienstra, ‹Een beetje alsof je uit het verzet komt›; Margaret Small, ‹Lesbians and the Class Position of Women›.
77 In: *Het mag geen naam hebben. Over lesbische vrouwen uit de arbeidersklasse.* Über die Versuche von Arbeiterfamilien, zu den ‹anständigen Arbeitern› zu gehören, siehe auch Lillian Breslow Rubin, *Worlds of Pain*, S. 30.

alleinerziehender Mütter zunimmt, wächst auch die Anzahl der Menschen, die es gerade noch oder schon nicht mehr schaffen. Wir bezeichnen das als Feminisierung der Armut.[78] Frauen sind häufig nur einen Mann weit von der Armut entfernt.

Es gibt also tatsächlich nicht *die* Klassenstellung der Frau, die für alle Frauen gilt. Über die Klassenzugehörigkeit hinaus müssen wir betrachten, wie die gesellschaftliche Stellung von Frauen aussieht, wir müssen ihre Stellung auf dem Arbeitsmarkt und ihre Stellung im *«sex-gender-system»*[79] betrachten, also sehen, ist sie verheiratet oder nicht, ist sie Mutter oder hat sie keine Kinder.

Über die besondere Stellung der Frauen innerhalb der Arbeiterklasse ist schon einiges bekannt, über Frauen mit einer bäuerlichen Herkunft wiederum sehr viel weniger.[80] Wenn wir von Lohnarbeitern sprechen, können wir damit sowohl Frauen als auch Männer meinen, die zum Beispiel in einer Fabrik arbeiten. Dennoch ist der Begriff ‹Arbeiterfrau› häufig irreführend. Ist das eine Frau, die selbst lohnabhängig beschäftigt ist, oder ist das die Frau eines Mannes, der in

78 Zu der Feminisierung der Armut siehe Jet Bussemaker, *Zielig zijn we niet*; Ruth Köppen, *Die Armut ist weiblich*; Dennis Marsden, *Mothers alone*; Hilda Scott, *Working Your Way to the Bottom. The Feminization of Poverty*.
79 Der Begriff *«sex-gender-system»* stammt von Gayle Rubin, *The Traffic in Women*. Sie behauptet, daß es neben der Art und Weise, in der die Produktion geregelt und die Arbeit verteilt ist, auch eine Art und Weise gibt, in der in jeder Gesellschaft die Reproduktion geregelt ist, das heißt die Fortpflanzung, die Elternschaft, das Verhältnis zwischen den Geschlechtern. Letzteres nennt sie das *«sex-gender-system»*.
80 Es ist auffällig, daß nahezu alle Veröffentlichungen, die von Frauen und Klasse handeln, implizit der alten Zweiteilung zwischen bürgerlichen und proletarischen Frauen bzw. zwischen Mittelschichtfrauen und Frauen aus der Arbeiterklasse folgen. Wahrscheinlich, weil sich die wichtigsten Diskussionen zwischen Feministinnen auf der einen Seite und Sozialistinnen und Marxistinnen auf der anderen abgespielt haben, zuzüglich der vielen Frauen, die irgendwo auf einer Linie dazwischen lagen. Über Bauern und Bäuerinnen wurde selten nachgedacht. Eine Ausnahme stellt Sara Delamont dar. In ihrem Buch *The Sociology of Women* beschäftigt sie sich in dem Kapitel ‹Community and Class› ausdrücklich mit Frauen aus dem bäuerlichen Umfeld.

Lohnarbeit beschäftigt ist? Und wie nennen wir eine Frau, die selbständig einen Bauernhof führt? Unter ‹Bäuerin› verstehen wir im allgemeinen die Frau eines Bauern, die zwar einen Großteil der notwendigen Arbeit verrichtet, aber selten eine selbständige Position einnimmt. Nennen wir sie einen ‹weiblichen Bauern›?[81]

Wenn wir davon ausgehen, daß verheiratete Frauen die ‹Reproduktion der Arbeitskraft› ihrer Männer übernehmen, das heißt, daß sie die notwendige Versorgung liefern, die er braucht, um seine Arbeit weiterhin verrichten zu können, und daneben feststellen, daß ihr eventueller Beitrag zu seiner Arbeit oder ihre Arbeit außer Haus von seinem Beruf abhängig ist, dann können wir erkennen, daß Frauen in den verschiedenen Klassenschichten von ihren Männern auch unterschiedliche Aufträge erhalten. Diese Aufträge ändern sich im Laufe der Zeit, nämlich in dem Maße, in dem sich seine Position als Lohnabhängiger verändert. Wie sich der Charakter der Lohnarbeit in den letzten Jahrzehnten verändert hat, wie die handwerkliche Arbeit immer stärker weggefallen ist und an ihre Stelle die Fließbandarbeit getreten ist, hat Braverman in seiner wichtigen Studie beschrieben.[82] Seine feministischen Kritikerinnen haben ihn darauf hinweisen müssen, daß diese veränderte Stellung der Männer für die Stellung ‹ihrer› Frauen unmittelbare Folgen hatte.[83]

Um einige Beispiele zu geben, wie die gesellschaftliche Stellung der Frauen mit derjenigen der Männer zusammenhängt, mit denen sie zusammenleben, folgen hier ein paar Anmerkungen zu Bauernfamilien, Mittelstandsfamilien, Arbeiterfamilien und begüterten Familien. Es versteht sich von selbst, daß noch sehr viel mehr Untersuchungen durchge-

81 Auf dieses Problem weist Joost van Kasteren hin, in: ‹Boerin op eigen kracht. Boerendochters beginnen eigen bedrijf›.
82 Harry Braverman, *Die Arbeit im modernen Produktionsprozeß*.
83 Wie zum Beispiel Veronica Beechey, ‹Women and Production›; Jacky West, ‹Women, Sex and Class›; Rosalyn Baxandall, Elizabeth Ewan und Linda Gordon, ‹The Working Class Has Two Sexes›.

führt werden müssen, um diese Unterschiede wirklich zu überschauen.

In Bauernfamilien hängt es meist von der Größe und den Einkünften eines Hofes ab, welche Arbeit die Frauen verrichten. In kleinen Betrieben arbeiten die Frauen häufig auf dem Feld mit oder bei der Versorgung der Tiere. Je größer ein Bauernhof wird und je nachdem, ob es feste Arbeitskräfte oder nur Aushilfskräfte gibt, wird der Haushalt weiter vom landwirtschaftlichen Betrieb abgetrennt, und die Frauen bekommen meist den Status einer ‹Hausfrau›. Geld sitzt selten ‹locker›, denn es muß immer wieder neu in den Hof investiert werden. In großen Betrieben können die Buchhaltung des Hofes und die Buchhaltung des Haushalts vollkommen getrennt sein, und auch wenn es meist die Frauen sind, die das Geld für den Haushalt verwalten, wissen sie jedoch selten, was mit dem Geld auf dem Bauernhof geschieht, während bei kleineren Höfen die Frauen oft über neue Investitionen mitentscheiden.

In Mittelstandsfamilien, wo sich das Geschäft noch im eigenen Haus befindet, arbeiten die Frauen oft neben ihrem Mann. Manchmal besteht zwischen den Einkünften des Geschäfts und den Ausgaben für den Haushalt keine deutliche Trennung, und die Arbeit geht ineinander über. Manchmal führen die Frauen, wenn der Mann stirbt, das Geschäft fort.

In Familien ungelernter Arbeiter gehen die Frauen fast alle einer Tätigkeit außer Haus nach, aber häufig auf ungeschützter Basis, und nicht immer wird es als Arbeit registriert: für andere die Wäsche waschen, putzen gehen, Hausarbeit, früher die Versorgung von Kostgängern und bis heute stricken und nähen.[84]

In Familien gelernter Arbeiter kommt es gegenwärtig häu-

84 Siehe Selma Leydesdorff, *Verborgen arbeid, vergeten arbeid.* Es ist übrigens auffällig, wie viele Kinder auch noch lange nach dem Verbot der Kinderarbeit mitarbeiteten. Von vielen Studentinnen am IVABO höre ich immer wieder, daß sie als Kind wesentlich zum Einkommen der Familie beitrugen, zum Beispiel, indem sie hinten im Laden (wo die Kontrolleure es nicht sehen

figer vor, daß die Frauen ‹zu Hause› bleiben, insbesondere sobald Kinder da sind.

In Arbeiterfamilien, in denen wenig Geld verdient wird, sind es meist die Frauen, die das Geld verwalten.[85] Es sind die Frauen, die dafür sorgen, daß die Familie nicht in das ‹hard-living› absinkt.[86]

Sobald die Einkommen so hoch sind, daß größere Ausgaben möglich werden, übernehmen meist die Männer die Gewalt über das Einkommen. In den oberen Klassen wissen die Frauen oftmals nicht, was ihr Mann verdient, und sie bekommen Haushaltsgeld. In der Schicht der selbständigen Berufsgruppen gehen die Frauen häufiger einer Arbeit nach, die sie sich selbst ausgesucht haben, nicht nur wegen des Einkommens, sondern auch wegen der Art der Tätigkeit selbst. Aber meist sind doch sie diejenigen, welche ihre Arbeit an die ihres Mannes anpassen, erst recht, wenn Kinder da sind. Meist ist es die Frau, die die angepaßten Arbeitszeiten hat und damit eine Arbeit, die vom Status her gesehen unter seiner liegt.

In den ‹unteren› Klassen verwenden die Frauen viel Energie auf die Hausarbeit, in den ‹oberen› Klassen beginnt es mehr einem Management zu ähneln: Die Wäsche kann weggebracht werden, es gibt meist eine ‹Hilfe›, und wenn etwas kaputt ist, wird es seltener selbst repariert; es gibt mehr Geräte, die instand gehalten werden müssen und für die Menschen gemietet werden; es gibt häufiger ein Kindermädchen.

---

konnten) Rosenkohl und Chicorée putzten, die Tiere versorgten, Erdbeerschälchen falteten, Ledergürtel klebten, Knöpfe annähten usw.

85 Daß Frauen in der Arbeiterklasse oft das Portemonnaie verwalten, hat einige oberflächliche Beobachter dazu verleitet, von der ‹Macht› der Frauen, ja sogar vom Matriarchat zu sprechen. Siehe zum Beispiel Jaap Simonse, *Belemmerde kansen*. In Wirklichkeit haben Frauen, die das Familieneinkommen verwalten, nie die Macht, die zum Besitz gehört. Daß sie das Haushaltsgeld in den Händen haben, bedeutet angesichts der Verantwortlichkeit, die sie für ihre Familie haben, noch lange nicht, daß es ihr Geld ist. Siehe Bea Campbell, *Wigan Pier Revisited*, S. 57 oder Michèle Barrett und Mary McIntosh, *The Anti-Social Family*, S. 69.

86 Alie van Eijk, *Als je voor een dubbeltje geboren bent ben je een kwartje waard*, S. 7.

Aber das alles muß organisiert werden, und diese Organisation bleibt ihre Sache. In der ‹höheren› Klasse haben Frauen auch häufig eine repräsentative Funktion: Kontakte, die für die Arbeit des Mannes wichtig sind, müssen gepflegt werden, kleine Essen für Geschäftsfreunde auszurichten, gehört zum Beispiel zu diesen Aufgaben. Bei Funktionen wie Bürgermeister oder Diplomat ist eine Ehefrau sogar lange Zeit eine Voraussetzung gewesen. Jetzt erst fordern Stimmen, daß auch Alleinstehende (und somit auch Frauen) zu diesen Berufen zugelassen werden sollten. Hausärzte beginnen erst jetzt, ihre Praxis so zu organisieren, daß keine Frau nötig ist, die das Telefon bedient und die Nachrichten weitergibt.

Die Unterschiede sind also groß, aber das Gemeinsame liegt darin, daß ihre Arbeit als Hausfrau, aber auch ihre Arbeit außer Haus kaum von der Stellung des Mannes losgelöst betrachtet werden kann.

Diese ganzen unterschiedlichen gesellschaftlichen Stellungen der Frauen haben Konsequenzen, die wir gerade erst zu überblicken beginnen. Es bedeutet in jedem Fall, daß ‹Emanzipation› in den verschiedenen Klassenschichten einen anderen Inhalt haben kann. Den Frauen, die alleine leben, geht es weniger um die Rollenverteilung untereinander als um ihre Stellung auf dem Arbeitsmarkt. Für eine Bauersfrau kann ‹Emanzipation› bedeuten, daß sie erkennt, welchen Anteil sie am Aufrechterhalten des Betriebes hat, beziehungsweise daß sie ihr Recht erkennt, selbständig einen Betrieb zu führen. Daß Emanzipation für verschiedene Frauen einen vollkommen anderen Inhalt haben kann, wurde lange Zeit von der Frauenbewegung nicht wirklich erkannt. Darauf möchte ich im nächsten Kapitel eingehen. Doch zuvor folgt ein kleiner historischer Ausflug zum Thema Klasse innerhalb der Frauenbewegung.

9. Feminismus und Klasse

Die Geschichte des Feminismus ist nicht nur die Geschichte des Geschlechterkampfes. Von Anfang an spielten auch die Klassenwidersprüche eine Rolle. Die Frauenbewegung der zweiten Hälfte des neunzehnten Jahrhunderts und des frühen zwanzigsten Jahrhunderts bestand zu einem großen Teil aus der Initiative von Frauen, die aus der Mittelschicht und der höheren Mittelschicht stammten und die die Barrieren, die ihnen durch Mutterschaft und Ehe auferlegt waren, durchbrechen wollten. Sie forderten Stimmrecht, Ausbildung, den Zugang zur Universität oder zu anderen Berufsausbildungen; sie forderten das Recht auf Arbeit und auf Aktivitäten außerhalb des Hauses, die Gewalt über das eigene Einkommen und den eigenen Besitz.[87] Zu Recht, es gab natürlich keinen einzigen stichhaltigen Grund, warum Frauen nicht studieren sollten, nicht ihr eigenes Einkommen erhalten sollten. Die Gründe, die seinerzeit angegeben wurden, um zum Beispiel Frauen von der Universität fernzuhalten, der biologistische Gedanke, daß Frauen körperlich nicht zu geistiger Arbeit imstande wären und daß der Gebrauch des Gehirns zu einer Verkümmerung der Fortpflanzungsorgane führen würde und damit zur Verkümmerung der Fähigkeit, Kinder zu gebären, klingen in heutiger Zeit vollkommen lächerlich.[88] Daß Frauen aus den ‹besseren› Kreisen die gleichen Rechte forderten wie die Männer aus ihrer Klasse, ist ihnen im nachhinein nicht vorzuwerfen.[89] Aber es zeigt auch, daß einige von ihnen es als

87 Joan Kelly, ‹Family and Society›, S. 130.
88 Meulenbelt, *Wie Schalen einer Zwiebel*, S. 36ff.
89 Der Vorwurf, Frauen aus den bürgerlichen Klassen seien ‹elitär›, wenn sie die gleichen Rechte wie die Männer ihrer Klasse forderten, wurde auch zu Beginn dieser feministischen Strömung immer wieder geäußert. Vor allem linke Männer versuchten, den neuen Feminismus damit zu diskreditieren. Als Reaktion auf diesen Vorwurf leugneten viele Feministinnen, daß überhaupt von Unterschieden zwischen Frauen die Rede sein könnte, und dies hat das Erkennen der Klassenunterschiede zwischen Frauen innerhalb der Frauenbewegung mit verzögert. Joke Smit nahm in *Er is een land waar vrou-*

Selbstverständlichkeit betrachteten, daß ihre Forderungen für alle Frauen gelten würden, auch für die Frauen aus der Klasse, deren Probleme sie kaum kannten und noch weniger begriffen. Die Unterstellung, wenn sie sich nach einer interessanten Arbeit sehnten, so wäre dies das gleiche wie die Arbeitssuche von Frauen aus der Arbeiterklasse, für die nur die Möglichkeit bestand, vierzehn Stunden am Tag Wäsche zu waschen oder ebenso lange Arbeitstage in staubigen und engen Nähateliers zu verbringen[90], ist klassistisch. Sicher gab es auch damals Feministinnen, die durchaus begriffen, daß die Frauen aus der Arbeiterklasse in materieller Hinsicht schlechter gestellt waren als sie, aber dieses Mitleid reichte selten weiter als zu gutgemeinten Versuchen, die Armen zu ‹erheben›.

Den ‹bürgerlichen› Feministinnen standen die politisch bewußten Frauen aus der Arbeiterbewegung gegenüber, die ‹proletarische› Frauenbewegung.[91] Die Klasse teilte die Frauenbewegung, und der Sexus teilte die Arbeiterbewe-

wen willen wonen, S. 270, zu diesem Vorwurf Stellung, daß der Feminismus elitär wäre: «Meist sind es die besser Ausgebildeten einer Minderheitengruppe, die als erste dem Protest Ausdruck verleihen. Sofern es Männer waren, hat niemand sich je darüber beschwert. Bei Frauen ist es nicht erlaubt. Ich habe dafür noch keine Erklärung gefunden – es sei denn, es wäre wieder der übliche Sexismus. Frauen, die eine Haushaltshilfe suchen, wird immer vorgeworfen, daß sie andere Frauen ausbeuten würden. Unsere Antwort ist: Dienstmädchen werden immerhin bezahlt. Wenn Männer eine Haushaltshilfe suchen, tun sie das oft zu Bedingungen aus dem Mittelalter: sie heiraten einen Vasallen.»

90 Jane Humphries, ‹Class Struggle and the Persistance of the Working Class Family›, S. 254.

91 Die große Ideologin der ‹proletarischen› gegenüber den ‹bürgerlichen› Feministinnen war Clara Zetkin. Siehe ihre Arbeiten *Zur Geschichte der proletarischen Frauenbewegung Deutschlands* und ‹Nur mit der proletarischen Frau wird der Sozialismus siegen›. Vor allem von seiten der CPN, der kommunistischen Partei der Niederlande, sind zu Beginn der neuen Strömung diese Begriffe durchaus noch verwendet worden, um die Existenzberechtigung des Feminismus, schließlich wiederum ein ‹bürgerlicher›, zu bestreiten. Die letzten Überlebenden dieser Haltung sind u. a. Marlene Dixon, *The Future of Women*; Helieth Saffioti, *Women in Class Society* und Ernest Bornemann, *Arbeiterbewegung und Feminismus*. Siehe auch: Hal Draper und Anne G. Lipow, ‹Marxist Women versus Bourgeois Feminism›.

gung, sagt Joan Kelly.[92] Bei allen wichtigen gesellschaftlichen Entwicklungen wurde das sichtbar, zum Beispiel beim Streit um das Wahlrecht. Sollte das Stimmrecht für Frauen aus den höheren Ständen, das die Männer aus der Arbeiterklasse noch ausschloß, die Priorität haben, oder sollte zuerst für ein Stimmrecht für die Männer aus der Arbeiterklasse gekämpft werden, von denen man annahm, daß sie sicher auch für ihre Frauen stimmen würden?[93]

Ähnliche Fragen spielten auch bei den Gesetzen zum Arbeitsschutz eine Rolle. Arbeitsschutzregelungen wurden von einigen Feministinnen – und das nicht zu Unrecht – als der Versuch gesehen, nicht in erster Linie Frauen gegen zu schwere Arbeit, zu viele Stunden und Nachtarbeit zu schützen, sondern Frauen aus Männerberufen fernzuhalten. Nicht umsonst wurden die vorgeschlagenen Regelungen nicht den typischen Frauenberufen angepaßt. (In der Krankenpflege gilt das Verbot der Nachtarbeit für Frauen zum Beispiel nicht.[94]) Außer einer Schicht von Frauen, die eine so schlechte Stellung hatten, daß sie jede Arbeit brauchten, die sie bekommen konnten, hatten Frauen aus der Arbeiterklasse ein größeres Interesse, vor zu schwerer Arbeit geschützt zu werden, als Frauen aus der Mittelschicht.

92 Joan Kelly-Gadol, ‹The Social Relations of the Sexes›. Siehe auch: Linda Gordon, ‹Koesteren en kostwinnen›; Heidi Hartmann, ‹The Unhappy Marriage›; Sally Alexander, ‹Women, Class and Sexual Differences: in the 1830s and 1840s›; Batya Weinbaum, *The Curious Courtship of Women's Liberation and Socialism*; Brittan und Maynard, *Sexism, Racism and Oppression*.
93 Zur Frage des Stimmrechts siehe Joyce Outshoorn, *Vrouwenemancipatie en socialisme*; Ulla Jansz und Tineke Loonbroek, ‹Nieuwe literatuur over de eerste feministische golf›; Josine Blok u. a., *Vrouwen, kiesrecht en arbeid in Nederland 1889 – 1919*.
94 Siehe Meulenbelt, ‹Die Wahl zwischen Regen und Traufe. Nachtschichtprobleme›; Angela Coyle, ‹The Protection Racket?›; Rosalind Petchesky, ‹Workers, Reproductive Hazards and the Politics of Protection›; Michael J. Wright, ‹Reproductive Hazards and «Protective» Discrimination›. Historisch vor allem: Barbara Taylor, ‹The Men Are as Bad as Their Masters›; Heidi Hartmann, ‹The Unhappy Marriage of Marxism and Feminism›; Jane Humphries, ‹Protective Legislation, the Capitalist State and Working Class Men›.

Ein ähnliches Problem bildet der ‹Familienlohn›. Sollte die Arbeiterbewegung einen Lohn für Männer anstreben, von dem im Prinzip eine ganze Familie leben konnte, oder ging es darum, alle arbeitenden Menschen, Frauen wie Männer, mit einem gleichen Lohn zu versorgen?[95] Klassenwidersprüche und Geschlechtergegensätze vermischten sich bei dieser Frage miteinander, und noch immer ist dieser Streit nicht entschieden. Frauen, für die Emanzipation bedeutete, für die Kinder zu Hause bleiben zu können, nicht mehr neben der Hausarbeit durch Fabrikarbeit oder Aushilfsarbeit doppelt belastet zu sein, zogen einen Familienlohn für Männer vor. Frauen, die selbst einem Beruf nachgehen wollten, legten mehr Wert auf einen gleichen Lohn für alle als auf den Familienlohn für das Familienoberhaupt, für den Ernährer, der meist doch ein Mann sein würde. Männer hatten wiederum ihre eigenen Interessen, zum Beispiel Frauen aus ‹ihren› Berufen fernzuhalten oder eine Frau unterhalten zu können, die für sie sorgen würde. In all diesen miteinander zusammenhängenden Fragen ist die Arbeiterbewegung, als es um die Interessen der Frauen ging, nicht vorausmarschiert (und sie tut das bis heute nicht); ebenso wie auch die Frauenbewegung im Normalfall nicht vorausmarschiert ist, wenn es um die Interessen der Frauen aus der Arbeiterklasse ging. Geschlecht und Klasse sind noch immer die ‹Spaltpilze› in beiden Bewegungen.

Als Ende der sechziger, Anfang der siebziger Jahre in den Niederlanden eine neue feministische Bewegung entstand,

---

95 Linda Gordon, ‹Kostwinnen en koesteren›; Jane Humphries, ‹Class Struggle and the Working Class Family›; Michèle Barrett und Mary McIntosh, ‹The «Family Wage», Some Problems for Socialists and Feminists›; Heidi Hartmann, ‹The Unhappy Marriage of Marxism and Feminism›; Hilary Land, ‹The Family Wage›; Joan Kelly, *Family and Society*. Für die Niederlande: Joyce Outshoorn, ‹Loondruksters of medestrijdster›. Daß es beim Streit um den Familienlohn nicht allein um die Interessen der Familien ging, sondern vor allem um die Interessen der Männer, zeigt die Tatsache, daß der Familienlohn auch für unverheiratete Männer gefordert wurde, die keine Kinder (mehr) zu unterhalten hatten.

schien es, als ob die alte Kluft zwischen der bürgerlichen und der proletarischen Frauenbewegung sofort wieder aufbrechen würde. Die erste feministische Gruppierung, die *MVM* (Mann-Frau-Gesellschaft), beschäftigte sich kaum mit der Klassenproblematik. Sie dachte kaum darüber nach, daß ihre erste Anhängerschaft vornehmlich aus Frauen bestand, die höhere Ausbildungen genossen hatten.

Den Frauen der Nachkriegsgeneration und ihren Töchtern aus der Mittelschicht machte der ‹Weiblichkeitswahn›, der vorschrieb, daß Frauen erst richtige Frauen seien, wenn sie zu Hause blieben, Kinder bekämen und sich für die Karriere ihres Mannes einsetzten, die größten Schwierigkeiten.[96] Bei den Nachkriegsfrauen der Mittelschicht war der Kontrast zwischen dem, was sie mit ihren Ausbildungen hätten anfangen können, und der Realität von Haushalt und Familie größer denn je und damit auch die potentielle Unzufriedenheit.[97]

Die *Dolle Mina* grenzte sich stark gegen die ‹Bürgerlichkeit› der *MVM* ab. Ihre Anhängerschaft war zu einem großen Teil jünger und studierte noch, rekrutierte sich aus linken Gruppen oder hatte diesen ärgerlich den Rücken gekehrt, so vor allem der am besten geschulte Teil der *Dolle Mina* mit dem größten Maul, wie in Amsterdam und anderen Universitätsstädten. In anderen Gruppen, wie in der Provinzhauptstadt Den Bosch, lagen die Verhältnisse etwas anders, dort gab es weniger Studentinnen und mehr junge Frauen, die sich wegen ihrer Schwierigkeiten, Kleinkinder und Arbeit miteinander zu vereinbaren, von dieser Bewegung angezogen fühlten. Einige von ihnen kamen zwar aus der Arbeiterklasse,

---

96 Der Begriff ‹Weiblichkeitswahn› stammt von Betty Friedan, die in *The Feminine Mystique* (übersetzt als *Der Weiblichkeitswahn*) beschreibt, wie Frauen nach dem Zweiten Weltkrieg unter Druck gesetzt wurden, wieder ‹richtige› Mütter und Hausfrauen zu werden.

97 Betty Friedan wies darauf hin, daß noch nie eine so große Zahl von Frauen eine Ausbildung hatte, die sie später nicht nutzen durften. Siehe auch Ilene Philipson, ‹Narcissism and Mothering, The 1950's Reconsidered›, über die Frauen der Nachkriegsgeneration.

waren aber kurz davor, in die Mittelschicht aufzusteigen.[98]
Die *MVM* beschäftigte sich nicht mit der Klassenproblematik, sondern verteidigte stillschweigend die Interessen von Frauen aus der Mittelklasse. Die *Dolle Mina* beschäftigte sich hingegen mit den Klassenverhältnissen und übernahm zum Beispiel die Auffassung der Linken, daß zwischen ‹bürgerlichen Feministinnen› (das waren die anderen) und den ‹proletarischen Feministinnen› ein prinzipieller Unterschied bestünde. Für letztere kämpften sie mit der ‹Frau-Philips-Theorie›: die Ehefrauen der Bosse gehörten zu den Unterdrückern, nur Frauen aus der Arbeiterklasse würden unterdrückt.[99] Während sie über ‹die Arbeiterfrauen› debattierten, fiel wenigen Leuten auf, daß es diese Arbeiterfrauen nicht gab beziehungsweise diese sich inzwischen abgekoppelt hatten.[100]

In den Gesprächsgruppen, zu denen sich viele Dissidentinnen der *Dolle Mina*, der *MVM* und noch einige einzelne Feministinnen zusammenschlossen, wurde in der Nachfolge des amerikanischen Radikal-Feminismus betont, daß wir als Frauen alle im gleichen Boot säßen. Dies geschah ebenfalls als Reaktion auf die sozialistischen Männer, die uns immer nur vorwarfen, daß Frauen untereinander keine Einheit bilden

98 Siehe Brigitte Buis u. a., ‹Dolle Mina 1970 – 1972›.
99 Die ‹Frau-Philips-Theorie› fand ihren Ursprung in einer der wichtigsten Schriften der *Dolle Mina*, *Een rebelse meid is een parel in de klassenstrijd*: «Das ist genau der Kernpunkt, in dem sich die meisten Emanzipationsbewegungen geirrt haben, weil sie die Frau einzig und allein als Frau befreien wollten. (...) Dolle Mina will nun gerade die Frau in einem bestimmten Sinn ‹entweiblichen›, mit anderen Worten die Frau in erster Linie als Mensch sehen. Betrachten wir das Problem auf diese Weise, dann wird auch sofort deutlich, daß alle Frauen, zusammen als Menschen betrachtet, sehr auseinandergehende Interessen haben. Frauen erhalten meist für die gleiche Arbeit, die Männer auch verrichten, weniger Lohn. Aber ist das für Frau Philips ein Problem?» (Philips ist einer der größten niederländischen Konzerne, A. d. Ü.) Zur ‹Frau-Philips-Theorie› siehe ferner: Joyce Outshoorn, ‹Feminisme en marxisme: het relaas van een echtscheiding op zoek naar een omgangsregeling›, S. 349; Brigitte Buis u. a., ‹Dolle Mina 1970 – 1972›, S. 177.
100 Und nicht nur sie. Auch die Ehegattin eines Philips-Direktors zog sich zurück. Siehe Brigitte Buis u. a., ebd., S. 185.

könnten, weil Klassenunterschiede wichtiger seien als Geschlechterunterschiede. Ausgehend vom Radikalfeminismus wurde die Theorie entworfen, daß Frauen selbst eine Klasse bildeten, ja sogar daß die Unterdrückung von Frauen älter und somit wichtiger wäre als jede andere Unterdrückung. Rassismus und Klassismus wären beides nur Ableitungen, Imitationen dieser einen Ur-Unterdrückung.[101]

In den späteren feministisch-sozialistischen Theorien, die zum Teil aus den Gesprächsgruppen entstanden waren, wurde das Nachdenken über das Verhältnis zwischen Klasse und Geschlecht wiederaufgenommen. Aber dieses Nachdenken geschah meist auf einer abstrakten, theoretischen Ebene. Harte Debatten über das Verhältnis von Feminismus und Marxismus, bei denen es vor allem darum ging, ob Feminismus und Marxismus als Begriffsapparate miteinander zu vereinbaren wären. Der Anstoß dazu war vor allem die ‹Organisationsfrage›, sie sollte über das Finden der ‹richtigen Linie› gelöst werden: Sollten marxistische und sozialistische Männer und feministische Frauen zusammenarbeiten oder nicht?[102] Von lebendigen Menschen handelte diese De-

---

101 Zur Übersicht über die verschiedenen Auffassungen zur ‹wahren› Art der Frauenunterdrückung und zu den unterschiedlichen Strömungen siehe Joyce Outshoorn, ‹Feminisme en marxisme›.
102 Die ‹Marxismus-Feminismus-Debatte› kann leicht ein Bücherregal füllen. Einige der wichtigsten Schriften sind zwei Aufsatzsammlungen: Zillah Eisenstein, *Capitalist Patriarchy and the Case for Socialist Feminism*; Lydia Sargent (Hg.), *Women and Revolution. A Discussion of the Unhappy Marriage of Marxism and Feminism*, dort der Aufsatz von Heidi Hartmann, ‹The Unhappy Marriage of Marxism and Feminism. Towards a More Progressive Union›. Dort werden die Vor- und Nachteile einer Ehe, einer Scheidung, einer festen Beziehung und einer Living-apart-together-Beziehung zwischen Marxismus und Feminismus wie auch das Dreiecksverhältnis mit dem Antirassismus besprochen. Ferner: Lise Vogel, *Marxism and the Oppression of Women. Toward a Unitary Theory*; Annette Kuhn und Ann Marie Wolpe, *Feminism and Materialism*, wo auch viele Aufsätze zu diesem Thema enthalten sind; Batya Weinbaum, *The Curious Courtship of Women's Liberation and Socialism*; Michèle Barrett, *Women's Oppression Today*; Jane Flax, ‹Do Feminists Need Marxism›; Barbara Ehrenreich, ‹Toward Socialist-Feminism›; Pat Armstrong und Hugh Armstrong, ‹Beyond Sexless Class and Classless

batte nicht oder kaum. Ab und zu fiel die Frage, wie ‹sie› – die
Arbeiterfrauen – einbezogen werden könnten, wie ‹sie› das
richtige Bewußtsein entwickeln könnten. Über Bauers-
frauen wurde schon gar nicht nachgedacht. Organisationen
von Hausfrauen, Arbeiterfrauen oder Landfrauen wurden
anfänglich als traditionell, unfeministisch abgetan, als ‹noch
nicht so weit›. In den Gruppen, die sich selbst als Vorhut bezeichneten, herrschte ganz allgemein die Vorstellung, daß
der Versuch, mit ihnen zusammenzuarbeiten, dem Kampf
nichts nützen würde. Trotz aller guten Absichten und trotz
aller Versuche, eine ‹richtige› Theorie in den Händen zu haben, die Geschlecht und Klasse, Feminismus und Sozialismus
vereinigen würde, blieb es vor allem eine Theorie, fern von
der gelebten Wirklichkeit. Ich glaube, ein erstes Bewußtsein
davon, was Klassenunterschiede konkret bedeuten, hat sich
eher aus der Praxis des zweiten Bildungsweges und allerlei
anderen Formen feministischer Selbsthilfe und Sozialarbeit
heraus entwickelt, wo sich Frauen aus unterschiedlichen
Klassen trafen.

10. Klassismus innerhalb der Frauenbewegung

In der Anfangszeit der Frauenbewegung sind trotz der besten
Absichten viele Fehler gemacht worden, die wir aus der
Rückschau als ‹klassistisch› bezeichnen können.[103] Ich erin-

Sex. Towards a Feminist Marxism›; Michèle Barrett und Mary McIntosh,
‹Towards a Materialist Feminism›; Jane Lewis, ‹The Debate on Sex and
Class›. Und für die Niederlande u. a. der schon einige Male genannte Auf-
satz von Joyce Outshoorn.
103 Zur Kritik der Frauen aus der Arbeiterklasse an dem Klassismus in der
Frauenbewegung siehe u. a. die Aufsätze von The Furies Collective, *Class
and Feminism*, die sehr früh die Klassenunterschiede und den Klassismus in
der Frauenbewegung erkannten. Die Aufsätze haben Charlotte Bunch und
Nancy Myron zusammengestellt. Viele Materialien kann man auch in den
Jahrgängen der Zeitschrift *Quest* finden, deren halbe Redaktion aus Frauen

nere mich zum Beispiel an eine Aktion gegen die Miss-Wahlen. Eine Gruppe von Frauen hatte die Absicht, die Miss-Wahlen zu stören, Flugblätter zu verteilen, um das Publikum darauf aufmerksam zu machen, daß es eine Form der Unterdrückung ist, Frauen als Sexualobjekte zur Schau zu stellen und zu beurteilen. Die Miss-Wahl wurde als ein Symbol der Erniedrigung betrachtet, die allen Frauen widerführe, nämlich ausgewählt zu werden aufgrund sexueller Anziehungskraft, aufgrund des sexuellen Gebrauchswerts für Männer. Bei den Diskussionen über die zu führende Strategie gab es bereits Meinungsverschiedenheiten. Man könne die teilnehmenden Frauen doch nicht nur als Opfer der Bosse und des Systems sehen, sagte eine Gruppe. Sie müßten es ja nicht tun, wenn sie nicht wollten. ‹Gehirnwäsche› lautete anfangs die Antwort der anderen: Die Frauen hätten sich dafür überhaupt nicht entschieden, die Frauen hätten ein ‹falsches Bewußtsein›. Aber natürlich sollte während der Aktion auch deutlich werden, daß es nicht beabsichtigt wäre, die teilnehmenden Frauen anzugreifen, sie sollten unterstützt werden. Ich weiß nicht mehr genau, wie diese Aktion verlief, ich selbst war nicht dabei, aber ich erinnere mich durchaus noch, daß die Kandidatinnen über diese Aktion nicht erfreut waren und sich ganz und gar nicht ‹befreit› fühlten. Im Gegenteil, sie fühlten sich eher beleidigt und rächten sich, indem sie die Feministinnen als zu häßlich abstempelten, um selbst teilzu-

aus der Arbeiterklasse bestand. Siehe u. a. Karen Kollias, ‹Class Realities›, Mary McKenney, ‹Class Attitudes and Professionalism›, Beverly Fisher-Manick, ‹Race and Class. Beyond Personal Politics›, alle drei enthalten in Charlotte Bunch u. a., *Building Feminist Theory*. Ferner: Martha Cotera, ‹Among the Feminists. Racist Classist Issues›; Mary-Therese Riccio, ‹If I've upset You, You've Got the Message›. Jessy Bernard bespricht in ihrem Kapitel ‹The Class Faultline› in *The Female World* den Klassismus in der Frauenbewegung; für die Niederlande: Nonnie ter Hark, ‹Een pannetje welzijn in plaats van een pannetje soep?›; Monique Corten und Mieke Kaptein, ‹Er zijn twee vrouwenbewegingen›. Für Deutschland: Brigit Cramon-Daiber, Monika Jaeckel und Barbara Köster, ‹Zur Frage der Klassenunterschiede zwischen Frauen›.

nehmen, und als eifersüchtig beschimpften. Ein Punkt, den die Medien sofort aufgriffen, um gegen den Feminismus zu Felde zu ziehen, ihn als prüde und puritanisch abzustempeln.

Zu diesem Zeitpunkt hatten wir noch nicht begriffen, daß es nicht um das richtige oder falsche Bewußtsein ging, sondern um Klassenunterschiede. Ich kam darauf, als ich später in einer Zeitung einen Aufsatz über eine Miss las, die ihren Preis abgelehnt hatte. «Arbeitertochter Corinne hatte sich mehrere Monate lang auf die Miss-Wahlen vorbereitet, unterstützt von ihren Eltern, die rund 2400 Gulden gespart hatten, um ihr die passenden Kleider, darunter eine Pelzjacke, zu kaufen. Groß war dann auch ihr Stolz, als Corinne aus 38 Kandidatinnen ausgewählt wurde. Und groß ist jetzt ihre Enttäuschung über den Beschluß ihrer Tochter, den Titel abzulehnen. Ihre Mutter: ‹Ich hatte es mir so sehr gewünscht, daß sie diesen Titel bekommt, damit sie einmal über unser Arbeitermilieu hinauskommt.›»[104]

Die Feministinnen, die gegen die Miss-Wahl zu Felde zogen, hatten allesamt bessere Ausbildungen als die Frauen, die an den Wahlen teilnahmen und die fast alle aus der Arbeiterklasse stammten. Sofern die Feministinnen ihr Studium aufgegeben hatten, war das völlig freiwillig geschehen, und sie hätten es wiederaufnehmen können. Sofern sie unter Geldmangel litten, gehörte das mehr zu der selbstgewählten ‹downward mobility›,[105] dem Lebensstil mit den dazugehörigen gammeligen Nietenhosen und den Matratzen auf dem Boden, als zu ihrer Klassenherkunft. Sie erkannten nicht, daß die Mädchen, die an dieser Wahl teilnahmen, ihr ‹Schönsein›

104 Der Artikel stand in *De Volkskrant*, das Datum habe ich nicht mehr.
105 ‹Downward mobility› bezeichnet das Absteigen auf der gesellschaftlichen Leiter. In den feministischen Subkulturen wurde ebenso wie in den linken Gruppen auch schon mal eine freiwillige Form der Armut betrieben. Lillian Breslow Rubin sagt hierüber: «Für diejenigen, die ihr Leben lang an der Armutsgrenze gelebt haben, ist es unbegreiflich und beleidigend, wenn die Reichen aussehen, als ob sie arm wären.» *Worlds of Pain*, S. 16; siehe auch: Mary McKenney, ‹Class Attitudes and Professionalism›.

als einen der wenigen Trümpfe empfanden, die sie in der Hand hatten, um sich zu unterscheiden und um weiterzukommen.

Ein Beispiel für eine typische Klassenblindheit, es gab zahllose andere. Es wurden viele aufrechte Versuche unternommen, um die Kluft untereinander zu überbrücken. Einige feministische Veröffentlichungen bemühten sich sehr, die ‹normalen› Frauen nur ja nicht zu übersehen. Das geschah sicher nicht immer gerade geschickt. Wenn ich mir jetzt zum Beispiel anschaue, wie wir die ‹normalen› Frauen darstellten. Dick, mit Blümchenkleidern und Dauerwelle, das unbewußt klassistische Bild, das Mittelschichtfrauen von Frauen aus der Arbeiterklasse haben.[106] Ich höre auch noch, wie eine feministische Studentin, die eine Gruppe mit ‹normalen› Frauen begleiten sollte, am Ende enttäuscht feststellte, daß die ‹richtigen› Arbeiterfrauen nicht gekommen seien. Als wir dem nachgingen, stellte sich heraus, daß die Frauen aus der Arbeiterklasse durchaus dabeigewesen waren, aber daß die Studentin sie nicht erkannt hatte, weil sie nicht so aussahen, wie ihrer Meinung nach Arbeiterfrauen aussähen. Es waren junge, schlanke Frauen, modern gekleidet, besser gekleidet als die Studentinnen, die die Gruppe begleiten sollten. Dieser andere Geschmack und der andere Lebensstil, die in einigen Teilen der Frauenbewegung entwickelt wurden (oftmals wurde die Annahme eines bestimmten Lebensstils mit ‹feministisch sein› gleichgesetzt und galt fast als ein Ersatz für politische Aktivitäten), verwiesen auf Klassenunterschiede.

Die Kluft zwischen den Frauen, die sich selbst als Vorhut betrachteten, und der breiten Schicht ‹normaler› Frauen ver-

---

106 Siehe eine Reihe von Beispielen feministischer Darstellungen in Marlene Packwood, ‹The Colonel's Lady and Judy O'Grady›. In den Niederlanden können wir das gleiche Phänomen in feministischen Publikationen wiederfinden, so zum Beispiel bei den ‹Mientjes›, die ich für eine Veröffentlichung der *Bonte Was* zeichnete. Wenn sie nicht nackt waren, dann trugen sie ein Blumenkleid. Auch in meinem Buch *Für uns selbst* suchten wir nach Darstellungen ‹normaler› Frauen und kamen auf das gleiche Stereotyp.

ringerte sich etwas, als die VOS*-Kurse zu blühen begannen und alle möglichen Formen des zweiten Bildungsweges, wie die Offene Schule oder die Abendschule für Mütter, eingerichtet wurden. Auch die traditionellen Frauenvereinigungen erlebten unter dem Einfluß des neuen Feminismus eine Wiedergeburt. Was übrigens bestimmt nicht immer in Harmonie verlief. Feministinnen wurden oft mit Frauen konfrontiert, die sich nicht feministisch nennen wollten, obwohl sie klare Vorstellungen von der Emanzipation und der Gleichberechtigung der Frauen hatten. Der Satz: «Ich bin keine Emanze, weißt du, aber...», wurde für eine große Gruppe von Frauen, die zwar durchaus an einer eigenen Entwicklung und an einer besseren Stellung für Frauen interessiert waren, aber nichts davon hielten, sich kritiklos den ‹Feministinnen› anzuschließen, beinahe exemplarisch. Sicher spielten dabei auch Vorurteile eine Rolle, die Darstellung in den Medien, die Feministinnen mit Vorliebe als sexuell völlig zügellose Männerfresserinnen zeigten (in der Anfangszeit der *Dolle Mina*) oder eben als das genaue Gegenteil, nämlich als häßliche, versauerte, bösartige Männerhasserinnen, die nur von ihrer persönlichen Frustration angetrieben wurden. Aber in den Vorwürfen der Frauen, die wir von der Frauenbewegung aus erreichen wollten, steckte auch etwas Wahres, was wir damals noch nicht erkannten. Die Vorwürfe, die Frauenbewegung sei gegen die Männer, gegen die Familie, Feministinnen sähen auf normale Hausfrauen und Mütter herab, für Feministinnen seiest du erst emanzipiert, wenn du einen Beruf hast, gründeten sich nicht nur auf Vorurteile, sie verweisen auch auf sehr reale Unterschiede zwischen den Frauen: auf Klassenunterschiede.[107]

107 Zu den Unterschieden zwischen der Darstellung nach außen und dem, was Feministinnen wirklich zu verschiedenen Themen dachten, siehe Meulenbelt, *Wat is feminisme?*
* Abkürzung für: Vrouwen orienteren zich op de samenleving, was soviel heißt wie: Frauen bereiten sich auf die Gesellschaft vor. In diesen Kursen können Frauen in den Niederlanden ihre Schulabschlüsse nachholen. (A. d. Ü.)

Eine Frau aus der Arbeiterklasse, die gefragt wurde, was sich in der Frauenbewegung ändern müsse, damit sich Arbeiterfrauen stärker angesprochen fühlten: «Mir will nicht in den Kopf, daß nur bezahlte Arbeit zählt. Du arbeitest nicht richtig, du hast nichts zu sagen, wenn du nur Hausfrau bist. Das begegnet einem überall, steht in allen Flugblättern, und dahinter verbirgt sich ein reiner Klassenunterschied. Denn ich kann mir gut vorstellen, wenn man 18 oder 19 Jahre alt ist und den ganzen Tag hinter der Kasse sitzt oder in einem Supermarkt darauf aufpassen muß, daß nichts geklaut wird, daß man dann überglücklich ist, wenn man diese Scheißarbeit aufgeben kann. Dann ist Hausfrauenarbeit und für kleine Kinder zu sorgen eine viel bessere Form von Arbeit. Aber Frauen, die so denken, werden nicht ernst genommen.»[108]

Für die Frauen, die noch wissen, wie erschöpft ihre Eltern nach einem Tag harter Arbeit waren und wie ein doppeltes Tagewerk ihre Mütter verschlissen hat, die einer Arbeit nachgingen, aus der kaum Vergnügen oder Selbstwertgefühl zu ziehen war, ist die Vorstellung, eine bezahlte Position stelle den Höhepunkt der Emanzipation dar, nicht immer gerade anziehend. Für viele Frauen aus der Arbeiterklasse, die wirkliche Armut gekannt haben, ist das Zu-Hause-bleiben-Können, wenn die Kinder klein sind, ein Luxus, ein deutlicher Schritt in Richtung Emanzipation, verglichen mit der Zeit, in der jede Arbeit angenommen werden mußte, weil der Lohn des Mannes nicht ausreichte.[109] Es handelt sich hier

108 Corrie van der Graaf in ‹Er zijn twee vrouwenbewegingen›, herausgegeben von Monique Corten und Mieke Kaptein, S. 32.
109 Siehe Ans van Dijk, *Het mag geen naam hebben*, und Mirra Komarovsky, *Blue Collar Marriage*. Frauen aus der Mittelklasse erleben ihr Hausfrauendasein als eine Herabsetzung ihres Status, Frauen aus der Arbeiterklasse nicht, was nicht heißt, daß letztere nicht mit der Arbeit selbst unzufrieden seien oder mit ihrer Beziehung zu ihren Ehemännern (S. 49). Zur Tatsache, daß Frauen aus der Arbeiterklasse die Familie oftmals anders sehen, siehe auch Jane Humphries, ‹Class Struggles and the Persistance of the Working Class Family›, Barbara Epstein, ‹Family Politics and the New Left›, Mina Davis Caulfield, ‹Imperialism, the Family and Cultures of Resistance›.

eben um eine andere Gruppe von Frauen als diejenigen, die genug davon haben, ihre Ausbildung ungenutzt zu lassen, und die das Gefühl haben, daß ihre Fähigkeiten brachliegen, wenn sie lediglich Mutter und Hausfrau sind, so die frühen Feministinnen der *MVM*. Das bedeutet nicht, daß in diesem Feminismus ein Argumentationsfehler stecke, und es bedeutet auch nicht, daß Frauen, die nach einem eigenen Beruf streben, den Vorwurf ‹elitär› verdienten. Es ist letztlich eine Voraussetzung für die Freiheit der Frauen, ein selbständiges Einkommen zu haben. Aber es gibt auch Frauen, für die das Zu-Hause-bleiben-Können subjektiv und objektiv besser sein kann als die Art von Arbeit, die sie hinter sich gelassen haben oder die ihre Mütter noch verrichteten.

Und dann der Vorwurf, daß Feministinnen gegen Männer eingestellt seien. Eine der bestürzendsten Erfahrungen, die eine Feministin aus der Mittelschicht machen kann, die Frauen aus der Arbeiterklasse im Zweiten Bildungsweg begleitet, ist zu hören, wie diese Frauen mitunter über ihre Männer sprechen. Nicht immer sehr freundlich, und manchmal können die Klagen über seinen Egoismus, seine Unbeholfenheit so weit gehen, daß man als Feministin denkt: Wenn ich so negativ über Männer redete, würde mir ein virulenter Männerhaß vorgeworfen werden. Aber die gleichen Frauen können leugnen, daß sie von ihren Männern unterdrückt werden, und sich gleichzeitig gegen die Feministinnen abgrenzen, die so extrem gegen Männer eingestellt seien.

Sozialisten, die vorgeben, daß die Geschlechterverhältnisse innerhalb der Arbeiterklasse in vollkommener Harmonie verliefen, haben unrecht. Auch Arbeiterfrauen nehmen Machtungleichheit wahr, sie leben täglich mit ihr. Und wie Lillian Breslow Rubin in ihrer glänzenden Studie über Arbeiterfamilien zeigt, würden sich auch Arbeiterfrauen wünschen, daß sie es mit ihrem Mann besser hätten, daß er sich mehr äußern würde, mehr Interesse dafür hätte, wie sie den Tag verbracht haben, und nicht nur erwartete, daß seine Familie für ihn bereitstehe, um ihn zu bedienen.[110] Aber dieser Wunsch wird oftmals von einer Erfahrung überdeckt, die vielen Leuten aus der Mittelschicht fehlt. Diese Frauen wissen, daß er es auch nicht einfach hat, daß er sich kaputt arbeitet, sich anschnauzen lassen muß, einer Arbeit nachgeht, die er sich freiwillig nicht ausgesucht hätte, sich darüber Sorgen macht, was mit seiner Familie geschehen soll, wenn er seine Stelle verlieren würde.

Eine Frau, die miterlebt hat, wie ihr Vater jeden Morgen um sechs Uhr mit dem Rad zur Molkerei fuhr, in seiner Freizeit noch Gelegenheitsarbeiten übernahm, um dafür zu sorgen, daß seine Familie nicht zu kurz käme, und sich buchstäblich totgearbeitet hat, solch eine Frau kann Männer nicht nur als Unterdrücker sehen. Ganz gleich, wie tyrannisch er sich zu Hause auch verhält. Diese Verbundenheit bedeutet nicht, daß Arbeiterfrauen sich nie der Unterschiede zwischen Frauen und Männern oder des unterschwelligen oder offensichtlichen Geschlechterkampfes bewußt wären und sich niemals dagegen zur Wehr setzten. Aber es gibt zwei Gründe, warum Frauen aus der Arbeiterklasse öffentlich selten gegen Männer als Gruppe Stellung beziehen werden. Der eine ist ihr doppeltes Loyalitätsempfinden. Das Bedürfnis nach einer eigenen Entwicklung besteht sicher, wird aber oft beiseite geschoben, wenn dadurch der Mann noch stärker in seinem Selbstwertgefühl angegriffen werden würde, nun nicht mehr nur auf seinem Arbeitsplatz, sondern auch noch zu Hause.

Arbeiterfrauen wissen sehr wohl, warum sie hinter oder neben ihrem Mann stehen, sich um seine Gesundheit sorgen, die Kinder still halten, wenn er sich ausruhen muß, ihm das beste Essen und das größte Stück Fleisch zukommen lassen.

---

110 Lillian Breslow Rubin zeigt in *Worlds of Pain* auf, daß auch Frauen aus der Arbeiterklasse sich nach einer gleichwertigeren Beziehung mit ihrem Mann sehnen, S. 69. Siehe auch Jessie Bernard, *The Female World*, S. 363. «Das Bedürfnis (der Arbeiter) nach weiblicher Unterstützung ist echt, und die meisten Frauen werden nicht gern dazu beitragen, seine Aufgabe noch schwerer zu machen. Sie weiß, wie verletzbar er ist.»

Wenn er der Ernährer ist, dann ist die ganze Familie von seiner Arbeitsfähigkeit abhängig, und es ist nicht nur ein untertäniger Kniefall, darauf zu achten, daß er es schafft und nicht frühzeitig zusammenbricht. Und das verweist auch auf einen emotionalen Faktor: Arbeiterfrauen sehen, daß ‹ihre› Männer hart arbeiten müssen und auch unterdrückt werden, nicht als Mann, aber als Lohnabhängiger. Und das bedeutet nicht nur Streit untereinander und Ungleichheit, sondern auch Loyalität.

Der andere Grund ist die realistische Einschätzung der Zukunftsmöglichkeiten. Es ist materiell betrachtet für Frauen aus der Mittelschicht mit einer Berufsausbildung einfacher, sich eine selbständige Existenz aufzubauen, die auch ohne die Abhängigkeit von einem Mann einigermaßen angesehen ist. Dagegen kann für Arbeiterfrauen das Vorhandensein eines Mannes genau den Unterschied zwischen einer anständigen Existenz und wirklicher Armut ausmachen. Die in vielen feministischen Gruppen vorherrschende Betonung eines speziellen Lebensstils, einer eigenen Subkultur, zu der Männer und oft auch Kinder keinen Zugang haben, schließt viele Frauen aus, nämlich die, die sich einen solchen Lebensstil nicht leisten können oder ihn nicht als erstrebenswert empfinden. Es wäre klassistisch, dies vor allem als Rückständigkeit der Frauen mit einer anderen Herkunft zu werten. Viele Frauen aus der Arbeiterklasse oder vom Lande fühlen sich durchaus emanzipiert, wenn sie sehen, womit sich Frauen aus der Mittelschicht beschäftigen. Sie betrachten sich selbst nicht immer als abhängiger oder als schwächer als ihre Männer. Sie können beobachten, daß ihre Männer auch nicht zu ihrer eigenen Entwicklung kommen. Das bedeutet wiederum nicht, daß der Feminismus gar keinen Einfluß auf ihr Leben hätte.[111]

Wenn wir wollen, daß sich die Kluft zwischen Frauen aus den verschiedenen Klassen verringert, dann müssen wir ak-

---

111 Bep van Gemst-Knaap, *Vooroordelen van arbeidersvrouwen tegen feminisme*; Kathleen McCourt, *Working-Class Women and Grass-Roots Politics*, S. 187.

zeptieren, daß Frauen ihre eigenen Prioritäten setzen, daß wir anderweitige Loyalitäten zu respektieren haben und daß es nicht nur *einen* Feminismus für *alle* Frauen gibt.

11. Klasse und Sexismus

Auf welche Weise Sexismus und Klassismus aufeinander einwirken, ist noch kaum untersucht worden. Eine Ausnahme bildet die Studie von Susan McRae. Darin werden Ehen untersucht, in denen die Frau eine bessere berufliche Stellung hat als der Mann. Das ist selten. Den Statistiken nach kommt es nur in fünf bis zehn Prozent der Ehen vor.[112] Wenn der Mann einen besseren beruflichen Status vorweisen kann als seine Frau, so ist dies nie als Problem empfunden worden: Für Männer gehört es sich, in bezug auf Alter, Größe, Ausbildung und Einkommen ihren Ehefrauen überlegen zu sein, zumindest jedoch in einigen dieser Aspekte. Nehmen Frauen eine bessere Stellung ein oder verdienen mehr, dann wird von der Norm abgewichen. Susan McRae untersuchte dreißig solcher Ehen. Es handelte sich also um noch bestehende Ehen; wie viele Ehescheidungen die Folge einer relativen ökonomischen Überlegenheit der Frau waren, fällt aus dem Rahmen dieser Untersuchung.

Bei einigen der Ehepaare war der Klassenunterschied bereits zu Beginn der Ehe deutlich: Er kam aus der Arbeiterklasse und blieb dort auch, sie kam aus der Mittelschicht und behielt ihren Beruf als Lehrerin, Bibliothekarin oder Krankenschwester bei. Häufiger entstand der Unterschied erst während der Ehe, dadurch, daß die Frauen sich weiterentwickelten und in besser bezahlte Stellen aufstiegen oder indem ein ursprünglich aus der Mittelschicht stammender

112 Susan McRae, *Cross-Class Families. A Study of Wives' Occupational Superiority*, S. 12 und 26.

Mann ‹deklassiert› wurde, weil er die Arbeit nicht schaffte oder weil er teilweise arbeitsunfähig war.

An sich müßte ein Klassenunterschied in einer Ehe kein Problem darstellen, wenn die Norm nicht vorschriebe, daß die Männer den Frauen überlegen, die Ernährer oder zumindest jedoch die Haupternährer sein sollten. Nur in einem der Fälle hat ein Mann mit seinem heruntergesetzten Status keine Probleme: «Ich brauch nicht der Boss zu sein. Ich habe keine Sorgen – keine finanziellen Sorgen, meine ich. Meine letzte Frau stützte sich auf mich, war von mir abhängig. Jane ist phantastisch, sie regelt ihre Sachen alleine. Das gibt mir enorm viel Freiheit. Sie ist der Boss, ich schließe mich ihren Entscheidungen an.» [113]

Aber meistens kommt es doch zu Problemen. Ein mangelndes Selbstwertgefühl beim Mann, Streit, gegenseitige Enttäuschungen. Viele Frauen versuchen, es anfangs ein bißchen zu vertuschen, daß ihre Stelle wichtiger ist als seine, oder sie lassen ihm das Gefühl, daß er das Sagen hat, indem sie ihn zum Beispiel das Finanzielle regeln lassen.

Eine Frau: «Ich habe das Gefühl, daß ich der Ernährer bin. Aber ich lasse es ihn nicht wissen, daß ich so darüber denke. Ich spiele das hilflose Weibchen, weil ich glaube, daß er das so möchte. Ich wünschte mir, daß es normaler wäre. Ich wollte, daß er mehr Verantwortung übernähme. Vielleicht, weil ich glaube, daß es sich so gehört. Aber dann würde ich mir Sorgen darüber machen, ob die Rechnungen auch bezahlt würden. Was die Finanzen angeht, bin ich in gewisser Weise erwachsener als er. Ich wünschte, es wäre anders.» [114]

Wenn die Rollen außer Haus vertauscht sind, bedeutet das noch nicht, daß sich die Rollenverteilung im Haus entsprechend verändert, auch wenn sie höchstwahrscheinlich unter Druck gerät. Ob Männer sich im Haushalt oder an der Kindererziehung beteiligen, hängt nicht so sehr von ihrer Ar-

113 McRae, ebd., S. 99.
114 McRae, ebd., S. 105.

beitsbelastung außer Haus ab, als vielmehr von ihrer beider Auffassung über Männer- und Frauenaufgaben. Zu der ‹normalen› Geschlechtersozialisation gehört eine unmittelbare Verknüpfung von Geschlechtsidentität und der Aufgabenverteilung, was die Arbeit im Haus oder außer Haus betrifft. Bei vielen Männern hängt ihr Gefühl von ‹Männlichkeit› von ihrer Überlegenheit ab, wenn es ums Geldverdienen geht.[115] Auch Lillian Breslow Rubin beschreibt, wie oft sich Männer in ihrem Männlichkeitsempfinden bedroht fühlen, wenn Frauen anfangen, zuviel zu verdienen, sich weiter als sie zu entwickeln und damit zu aufsässig werden.[116]

Bei einem Großteil der Ehen zwischen Angehörigen unterschiedlicher Klassen werden die Spannungen geleugnet, zu denen der jeweils andere soziale Status führt. Manche Ehepaare sagen: Was macht es denn schon aus, die Klassenherkunft spielt doch keine Rolle, wir sind alle nur Menschen. Manchmal schätzen sich Frauen niedriger ein, um den Unterschied zu verkleinern. Sie sagen: Eigentlich stamme ich ja auch genau wie er aus der Arbeiterklasse. Manchmal ordnen sich die Männer selbst höher ein. Eigentlich gehöre ich ja zur Mittelschicht, oder als Familie gehören wir der Mittelschicht an, es ist doch egal, wer die bessere berufliche Stellung hat. Zum öffentlichen Eingeständnis, daß in diesen Ehen die Frau eine bessere berufliche Stellung als der Mann hat, kommt es nahezu nirgends, es ist zu schmerzhaft und zu abweichend und muß deshalb geleugnet werden. Die Frauen, die eine bessere berufliche Stellung als ihre Männer erreicht haben, geraten dadurch in ihrer Beziehung in Schwierigkeiten. Sie müssen sich drehen und winden, um die Ungleichheit zu verschleiern, oder sie mit besonders ‹weiblichem› Verhalten kompensieren. Und ihre berufliche Stellung führt keineswegs dazu, daß die Hausarbeit nun besser verteilt werden würde. Frauen, die eine bessere

---

115 Siehe u. a. Robert E. Gould, ‹Measuring Masculinity by the Size of the Paycheck›.
116 In *Worlds of Pain*, S. 176.

berufliche Stellung als ein Mann haben, scheinen eher noch mehr in die Enge getrieben zu werden. Das könnte deshalb durchaus auch ein Grund dafür sein, daß sich Frauen Partner suchen, die eine bessere Ausbildung und bessere Zukunftsaussichten als sie selbst haben. Das führt zu weniger Spannungen und vergrößert den Spielraum, den sie hat, um sich weiterzuentwickeln, ohne ihn zu bedrohen.

Können wir davon ausgehen, Männer aus den unteren Klassen seien sexistischer als Männer aus den stärker bevorrechtigten Klassen?[117] Es wird hin und wieder so dargestellt. Zum Beispiel wird behauptet, daß Männer aus den unteren Klassen ihre Frauen häufiger mißhandeln würden als Männer aus den höheren Klassen. Obgleich das noch nie wirklich untersucht worden ist, zeigen die Erfahrungen der Frauenhäuser, daß die Situation komplizierter ist. Mißhandlungen kommen in allen Klassen vor, aber wenn wir uns das ‹Täterprofil› anschauen, dann sehen wir, daß die Chance, mißhandelt zu werden, größer ist, wenn bestimmte Faktoren zusammentreffen: Wenn Frauen durch ihren Beruf oder ihre Ausbildung einen höheren Status als Männer einnehmen beziehungsweise wenn sie dabei sind, eine solche höhere Stellung zu erreichen, oder wenn Frauen sich ihrer traditionellen, abhängigen Stellung widersetzen und stärker ihren eigenen Weg gehen, oder wenn Männer arbeitslos werden.[118]

In allen Fällen wird der Status des Mannes als ‹Oberhaupt›, als der Frau überlegen angegriffen. Und wir können annehmen, daß sich Männer mit einer niedrigeren gesellschaftlichen Stellung schneller bedroht fühlen werden, wenn auch noch ihr Status als Mann bedroht wird. Die ‹Geschlechtersegregation›, das Festhalten an den herkömmlichen Frauen- und Männerrollen, ist in den unteren Klassen stärker verbreitet als in den oberen. Ich komme darauf in dem Kapitel über Männer noch zurück.

117 Siehe auch Karen Kollias, ‹Class Realities›, S. 145.
118 Siehe *Jaarverslag der Stiftung «Blijf van m'n lijf»*, 1977.

Der Sexismus der Männer ist ein wichtiger Faktor, der die Klassenstellung von Frauen beeinflußt. In heterosexuellen Beziehungen ist die Angst der Männer, ihre überlegene Stellung zu verlieren, eine wirkungsvolle Bremse für die Entwicklung der Frauen. Die Erfahrungen mit dem sogenannten Zweiten Bildungsweg zeigen auch das immer wieder. Frauen brechen ihre Ausbildung oft ab, weil ihre Männer es nicht ertragen können, daß sie sich weiterentwickeln. Sie wollen nicht ihre Ehe aufs Spiel setzen.[119]

Nicht nur in heterosexuellen Beziehungen wirkt der Sexismus der Männer als Bremse bei der Weiterentwicklung von Frauen, auch auf die Arbeitssituation nimmt er Einfluß. Männer, die Frauen nicht in Führungspositionen akzeptieren wollen, machen es den Frauen sehr schwer, in solche Positionen vorzudringen. Hindernd wirkt sich auch die Forderung nach der Verfügbarkeit des weiblichen Personals aus, die über die strikt abgesprochene Aufgabe hinausgeht: der sprichwörtliche Kaffee, das sexy Aussehen in repräsentativen Berufen wie Stewardess und Rezeptionistin. Für Frauen gibt es Tausende solcher Barrieren auf dem Weg zur Gleichheit auf dem Arbeitsmarkt.

Ähnliches findet sich auch in politischen Bewegungen und in Gewerkschaften. Formal wird in fast jeder fortschrittlichen Einrichtung die Ideologie herrschen, daß Menschen prinzipiell gleichwertig sind, also auch Frauen. In der Praxis aber zeigt sich, daß die vertretene Ideologie und die tatsächlichen Handlungen in einem Spannungsverhältnis zueinander stehen. Auf der einen Seite können Männer ein objektives Interesse daran haben, daß Frauen die gleichen Löhne erhalten wie sie. Für Ehepaare bedeutet das ein besseres gemeinsames Einkommen, ein breiter verteiltes Risiko und mehr Freiheit auch für ihn. Auf der politischen Ebene würde die

---

119 Siehe Meulenbelt, ihr Gespräch mit einem Offenen-Frauenschul-Team, ‹Ik heb altijd gediend, maar nu wil ik eisen›; Bollée; Gepken und Scholtens, ‹Weerstanden tegen emancipatieactiviteiten›.

Gleichheit bedeuten, daß Frauen nicht mehr als Streikbrecherinnen oder als Puffer eingesetzt werden könnten, um auch Männerlöhne niedrig zu halten. Aber diese objektiven Interessen verschwinden oft zugunsten der subjektiven Interessen der Männer. Der psychologische Vorteil der ständigen Verfügbarkeit und Unterordnung von Frauen, zu Hause wie auch bei der Arbeit, wiegt stärker. Er ist der Ersatz für das, was dem Mann während der Arbeit an emotionalen und physischen Schäden zugefügt wurde, und für die Arbeit als solche. Auch Versuche, Frauen aus sogenannten Männerberufen fernzuhalten (Feuerwehr, Marine), dienen diesem Wunsch: Sich als Mann Frauen überlegen fühlen zu können macht die eigene Unterdrückung erträglicher. In dem vorhergegangenen Kapitel habe ich darauf hingewiesen, wie der Klassismus die Frauenbewegung spaltet. Der Sexismus der Männer spaltet die von Männern dominierten sozialistischen Gruppen und die Gewerkschaftsbewegung. Dieses Phänomen zeigt sich auch beim Rassismus, von ihm handelt das nächste Kapitel.

Heute ist Rassismus in den Niederlanden ebenso wie überall sonst auf der Welt nicht länger ein camoufliertes Tabu. Die Diskussion über sein niederländisches Gesicht hat begonnen. Aufgewacht versichert jeder, daß das Böse zwar da sei, das böse Tier aber in dem anderen hause.

Ludwich van Mulier
(Vorwort zur niederländischen
Ausgabe von Albert Memmi,
Rassismus)

Der Franzose mag den Juden nicht, der den Araber nicht mag, der den Neger nicht mag ... Dem Araber sagt man: «Ihr seid arm, weil euch der Jude übers Ohr gehauen, euch alles weggenommen hat»; dem Juden: «Ihr steht nicht auf derselben Stufe wie die Araber, weil ihr weiß seid und weil ihr Bergson und Einstein habt»; dem Neger: «Ihr seid die besten Soldaten des französischen Reichs, die Araber meinen zwar, sie seien euch überlegen, aber sie irren sich.»

Frantz Fanon *(Schwarze Haut, weiße Masken)*

III. Rassismus

1. Einleitung

Eine Freundin besucht mich in dem Institut, wo ich arbeite. Eine schwarze Frau betritt die Kantine, in der wir sitzen. Wie schön, daß ihr auch schwarze Studentinnen habt, sagt meine Freundin. Das ist keine Studentin, das ist unsere Direktorin, sage ich. Die Freundin verschluckt sich an ihrem Kaffee und sagt, daß sie es nicht so gemeint habe.

Eine surinamische Sozialarbeiterin begleitet ihre Klientin, eine Weiße, zu einem Gespräch beim Kinderschutzbund. Die Klientin ist völlig durcheinander und beginnt zu weinen. Die Sozialarbeiterin klingelt und fragt, ob jemand vielleicht ein Glas Wasser bringen könnte. Als das Glas Wasser kommt, wird es, ohne zu fragen, der Surinamerin in die Hand gedrückt.

Wenn eine schwarze und eine weiße Frau zusammensitzen, dann muß die Weiße sicher die Sozialarbeiterin sein und die Schwarze die mit den Problemen. Ist das nun schon Rassismus? Manche werden das verneinen. Rassismus findet sich dort, wo schwarze Menschen mit Absicht diskriminiert werden, und davon kann hier keine Rede sein. Andere werden es bejahen. Denn die automatisch niedrigere Einschätzung schwarzer Menschen verweist auf ein stereotypes Denken, mit Selbstverständlichkeit werden schwarze Menschen als den Weißen Untergeordnete betrachtet.

Es herrscht viel Unklarheit über Rassismus. Es gibt Leute, die den Begriff für eine kleine Gruppe Menschen reservieren, die bewußt rassistische Ideen propagieren, die wirklich glauben, daß schwarze Menschen einer inferioren ‹Rasse› angehören (mit dem Begriff ‹Schwarz› beschäftige ich mich im folgenden Kapitel). Auf der anderen Seite gibt es Menschen, die sagen: Wir leben in einer rassistischen Gesellschaft, jeder, der darin aufgewachsen ist, ist somit rassistisch. Der ersten Gruppe geht es vor allem darum, die richtigen Rassisten zu demaskieren und zu bekämpfen. Der zweiten darum, jedem ‹den Rassismus in uns selbst› bewußtzumachen. Die beiden Standpunkte sind nicht so gegensätzlich, wie sie scheinen. Tatsächlich liegt das Problem darin, daß schwarze Menschen in unserer Gesellschaft als Gruppe eine schlechtere gesellschaftliche Stellung haben als Weiße. Ebenso wie beim Sexismus spricht man von einer schlechteren Stellung auf dem Arbeitsmarkt, von weniger Unterrichtsmöglichkeiten, einer Unterrepräsentation an den Orten, wo politische Entscheidungen getroffen werden, von Ausschluß und Diskriminierung und von einer größeren Wahrscheinlichkeit, das Opfer körperlicher Gewalt zu werden.

Alles, was dazu beiträgt, diese Ungleichheit zu verursachen oder sie aufrechtzuerhalten, nenne ich Rassismus.[1] Dabei spielt sowohl aktiver Rassismus eine Rolle – wenn die Mitglieder der Centrumspartij rassistische Vorurteile verbreiten, als würden ‹die Ausländer› hier die Sozialhilfe verprassen und die besten Wohnungen mit Beschlag belegen[2] – als auch ‹passiver› Rassismus, die Gleichgültigkeit gegenüber Schwarzen – ‹sie müssen selbst ihre Probleme lösen› – oder die unbewußte Distanz und Ablehnung.

1 Zur Definition von Rassismus siehe u. a. Mark A. Chesler, ‹Contemporary Sociological Theories of Racism›, der ebenfalls eine weitgefaßte Definition verwendet. So zählt er alles dazu, was die Privilegien der Weißen fortführt, S. 22. Troetje Loewenthal, ‹De witte toren van vrouwenstudies›, S. 6; Albert Memmi, *Rassismus* (S. 103); Philomena Essed, *Alledaags racisme*, S. 1.
2 Siehe Eva Abraham-van der Mark und Adri van der Wurff, ‹«Ze pikken onze banen in». Fictie en feiten over de arbeidsmarkt voor etnische minderheden›, wo aufgezeigt wird, daß Schwarze im Verhältnis gesehen auf dem Arbeitsmarkt eine schlechtere Stellung haben und auch nicht überdurchschnittlich viel Gebrauch von der Sozialhilfe machen.

In diesem Kapitel möchte ich mich mit mehreren Dingen beschäftigen: Mit dem Zusammenhang von Sprachgebrauch und Rassismus; mit dem Rassismus, wie er in der erlebten Wirklichkeit aussieht; mit den Erklärungen, die wir für die Entstehung von Rassismus kennen; außerdem mit dem verinnerlichten Rassismus; mit dem kolonisierten Bewußtsein; den verschiedenen Wirkungen unserer Sozialisation auf schwarze und auf weiße Kinder und wie diese Sozialisation aussieht; schließlich damit, wie der Rassismus auch in die Frauenbewegung hineinspielt und wie kompliziert Sexismus und Rassismus miteinander verwoben sind.

2. Rassismus und Sprachgebrauch

Das erste Problem, wenn man auf eine nicht rassistische Weise über Rassismus sprechen möchte, bildet der Begriff ‹Rasse›, der an sich schon unbrauchbar ist. ‹Rasse› ist ein Begriff, der zur Viehzucht paßt.[3] Wissenschaftlich gesehen ist dieser Begriff unbrauchbar, wenn wir von Menschen sprechen. Die biologischen Eigenschaften, die Hautfarbe, die Haarart, die Form der Nasen und Augen können nicht exakt von Menschentyp zu Menschentyp unterschieden werden. Die Variationen können wir nur als ein Kontinuum betrachten. Es gibt also keine ‹sauberen› Rassen, ganz zu schweigen davon, daß außer biologischen Merkmalen auch noch Sprache von einer spezifischen rassischen Art wäre. Unlängst konnten wir in *De Volkskrant* noch folgende Überschrift über einem Leserbrief lesen: «Jede Rasse hat ihre besondere Veranlagung», meinte der Schreiber und zielte in diesem Fall auf die Tatsache ab, daß mehr schwarze Menschen im Spitzen-

3 Siehe Memmi, *Rassismus*, S. 13 und Arthur Brittan und Mary Maynard, *Sexism, Racism and Oppression*, S. 12.

sport zu finden sind.[4] Aber aus der Biologie ist auf keine einzige Art abzuleiten, daß Schwarze ‹von Natur aus› eine bessere Veranlagung für Sport hätten; genausowenig wie es möglich wäre nachzuweisen, daß Schwarze eine mindere Veranlagung für akademische Tätigkeiten hätten. Wenn wir nach Erklärungen suchen wollen, warum wir mehr Weiße auf den Universitäten antreffen und mehr Schwarze unter den Spitzensportlern, dann müssen wir uns anschauen, wie die Gesellschaft aufgebaut ist und wie die Chancen in dieser verteilt sind. So erkennen wir, daß Schwarze gut im Sport sind, weil das eines der wenigen Gebiete ist, die ihnen offenstehen und in denen sie ermutigt werden.[5] Selbstverständlich werden schwarze Kinder, die nach Identifikationsmöglichkeiten suchen, wenn sie schwarze Spitzensportler sehen, eher denken, das will ich auch, als daß sie ehrgeizige Pläne für Karrieren entwickelten, von denen sie in ihrer Umgebung sehen, daß dort nahezu keine schwarzen Menschen anzutreffen sind.[6]

Das Wort Rasse ist unbrauchbar, höchstens können wir von ‹rassischen Typen› sprechen. Es gibt nur eine Rasse, wenn wir von Menschen sprechen, die Menschenrasse.[7] Welche Begriffe sind dann überhaupt brauchbar, wenn wir Gruppen benennen wollen, die das Ziel von Rassismus sind?

4 *De Volkskrant*, 19. 4. 1986.
5 Es gibt also keine biologische, wohl aber eine soziologische Verbindung zwischen Hautfarbe und dem Gut- oder Nicht-gut-Sein im Sport, antwortet der Soziologe Lolke van der Heide dem Briefschreiber in *De Volkskrant* vom 26. 4. 1986.
6 Zu der Art, wie schwarze Menschen schon sehr früh mit dem Stereotyp konfrontiert werden, daß sie besonders gut im Sport sein sollen und dadurch oft erst das Interesse dafür entwickeln, siehe Bruce Carrington, ‹Sport as a Side-Track. An Analysis of West-Indian Involvement in Extra-Curricular Sport›.
7 Deshalb hat Yves Montand unrecht, wenn er es in einem Interview als ‹normale Reaktion› bezeichnet, ‹Menschen abzulehnen, die anders sind›, und das mit den Reaktionen von Löwen auf Hyänen oder Panther vergleicht (*De Tijd*, 9. 12. 1983). Löwen und Hyänen können sich nicht vermischen, Menschen sehr wohl.

Es ist eine Menge von Begriffen verwendet und inzwischen wieder abgeschafft worden. ‹Minderheiten›, mit dem Beigeschmack von ‹minderwertig›, gefiel den schwarzen Menschen selbst nicht. ‹Ausländer› stimmt häufig nicht, denn viele Surinamer und Antillianer haben die niederländische Staatsangehörigkeit, und ihre Kinder sind meist hier geboren. Und außerdem meinen wir, wenn wir von Ausländern sprechen, nicht alle Ausländer, zum Beispiel nicht die in den Niederlanden wohnenden weißen Amerikaner. ‹Ethnische Gruppen› ist ein akzeptabler Begriff, aber auch Weiße bilden eine ethnische Gruppe.

Seit einigen Jahren wird in der Nachfolge der amerikanischen Schwarzenbewegung vor allem in den politisch bewußten Gruppen ein neuer Begriff benutzt: Der Begriff ‹Schwarze› als politische Sammelbezeichnung für alle Gruppen, die nicht ‹weiß› sind, beziehungsweise nicht das Ziel von Rassismus.[8] Das hat viele Vorteile, aber auch einige Nachteile. Menschen mit einer kreolischen oder einer afroeuropäischen Herkunft fällt es leichter, sich damit zu identifizieren, als Gruppen, deren Vorfahren aus Asien stammen. Chinesische Menschen wurden früher ‹gelb› genannt, Menschen aus Indonesien ‹braun›,[9] Indianer ‹rot›. Menschen aus der Türkei und Marokko, die ganz bestimmt zu den ‹anderen› Gruppen gehören, die das Ziel von Rassismus sind, werden nie mit einer anderen Farbe bezeichnet, Zigeuner fallen ebenfalls aus dieser Unterteilung heraus. Ein weiteres Problem besteht darin, daß man mit den Begriffen ‹schwarz› und

<hr />

8 Über den politischen Gebrauch des Begriffes ‹schwarz› siehe die *Zwarte Vrouwenkrant*. Siehe ebenfalls Lida van den Broek, Vortrag über ‹Antiracisme, een andere richting›, Stiftung «Ombudsvrouw»; Philomena Essed, *Alledaags racisme*, S. 16; Yvonne Leemann und Sawitri Saharso, ‹Om de kleur van vrouwenstudies›; Troetje Loewenthal und Kamala Kempadoo, ‹Verbroken verbindingen›.
9 Pamela Pattynama: «Als eine in den Niederlanden aufgewachsene Indonesierin mit einem niederländischen Vater kann ich mich nur schwer in der Bezeichnung ‹schwarz› wiederfinden.» In: ‹Want zwijgen biedt geen bescherming›, S. 11.

‹weiß› die Polarisation in zwei Parteien hinzunehmen scheint. So schreibt Pamela Pattynama: «Mir macht diese strenge Trennung Schwierigkeiten. Ich glaube, daß man durch die betonte Zweiteilung den Prozeß von Vorurteilen, Diskriminierung und Ausschluß auf einen Machtkampf zwischen zwei Gruppen reduziert, wobei man nicht nur die Unterschiede außer acht läßt, die auf allen möglichen Ebenen innerhalb der ‹schwarzen› Gruppe bestehen, sondern auch den Einflüssen keine Aufmerksamkeit widmen kann, die dieser dominante Diskurs ausübt, der auf hierarchischen Gegensätzen gegründet ist.» [10] Auf der anderen Seite, meint Pattynama, «erkenne ich, daß es wichtig ist, die Ausgangsposition klar zu umreißen: Es gibt eine Gruppe, die wegen äußerlicher Merkmale an einem Überlegenheitswahn krankt, und es gibt eine Gruppe, die deshalb ihren Namen vergessen hat.» [11] Eine andere Möglichkeit besteht darin, den Begriff ‹people of colour› [12] als ‹Farbige› zu übersetzen. [13]

Das Recht auf eine eigene Definition ist ein Grundrecht der Gruppen, die unterdrückt werden, und ist ein wesentlicher Teil eines jeden Befreiungsprozesses. Es ist somit wichtig, weiterhin darüber nachzudenken. Solange nicht das letzte Wort darüber gesprochen ist, heißt es sich also zu behelfen.

In diesem Buch benutze ich ‹schwarz› nicht als Bezeichnung der Hautfarbe, sondern als politischen Begriff, daneben den Ausdruck ‹Farbige›, wenn es um die ganze Gruppe geht. Manchmal spreche ich von Ausländern, wenn es wirklich um Ausländer geht, und häufig spreche ich von spezifischen Gruppen. Anstatt das Wort ‹Rasse› immer wieder in Anführungszeichen zu setzen, spreche ich lieber von Farbe. Auch dabei geht es mir nicht um die wirkliche Farbe. Einige Weiße haben eine dunklere Hautfarbe als manche Schwarze. Der

10 Ebd.
11 Ebd.
12 Siehe Philomena Essed, *Alledaags racisme*, S. 41 f.
13 Siehe Pamela Pattynama, ‹Want zwijgen biedt geen bescherming›, S. 85.

Begriff ‹bakra›, der auf den Antillen benutzt wird, um Weiße zu bezeichnen, bedeutet wörtlich ‹rot›, was der Wahrheit näher kommt, wenn wir uns die Farbe anschauen, die Kolonialisten unter der tropischen Sonne annehmen.[14] Das Recht auf eine eigene Definition ist ein Grund, sorgfältig mit den Begriffen umzugehen. Der emotionale und oft unbewußte Gehalt, der in den verschiedenen Bezeichnungen für die Hautfarben mitschwingt, ist ein zweiter. ‹Weiß› hat von Haus aus eine ganze Reihe von Assoziationen, die nahezu alle positiv sind – sauber, unschuldig, rein. Engel zum Beispiel sind in der christlichen Darstellung immer weiß. ‹Schwarz› dagegen hat häufig den Beiklang von düster, schmutzig, das Tageslicht scheuend.[15] Fast alle Ausdrücke, in denen ‹schwarz› enthalten ist, sind negativ. ‹Schwarzes Geld›, ‹Schwarzarbeit›, ‹Schwarzfahren› und ‹Schwarzbuch› sollten wir deshalb auch nicht benutzen. Übertrieben? Wie das menschliche Bewußtsein arbeitet, kann ich anhand eines ansonsten unschuldigen Interviews mit dem Popstar Sting illustrieren.[16] Er wurde gefragt, warum er sich dafür entschieden habe, vor allem mit schwarzen Musikern zusammenzuarbeiten. Und dann kommt es. Vielleicht wegen seiner eigenen ‹dunklen› Seiten? Oder weil er selbst häufiger ‹sinistre› Figuren spiele? Und so geht es weiter, zeilenlang, über seine ‹Schattenseiten› und seine ‹bösen Geister›. Unschuldig?

14 Siehe Albert Helman, *Cultureel mozaïek van Suriname*, S. 282.
15 Zu den negativen Assoziationen von ‹schwarz› und ‹dunkel› siehe Frantz Fanon, *Schwarze Haut, weiße Masken*, Kapitel 6, Der Neger und die Psychopathologie; Erroll Lawrence, ‹Just Plain Common Sense. The «Roots» of Racism›, S. 60; Milner, *Children and Race*, S. 7 u. 99.
16 *Haagse Post*, 15. 2. 1986.

3. Rassismus als gelebte Wirklichkeit

«Wer glaubt, Rassismus bedeute, der Satz ‹schwarze Menschen sind eine mindere Rasse› müsse ausdrücklich gesagt oder niedergeschrieben werden, der wird vielleicht zu dem Schluß kommen, daß Rassismus in den Niederlanden selten auftritt», schreibt Philomena Essed in *Alledaags racisme*.[17] Wir können, mit Essed, zwischen einem kulturellen, einem institutionellen und einem individuellen Rassismus unterscheiden.[18]

Der kulturelle Rassismus findet sich in dem Bild von schwarzen Menschen, wie es uns in Büchern und Zeitungen, im Unterricht, in Filmen, im Fernsehen, in der Sprache und in Anzeigen begegnet. Denken wir beispielsweise an die Kinderbücher, mit denen wir noch erzogen worden sind: die armen, dummen, aber lustigen Negerkinder aus Afrika mit den Strohröckchen und dem Ring in der Nase. In meinem Zimmer hingen während meiner Kindheit Wandteppiche, auf die mit Filz und Glasperlen Negerkinder genäht waren. Sehen wir uns die Comic strips an: Jimmi, der immer dümmer war als Sjors und so lustig radebrechte, genauso wie der kleine Hiawatha, der Indianerjunge. Denken wir an das Kinderlied: Moriaantje so schwarz wie Ruß, meint es doch gut. Denken wir an die Chinesen, die in Kinderbüchern vorkamen, mit dem langen Zopf auf dem Rücken, geheimnisvoll, unberechenbar. Und nicht bloß die populären Kinderbücher und Comic strips steckten voller solcher stereotyper Vorstellungen über farbige Menschen. Diese Art Rassismus läßt sich ebensogut in den Schulbüchern nachweisen, dort dann allerdings in sogenannte ‹neutrale› Gebiete wie Geschichte und Erdkunde verpackt. Raub und Ausbeutung anderer Völker, euphemistisch als ‹Entdeckungsreisen› umschrieben, als ob die ursprünglichen

17 S. 22.
18 *Alledaags racisme*, S. 22 ff. Siehe auch James J. Jones, ‹The Concept of Racism and Its Changing Reality›; Robert Terry, *For Whites Only*.

Völker eines bestimmten Landes ihr eigenes Land nicht bereits entdeckt hätten. Beschreibungen von Völkern als ‹primitiv› und ‹barbarisch› sprechen für sich.[19]

Und dann die Fernsehprogramme: Erst seit kurzem sehen wir hin und wieder einen farbigen Mitarbeiter oder surinamische Schauspieler auf dem Bildschirm, die eine Rolle spielen, ohne daß das Schwarzsein problematisiert werden würde. Die Zeitungen: Die Berichte beschäftigen sich noch immer vor allem mit ‹Ausländern› und ‹Minderheiten›, und sie werden nicht von diesen Menschen selbst verfaßt. Und über Minderheiten wird meist nur berichtet, wenn es um Probleme geht.[20]

In der Schule sammelten wir früher für die ‹armen Negerkinder in Afrika› Milchverschlüsse aus Zinnblech. Ich habe lange geglaubt, daß man sie irgendwie bedauern müßte und daß sie auf alle Fälle nicht für sich selbst sorgen könnten. Es war schon ein tolles Gefühl, diesen armen Menschen ‹helfen› zu können.

Neben dem kulturellen Rassismus kennen wir den institutionellen Rassismus. Die Diskriminierung farbiger Menschen oder ethnischer Gruppen durch staatliche Behörden, Schuleinrichtungen, durch die Gesundheitsfürsorge und die Gemeindeämter, die Arbeitsplätze vergeben oder Wohnungen verteilen etc. Überall, wo weiße Menschen innerhalb dieser Institutionen bessere Chancen haben oder eine bessere Behandlung erfahren als schwarze Menschen, kann man von Rassismus sprechen, ganz gleich, ob dieser nun beabsichtigt ist oder nicht. Und daß es auf dieser Ebene Rassismus gibt, ist nachgewiesen.

In einer Untersuchung der unterschiedlichen Behandlung

19 Harry van den Bergh und Peter Reinsch, ‹Racisme in schoolboeken. Het gladde ijs van het Westers gelijk›; Gillian Klein, *Readings into Racism. Bias in Children's Literature and Learning Materials.* Siehe auch David Milner, *Children and Race,* S. 76.
20 Teun van Dijk, *Minderheden in de media.*

von Bewerbungen surinamischer, spanischer und autochthoner holländischer Männer wurde nachgewiesen, daß in vier von fünf Fällen Surinamer und Spanier abgelehnt wurden und der Niederländer angenommen wurde, obwohl sorgfältig dafür gesorgt worden war, daß alle ‹Bewerber› gleich gut qualifiziert waren, gleich gut Niederländisch sprachen, gleich gut gekleidet waren usw.[21] Die Zuweisungsregeln bei der Wohnungsverteilung wirken sich – dem Vorurteil, daß Ausländer die besten Wohnungen bekommen würden, zum Trotz – meist zum Nachteil der Immigranten aus.[22] Auch bei der Zimmer- oder Wohnungssuche sind Mitglieder ethnischer Gruppen im Nachteil.[23]

Institutioneller Rassismus hängt sehr eng mit dem individuellen Rassismus zusammen. So schön es auch wäre, nur ‹das System› verantwortlich machen zu können (die Regierung, den Kapitalismus, das Patriarchat), sind es jedoch letztendlich die Menschen, die die Vorschriften ausführen und die bei einer Bewerbung weniger positiv auf ein dunkles Gesicht, einen fremden Akzent oder einen ausländischen Namen reagieren als auf ein weißes Gesicht, einen niederländischen Namen und die standardniederländische Sprache. Manchmal äußert sich dieser Rassismus sehr deutlich und direkt.

Als ich noch als Krankenschwester arbeitete, gab es mitunter auch Patienten, die nicht von einer surinamischen Schwester gewaschen werden wollten. Einmal war da eine alte Frau, die nicht mehr ganz reinlich war. Ich mußte sie waschen. Da begann sie zu schreien: Nicht diese Schwarze, nicht diese Schwarze. Ich ging zur Ober-

---

21 Frank Bovenkerk und Elsebeth Breuning van Leeuwen, ‹Rasdiscriminatie en rasvooroordeel op de Amsterdamse arbeidsmarkt›.
22 Mariëlle Valkonet-Freeman, ‹De «gesloten buurten» von Amsterdam›, in Frank Bovenkerk, *Omdat zij anders zijn*.
23 Willeke Bolle, Henk van Dijk und Dieke Hetebrij, ‹Discriminatie bij het verhuren van kamers aan gastarbeiders›, in Frank Bovenkerk, *Omdat zij anders zijn*.

schwester, und die sagte, daß ich es trotzdem machen sollte. Da spuckte mir die Frau ins Gesicht.

Als ich noch als Erzieherin einer Vorschulklasse arbeitete, gab es einen kleinen Jungen, der jedesmal zu brüllen anfing, wenn er mich sah. Es stellte sich heraus, daß er Alpträume hatte. Ich glaube, daß sie ihm angst gemacht hatten, indem sie ihm erzählten, daß der Schwarze Piet kommen und ihn mitnehmen würde und so weiter. Anstatt mit den Eltern ein Gespräch zu führen oder sich für den Nikolaustag jetzt einmal etwas anderes als diesen lächerlichen radebrechenden Schwarzen Piet auszudenken, haben sie das Kind lediglich in eine andere Klasse gesteckt, mit einem weißen Fräulein.

Auf dem Wochenmarkt wollte ich mir einmal ein paar schöne Äpfel aussuchen. Der Marktverkäufer wurde böse und sagte, man dürfe hier die Sachen nicht anfassen. Ich sagte, dann geben Sie mir bitte ein Kilo Äpfel. Er nahm welche von hinten. Als ich die Tüte aufmachte, sah ich, daß sie braune Stellen hatten. Ich sagte, diese hier will ich nicht haben, die anderen sind viel schöner. Da wurde er wütend und sagte, Sie sind hier nur zu Gast und haben das zu nehmen, was Sie bekommen. Man stelle sich nur vor, daß meine Eltern, die in einem chinesischen Restaurant arbeiten, das zu einem Gast sagen würden, wenn sie ihm eine verdorbene Frühlingsrolle vorsetzen!

Diese Beispiele sind eindeutig. Wir brauchen uns nicht lange zu fragen, ob es sich dabei um Rassismus handelt. Aber meist sind rassistische Reaktionen versteckter. Für farbige Menschen läßt sich schwer nachvollziehen, ob man als Kind in der Schule schlecht behandelt worden ist, weil man eine dunkle Hautfarbe hat oder weil man einfach nicht gut genug war. Wenn man eine Stelle nicht bekommt, war das Rassismus oder war ein anderer nur besser? Wenn Sie dein Gesicht gesehen oder deine Stimme am Telefon gehört haben und dir sagen, daß die Wohnung gerade vergeben worden sei, lügen sie dann oder nicht? Und wenn sie sagen, daß die Diskothek voll

157

ist? Erst wenn wir die Erfahrungen zusammenzählen, zeigt sich, daß es sich häufig genug ganz sicher um Rassismus handelte. Wenn sich herausstellt, daß die gleiche Diskothek zwar weiße Leute einläßt oder die Wohnung, wenn eine halbe Stunde später eine Weiße anruft, plötzlich doch noch frei ist, kann man von Diskriminierung sprechen. Aber oft läßt es sich nicht eindeutig sagen.

Schwarzen Menschen wird oft vorgeworfen, daß sie so mißtrauisch wären, hinter allem etwas vermuteten, so überempfindlich reagierten. Aber wir können nur festhalten, daß eine große Portion dieses Mißtrauens in jeder Hinsicht gerechtfertigt ist.

Öffentliche rassistische Äußerungen sind heute weniger häufig als früher. Es gehört sich nicht mehr, davon auszugehen, Schwarze seien dümmer. Untersuchungen aus den Vereinigten Staaten zeigen, daß das Bewußtsein der Weißen gegenüber Rassismus in den letzten Jahren auffallend zugenommen hat. Eine Mehrheit der Weißen gibt zu, daß man von einer Diskriminierung der Schwarzen sprechen kann. Nur: sie selbst sind es nicht, in ihrer Gegend oder ihrer Stadt geschieht so etwas nicht und auch auf ihrer Arbeit nicht. Es ist immer irgendwo anders, es sind immer die anderen.[24] Die Form, in der Rassismus auftritt, hat sich allmählich verändert und wird von den Leuten selbst meist nicht als Rassismus erkannt. Es wird nicht, beziehungsweise in den seltensten Fällen, gesagt, Neger sind dumm, Juden sind gerissen, Chinesen undurchschaubar und unberechenbar. Heute wird es anders ausgedrückt: ‹Sie› sind *anders*. ‹Sie› haben eine andere Kultur, die sich mit der unsrigen nicht vereinigen läßt. Ich habe nichts gegen Marokkaner, wirklich nicht, aber die vielen Kinder, die sie kriegen, das ganze Kindergeld, das sie kassieren, soll man das so einfach hinnehmen? Martin Barker

24 Siehe Myron Rothbart, ‹Achieving Racial Equality. An Analysis of Resistance to Social Reform›, S. 348.

nennt das den neuen Rassismus.[25] Die Argumentation verläuft dabei ungefähr wie folgt:
- es gibt eine eigene niederländische Kultur;
- Ausländer sind fremd, sie haben eine andere Kultur;
- fremde Kulturen vertragen sich von Natur aus nicht miteinander;
- deshalb ist es natürlich, einer fremden Kultur gegenüber,
  welche die eigene Kultur anzugreifen droht, feindselige
  Gefühle zu hegen.[26]

Diese Argumentation stimmt natürlich nicht. Erstens
kann man nicht von einer homogenen, historisch festgeleg-
ten niederländischen Kultur sprechen. Die kulturellen Unterschiede zwischen Stadt und Land, zwischen kirchlichen
und unkirchlichen, zwischen den verschiedenen gesellschaftlichen Klassen sind ausgesprochen groß, um nur einige
Aspekte zu nennen. Außerdem verändert sich die niederländische Kultur von Generation zu Generation. Es ist fraglich,
ob die Unterschiede zwischen der Kultur einer türkischen
Familie und einer niederländischen Arbeiterfamilie eine
Straße weiter wirklich so viel größer sind als beispielsweise
die kulturellen Unterschiede zwischen einem Konzertpia-
nisten, der in der Hauptstadt wohnt und aus einer reformier-
ten Pfarrersfamilie aus Zeeland stammt, und einem Hochschullehrer in Groningen. Auch daß sich fremde Kulturen
per definitionem nicht vertrügen, ist falsch: Die amerikanische Kultur wird hier, sehr zum Verdruß einiger Leute, über
die Fernsehserien und die Werbung mit offenen Armen empfangen. Feindliche Gefühle gegenüber Fremdartigem entstehen nicht von Natur aus, sondern werden erlernt, und zwar
gleichzeitig mit der Definition, wen wir zu den Fremden zählen und wen nicht. Nationalismus wird angeheizt, auch

25 Martin Barker, *The New Racism*. Siehe auch: Erroll Lawrence, ‹Just Plain
Common Sense. The «Roots» of Racism›, S. 60. Eine kritische Darstellung
des ‹neuen Rassismus› siehe in Anet Bleich und Peter Schumacher, *Nederlands racisme*, S. 21 ff.
26 Troetje Loewenthal, ‹De witte toren van vrouwenstudies›, S. 14.

159

wenn es nur durch die sportlichen Wettkämpfe geschieht, bei denen die gegnerische Seite, die anderen, geschlagen werden müssen.

Zur Zeit begegnen wir häufig dieser Haltung. Der Autor Kellendonk sagte zum Beispiel in einem Interview: «Die alte, wie auch falsche Vorstellung, daß es so etwas wie ein multikulturelles Zusammenleben gebe, ist ebenso gefährlich wie ein engstirniger Nationalismus. Als ob Menschen nicht zu einem großen Teil ihre Identität aus der Kultur bezögen, die sie umgibt. (...) Die Straße, wo man an der einen Ecke eine katholische Kirche zu erhalten versucht, auf der anderen eine Moschee und in der Mitte noch einen Hindutempel, ist eine Straße, in der es innerhalb kürzester Zeit überhaupt keinen Gottesdienst und überhaupt keine Gemeinschaft mehr geben wird.» [27] Bei dieser Angstmacherei wird der Bequemlichkeit halber vergessen, daß in den Niederlanden schon sehr lange viele Kirchen nebeneinander existieren und viele Atheisten leben. Das Zusammenleben verschiedener Volksgruppen ist eine Tatsache, auch wenn viele Leute sich erst noch daran gewöhnen müssen. Und das große Problem sind nicht die kulturellen Unterschiede, die gab es immer schon, sondern der Rassismus.

4. Erklärungen für das Entstehen von Rassismus

Es gibt viele verschiedene Erklärungen für das Entstehen von Rassismus. Eigentlich wäre es richtiger, von Rassismen [28] zu sprechen, denn der Rassismus der Kolonisatoren in ‹Nieder-

---

27 *NRC-Handelsblad*, 9. 5. 1986. Es scheint mir kein Zufall zu sein, daß Kellendonk sich in demselben Gespräch äußerst konservativ über den Feminismus und die Homosexualität ausläßt.
28 John Solomon, Bob Findlay, Simon Jones und Paul Gilroy, ‹The Organic Crisis of British Capitalism and Race. The Experience of the Seventies›, S. 14.

ländisch-Indien› war ein anderer Rassismus als der der Sklaventreiber in Surinam, dieser wiederum ist anders als der
Rassismus in den Niederlanden von heute mit all seinen unterschiedlichen Erscheinungsformen.

Es gibt einen Rassismus aus ökonomischen Interessen, der
mit Rationalisierungen arbeitet, um die Ausbeutung von
schwarzen Sklaven oder Leiharbeitern zu rechtfertigen; aber
es gibt auch den Rassismus der Leute, die sich gegen Menschen anderer Hautfarbe abgrenzen, ohne ein anderes als ein
psychologisches Interesse daran zu haben. Sie brauchen das
Gefühl, etwas Besseres zu sein.[29]

Milner gibt in seinem Buch eine Übersicht über die unterschiedlichen Auffassungen über Rassismus und wie sie sich
entwickelt haben.[30] In der Nachfolge Adornos und seiner
Untersuchungen des ‹autoritären Charakters› ist eine Schule
des Denkens entstanden, die ‹Voreingenommenheit› als den
durch eine autoritäre Erziehung geformten Charakterzug
einer spezifischen Persönlichkeit begreift.[31] Aber diese Erklärung ist nur beschränkt anzuwenden. Indem Rassismus aus
einer gestörten Persönlichkeit hergeleitet wird, bleibt verborgen, daß es auch viele ziemlich normale, ziemlich ungestörte Leute gibt, die rassistische Auffassungen übernommen
haben.[32] Für eine große Gruppe von Menschen läßt sich keine

29 Bei Memmi heißt es hierzu: der Ankläger erhöht sich, indem er sein
Opfer erniedrigt. Siehe *Rassismus*, S. 83.
30 David Milner, *Children and Race, Ten Years On*, Kapitel ‹Psychology and
Prejudice›.
31 Theodor W. Adorno: *Studien zum autoritären Charakter*. Besprechungen
seiner Theorie finden sich u. a. in: Mark Chesler, ‹Contemporary Sociological Theories of Racism›, S. 31 ff; Richard D. Ashmore und Frances K. Del
Boca, ‹Psychological Approaches to Unterstanding Intergroup Conflict›,
S. 81 ff. Ebenfalls: Thomas F. Pettigrew, ‹The Mental Health Impact›, S. 107.
32 Die Tests, die hier gemeint sind, um den autoritären Charakter zu messen, sind außerdem derartig an ‹rechte› Äußerungen gekoppelt, daß sie nicht
geeignet sind, um bei ‹links› eingestellten Menschen das Maß autoritärer
Einstellung zu messen. Siehe Samuel Gaertner, ‹Nonreactive Measures in
Racial Attitude Research. A Focus of «Liberals»›, S. 188.

spezifische Persönlichkeitsstruktur nachweisen, die mit einem hohen Maß an Rassismus korrelieren würde. Viele Menschen haben als Kind das, was in ihrer Umgebung als ‹normal› galt, ganz selbstverständlich übernommen, und zwar schon in einem sehr frühen Alter. Daß nicht jeglicher Rassismus an eine besondere Charakterstruktur gebunden ist, macht Hoffnung. Es hat sich als möglich erwiesen, mit Regierungsbeschlüssen einem Teil des bestehenden Rassismus Einhalt zu gebieten. In den Vereinigten Staaten zeigte sich, daß eine gegen den Willen eines Teils der weißen Bevölkerung erzwungene Schulintegration zu einer Abnahme des Rassismus führte.[33] Je ‹normaler› es wird, daß weiße und schwarze Kinder zusammen zur Schule gehen, und je fortschrittlicher es empfunden wird, ‹für die Gleichberechtigung› zu sein, desto mehr Leute übernehmen diese Auffassungen. Aber damit ist erst ein Teil des Problems gelöst, denn noch immer vereinen Menschen fortschrittliche *Auffassungen* mit ziemlich rassistischen *Gefühlen* in sich. Zwischen den Empfindungen und den Handlungen der Menschen besteht immer eine Verbindung, aber diese verläuft nicht bei jedem geradlinig. Es gibt eine ziemlich große soziale Gruppe, die sich selbst für unvoreingenommen hält, für die Gleichberechtigung ist, aber die doch andere diskriminiert, wenn es auf das Handeln ankommt (so wie es auch eine Gruppe von Menschen gibt, die alle stereotypen Urteile über das Anderssein farbiger Menschen übernommen hat, aber einzelnen schwarzen Menschen doch helfen würde, wenn es darauf ankäme). Da Men-

---

33 Thomas Pettigrew weist in ‹The Mental Health Impact› (S. 115) darauf hin, daß viele Menschen für die Integration sind, wenn diese erst einmal als Tatsache besteht, obwohl sie noch immer dagegen sind, daß für eine weitergehende Gleichberechtigung gekämpft wird. Es handelt sich hier also um Konformismus, um die Übernahme der Meinungen aus dem gesellschaftlichen Umfeld, ein ‹echter› autoritärer Charakter hätte damit Schwierigkeiten. Siehe auch : Myron Rothbart, ‹Achieving Racial Equality›, S. 355. Pettigrew schätzt 15 Prozent der amerikanischen Bevölkerung als autoritäre Charaktere ein, 60 Prozent als Konformisten und 25 Prozent als Verfechter der Gleichberechtigung (S. 116).

schen üblicherweise kaum mit Ambivalenz umgehen können, mit der Widersprüchlichkeit zwischen ihrem Fühlen und Denken, drehen und winden sie sich, um die Dinge irgendwie zu begradigen.[34] So kann die weiße Person, die einer schwarzen Person helfen wird oder sich mit ihr sogar anfreundet, ihre stereotypen Auffassungen aufrechterhalten, indem sie den Schwarzen einfach zur ‹Ausnahme› erklärt. «Ich vergesse immer, daß du ja aus Surinam kommst.» – «Die Schwarzen machen daraus gleich wieder eine große Schweinerei», mit dem beruhigend gemeinten Zusatz, «dich meine ich natürlich nicht, du bist nicht so.» Menschen, die progressive *Auffassungen* und rassistische *Gefühle* in sich vereinigen, stehen verschiedene Mechanismen zur Verfügung, um die eigene Widersprüchlichkeit nicht wahrnehmen zu müssen. Der einfachste ist, den Kontakt zu vermeiden. Solange man mit schwarzen Menschen nicht direkt in Berührung kommt, so lange braucht man nicht zu spüren, daß man Angst hat, daß man nicht in ihre Nähe kommen, sie nicht anfassen, sie nicht anschauen mag.[35] Untersuchungen, in denen Leute gebeten wurden, jemandem zu helfen, der sich in einer Notsituation befand, haben gezeigt, daß viele Weiße dazu neigten, anderen Weißen eher zu helfen als Schwarzen. Wenn es sich dabei um Menschen handelt, die durchaus progressiv eingestellt sind, dann stellt sich die Frage, wie sie das miteinander vereinbaren können. Nachfolgeuntersuchungen zeigten, daß diese Personen die Tendenz hatten, die Notsituation, in der sich schwarze Menschen befanden, systematisch zu unterschätzen.[36] Wenn es gar nicht so schlimm war, dann brauchten sie auch nicht zu handeln, und dann gerieten ihre Gefühle und ihr Handeln nicht miteinander in Konflikt.

Es spricht beinahe für sich selbst, daß Menschen mit antirassistischen Auffassungen und rassistischen Gefühlen als

34 Samuel Gaertner, ‹Nonreactive Measures in Racial Attitude Research. A Focus on «Liberals»›, S. 196 ff.
35 Ebd., S. 186.
36 Ebd., S. 196.

Bundesgenossen weniger verläßlich sein werden. Auch wenn man natürlich Menschen mit antirassistischen Auffassungen vorzieht, denn sie werden zumindest formal Regierungsvorschriften gegen Diskriminierung unterstützen oder einer antirassistischen Politik in Institutionen oder am Arbeitsplatz zustimmen. Es sollte nicht vergessen werden, daß die Menschen, die gelegentlich antirassistisches Gebaren zeigen, nicht weil sie es wirklich selbst von innen heraus als notwendig empfinden, sondern weil sie Wert auf die Aufrechterhaltung eines fortschrittlichen, unvoreingenommenen Selbstbildes legen, dessen leicht überdrüssig werden können.

Diese Menschen begrüßen die Alibifunktion des symbolischen Schwarzen auf dem richtigen Platz, aber empfinden große Angst, wenn schwarze Menschen in Gruppen auftreten. Das führt zum Einverständnis mit Bestimmungen für Minderheiten, solange sie nur nicht einen selbst zu sehr betreffen und man selbst nur nicht zu viel zu tun braucht. Das führt zu der Auffassung, daß nun genügend für schwarze Menschen getan worden sei, anstatt zu überprüfen, ob die mit Worten erstrebte Gleichheit wirklich schon eine Tatsache geworden ist. Es ist diese Art eines passiven Rassismus, der schwarze Menschen zu Recht mißtrauisch sein läßt.

Zusammenfassend können wir feststellen, daß wir die weiße Bevölkerung nicht in rassistisch und nichtrassistisch aufteilen können, sondern daß es sich um eine gleitende Skala handelt. Auf der einen Seite steht die Gruppe aktiver Rassisten, Leute mit einer nachweisbar voreingenommenen Haltung gegenüber Schwarzen, die sie meist auch gegen andere Gruppen, zu denen sie selbst nicht gehören, wie Frauen, Juden, Homosexuelle usw., zeigen. Dem folgt eine breite Schicht von Konformisten, von Leuten also, die die Auffassungen ihrer Umgebung übernehmen. Ist diese rassistisch, dann sind auch sie rassistisch, wird der Rassismus unmodern, dann geben sie ihn auf und übernehmen fortschrittlichere Auffassungen. Und auf der anderen Seite der Skala befindet sich die Gruppe von Menschen, die bewußt gegen eine Ungleichheit eintritt, die auf der Hautfarbe basiert. Aber wir haben auch gesehen, daß es um mehr geht. Die ‹Konformisten› können zwar mit der politischen Modeströmung zugleich auch fortschrittliche Auffassungen übernehmen, aber wenn sie in ihrer Sozialisation negative Gefühle über farbige Menschen verinnerlicht haben, bleibt die schwierige Kluft zwischen Auffassungen und Gefühlen bestehen. Eine Kluft, die auch bei aktiven Antirassisten vorhanden sein kann. Und dann spielt noch ein anderer Faktor eine Rolle: die Interessen. Als Schlußfolgerung mehrerer Tiefeninterviews mit weißen Menschen über Rassismus weist uns David Wellman darauf hin, daß zwischen den Auffassungen und den Taten durchaus ein Abgrund liegt, der abhängig ist von den vermeintlichen oder tatsächlichen Interessen.[37] Es spielt zum Beispiel eine Rolle, ob Schwarze als Konkurrenten betrachtet werden. Einige wenig voreingenommene Menschen werden Schwarze dennoch diskriminieren, zum Beispiel bei der Zimmervermietung, weil sie Angst vor den Reaktionen der Nachbarn haben oder glauben, daß ihr Wohnviertel durch die Anwesenheit von Ausländern ‹herunterkommen› wird und die Häuser an Wert verlieren. Zwischen der Klassenstellung weißer Menschen und ihrem Rassismus ist also durchaus eine Beziehung zu erkennen, was ich in einem der folgenden Kapitel noch weiter ausführen werde.

5. Das kolonisierte Bewußtsein: verinnerlichter Rassismus

«Das Gefühl von Minderwertigkeit bei den Kolonisierten korreliert mit dem Gefühl der Überlegenheit der Europäer. Haben wir den Mut, es auszusprechen: Es ist der Rassist, der

37 David T. Wellman, *Portraits of White Racism*, Kapitel ‹Toward a Sociology of White Racism›.

den Minderwertigen schafft», schreibt Frantz Fanon[38] in seinem klassischen Werk über die psychischen Folgen des Kolonialismus für das Bewußtsein der Kolonisierten. Albert Memmi kommt – in Abwandlung eines Aphorismus von Descartes – zu dem Schluß, «daß nichts auf der Welt so gerecht verteilt ist wie die Versuchung zum Rassismus»[39]. Und das galt nicht nur für die herrschende Weißen, sondern auch für die kolonisierte Bevölkerung.

Nehmen wir zum Beispiel Surinam. Zuerst importierten Niederländer Negersklaven aus Afrika. Nach der formalen Abschaffung der Sklaverei 1863 wurde nach neuen Gruppen gesucht, die jetzt als Leiharbeiter die Arbeit auf den Plantagen und in den weißen Haushalten verrichten könnten, und es wurden Hindus aus Indien nach Surinam geholt. Die weiße niederländische Elite baute in Surinam eine Hierarchie auf, in der die eine Gruppe mehr Rechte erhielt als die andere, die hellhäutigen Menschen bessere Stellen erhielten als die dunkelhäutigen. Dieses System unterband jegliche Solidarität untereinander, und die Folgen wirkten noch lange nach, auch wenn ‹der Unterdrücker› längst abgezogen war.[40] Ein Volk läßt sich nicht nur durch eine Politik des ‹Teile und herrsche›, bei der die Kolonisierten untereinander um die Vorrechte kämpfen, wirksam in Abhängigkeit halten, sondern auch durch eine systematische kulturelle Unterdrückung. Anton de Kom beschreibt den Unterricht, der den schwarzen surinamischen Kindern gegeben wurde.[41] «Was ‹vaterländische Geschichte› hieß, war die Geschichte der Niederländer, inklusive ihrer Helden: Piet Hein. Willem de Zwijger. Die eigenen Führer, Boni und Baron, wurden in den Geschichtsstunden als Räuber, Brandstifter und Mörder bezeichnet. Namen und Herrschaftsdaten der niederländischen Gouverneure, unter deren Amtszeit man unsere

38 Frantz Fanon, *Schwarze Haut, weiße Masken*, S. 61.
39 Albert Memmi, *Rassismus*, S. 129.
40 Siehe Fred Budike und Bim Mungra, *Creolen en Hindostanen*.
41 Zitiert in: Ronald May, ‹De macht van het «witte» ideaal›.

Väter und Mütter als Sklaven eingeführt hatte, mußten auswendig hergebetet werden, aber vergebens suchte man nach dem Namen des eigenen Führers der Aufständischen, Joli Coeur», schreibt Anton de Kom. «Es gibt kein besseres Mittel, um das Minderwertigkeitsgefühl eines Volkes heranzuzüchten, als diesen Geschichtsunterricht, bei dem ausschließlich die Söhne eines anderen Volkes genannt und gepriesen werden.» [42]

Der Sprachunterricht lief ähnlich ab. Ronald May beschreibt in *De macht van het ‹witte› ideal* (Die Macht des ‹weißen› Ideals), wie Kinder unter Druck gesetzt wurden, ‹Holländisch› zu sprechen. «Nur unter Freunden durftest du heimlich deine eigene Sprache sprechen. Zu Hause mußtest du mit deinen Eltern Niederländisch sprechen, auch wenn sie dich in den in Surinam üblichen Sprachen wie Sranang, Sarnami, Chinesisch, Javanisch usw. ansprachen. Wenn du sie in der eigenen Sprache ansprachst, dann handeltest du nicht ehrerbietig, wie ein Neger. Tausende Male mußte zur Strafe der Satz geschrieben werden: ‹Ich muß Niederländisch sprechen.› War man in den Niederlanden gewesen und sprach so holländisch wie möglich, dann erhielt man sogar eine bessere Arbeit. Niederländische Kinder waren das Vorbild für die ganze Klasse. Ihre Ausdrucksweise, ihr Aufsatz, ihr Diktat, ihre Sprache, ihre Kleidung, ihr Verhalten im Unterricht waren immer ‹perfekt›. Ihre Hautfarbe war die schönste. Glattes, blondes Haar, das war nun wirklich schön. Unser Haar war häßliches Haar, weil es kraus war. Gleich bei deiner Geburt wurde geguckt, ob du ‹gut geraten› warst. Oft wurde gesagt: ‹Ach, jetzt ist das Haar noch glatt, aber in einigen Monaten ist es häßlich.› Und wenn man ein bißchen heller war, sorgte man dafür, daß man nicht in die Sonne ging, um zu verhindern, daß man dunkler wurde. Wenn man dunkel war, bekam man sogar den Ratschlag, eine ‹Hellere› zu heiraten, damit die Kinder wenigstens eine hellere Hautfarbe be-

42 Ebd.

kämen. Noch immer gibt es Menschen, die so denken. Schwarze, Surinamer! Sie benutzen Puder, um ihr Gesicht ‹weißer› zu machen, und laufen in der Sonne mit einem Schirm herum. Weiß war mächtig, und Weiß war das Ideal.

Und so paßten wir uns bis in die Tiefen unserer Seele an die Normen der Kolonisatoren an. Das war schließlich nicht einfach irgendwer. Er war Arzt, Pfarrer, Lehrer, Ingenieur... So wurde die Kolonialregierung verstärkt und unterstützt.» [43]

Solche Geschichten sind auch über andere kolonisierte Länder zu erzählen, über Indonesien und die Antillen zum Beispiel. Die Folgen einer ständigen Gehirnwäsche durch eine vermeintlich überlegene Kultur können wir ‹verinnerlichte Unterdrückung› nennen. Eine Unterdrückung, die nicht sofort, wenn die Gehirnwäsche aufhört, vorüber ist. «Man erholt sich nicht so einfach von einer Vergangenheit der Unterdrückung», schreibt Memmi. [44]

(Surinamerin:) *In der katholischen Schule, bei den Schwestern, saßen die hellhäutigsten Kinder in der ersten Reihe. Die etwas Dunkleren dahinter und die richtig Dunklen in der letzten Reihe. Unsere Eltern wollten eigentlich am liebsten etwas hellere Kinder, denn die erhielten die besten Chancen. Zu den Mädchen wurde gesagt, komme nicht mit einem dunklen Mann nach Hause. Du mußt versuchen, einen möglichst hellen Mann für deine Kinder zu bekommen.*

Unser eigener Gottesdienst, winti, *wurde auf der Schule als Aberglaube abgetan. Unsere eigene Musik wurde zu Hause nicht gespielt, wohl aber die westlichen Schnulzen, bloß nicht die ‹Buschmusik›.*

In der Schule war es verboten, Surinamisch zu sprechen, und zu Hause wollten sie es auch nicht. Wir sollten weiterkommen, und dafür war es nötig, daß man perfekt Niederländisch sprach und am

43 Ebd.
44 Albert Memmi, *Rassismus*, S. 62.

besten sogar zum Studium in die Niederlande ging. Wenn ich zu
Hause Surinamisch sprach, dann sagten sie: Führ dich nicht auf wie
ein Neger.

   Es fällt mir schwer, mich selbst als Negerin zu bezeichnen. Bei
dem Wort Neger denke ich an dicke Lippen und eine platte Nase,
nur an negative Dinge. Ich habe nicht gelernt, stolz auf unsere ei-
gene Sprache zu sein. Nicht wie auf den Antillen, dort können sie
auf ihr Papiamento stolz sein.

   Ich spreche nicht einmal gut Surinamisch. Es ist so verwirrend.
Wenn ich in Surinam bin, wird mir vorgeworfen, daß ich nicht gut
Surinamisch spreche. Sie sagen: du bist eine schwarze Holländerin
geworden. Während ich doch so gerne dazugehören möchte. Eine
Freundin von mir glättet sich immer ihr Haar und benutzt Kosme-
tika, um ihre Haut weißer erscheinen zu lassen. Sie sagen, du hast
eine bakra-Mentalität. Du bist verniederlandisiert. Aber hier in den
Niederlanden bist du immer eine Schwarze, ob du studiert hast oder
nicht. Es ist, als ob ich gar kein Land mehr hätte.

Verinnerlichte Unterdrückung hat also viele Folgen. Solange
die koloniale Unterdrückung noch andauert, sind die Botschaften doppeldeutig, die die Weißen den Schwarzen mitge-
ben. Auf der einen Seite heißt es: Wir akzeptieren dich nur,
wenn du so bist wie wir. Auf der anderen Seite: «Der
Schwarze ist unwiderruflich schwarz...»[45] Aber wenn der
Kolonisator das Land verlassen hat, muß er auch noch aus
dem Bewußtsein verbannt werden, muß das weiße Ideal
durch ein eigenes Ideal ersetzt werden, was nicht einfach ist,
wenn man von Kindheit an damit groß geworden ist und die
ganze Kultur in der Umgebung dieses noch zu bestätigen
scheint. Verinnerlichte Unterdrückung hängt mit dem
Selbstwertgefühl zusammen, mit der Selbstachtung, sie hat
aber auch einen großen Einfluß auf die Beziehungen der Unterdrückten untereinander.

   «Wir sind unmittelbar mit den Variationen des Farbspek-

45 Ebd., S. 118.

trums aufgewachsen, sie waren in unseren eigenen Häusern zu finden: die hellere kleine Schwester, die Nichte mit der gemischten Herkunft, selbst die Dunkelste in der Familie zu sein. Es dauert nicht lange, bis man begreift, daß Vorrechte mit einer bestimmten Tönung der Haut oder einer besonderen Haarart zusammenhängen», schreiben Cherríe Moraga und Gloria Anzaldúa.[46] Es ist nicht einfach zu erkennen, daß der Feind nicht nur von außen kommt. «Es macht angst, einsehen zu müssen, daß ich Rassismus und Klassismus verinnerlicht habe, daß der Unterdrücker nicht nur außerhalb meiner eigenen Haut zu finden ist, sondern auch in mir. Tatsächlich beginnt der große Kampf mit der Unterdrückung für uns alle unter der Haut.»[47]

Versuche von hellhäutigen Frauen in der Vergangenheit, als weiß akzeptiert zu werden, ‹als Weiße durchzugehen›, bedeuteten nicht nur in einem gewissen Maße, an den Vorrechten teilzuhaben, es beinhaltete auch ein gewisses Maß an Unsichtbarkeit, eine verborgen gehaltene Identität, Überfremdung und nicht zuletzt das Mißtrauen von dunkleren Frauen.

Ich bin eine Eurasierin, aber wenn ich das nicht sage, sieht es niemand. Nur andere Eurasier, die merken es sofort. Meine indische Mutter hat von meiner Geburt an alles getan, um alles Indische an mir zu verbergen. Ich sollte der Familie meines Vaters gleichen, nicht ihrer Familie. Es tut mir immer noch weh, wenn ich daran denke, wie verächtlich ich über unsere eigene Kultur zu sprechen gelernt habe. Ich mochte keine Kartoffeln, meine Mutter auch nicht,

46 Cherríe Moraga und Gloria Anzaldúa, *This Bridge Called My Back*, S. 5.
47 Ebd., S. 30. Weitere Materialien über verinnerlichten Rassismus: Mitsuye Yamada, ‹Invisibility Is an Unnatural Disaster, Reflections of an Asian American Woman›; Barbara Cameron, ‹Gee, You Don't Seem Like an Indian from the Reservation›; Bell Hooks, *Feminist Theory*, S. 55 ff; Yvonne Lieuw-On, *Zwart-bewustzijn en vrouw-bewustzijn*; Fred Budike und Bim Mungra, *Creolen en Hindostanen*, S. 62 ff; Eddy Geerman, *Ethnische vervreemding*.

aber trotzdem kochten wir sie ständig. Während indisches Essen doch so köstlich ist, so lecker. Verändert habe ich mich erst, als ich merkte, daß ich es nicht mehr ertragen konnte, wenn in meiner Gegenwart über ‹Krausköpfe› gesprochen wurde oder abfällige Bemerkungen über Molukken fielen. Plötzlich hörte ich mich selbst sagen, ich bin auch braun, ihr sprecht doch auch über mich, wißt ihr das überhaupt. Ich war wütend über alles, was wir uns haben wegnehmen lassen. Aber als ich den Kontakt zu schwarzen Frauenorganisationen suchte, war es anfangs auch nicht leicht. Einerseits fühlte ich mich sofort zu Hause; so in der Art wie: endlich, hier gehöre ich hin. Andererseits waren dort auch Frauen, die viel dunkler waren als ich und die sehr mißtrauisch auf mich reagierten. Bist du wirklich schwarz? Wenn du wolltest, dann bräuchtest du vom Rassismus doch überhaupt nichts zu spüren, du wirst doch nicht diskriminiert.

Folgendes schrieb mir dieselbe Frau, als ich sie bat, ihre Geschichte über verinnerlichte Unterdrückung in mein Buch aufnehmen zu dürfen.

Durch alle diese Formen von Unterdrückung haben wir gelernt, einander nicht zu unterstützen, sondern einander immer als Konkurrenten zu sehen, der Krabbeneimereffekt. Aber allmählich setzt sich die Erkenntnis durch, daß wir auf die Art nie eine Einheit erreichen werden, wir müssen alle Normen, die uns die sogenannten Überlegenen beigebracht haben, ablehnen. Die uns eingeimpfte ‹Herrsche-und-teile›-Mentalität ist nicht ohne Folgen geblieben. Aber es wird eine Zeit kommen, und die ist jetzt schon zu spüren, da wird die ganze schwarze Bevölkerung gemeinsam eine Faust ballen, da werden wir uns selbst sichtbar machen und stolz sein auf alles, was wir haben, da werden wir alles neu bewerten. Wir werden uns dann von allen Ketten lösen, die uns trennen, und gemeinsam brüderlich und schwesterlich in vollem Glanz zusammenstehen und singen: Wir haben alle verinnerlichte Unterdrückung und allen Rassismus überwunden.

6. Sozialisation von schwarzen und weißen Kindern

Wie bei der Geschlechtersozialisation werden wir schon vom allerersten Anfang an mit Unterschieden der Hautfarbe und der ethnischen Herkunft zwischen Menschen konfrontiert. Natürlich ist das Maß der Konfrontation davon abhängig, inwieweit die Umgebung ‹gemischt› ist. Die meisten Untersuchungen, die sich mit der frühen Sozialisation hinsichtlich der Hautfarbe beschäftigen, kommen aus den Vereinigten Staaten, wo der Kolonialismus innerhalb und nicht außerhalb der eigenen Landesgrenzen stattfindet. Meine ‹weiße› Generation ist zu einem großen Teil noch mit sehr wenig farbigen Menschen in der unmittelbaren Umgebung erzogen worden. Das darf aber nicht darüber hinwegtäuschen, daß auch ich mit den Bildern, die damals normal waren, mit den ‹Berufsnegern› – wie Herman Vuijsje sie zynisch nennt[48] – aus dem ersten Fernsehprogramm und den Bildern von Negerkindern mit Ringen durch Ohren und Nasen in meinen ersten Büchern aufgewachsen bin. Für die Generation, die jetzt heranwächst, sieht die Situation schon anders aus, die Niederlande haben sich zu einer multiethnischen Gemeinschaft entwickelt, und das werden sie bleiben. Wir haben die Chance, es besser zu machen. Aber um sie zu nutzen, brauchen wir mehr Erkenntnisse darüber, wie die Sozialisation hinsichtlich der Hautfarbe verläuft und wie unterschiedlich sie sich auf schwarze und weiße Kinder auswirkt.

48 In *Vermoorde onschuld* (S. 28) betrauert Vuijsje, daß es keine Berufsneger mehr gibt, über die man lachen kann. «Es scheint eine Ewigkeit her, irgendwo in einer barbarischen Vorzeit, daß schwarze Artisten unbefangen mit ihrem Schwarz-Sein kokettierten, vor einem Publikum, das sich ungeniert darüber belustigte. Donald Jones mit seiner happy-go-lucky-Ausgelassenheit. Otto Sterman, die Stimme des unergründlichen, tiefen Urwalds. Max Woiski jr., der kernig wiedergab, worauf der Unterschied in diesen Tagen hinauslief, der eine aß Sauerkraut mit Bratwurst, der andere lieber Reis mit Pfefferschoten. Da war niemand, der seinerzeit etwas Erniedrigendes an dieser Bewertung fand oder etwas Unanständiges.» Niemand? Haben sich die schwarzen Menschen genauso toll amüsiert?

Verschiedene Autoren weisen darauf hin, daß die Prozesse der rassistischen Sozialisation und der Geschlechtersozialisation ungefähr gleich verlaufen.[49] In den ersten Jahren lernen wir nicht nur, wie wir Dinge zu tun haben, sondern auch, ‹wie die Dinge sind›, und vor allem, wer wir selbst sind. Oder anders ausgedrückt, durch die Reaktionen der anderen lernen wir zu erkennen, wer und was wir selbst sind. Kleine Kinder haben kaum zu anderen Informationsquellen als zu denen ihrer Eltern oder Erzieher Zugang, bis sie mit der Umgebung außer Haus konfrontiert werden, mit der Schule, mit den Medien. In diesen ersten Jahren sind die elterlichen Meinungen für das Kind noch keine Meinungen, sondern Tatsachen. David Milner beschreibt diesen Vorgang als die selbstverständliche Übernahme der umgebenden Kultur.[50] Das geschieht nicht nur passiv. Kinder sind bei diesem Prozeß aktive Partner, sie sind neugierig, und mitunter wehren sie sich gegen bestimmte Informationen.[51]

Gleichzeitig mit den anderen ‹Tatsachen› lernen Kinder, zwischen Schwarz und Weiß zu unterscheiden und zu wissen, wozu sie selbst gehören. Die Haltung weißer Kinder gegenüber schwarzen Menschen wird dabei nicht so sehr von dem Kontakt mit schwarzen Menschen geprägt, als vielmehr durch den Kontakt mit den herrschenden Auffassungen über schwarze Menschen, schreibt Kenneth Clark.[52] Weiße Kinder können rassistische Gefühle vermittelt bekommen, ohne je wirklich mit schwarzen Menschen in Berührung gekommen zu sein. Und wenn weiße Kinder mit schwarzen Kindern oder mit schwarzen Erwachsenen in Berührung kommen, kann dieser Kontakt sehr verschieden aussehen. So zeigt sich, daß weiße Kinder aus den höheren Klassen der

---

49 Thomas F. Pettigrew, ‹The Mental Health Impact›, S. 105; Phyllis A. Katz, ‹The Acquisition of Racial Attitudes in Children›, S. 145.
50 In: *Children and Race*, S. 53 ff.
51 Ebd., S. 54.
52 Kenneth Clark, *Prejudice and Your Child*, S. 25 u. 26, zitiert in: Rutledge M. Dennis, ‹Socialization and Racism. The White Experience›, S. 73.

amerikanischen Südstaaten, die von schwarzen Kindermädchen aufgezogen worden sind, häufig die rassistischen Gefühle ihrer Eltern übernommen haben.[53] Der Kontakt allein reicht also nicht aus, es geht auch darum, in welchem Machtverhältnis dieser stattfindet. Ein weißes Kind, das schwarze Menschen nur in einer untergeordneten Stellung kennenlernt, als Personal oder als Schurken im Fernsehen, wird dieses Bild ‹normal› finden, erst recht, wenn es mit einer rassistischen Ideologie kombiniert wird. Ebenso wie bei der Geschlechtersozialisation werden viele dieser Vorstellungen von den Eltern auf einer nichtbewußten Ebene vermittelt. Und sollte das einmal bewußt geschehen sein, erinnern sich die Eltern meist nicht mehr daran. Milner führt ein für sich sprechendes Beispiel einer Mutter an, die erzählte, daß sie es ihrem Sohn nie zu verbieten brauchte, mit schwarzen Kindern zu spielen, weil er das von sich aus nicht gemacht hätte, während das fragliche Kind sich sehr gut daran erinnern konnte, daß er ausgeschimpft wurde, wenn er mit schwarzen Kindern aus dem Viertel spielte.[54] Sozialisation läuft auch über die Imitation der Eltern, das Nachahmen ihres Verhaltens. So führt Milner das Beispiel eines Kindes an, das beim Ablehnen einer schwarzen Puppe sagte: «Er hätte schließlich die Sprache lernen sollen, bevor er hierher kam», ein erwachsenes Vorurteil, das sich das Kind unmöglich selbst ausgedacht haben kann.[55]

Die Untersuchungen zeigen, daß wir zu einem Zeitpunkt zwischen zwei bis drei und fünf Jahren gelernt haben, andere Menschen nach ethnischen Merkmalen zu unterscheiden, entscheiden zu können, wozu wir selbst gehören und wer die anderen sind.[56] Damit haben wir die gesellschaftliche Wer-

53 Phyllis A. Katz, ‹The Acquisition of Racial Attitudes in Children›, S. 139.
54 Milner, S. 56.
55 Ebd., S. 122.
56 Ebd., S. 108. Siehe auch Phyllis A. Katz, ‹The Acquisition of Racial Attitudes in Children›.

tung übernommen, eine positive gegenüber ‹weiß› und eine negative gegenüber ‹schwarz›. Diese Negativgefühle gegenüber Schwarzen nehmen mit dem Alter des Kindes zu. (Wir müssen aber bedenken, daß die Untersuchungen aus der Zeit vor dem Aufkommen eines schwarzen politischen Bewußtseins stammen. Denn wir werden feststellen, daß das eine große Rolle spielt, vor allem für schwarze Kinder selbst.) Bei dreijährigen weißen Kindern, die anhand von Fotos von schwarzen und weißen Kindern auswählen durften, wen sie zur Freundin oder zum Freund haben möchten, waren gerade zehn Prozent so beeinflußt, daß sie schwarze Kinder ablehnten, bei den Vierjährigen waren das schon vierzig Prozent.[57] Hieraus wird deutlich, daß Kinder diese Ablehnung der ‹anderen› nicht einfach entwickeln, daß es sich um keine ‹natürliche› Eigenschaft handelt, wie hin und wieder behauptet wird, sondern um eine erlernte. Die Trennungslinie, mit der Menschen in Schwarz und Weiß, in Frauen und Männer aufgeteilt werden, ist nicht selbstverständlich. Aber diese Unterscheidungen, diese Trennungslinien werden wichtig, weil mit ihnen verschiedene gesellschaftliche Stellungen und verschiedene Wertigkeiten verbunden sind. An sich müßten Hautfarbe und Geschlecht nicht ausschlaggebender sein als beispielsweise Körpergröße oder Rechts- und Linkshändigkeit. Aber mit dem Unterscheiden, dem Wissen, wer die andern sind und zu wem wir selbst gehören, verinnerlichen wir auch die unterschiedlichen Bewertungen, meist ohne uns dessen bewußt zu sein. Noch bevor wir die Sprache beherrschen, haben unsere Eltern uns beigebracht, auf ein barsches ‹Nein› zu reagieren, das mit einem strengen Gesichtsausdruck verbunden ist, wenn wir zu dicht an den heißen Ofen kamen oder versuchten, irgendwo hinaufzuklettern. Wir lernen, den Ausdruck ‹schlecht› vom Gesicht eines anderen abzulesen. Wir registrieren die Gesichtsausdrücke und Körpersprache in unserer Umgebung, die Reaktionen von Er-

57 Milner, S. 108.

wachsenen auf schwarze und weiße Kinder. Noch vor kurzem konnte ich das selbst beobachten, als ich an einer Zeugnisübergabe einer Realschule teilnahm. Die Lehrer und Lehrerinnen saßen in einer Reihe hinter einem langen Tisch. Einer nach dem anderen traten die erfolgreichen Schüler nach vorn. Als ein großer surinamischer Junge sein Zeugnis abholte, lächelte keiner der Lehrerinnen und Lehrer, sie wichen alle hinter ihrem Tisch ein Stückchen zurück. Dann kam ein junges Mädchen, zierlich, blond, etwas kichernd, und alle Lehrkräfte lächelten zärtlich, einige hielten ihren Kopf schief und beugten sich nach vorn. Diese Form unbewußter Körpersprache, unbewußt, weil ich glaube, daß die meisten Lehrkräfte auf bewußter Ebene stolz waren, daß dieser schwarze Junge sein Abschlußzeugnis bekam, und es ihm auch vollkommen gönnten, nehmen Kinder schon in sehr jungem Alter in ihrer Umgebung wahr.

Nach dem siebten oder achten Lebensjahr nehmen die Vorurteile, für die die Basis schon geschaffen ist, noch weiter zu. Sie werden allerdings differenzierter, das heißt, ein weißes Kind kann mit einem schwarzen Kind befreundet sein und dennoch Vorurteile über die Gruppe im ganzen entwickeln.[58] Amerikanische Untersuchungen aus den sechziger Jahren zeigen, daß achtzig Prozent der weißen Kinder zwischen dem siebten und dem dreizehnten Lebensjahr den Fotos von Schwarzen mehr negative Eigenschaften zuordnen als den Fotos von Weißen. Diese Kinder unterhielten dennoch oft Freundschaften oder Kontakte mit Schwarzen.[59]

Die verinnerlichte Wertung, es ist besser, weiß als schwarz zu sein, übernehmen nicht allein weiße Kinder, sondern auch schwarze. Während des klassischen Experiments von Kenneth und Mamie Clark wurden Kinder gebe-

58 Ebd., S. 113.
59 Ebd., S. 114.

ten, zwischen weißen und schwarzen Puppen zu wählen.[60] Bei der Frage, mit welcher Puppe sie am liebsten spielen, wollte nicht nur die Mehrheit der weißen Kinder lieber eine weiße Puppe, sondern auch die schwarzen. Und nicht nur das, bei der Frage «Welcher Puppe ähnelst du am meisten?» entschieden sich alle weißen Kinder ‹richtig›, während ein Drittel der schwarzen Kinder sich selbst mit der weißen Puppe identifizierte. Irrtümer können das nicht sein, denn dieselben Kinder hatten bei anderen Fragen nach ethnischer Identifikation kein falsches Wahrnehmungsvermögen.[61] Viele schwarze Kinder empfinden Weiß als positiver, würden lieber mit weißen Kindern spielen als mit schwarzen und reproduzieren bei ihren Spielen diese Urteile. Auch bei schwarzen Kindern sind die Opfer in ihren Spielen häufiger schwarz, ebenso die Bösewichte und Schurken. Der schwarze Psychologe Kenneth Clark sagte hierzu: «Menschen, die gezwungen sind, unter den Bedingungen eines Gettos zu leben, und deren tägliche Erfahrung sie lehrt, daß sie beinahe nirgendwo in der Gesellschaft respektiert werden oder ihnen auf eine normale, würdige und höfliche Art begegnet wird, wie sie anderen zuteil wird, beginnen zwangsläufig an ihrem eigenen Wert zu zweifeln. Weil jedes menschliche Wesen von seiner ständig wachsenden Erfahrung im Umgang mit anderen abhängig ist, als Maßstab dafür, wie er sich selbst sehen und beurteilen muß, beginnen Kinder, die ständig abgelehnt werden, sich verständlicherweise zu überlegen, ob sie und ihre Familie und Gruppe nicht wirklich weniger Respekt von der sie umgebenden Gesellschaft verdienen. Diese Zweifel bilden den Keim für einen gefährlichen Selbst- und Gruppenhaß, für den Komplex und das lähmende Vorurteil des Negers gegenüber sich selbst.

Daß sich so viele Neger mit Verfahren beschäftigen, wie sie sich das Haar entkrausen können, die Haut weißer ma-

60 Zitiert in Milner, S. 133.
61 Ebd.

177

chen und so weiter, illustriert diesen tragischen Aspekt der amerikanischen Rassenvorurteile. Die Neger haben begonnen, an ihre eigene Minderwertigkeit zu glauben.» [62]

Wie gesagt, stammen diese Beobachtungen aus einer Zeit vor dem Aufkommen der Schwarzenbewegung in den USA und später dann aus England, wo viele der neueren Untersuchungen herkommen. Die Folgen des wachsenden Selbstbewußtseins in der schwarzen Bevölkerung sind spürbar. Schwarze Menschen identifizieren sich immer weniger mit Weißen und immer stärker mit den eigenen Vorbildern, gleichzeitig entdecken sie ihre eigene unterdrückte Kultur wieder, Afrika, die *roots*, die Wurzeln. Die *Black Panther Party* in den USA, in der Schwarze sich nicht länger als Opfer präsentierten, sondern als Menschen, die bei jedem Unrecht, das Schwarzen angetan werden würde, zurückschlagen würden, ist für das schwarze Bewußtsein wichtig gewesen, auch nachdem die Bewegung auseinanderbrach. [63] In England gibt es die Bewegung der *Rastamen*, die zu einem größeren Selbstbewußtsein beiträgt. [64] In England traten bei der Wiederholung der Untersuchungen zu Beginn der siebziger Jahre bei schwarzen Kindern fast keine ‹falschen› Identifikationen mehr auf, am Ende der siebziger Jahre überhaupt keine mehr. [65] Selbstverständlich nehmen diese Kinder noch immer wahr, daß es in unserer Gesellschaft von Vorteil ist, weiß zu sein. Noch immer sagt eine Gruppe schwarzer Kinder, daß sie lieber weiß wären, wenn sie es sich hätten aussuchen können, aber das weist eher auf eine realistische Einschätzung der Möglichkeiten hin als auf Selbsthaß. [66] In Umgebungen, wo aufgrund der Hautfarbe kaum große gesellschaftliche Unterschiede auftreten, übernehmen Kleinkinder viel weniger

62 In *Dark Ghetto*, S. 63 f, zitiert in: Milner, S. 140 und in Stokely Carmichael und Charles V. Hamilton, *Black Power*, S. 43.
63 Milner, S. 134.
64 Ebd., S. 150.
65 Ebd., S. 163.
66 Ebd.

schnell rassistische Gefühle. In Gegenden mit geringen rassistischen Spannungen gibt es beispielsweise Vorschulen, wo Kinder nicht oder kaum negative Bilder über Schwarze verinnerlicht hatten. Obwohl die Wissenschaftler hinzufügen, daß es höchstwahrscheinlich auch bei diesen Kindern nicht allzu lange dauern wird, bis sie das doch tun würden.[67]

Die neuesten Untersuchungen zeigen, daß unter den weißen Kindern eine Minderheit – aber eine entschlossene Minderheit – entstanden ist, die sich kategorisch weigert, bei den Tests zur Bewertung schwarzer und weißer Menschen einen Unterschied zu machen.[68]

Ebenso wie bei Klasse und Geschlecht liegt die Beeinflussung der Kinder nicht allein bei den Eltern, auch wenn sie die ersten ‹Sozialisatoren› sind. Wir sprechen von dem Rassismus in Kinderbüchern, in Comic strips, in Schulbüchern und im Fernsehen. Wenn Schwarze in Filmen als positive Figuren vorkommen, besteht das Positive vor allem in ihrer Haltung hinsichtlich der Weißen: das Vertrauen zu den Herrschern, ihre Verfügbarkeit durch dick und dünn (auch Frauen werden in der Literatur und in Filmen vornehmlich wegen des Nutzens für Männer als positiv bewertet).[69]

Die Schule ist ein wichtiger Sozialisator.[70] Und viele der Faktoren, die in dem Kapitel über Klasse genannt wurden, gelten im gleichen Maße oder stärker auch für schwarze Kinder. Das ist nicht ungewöhnlich, denn Klasse und Hautfarbe sind eng miteinander liiert. Im Verhältnis betrachtet, befinden sich die meisten farbigen Menschen in den unteren Einkommensgruppen, und welche Wirkungen das hat, haben wir bereits gesehen: zu enge Wohnungen, Eltern, die viele Sorgen

---

67 Ebd., S. 120.
68 Ebd., S. 123.
69 Ebd., S. 84.
70 Zum Rassismus in der Schule siehe auch: Hazel V. Carby, ‹Schooling in Babylon›; Maureen Stone, ‹The Education of the Black Child› und Michael Syer, ‹Racism, Ways of Thinking and School›, in: John Tierney (Hg.), *Race, Migration and Schooling*.

im Kopf haben, wenig Geld, wenig Bücher zu Hause usw. Auch schwarze Kinder werden oft als rückständige Gruppe angesehen, oder, wie Milner es ausdrückt, «als Problemkinder, anstatt als Kinder, die große Probleme haben».[71] Die Wirkung der niedrigen Erwartungen der Lehrkräfte greift auch hier. Und es ist nicht nur so, daß eine Wechselwirkung zwischen den Leistungen der Schüler und den Erwartungen der Lehrkräfte bestünde. Während gewöhnliche Kinder, die gute Leistungen bringen, auch mehr Anerkennung von den Lehrern bekommen, zeigte eine Untersuchung in England eine Ausnahme. Bei schwarzen Kindern aus den untersten Einkommensgruppen, die besonders intelligent waren, entwickelten die Lehrkräfte Negativgefühle,[72] als ob sie es den Kindern übelnähmen, daß diese nicht auf ihrem Platz blieben und eine Ausnahme der Regel darstellten. Aber dieses gilt für weiße Lehrkräfte.[73] Es ist wichtig, verstärkt schwarze Lehrkräfte im Unterricht einzusetzen, denn diese beurteilen schwarze Schüler anders als weiße Lehrkräfte.[74] Auch die Sprache spielt eine gewichtige Rolle. Ebenso wie bei niederländischen Dialekten werden Kinder, die ursprünglich eine andere Sprache lernen, oft als Kinder mit einem ‹Sprachrückstand› stigmatisiert, anstatt sie als Kinder mit einem größeren Sprachschatz zu sehen.[75] Es ist nicht verwunderlich, daß viele

71 Milner, S. 165.
72 Ebd., S. 196.
73 Ebd., S. 182.
74 Marja van Erp und Sibe Soutendijk verweisen in *Sociaal milieu en lesgebeuren* auf eine Untersuchung, die zeigt, daß schwarze Lehrkräfte das Verhalten schwarzer Kinder anders und positiver interpretieren als weiße Lehrkräfte. Aber nicht nur für schwarze Kinder ist es wichtig, daß sie mehr Identifikationspersonen in der schulischen Umgebung haben, auch für weiße Kinder scheint es mir äußerst wichtig zu sein, daß sie stärker mit schwarzen Menschen in Berührung kommen, und vor allem nicht immer nur mit solchen, die eine untergeordnete Stellung innehaben, sondern mit Menschen, die eine leitende Funktion bekleiden.
75 Die Schwierigkeit mit der Sprache ist bereits durch die Tatsache gegeben, daß bis vor kurzem sowohl auf den Antillen als auch in Surinam die offizielle Sprache auf der Schule Niederländisch war und daß die eigenen

Kinder, die sich unterbewertet und stigmatisiert fühlen, mit Feindseligkeit auf die Schule reagieren, was ihnen wiederum wenig Anerkennung bringen wird. Überarbeitete und schwer arbeitende Lehrkräfte kann das Gefühl, daß diese Kinder ja auch nicht wollen, mutlos werden lassen. Ähnlich wie bei einigen Gruppen von Jungen und Mädchen aus den unteren Einkommensgruppen bilden schwarze Jungen ihre eigene Subkultur, mit der sie bei ihren Altersgenossen und bei Menschen ihrer eigenen Hautfarbe Anerkennung und Respekt suchen. Eine Überlebensstrategie, die selten zu einer besseren gesellschaftlichen Stellung führt, auch wenn man sich das wünscht.

7. Das Erlernen von Rassismus

Es findet sich mehr Literatur über die Wirkungen des Rassismus auf schwarze Kinder als auf weiße. Auch die feministische Sozialisationsliteratur handelt überwiegend von Frauen und nicht von Männern.[76] Dieses Mißverhältnis hat Gründe, schließlich sind es die schwarzen Menschen, die die Lasten des Rassismus tragen. Allerdings führt dieses Übergewicht auch zu Verzerrungen. So wie viele Menschen glauben, wenn es um die Emanzipation geht, seien Frauen das Pro-

Sprachen nicht unterrichtet wurden. Auf der einen Seite haben Kinder aus Surinam und von den Antillen, wenn sie in die Niederlande kommen, einen Vorsprung vor den anderen ausländischen Kindern, die Niederländisch erst noch lernen müssen. Auf der anderen Seite ist das Niederländische nie die eigene Sprache der Kindheit gewesen, und ihnen werden ihre ‹Abweichungen› im Sprachgebrauch stärker übelgenommen als zum Beispiel türkischen und marokkanischen Kindern.

76 Wie Elena Belotti, *Was geschieht mit kleinen Mädchen*; Sue Sharpe, *Just like a Girl*; Ursula Scheu, *Wir werden nicht als Mädchen geboren, wir werden dazu gemacht*. Die starke Betonung der Sozialisation von Mädchen hat zur Folge, daß die Sozialisation von Jungen bis heute kaum problematisiert wurde. Siehe auch Meulenbelt, *Wie Schalen einer Zwiebel*, S. 95.

blem (Frauen müssen noch etwas nachholen, Frauen müssen sich verändern), und dabei vergessen, daß Männer die Bannerträger des Sexismus sind, scheint es bei der Literatur über Rassismus und die Sozialisation von Schwarzen mitunter, als ob die Schwarzen das Problem *seien* und nicht die Probleme *haben*. Die Weißen bleiben außen vor, während sie doch diejenigen sind, die für das Entstehen des Rassismus und auch für seinen Wegfall verantwortlich sind. Rassismus ist ein weißes Problem.

Daß Kinder schon in sehr jungem Alter rassistische Werturteile verinnerlichen, ist bereits aufgezeigt worden.[77] Wir wissen inzwischen auch, daß das auf verschiedenen Ebenen geschieht, zum Beispiel über direkte Übertragung von Auffassungen, über Gebote und Verbote, aber auch durch emotionale Signale.

Solange es normal ist, daß Frauen anders als Männer behandelt werden, wird dies als selbstverständlich übernommen, solange mit Schwarzen anders umgegangen wird, gilt dies als normal. Weiße Kinder lernen, es als Selbstverständlichkeit zu betrachten, daß es besser ist, weiß zu sein, und brauchen dann im Gegensatz zu schwarzen Kindern nicht weiter darüber nachzudenken. Wenige Weiße betrachten sich selbst als weiß, sie empfinden sich einfach als Menschen, ebenso wie Männer selten darüber nachdenken, was es bedeutet, ein Mann zu sein. Diese frühe Sozialisation kann uns auch später noch einen Streich spielen, nämlich dann, wenn wir alt genug sind, um uns eine eigene Meinung zu bilden, die manchmal sehr von der abweicht, die wir zu Hause vermittelt bekommen haben. Auf die Gefühle der Distanz Schwarzen gegenüber, auf die ‹Fremdheit›, die nicht natürlich ist, sondern lediglich sehr früh erlernt wurde, auf das

---

77 Auch David Wellmann weist darauf hin. Viele seiner Interviewpartner ‹wußten›, daß sie als Kinder nicht mit schwarzen Kindern spielen sollten, aber erinnerten sich nicht mehr daran, daß es ihnen gesagt worden war. *Portraits of White Racism*.

selbstverständliche Gefühl, daß es ‹normal› ist, weiß zu sein und daraus eine bestimmte Stellung abzuleiten, haben wir sehr viel weniger Einfluß als auf unsere Auffassungen.

Neben den vielen Untersuchungen, die hier zum Teil schon diskutiert wurden, kommen aus den USA auch eine Reihe von Trainingsprogrammen als Begleitmaterial zu politischen Programmen. Diese sollen dem Rassismus und den Vorurteilen gegenüber Schwarzen ein Ende machen.[78] In einigen dieser Trainingsprogramme gilt die Aufmerksamkeit vor allem der frühen Sozialisation, der Entwicklung der ersten Gefühle. Auch in den Niederlanden wird mit diesen Trainingsprogrammen gearbeitet.[79] Natürlich finden sich Unterschiede, denn die Geschichte des Rassismus in den Niederlanden ist eine andere als die in den USA, auch wenn es Übereinstimmungen gibt.[80] Niederländische Menschen meiner eigenen Generation haben seltener Erinnerungen an eine direkte Konfrontation mit schwarzen Menschen als viele Amerikaner. Es ist für weiße Niederländer etwas schwieri-

78 Robert Terry, *For Whites Only*; Judy Katz, *White Awareness. Handbook for Anti-Racism Training*; Benjamin P. Bowser und Raymond G. Hunt, *Impacts of Racism on White Americans*; Phyllis A. Katz, *Towards the Elimination of Racism* und eine Tiefenuntersuchung des Rassismus bei weißen Menschen: David T. Wellman, *Portraits of White Racism*.

79 Trainingsprogramme in den Niederlanden werden zum Beispiel von der Amerikanerin Ricky Sherover Marcuse durchgeführt, auf Workshops der Co-Counselling-Gesellschaft. Siehe: ‹Een werkdefinitie van racisme› und ‹Naar een perspectief om racisme af te leren›. Siehe auch den Vortrag der Stiftung «Ombudsvrouw», *Antiracisme, een andere richting*; Lydia Helwig, ‹Kleur in het onderwijs›, Lida van den Broek, *Naar een strategie van racismebestrijding* (erscheint Anfang 1987). Zwei Organisationen veranstalten Trainingsprogramme. Stiftung «ISIS» (Beratungs- und Trainingsbüro für multikulturelles Führungstraining) und die Stiftung «Kantharos» (ein weißes Frauenkollektiv gegen Rassismus).

80 Der amerikanische Kolonialismus geschah innerhalb der Landesgrenzen anstatt außerhalb des Landes, wie das für die Niederlande und für England gilt. Erst mit den Immigrationsströmen der letzten Zeit wurden wir gezwungen, uns der niederländischen Rolle bei der Schaffung und der Fortsetzung des Rassismus bewußt zu werden. «We are here because you were there», sagen die britischen Schwarzen. Siehe Peter Schumacher, ‹De onverwerkte koloniale ervaring›.

ger, nach den ersten Botschaften zu suchen, die uns vermittelt worden sind, uns an das erste Mal zu erinnern, als wir uns der Tatsache bewußt wurden, daß es Gruppen von Menschen gibt, die ‹anders› sind als wir. Doch nach der ersten Reaktion, ‹ich kann mich nicht erinnern, als Kind viele schwarze Menschen gesehen zu haben›, tauchen dann meist doch eine Reihe früher Erinnerungen auf. Einige Beispiele (nach der anfänglichen Leugnung, jemals Kinder mit einer anderen Hautfarbe erlebt zu haben):

Ja, doch. Es gab ein Molukkenlager auf der anderen Seite des Dorfes. Es war von einer Hecke umgeben. Ja, ich habe dort auch gespielt, glaube ich. Ich fand es sehr spannend. Es hatte etwas Verbotenes, warum, weiß ich nicht mehr. Zu einem bestimmten Zeitpunkt kam es heraus, daß ich dort oft spielte. Da wurde es mir verboten. Ich ging trotzdem hin. Ich bekam ein fürchterliches Donnerwetter zu hören, wurde ohne Essen ins Bett geschickt und erhielt Hausarrest. Da habe ich fortan einen großen Bogen um sie gemacht.

Am Ende der Straße gab es ein paar Pensionen. Als wir da schon eine Weile wohnten, wurden dort indonesische Familien untergebracht. Ich mußte immer daran vorbei, wenn ich zur Schule ging. Ich kann mich nicht erinnern, daß meine Mutter etwas gesagt hätte, aber ich begriff doch, daß diese Kinder ‹schmutzig› waren. Einmal haben sie einem niederländischen Kind angeblich ein Butterbrot mit Sambal gegeben und gesagt, es wäre Marmelade. Das Kind soll davon krank geworden sein. Danach spielte fast keines der niederländischen Kinder mehr auf ihrer Seite der Straße. Ich machte auch immer einen Umweg zur Schule. Meine Eltern haben dann ein anderes Haus gekauft, die Straße wäre so heruntergekommen, sagten sie.

Ich erinnere mich nur an eine einzige Sache. Bei der Befreiung waren auch schwarze Soldaten in den Niederlanden. Ich war noch sehr klein. Es schien irgend etwas mit einem amerikanischen Neger und einer meiner Schwestern gewesen zu sein. Es wurde darüber nur

geflüstert, und meine Schwester saß heulend auf ihrem Zimmer und
kam nicht heraus. Ich verstand allein, daß es etwas Schlimmes war.
Zu mir wurde gesagt, daß ich mit Negermännern aufpassen müßte.
Ich dürfte nichts von ihnen annehmen. Einmal habe ich ein Stück
Schokolade bekommen und durfte es zu Hause nicht erzählen. Ich
glaubte, daß ich auch etwas sehr Schlimmes getan hätte. Obwohl sie
zu Hause doch verrückt waren nach Louis Armstrong. Etwas davon
ist bei mir hängengeblieben. Vor schwarzen Männern muß man sich
in acht nehmen.

Gehen wir nur weit genug in der Erinnerung zurück, so stellt
sich heraus, daß viele Kinder meist vollkommen arglos und
aus Neugier mit anderen Kindern spielen, auch wenn diese
als ‹anders› angesehen werden. Erst später stößt diese Offen-
heit auf Verbote und Ablehnung oder wird mit der Angst der
Eltern unvereinbar. Das Kind, das mit einem feuchten Finger
ausprobiert, ob das dunkle Braun auf dem Knie der Frau gegenüber in der Straßenbahn abfärbt, ist noch nicht rassistisch, es ist nur neugierig. Aber die vor Schreck errötende
Mutter, die dem Kind eine Ohrfeige gibt und sagt, daß es das
nie wieder tun darf, bevor sie es aus der Straßenbahn zerrt,
macht ihm klar, daß etwas Schlimmes passiert ist und daß
man für eine solche Neugier bestraft werden kann. Wiederholen sich ähnliche Erfahrungen, so entsteht ein Bild von der
Gruppe der ‹anderen›, dieses Bild ist mit einem Beigeschmack belastet wie: ‹Das darf man nicht, das hat unangenehme Folgen› (die oft diesen Gruppen zugeschrieben werden). Auch die Kinder, die empört waren, daß sie nicht mit
schwarzen Kindern spielen durften, behalten von damals ein
Gefühl der Ohnmacht zurück, als sie noch den mächtigeren
Erwachsenen gegenüberstanden: ‹Ganz allein läßt sich ja
doch nichts ändern.› In Antirassismus-Trainingsprogram-
men hat sich das Gefühl, doch nicht dagegen anzukommen,
verbunden mit der Angst vor Prügeln, falls man es doch versuchen sollte, als tief verwurzelt und hartnäckig erwiesen.
Wann immer diese weißen Menschen nach ihren Auffassun-

gen handeln möchten, lähmt sie das verinnerlichte Gefühl der Machtlosigkeit.

Die Angst vor schwarzen Menschen ist früh übernommen worden, möglicherweise gleichzeitig mit antirassistischen Auffassungen. Eine latente Angst, die sich bei Konfrontationen manifestieren kann. Oft scheint ein Ereignis zu genügen, um rassistische Gefühle zu verursachen, und so wird es auch oft dargestellt.[81] «Ich mißtraue Schwarzen, denn einmal haben sie mir in der Straßenbahn mein Portemonnaie geklaut», wird gesagt. Doch kann dieses Mißtrauen nie nur von diesem einen Zwischenfall ausgelöst worden sein. Dieselben Menschen entwickeln schließlich im umgekehrten Fall auch kein Mißtrauen gegen alle *weißen* Männer. Hieraus erklärt sich die Funktionsweise von Vorurteilen: Wir begegnen Hunderten von schwarzen Männern, die einem das Portemonnaie nicht klauen, aber der tausendste, der es dann tut, scheint damit alle Negativgefühle gegenüber schwarzen Männern als Gruppe zu verursachen und zu rechtfertigen. Eine Frau schilderte beispielsweise während des Antirassismus-Trainings eines ihrer Probleme. Zuerst traute sie sich nicht, davon zu erzählen. Seit sie einmal ein Schwarzer, dem sie vertraute, zu vergewaltigen versuchte, hätte sie große Angst vor schwarzen Männern. Sie wagte nicht, mit jemandem darüber zu reden, weil sie sehr gut wußte, daß das rassistische Vorurteil besteht, schwarze Männer seien nur darauf aus, sich weiße Frauen zu schnappen. Sie wollte nicht dazu beitragen, dieses Vorurteil noch zu bestätigen. Nichtsdestotrotz hat sie mittlerweile eine Höllenangst vor ihnen. Die Übungs-

81 Marjorie Kropmans schreibt in ihrem Aufsatz ‹Meer dan een witte huid› (S. 7) über eine negative Erfahrung mit einem weißen ausländischen Mann: «Wenn er schwarz gewesen wäre, glaube ich, daß ich nur aufgrund seines Schwarzseins eine ganze Skala negativer Gedanken entwickelt hätte. So groß war meine Wut.» Aber um diese Wut auf sein Schwarzsein zu richten anstatt auf die Tatsache, daß er sich als Mann unterdrückend verhält, muß man schon für die Vorstellung, daß die Hautfarbe dabei eine Rolle spielt, anfällig gemacht worden sein.

leiterin meinte als erstes, wir müßten zwei Dinge auseinanderhalten, Rassismus und Sexismus.[82] Sexismus sei niemals
gutzuheißen, ganz gleich, ob er nun von schwarzen oder von
weißen Männern ausgehe. Es sei daher nicht rassistisch, sich
gegen Sexismus zu wehren, und es sei auch nicht nötig, sich
deshalb schuldig zu fühlen. Sie bat die Frau, sich in ihre Erfahrungen zurückzuversetzen, die sie als Jugendliche mit
dem Sexismus gemacht hatte. Brockenweise tauchten diese
auf – sexuelle Übergriffe, die sie, wie beinahe jede Frau, erlebt hatte. Ein Onkel, der sich ihr gegenüber schmierig be-
nommen hat, Jungen auf der Straße, die sie zu greifen und in
einen Hauseingang zu zerren versucht haben, Erfahrungen
auf Parties, wo man als blöde Gans tituliert worden ist, wenn
man sich nicht alles hat gefallen lassen. Alle Erfahrungen sexistischer Art stammten von weißen Männern und Jungen.
Danach wurde nach Erfahrungen mit rassistischen Botschaften gefragt. Zuerst fielen ihr keine ein. Dann erinnerte sie sich
Stück für Stück: Silberpapier für die armen Negerkinder in
Afrika sammeln; spannende Geschichten, die ihr von Reisen
zu den ‹Wilden› vorgelesen wurden. Sie konnten einen fangen und aufessen, gegruselt hatte es sie als Kind. Bilder von
Schwarzen als Primitiven, nackt, bedrohlich. Diese unheimlichen Männer mit den Penisröhren in dem Buch, das sie eigentlich nicht hat lesen dürfen, weil es zu viele Nacktfotos
enthielt. Schwarzer Piet, mit dem einem angst gemacht
wurde. Wenn du nicht lieb bist, holt dich der Schwarze Piet.

Die alte Angst vor sexuellen Übergriffen weißer Männer
ist mit einer irrealen, weil nicht auf konkreten Erfahrungen
beruhenden Angst vor Schwarzen kombiniert worden. In
dem Augenblick, in dem wir eine widerwärtige Erfahrung
mit einem schwarzen Mann machen, tritt das ganze Sammel-
surium an unterdrückten Gefühlen an die Oberfläche. Die
Angst gilt nicht mehr den weißen Männern oder diesem
einen schwarzen Mann, sondern schwarzen Männern im all-

82 Die Übungsleiterin war Ricky Sherover Marcuse.

gemeinen. Dieses Beispiel zeigt, wie frühe Sozialisation fort-
wirken kann, auch wenn die Gefühle von damals mit den
jetzigen antirassistischen Auffassungen nicht übereinstim-
men.

Wenn wir davon ausgehen, daß fast alle Weißen in den
Niederlanden auf die eine oder andere Art rassistische Botschaften vermittelt bekommen haben, dann braucht es uns
nicht zu erstaunen, daß auch Feministinnen hiervon nicht
ausgenommen sind. Es kann auch ihnen an einem Bewußtsein dafür mangeln, was die Unterschiede in der Hautfarbe
bedeuten und welche Folgen sie haben.

8. Rassismus in der Frauenbewegung

*Für die Weiße, die wissen möchte, wie sie meine Freundin sein
kann.*
Erstens: Vergiß, daß ich schwarz bin.
Zweitens: Vergiß nie, daß ich schwarz bin.

*Es ist schön, wenn dir Aretha Franklin gefällt, aber spiele sie nicht
jedesmal, wenn ich dich besuche. Und wenn du dich für Beethoven
entscheidest – erzähle mir nicht seine Lebensgeschichte. Auch wir
haben Musikunterricht gehabt.*

*Iß afrikanisch, wenn es dir schmeckt, aber erwarte nicht, daß ich dich
in Restaurants führe oder für dich koche.*

*Und wenn irgendein Schwarzer dich beleidigt, dich überfällt, deine
Schwester vergewaltigt, dich vergewaltigt, in dein Haus einbricht
oder einfach ein Arsch ist – bitte, entschuldige dich nicht bei mir
dafür, daß du ihm den Kopf einschlagen möchtest. Sonst müßte ich
glauben, daß du verrückt bist.*

*Und wenn du wirklich denkst, Schwarze seien bessere Liebhaber als
Weiße – erzähle es mir nicht. Sonst müßte ich glauben, daß ich mich
lieber für meine Dienste bezahlen lassen sollte.*

*Mit anderen Worten – wenn du wirklich meine Freundin sein möch-
test – mach kein Theater darum. Ich bin faul, das weißt du doch.*

Pat Parker

Die Kritik schwarzer Frauen an der (weißen) Frauenbewegung stimmt mit vielen Elementen der Kritik von Arbeiterfrauen überein. In den USA ist eine Vielzahl von Artikeln
hierzu erschienen. Daß die Vorbehalte dort zuerst und am
lautesten formuliert wurden, ist kein Zufall, zwischen dem
Feminismus und der schwarzen Bewegung besteht eine
komplizierte historische Beziehung.[83] Aus England, wo die
schwarze Bewegung zunehmend stärker wird, kommt ebenfalls viel Material, in den letzten Jahren auch aus den Niederlanden.[84]

83 Zweimal in der Geschichte der Vereinigten Staaten war der Kampf für
die Rassengleichheit Hebamme der Frauenbewegung, schreibt Sara Evans.
Sowohl die erste feministische Strömung als auch die heutige wurden von
Frauen geleitet, die zuerst in der Bürgerrechtsbewegung der Schwarzen aktiv gewesen waren. Siehe Sara Evans, *Personal Politics* und dies., ‹Women's
Consciousness and the Southern Black Movement›; Anne Braden, ‹A Second Open Letter to Southern White Women›.
84 Die Liste von Büchern und Aufsätzen schwarzer Frauen, die teilweise
feministisch sind und sich teilweise gegen den weißen Feminismus abgrenzen, ist inzwischen eindrucksvoll. Darunter sind: Diane K. Lewis, ‹A Response to Inequality. Black Women, Racism and Sexism›; Linda J. M. La
Rue, ‹The Black Movement and Women's Liberation›; Toni Cade, *The Black
Woman*; Inez Reid Smith, *Together Black Women*; Bell Hooks, *Ain't I a Woman*;
Gloria Joseph und Jill Lewis, *Common Differences. Conflicts in Black and White
Feminist Perspectives*; Cherríe Moraga und Gloria Anzaldúa, *This Bridge Cal-
led My Back*; Barbara Smith und Beverly Smith, ‹Across the Kitchen Table›;
Barbara Smith, ‹Racism and Women's Studies›; Ellen Pence, ‹Racism a
White Issue›; Ginny Apuzzo und Betty Powell, ‹Confrontation. Black /
White›; Hazel V. Carby, ‹White Women Listen! Black Feminism and the
Boundaries of Sisterhood›; Lindsay Murphy und Jonathan Livingstone, ‹Ra-
cism and the Limits of Radical Feminism›; Jenny Bourne, ‹Towards an Anti-

Den offensichtlichsten Kritikpunkt bildet der Allgemein-
heitsmythos unter Ausschluß der schwarzen Frauen. Es wird
im Namen ‹der› Frauen oder über ‹die› Frau gesprochen und
dabei vergessen, daß wir nicht von schwarzen Frauen sprechen, sondern daß sich ‹wir› automatisch auf die Weißen bezieht. Simons[85] bespricht beispielsweise mehrere feministische Klassiker: de Beauvoir, Millett, Firestone.[86] Schwarze
Frauen werden darin nicht genannt, obwohl alle diese Bücher
vorgeben, die Stellung von Frauen im allgemeinen zu analysieren. Die angebotenen Analysen der Frauenunterdrückung
schließen sie obendrein per definitionem aus. Gilt ‹das Patriarchat›, die Herrschaft der Männer über Frauen, als universelle Tatsache, und herrschen die Männer demnach über alle
Frauen, dann ist für unterdrückte Männer, für schwarze
Männer kein Platz, ebensowenig für die Herrschaft der einen
Kategorie von Frauen über die andere. Mehrere Autoren sehen eine Analogie zwischen der Unterdrückung der Schwarzen und der Unterdrückung der Frauen.[87] Implizit wird dabei
angenommen, daß Schwarze ‹Männer› sind und ‹Frauen›
weiß sind.[88] Schwarze Frauen fallen aus dem Schema heraus.
Und nicht nur das, indem sich weiße Frauen als Opfer neben

Racist Feminism›; Elizabeth Spelman, ‹Theories of Race and Gender. The
Erasure of Black Women›. Und dann in Deutschland: Arbeitsgruppe
Frauenkongreß, *Sind wir uns denn so fremd?* Für die Niederlande: Philomena
Essed, ‹Racisme en feminisme› und *Alledaags racisme*; Troetje Loewenthal,
‹De witte toren van vrouwenstudies›; Yvonne Leeman und Sawitri Saharso,
‹Om de kleur van vrouwenstudies›; Mavis Carrilho, ‹Racisme een strijdpunt
in en voor de vrouwenbeweging›. Von weißen Feministinnen gibt es erste
Reaktionen, zum Beispiel von Adrienne Rich, ‹Disloyal to Civilization› und
Michèle Barrett und Mary McIntosh, ‹Ethnocentrism and Socialist Feminist
Theory›.
85 Margret Simons, ‹Racism and Feminism. A Schism in the Sisterhood›.
86 Simone de Beauvoir, *Das andere Geschlecht*; Kate Millett, *Sexus und Herr-*
schaft; Shulamith Firestone, *Frauenbefreiung und sexuelle Revolution*.
87 Siehe Naomi Weisstein, ‹Women as Nigger›. In den Niederlanden: Joke
Smit, *Vrouwen als minderheidsgroep*. «Women is the nigger of the world» –
wenn das stimmt, was John Lennon sang, wo bleiben dann die schwarzen
Frauen?
88 Gloria Hull, Patricia Bell Scott und Barbara Smith reagieren hierauf mit

schwarze Männer stellen und weiße Männer als die Machthaber und Unterdrücker bezeichnen, wird der eigene Beitrag
weißer Frauen an der Aufrechterhaltung des Rassismus geleugnet. Als ob Rassismus eine Erfindung von weißen Männern wäre, bei der sie ihre Hände hätten sauberhalten können
oder nur unter Zwang mitgemacht hätten. Simone de Beauvoir vergleicht die Stellung von Frauen mit der von Sklaven.
Millett diskutiert den Zusammenhang von Rassismus und
Sklaverei ebenso wie Firestone, die Rassismus außerdem als
vom Sexismus ‹abgeleitet› begreift. Rassismus bleibt dabei
eine Erfindung der Männer, an der Frauen eigentlich keinen
Anteil haben.[89]

Handelt es sich hierbei um die Kinderkrankheiten einer
neuen Frauenbewegung? Inzwischen sind mehr als zehn
Jahre vergangen. Troetje Loewenthal verweist auf den Auftritt der amerikanischen Feministin Linda Gordon im niederländischen Fernsehen, die behauptete, daß die Amerikanerin-
nen erst seit der zweiten Frauenbewegung zu einem großen
Teil außer Haus arbeiten. Damit schloß sie schwarze Frauen
aus, die schon lange vor dem Feminismus außer Haus arbeiten gingen. Es hätte inzwischen bekannt sein können, aber
keine der anwesenden Spitzenfeministinnen reagierte.[90]

Der Ausschluß findet auf verschiedene Weisen statt.
Einerseits durch eine Theoriebildung, die von einem Allge-
meinheitsmythos ausgeht, während in Wirklichkeit von der
Situation weißer Frauen gesprochen wird. Wenn es andererseits tatsächlich um schwarze Frauen geht, dann werden diese
‹marginalisiert›, an den Rand der wirklichen Themen ge-
rückt. Troetje Loewenthal äußerte bei einer Veranstaltung
der Winteruniversität: «Wo finde ich die schwarzen Frauen?
Durch jahrelange Erfahrung trainiert, sage ich mir, ‹o ja,

dem Titel ihres Buches über schwarze Frauenseminare: *All the Women Are
White, All the Blacks Are Men, But Some of Us Are Brave.*
89 Siehe hierzu auch Lindsay Murphy und Jonathan Livingstone, ‹Racism
and the Limits of Radical Feminism›.
90 In: ‹De witte toren van vrouwenstudies›, S. 9.

wahrscheinlich bei den nichtwestlichen Kulturen›, obwohl ich selbst nicht das Gefühl habe, zu einer nichtwestlichen Kultur zu gehören. Ich spreche Niederländisch, Französisch, Deutsch, Englisch, Spanisch und habe sogar Homer gelesen, besitze schon seit meiner Geburt wie mein Vater einen niederländischen Paß. Ich bin katholisch getauft, und ich esse mit Messer und Gabel. Aber letztendlich bin ich nicht weiß, sondern schwarz, also doch ein bißchen nichtwestlich? Und dann muß ich lachen, denn unter nichtwestlichen Kulturen wird Kenia, Kolumbien, Peru, Ghana, Bangladesch, Südostasien, aber eben auch ‹ausländische Frauen in den Niederlanden› verstanden.» [91]

Wenn bei feministischen Kundgebungen und in feministischen Einrichtungen schwarze Frauen einbezogen werden, dann werden sie oft alle miteinander auf einen großen Haufen geworfen. Dabei können die Unterschiede zwischen den Frauen aus den mediterranen Gebieten, zwischen indischen Frauen, chinesischen Frauen aus Indonesien, Frauen von den Antillen oder aus Surinam beträchtlich sein, sowohl was die Kultur und die Geschichte angeht als auch ihre Stellung innerhalb der Niederlande.

Schwarze Frauen werden auch als Frauen unterdrückt, aber lange nicht immer auf die gleiche Weise, wie abendländische, weiße Frauen. Innerhalb jeder ethnischen Gruppe unterscheiden sich die Beziehungen zwischen Frauen und Männern. Diese Unterschiede können sich wiederum unter dem Einfluß des Lebens in den Niederlanden zusätzlich verändern. Die Stellung kreolischer Frauen aus Surinam ist zum Beispiel noch eng mit der Geschichte der Sklaverei und dem holländischen Kolonialismus verbunden. Eine Familie mit einem männlichen Oberhaupt und Kindern, die den Namen des Vaters tragen, war unter der Sklaverei fast nicht möglich: Jeder einzelne Schwarze war das Eigentum des Plantagenbesitzers, und dieser konnte über ‹seine› Menschen nach Be-

91 Ebd.

lieben verfügen. Als Folge ist es in der kreolischen Kultur viel normaler geworden, daß Frauen mit ihren Kindern zusammenleben, unverheiratet sind und vornehmlich allein für ihren Lebensunterhalt sorgen.[92]

Verglichen mit weißen Mittelschichtsfrauen ist das auf der einen Seite viel emanzipierter, nicht von einem Mann abhängig zu sein und fast immer einer Arbeit außer Haus nachzugehen. Auf der anderen Seite ist es mitunter aber auch ein sehr schweres Leben. Viele Surinamerinnen können sich im niederländischen Feminismus nicht wiederfinden, das hängt mit der unterschiedlichen gesellschaftlichen Stellung zusammen:

Als ich mit meinen Kindern in die Niederlande kam, hörte ich zum erstenmal von diesen BOM-Müttern *. *Ich lachte mich tot, daß sie einen solchen Zirkus daraus machten. Und auch das Getue mit den Frauenhäusern. Wir sind es gewohnt, mit anderen Frauen umzugehen, einander zu unterstützen, gemeinsam für unsere Kinder zu sorgen. Wenn man bei uns Schwierigkeiten hat, mit dem Geld oder mit den Kindern, dann sind immer andere Frauen da, zu denen man gehen kann. Und hier müssen sie dafür Frauenhäuser einrichten. Und Männer dürfen dort nicht hinein. Ich bin froh, wenn es Männer gibt, die ein bißchen mithelfen und auch einmal etwas mit den Kindern unternehmen oder einen finanziellen Beitrag leisten. Warum sollte ich sie ausschließen?*

In der Frauenbewegung herrscht die Vorstellung, daß schwarze Frauen noch nicht soweit und wenig am Feminismus interessiert seien. Es könnte aber auch anders aussehen, als viele Feministinnen glauben. Es könnte nämlich durchaus sein, daß viele schwarze Frauen sich von der Frauenbewe-

92 Siehe u. a. Hilly Axwijk, *De Surinaamse vrouw en haar onvolledig gezin*; Maria Lenders und Marjolein van de Rhoer, *Mijn God, hoe ga ik doen?*
* BOM = Bewust ongetrouwde moeders (bewußt unverheiratete Mütter). (A. d. Ü.)

gung abgestoßen fühlen oder sich in ihr nicht wiedererkennen, obwohl sie durchaus für einige Gedanken, die dahinterstehen, Sympathie hegen.

Ebenso wie Arbeiterfrauen stößt schwarze Frauen meist die starke Betonung eines ‹alternativen Lebensstils› und der Separatismus ab.

Auch bei schwarzen Frauen hängt das mit der Klassenzugehörigkeit zusammen: Eine Separatistin muß genügend Geld haben, um sich die Distanz zu Männern erkaufen zu können.[93] Viele schwarze Frauen hören aus der Haltung einiger weißer Feministinnen gegen Männer auch rassistische Züge heraus, beispielsweise wenn gegen das Macho-Verhalten lateinamerikanischer Männer zu Felde gezogen wird.[94] Obwohl es viele schwarze Feministinnen oder schwarze Frauen gibt, die sich ihrer eigenen Stellung als Frau bewußt sind und die wissen, daß sie einen Kampf mit ihren ‹eigenen› Männern auszufechten haben, legen wenige schwarze Frauen Wert darauf, unter Druck gesetzt zu werden und entscheiden zu müssen, was schlimmer ist, Rassismus oder Sexismus.

93 Cathy McCandles, ‹Some Thoughts about Racism, Classism and Separatism›. Es ist nicht überraschend, sagt die schwarze Feministin Bell Hooks, daß die große Mehrheit der Frauen, die den Feminismus mit einer alternativen Lebensart gleichsetzen, aus einem Mittelschichtumfeld stammen, unverheiratet sind, eine gute Ausbildung haben, meist studieren. Sie tragen nicht die gesellschaftliche und ökonomische Verantwortlichkeit, mit der Frauen aus der Arbeiterklasse und arme Frauen täglich konfrontiert werden, Frauen, die selbst Arbeiterin sind, Elternteil sind, Ernährer, Ehegattin. In: *Feminist Theory*, S. 27.
94 Aurora Levins Morales, ‹. . . And Even Fidel Can't Change That.› Über das Schimpfen auf farbige Männer, die so sehr viel sexistischer sein sollen als weiße Männer, siehe ferner: Jenny Bourne, ‹Towards an Anti-Racist Feminism›; Prathiba Parmar, ‹Gender, Race and Class. Asian Women in Resistance›; Barbara Cameron, ‹Gee, You Don't Seem like an Indian from the Reservation›; Judith Moskovitch, ‹But I Know You, American Woman›. Siehe auch Troetje Loewenthal, ‹De witte toren van de vrouwenstudies›, S. 16. Dieses Phänomen ist auch dem Titel des Aufsatzes ‹Na het ja-woord wordt de galante prins een huistiran› von Aukje Holtrop zu entnehmen, der von ausländischen Männern handelt. Dort wird suggeriert, daß ausländische Männer eine größere Begabung zur Tyrannei hätten als niederländische Männer.

Dabei wird unterstellt, daß die Frauen, die sich nicht zu entscheiden wünschen, keine wahren Feministinnen und noch nicht weit genug seien. Gelegentlich wird schwarzen Frauen vorgeworfen, *male-identified*, zu stark auf Männer ausgerichtet zu sein, wenn sie sich nicht ganz von Männern lösen. «Aber es geht nicht darum, ob wir mit ihnen schlafen wollen», sagte eine schwarze Frau bitter. «Es geht darum, daß hier in Boston ein schwarzer Mann nach dem anderen ermordet wird.»

Auch die Selbstverständlichkeit, mit der die Frauenbewegung gegen die Familie eingestellt ist, wird nicht immer akzeptiert. Viele schwarze Frauen haben die schwarze Familie, wo sie in der Vergangenheit entstehen konnte, gerade als das Bollwerk gegen die Unterdrückung erfahren, als den Ort, wo man auf Unterstützung rechnen konnte. [95]

Die Kritik schwarzer Frauen an der weißen Frauenbewegung wurde oft als Rückständigkeit schwarzer Frauen ausgelegt, als ein mangelndes feministisches Bewußtsein. Aber mehrere Quellen zeigen, daß die Widerstände schwarzer Frauen gegen die weiße Frauenbewegung und damit auch gegen den Begriff Feminismus absolut nicht bedeuten, schwarze Frauen würden ihre eigene Stellung als Frau verkennen. Im Gegenteil: Schwarze Frauen haben, wie sich herausstellt, durch ihre niedrigere Klassenstellung ein noch größeres Interesse an der Liberalisierung der Abtreibung, an Kindergärten und an gleichen Rechten am Arbeitsplatz. Tatsächlich zeigte eine Untersuchung in den USA aus dem Jahre 1972 sogar, daß schwarze Frauen durchschnittlich radikaler waren als weiße. Von den schwarzen Frauen fanden 62 Prozent, daß die Stellung von Frauen verbessert werden müßte, gegenüber nur 45 Prozent der weißen Frauen. Es gab auch mehr schwarze als weiße Frauen, die dabei die Frauenbefreiungsgruppen unterstützten: 67 Prozent gegenüber 35 Pro-

95 Siehe Angela Davis, *Rassismus und Sexismus*; Bell Hooks, *Feminist Theory*; Hazel V. Carby, ‹White Women Listen!›

zent.[96] Und in dem Maße, in dem die Schwarzenbewegung der sechziger Jahre Früchte zu tragen begann, in dem Maße gingen auch die besten Positionen auf Männer über. Mit Sicherheit wurden die Frauen der schwarzen Mittelschicht durch diese nachweisbare Ungerechtigkeit feministischer.[97]

Auch die Vorwürfe einiger schwarzer Männer, manchmal sogar von Führern der Schwarzenbewegung, daß schwarze Frauen sich nicht untertänig genug verhielten (verglichen mit weißen Frauen), die Arbeitsplätze von Männern einnehmen würden und sie dadurch davon abhielten, Ernährer und ‹richtige› Männer zu sein, haben vielen schwarzen Frauen den Sexismus bewußtgemacht. Alice Walker: «Sie glaubten, daß sie allein für ihre Familie gesorgt hätten, daß sie allein für das Überleben arbeiteten. Schwarze Frauen wurden zu ‹Matriarchinnen› erklärt, zu herrschenden Müttern, die Männer kastrierten.»[98]

Das Bewußtsein für die doppelte Loyalität und den doppelten Kampf der schwarzen Frauen ist noch nicht sehr groß. So erzählt eine Surinamerin:

Ich ging ab und zu in das Frauenhaus. Ich war dort auch, kurz nachdem eine weiße Frau im Schwarzenviertel einen farbigen Jungen erschossen hatte, weil er sie berauben wollte. Alle weißen Frauen gaben dieser Frau recht, daß sie den Jungen erschossen hatte. Niemand dachte daran, daß es mein kleiner Bruder hätte sein können und daß dieser Junge eine Mutter hat. Und niemand fragte sich, was diesen Jungen dazu gebracht hat, Menschen zu bestehlen. Ich bin dann nie mehr im Frauenhaus gewesen. Und niemand hat gefragt, warum ich nicht mehr komme.

---

96 Diane K. Lewis, ‹A Response to Inequality: Black Women, Racism and Sexism›, S. 339.
97 Lewis, S. 340. Siehe auch Pauli Murray, ‹The Liberation of Black Women›, S. 354.
98 Alice Walker, zitiert in: Lewis, S. 344. Ähnlich: Frances Beal, ‹Double Jeopardy. To Be Black and Female›.

Überall dort, wo sich niederländische Frauen mit ausländischen Frauen in den Niederlanden oder mit Frauen aus der Dritten Welt solidarisch erklären – wie beispielsweise bei den Aktionen gegen die Klitorisbeschneidung oder gegen den Schleierzwang für Frauen in den islamischen Ländern –, will sich immer wieder ein Ethnozentrismus in die Solidarität einschleichen. Ethnozentrismus heißt davon auszugehen, daß die eigenen Normen die richtigen Normen seien, auch für andere. Ethnozentrismus liegt vor, wenn angenommen wird, daß eine andere Kultur per definitionem barbarischer sei als die eigene Kultur. Nawal El Saadawi, eine ägyptische Feministin, wehrt sich gegen die Haltung der abendländischen Feministinnen: «Sie neigen dazu, unser Leben als dauernde Unterwerfung unter mittelalterliche Praktiken darzustellen, und sie verweisen voll Empörung auf verschiedene traditionelle Bräuche – etwa die Beschneidung der Frauen, für deren Opfer sie sich in flammenden Reden und Artikeln einsetzen.

Natürlich ist es begrüßenswert, daß die Beschneidung verurteilt wird; nur scheint mir die Gefahr zu bestehen, daß bei vorrangiger Beschäftigung mit solchen Phänomenen die entscheidenden Fragen wirtschaftlicher und sozialer Veränderung ausgespart bleiben oder ganz in Vergessenheit geraten. Was wir brauchen, sind Initiativen, die in die Praxis wirken, und nicht Beweise edler menschlicher Regungen. Wer sich auf diese Weise durch gute Taten Befriedigung verschafft, wird dabei vielleicht unempfindlich für die konkreten und alltäglichen Probleme des Kampfes um die Frauenemanzipation. Ich halte daher nichts davon, daß Frauen in Amerika und Europa sich auf solche Themen wie die Beschneidung konzentrieren und sie als Beweis für die absonderlichen und barbarischen Formen der Unterdrückung aufführen, denen die Frauen in afrikanischen und arabischen Ländern noch unterworfen seien. Man kann solche Probleme nicht isoliert betrachten.» [99]

99 Nawal El Saadawi, *Tschador. Frauen im Islam*, S. XVI.

Hinter der gerechten Abscheu vor der körperlichen Verstümmelung und der Unterdrückung von Frauen, indem man sie aus der öffentlichen Welt der Männer ausschließt, versteckt sich oft Unfähigkeit, die wirklichen Verhältnisse in anderen Ländern zu erkennen. Wahrgenommen wird nur, was in die westliche feministische Vorstellungswelt paßt, nicht der Kontext, in dem etwas geschieht. Ein Beispiel ist die Verheiratung von türkischen und marokkanischen Mädchen, die gerade im Rahmen der Familienrückführung der in den Niederlanden wohnenden Familien aktuell ist. Die Eltern wollen die alten Gebräuche beibehalten, während die Mädchen, durch den Kontakt mit niederländischen Kindern, von dieser Tradition meist loskommen möchten. Die Ethnozentristen sagen hierzu, verheiratet zu werden ist barbarisch, sexistisch, falsch und muß abgeschafft werden. Die Kulturrelativisten sagen hingegen, das ist ihre Kultur, die haben wir zu respektieren, denn damit haben wir nichts zu tun.[100] In beiden Standpunkten steckt etwas Wahres und etwas Falsches. Wichtig ist in jedem Fall, daß wir nicht nach einer losgelösten Regel Ausschau halten und diese zu verändern suchen, ohne die anderen Verhältnisse dabei in Betracht zu ziehen. Hassan Bel Ghazi betont, daß das Verheiratetwerden auch in Marokko selbst ein Klassenphänomen sei.[101] In den

---

100 J. Tennekes weist uns auf die Widersprüchlichkeit hin, wenn wir es auf der einen Seite progressiv finden, uns gegen eine provinzielle Mentalität zu wehren, wie das Verbot der Homosexualität oder des unverheirateten Zusammenlebens, auf der anderen Seite aber zugleich meinen, daß es rassistisch sei, wenn wir die gleichen Auffassungen bei Marokkanern oder Türken kritisierten. In: ‹De vage grenzen van de tolerantie›. Zur Problematisierung des Ethnozentrismus und des Kulturrelativismus siehe auch Philomena Essed, *Alledaags racisme*. Auffälligerweise brechen einige rechte Gruppen wie die *Centrumspartij*, die sonst gegen alles ist, was irgendwie nach Feminismus riecht, in heilige Empörung aus, wenn es um die Unterdrückung ausländischer Frauen geht. Nach ihnen unterdrücken nur Männer ethnischer Minderheiten Frauen. Siehe Adrian Goemans, ‹De Centrumpartij›, in Anet Bleich und Peter Schumacher, *Nederlands racisme*, S. 104.
101 Hassan Bel Ghazi, ‹Uithuwen›, in: *Mythen. Buitenlandse arbeiders tussen*

großen Städten, wo Mädchen studieren und eine Anstellung finden können, kommt es schon sehr viel seltener vor. Die in den Niederlanden lebenden Marokkaner sind häufiger diejenigen, die in ihrem eigenen Land nur schwer eine Arbeit finden würden. Das Verheiratetwerden von Mädchen ist nicht allein eine sexistische Gewohnheit, es entspricht einer Gesellschaft, in der es für selbständige Frauen, für Frauen mit einem eigenen Beruf, noch keinen Platz gibt. Es ist eine Strategie, um sie vor Armut zu schützen. Wer das beenden will, muß dafür sorgen, daß Arbeit für Frauen geschaffen wird. Welche entgegengesetzte Wirkung gut gemeinte, aber isolierte fortschrittliche Gegenmaßnahmen annehmen können, konnten wir in China beobachten. Die neuen Ehescheidungsgesetze Chinas hatten eine wahre Flut von Selbstmorden geschiedener Frauen zur Folge. Weil ihre Männer sich von ihnen hatten scheiden lassen, waren diese Frauen jetzt zwar ‹frei›, hatten aber keine Arbeit und – was in einem Land wie China, wo jeder zu einer Familie gehört, noch viel schlimmer ist – auch keine Unterkunft.[102] Ähnliches gilt auch für die Klitorisbeschneidung. Natürlich ist die Verstümmelung von Geschlechtsteilen kleiner Mädchen auf keine einzige Weise gutzuheißen, in keiner einzigen Kultur. Aber wer nur gegen die Klitorisbeschneidung zu Felde zieht und sich keine Gedanken darüber macht, was zum Beispiel mit Mädchen, die nicht heiraten können, weil Männer keine unbeschnittenen Mädchen haben wollen, in Gesellschaftssystemen geschieht, wo es noch keinen Platz für unverheiratete Frauen gibt, verfehlt das Ziel.

In dem Spannungsverhältnis zwischen einem extremen Ethnozentrismus, ‹Wir wissen, was gut für euch ist›, und einem radikalen Kulturrelativismus, ‹Wir dürfen uns kein Urteil darüber erlauben, was in einer anderen Kultur geschieht›, müssen wir unseren Weg finden. Solidarität mit

kulturele konfrontatie en overheidsfalen, S. 42; ebenfalls: ‹Kultuur en «kulturisme»›, S. 63.
102 Siehe Linda Gordon, ‹Koesteren en kostwinnen›, S. 14; Delia Davin, *Woman-Work*, S. 51 u. 87.

Frauen aus der Dritten Welt und Männern aus der Dritten Welt, mit ausländischen Frauen und Männern, die wirklich nützt, ist notwendig. Dabei sollten wir einige Aspekte beachten:

1. Wir müssen aufpassen, unsere Normen darüber, was Feminismus und somit gut für Frauen ist, nicht anderen Frauen überzustülpen. Zum Beispiel neigen wir stark dazu, Themen wie Sexualität, Beziehungen zwischen Frauen und Männern oder zwischen Frauen untereinander als feministisch zu klassifizieren, materielle Aspekte wie Essen, Arbeit, Unterkunft dagegen nicht. «Ihr scheint euch mehr für unsere Geschlechtsteile zu interessieren als dafür, ob wir Hunger haben.»

2. Wir müssen aufpassen, daß sich in unsere Solidarität kein Rassismus einschleicht. Indem wir beispielsweise betonen, wenn wir ausländische Frauen ‹unterstützen›, wie schrecklich unterdrückerisch ‹ihre› Männer seien. Viele Frauen, die ihre eigene Herkunft in Ehren halten, werden solche Äußerungen nicht als Unterstützung, sondern als Beleidigung empfinden. In unserer Empörung über erzwungene Ehen vergessen wir gelegentlich, wie normal diese vor gar nicht langer Zeit in der abendländischen Kultur gewesen sind.

3. Wir müssen lernen zu erkennen, daß Solidarität nicht von oben nach unten verläuft. Westliche Frauen haben viel von Frauen aus der Dritten Welt zu lernen, niederländische viel von ausländischen. Beispielsweise die gemeinsame Versorgung der Kinder, die weitergehenden Formen der Nachbarschaftshilfe, die engen Bande der Solidarität zwischen Frauen, die wir hier, wo Frauen viel stärker isoliert sind, erst neu aufbauen müssen. Leila Ahmed beschreibt, wie der Westen mit einer Mischung aus Abscheu und Faszination auf das Haremssystem in islamischen Ländern ge-

schaut hat. [103] Mit unserer Fixierung auf die Sexualität sehen wir nur die Tatsache, daß ein Mann über mehrere eingesperrte Frauen verfügen kann. Von innen heraus kann man noch etwas anderes erkennen, nämlich eine Gemeinschaft von Frauen, in der Männer sehr wenig zu sagen haben, und ein Netzwerk von Frauen untereinander, wie wir es hier nicht kennen. Viele Leute wußten nicht, daß reiche islamische Frauen eigenen Besitz hatten und diesen selbst verwalteten. Dadurch nahmen sie im 18. Jahrhundert, obwohl sie von der ‹männlichen› Welt ausgeschlossen waren, eine stärkere Position ein als ihre westlichen Schwestern. Deshalb brauchen wir die anderen Kulturen nicht gleich zu idealisieren. Unterdrückung ist Unterdrückung. Aber wir sollten aufmerksamer sein für den Erfindungsreichtum und die Kraft von Frauen, aufmerksamer für die Überlebensstrategien und Widerstandsformen, anstatt automatisch anzunehmen, daß Frauen in anderen Kulturen willenlose Opfer einer barbarischen und primitiven Unterdrückung sind.

4. Ferner erscheint es mir als sehr wichtig, daß wir nicht beginnen, für ausländische Frauen und Frauen aus der Dritten Welt zu bestimmen, wo ihre Prioritäten liegen sollten. Für jede Frauengruppe kann die Befreiung und die Emanzipation anders aussehen. Jede Frauengruppe wird diese Frage selbst zu entscheiden und zu verantworten haben. Unsere Aufgabe dabei ist, sie dort, wo es gewünscht wird, zu unterstützen und auch nur in der Form, in der diese Unterstützung gewünscht wird.

103 In: ‹Western Ethnocentrism and Perceptions of the Harem›, S. 522.

9. Klasse und Hautfarbe

Es gibt verschiedene Arten, in der wir die Beziehungen zwischen Klasse und Hautfarbe betrachten können. Wir können fragen, wie die Beziehung zwischen Klasse und Hautfarbe für schwarze Menschen aussieht. Des weiteren können wir betrachten, wie sich die Beziehung zwischen dem Rassismus und der Klassenstellung der Weißen darstellt. Denn daß es eine Beziehung zwischen der Klassenungleichheit und der Stellung farbiger Menschen gibt, ist offensichtlich.

Schwarze Menschen, ethnische Gruppen, Ausländer haben als Gruppe weniger Aussichten auf gute Ausbildungen und gute Arbeitsplätze als weiße Menschen. Sie haben weniger Aussichten auf die vertikale Mobilität, also darauf aufzusteigen. Obwohl einzelne mitunter in die höheren Regionen vordringen (und damit Leuten die Möglichkeit geben zu sagen, siehst du, wenn sie es nur wollen, dann geht es auch), gilt für die Mehrheit der Gruppen, daß ihre Chancen geringer sind. Es besteht also eine Beziehung zwischen der Klasse und der Hautfarbe.[104] Ausländische Menschen wie Marokkaner oder Türken wurden meist als Arbeiter in die Niederlande geholt. Chinesen gehören größtenteils zum Mittelstand mit einem geringen Einkommen. (Es gibt auch Chinesen mit blühenden Betrieben, aber seit der Wirtschaftskrise läuft es auch mit dem kleinen Chinarestaurant schlechter als früher, und meist müssen viele Leute von den Einnahmen eines Restaurants unterhalten werden.) Aber bis heute haben sich die Arbeiterorganisationen wie die Gewerkschaftsbewegung und die sozialistischen Parteien mit Ausnahmen sehr wenig für

104 Zur Beziehung zwischen Hautfarbe und Klasse siehe Robert Miles und Annie Phizacklea, *White Man's Country*, Kapitel 7 ‹Racism and Class Struggle›; Phizacklea und Miles, *Labour and Racism*; Chris Mullard, *Race, Class and Ideology*; Paul Gilroy, ‹Steppin' out of Babylon›; Erik Olin Wright, ‹Race, Class and Income Inequality›; Louis V. Kushnick, ‹Racism and Class Consciousness in Modern Capitalism›; Stephan Castles, Heather Booth und Tiny Wallace, *Here for Good*.

schwarze und ausländische Menschen eingesetzt. Dieses Verhältnis gleicht der problematischen Beziehung zwischen (weißen) Frauen und den Gewerkschaften. Als ob man noch immer stillschweigend davon ausginge, daß ‹der Arbeiter› ein Mann sei und die Frau höchstens mitlaufe, wird ebenso stillschweigend davon ausgegangen, ‹der Arbeiter› sei weiß. Wer denkt beim Arbeiter an eine Antillianerin oder einen Chinesen? An eine Türkin? Rassismus und Klassenungleichheit sind also miteinander verbunden.

Das hat einige Marxisten zu der Behauptung veranlaßt, der Rassismus sei eine Folge des kapitalistischen Systems und würde somit mit dem Verschwinden der ökonomischen Ausbeutung ebenfalls enden. Die Argumentation ist ebensogut auf die Stellung der Frauen anzuwenden. Und es spricht sicher einiges dafür. Wenn der Rassismus ursprünglich eine Folge des Kolonialismus gewesen sein sollte, also der direkten ökonomischen Ausbeutung, dann wäre mit dem Ende dieser Ausbeutung auch der Rassismus beendet. Es ist auch gut möglich, daß ein Teil der Diskriminierung, die farbige Menschen erfahren, in Wirklichkeit Klassismus ist. Vielleicht wird auf Marokkaner nicht herabgesehen, weil sie arabisch oder berberisch sprechen, sondern weil sie eine Arbeit verrichten, auf die herabgesehen wird. In diesem Fall hätte die Diskriminierung eher etwas mit der Klassenzugehörigkeit als mit der ethnischen Abstammung zu tun.[105] Und in einem gewissen Sinne können wir erkennen, daß farbige Menschen, die eine höhere Stellung bekleiden, weniger direkt diskriminiert werden. Auch wenn mir eine chinesische Augenärztin erzählte, wie häufig sie gefragt würde, ‹ob denn der Herr Doktor nicht komme›.

Klasse und Hautfarbe haben viel miteinander zu tun, dennoch ist es falsch anzunehmen, Rassismus wäre nur eine Nebenerscheinung des Klassismus.[106] Das ist an einer Tatsache

105 Behauptet Jaap Sanders in *Wat doen wij er zelf aan?*, S. 41.
106 Arthur Brittan und Mary Maynard, *Sexism, Racism and Oppression*,

sofort zu erkennen: Rassismus tritt sicher nicht nur bei den Machthabern auf, die ein Interesse an der ökonomischen Ausbeutung der Arbeiterklasse haben. Obwohl ein Großteil der in den Niederlanden lebenden farbigen Menschen objektiv betrachtet zur Arbeiterklasse gehört, werden sie von Menschen aus dem Proletariat oft als Eindringlinge betrachtet, als Konkurrenten und nicht als Verbündete. Und damit kommen wir zu einer zweiten Frage. Besteht zwischen der Klassenlage weißer Menschen und dem Rassismus eine Beziehung?

Die alten Arbeiterviertel der Großstädte, in denen neben den weißen viele schwarze Menschen wohnen, haben sich in puncto Rassismus einen schlechten Namen gemacht. Es läßt sich nicht leugnen, daß man in Arbeitergemeinschaften mit einem hohen Prozentsatz von farbigen Menschen auch auf starke Vorurteile gegenüber ‹diesen Ausländern› stößt. Inwieweit können wir nun behaupten, Leute aus der Arbeiterklasse seien rassistischer als Menschen aus den höheren Einkommensschichten?[107]

Je niedriger der Stand auf der gesellschaftlichen Leiter und je höher der Prozentsatz der Schwarzen an der Wohnbevölkerung ist, desto stärker wird auch spontan Feindseligkeit gegenüber Schwarzen und Immigranten geäußert.[108] Natürlich hängt es auch mit den unterschiedlichen herrschenden Codes in den verschiedenen Klassenschichten zusammen: Wahrscheinlich haben Leute aus der Mittelschicht eher gelernt, solche unpopulär gewordenen Auffassungen für sich

S. 49, verweisen darauf, daß Fremdenhaß und Gewalt nie nur eine Folge der Interessen des Kapitalismus sein können.

107 Stephen Castles und Godula Kosack, *Immigrant Workers and Class Structure in Western Europe*, S. 450; Mary McKenney, ‹Class Attitudes and Professionalism›, S. 146. Vor allem Annie Phizacklea und Robert Miles beschäftigen sich mit der Frage, ob man von einem Rassismus der Arbeiterklasse in alten Stadtgebieten sprechen kann, in: ‹Working-Class Racist Beliefs in the Inner City›, aufgenommen in Robert Miles und Annie Phizacklea, *Racism and Political Action in Britain*.

108 Ebd., S. 119.

zu behalten. Der höchste Grad von Feindseligkeit tritt bei den Leuten auf, die die meisten Gründe haben, sich vor Konkurrenz auf dem Arbeitsmarkt oder bei der Versorgung zu fürchten. Leute mit einer besseren ökonomischen Stellung brauchen farbige Menschen nicht als Konkurrenten zu betrachten, weil es ihnen zum Beispiel weniger schwer fallen wird, eine Wohnung zu bekommen, und sie sich damit buchstäblich mehr ‹Distanz› erkaufen können. Sie brauchen sich nicht das Treppenhaus mit ihnen zu teilen, und sie werden auch wenig Gründe haben, das Gefühl zu entwickeln, daß die Schwarzen ihnen bald die Arbeit wegnehmen werden. Je höher wir die gesellschaftliche Leiter hinaufschauen, desto weniger farbige Menschen treffen wir schließlich an. Bedenken wir zum Verständnis folgende Situation: Viele der alten Stadtviertel sind verfallen. Aufgrund der Krise hat die Zahl der Arbeitslosen zugenommen. Gleichzeitig ist die Arbeitslosenunterstützung niedriger geworden. In diesem Zeitraum, da sich die Leute in ihrem Lebensstandard bedroht fühlten, nahm die Zahl ausländischer und dunkler Gesichter in den Stadtteilen zu. Phizacklea und Miles, die den Rassismus in englischen Arbeitervierteln untersuchten, beschreiben es so: «(Es ist) das Gefühl von Verlust, vom Zurückbleiben in einem verfallenen Stadtviertel, das auf die ‹Farbigen› übertragen wird. (...) Sie waren in einem gewissen Sinne zu jung, um sich der Veränderung anzupassen, deren Ursachen sie nicht verstanden. Was sie sehen, ist die Veränderung der Hautfarbe, der Gesichter in ihrer Umgebung, Gesichter, die den Platz der Leute einnahmen, die sie kannten und mit denen sie aufgewachsen sind. Wenn man sich selbst ohnmächtig fühlt, seine heutigen Umstände in irgendeiner Weise zu verbessern, sei es durch individuelles Vorankommen oder durch gemeinsame politische Aktionen, dann erscheint einem ein Sündenbock wie vom Himmel gesandt. Wenn alles schiefgeht, gib die Schuld den ‹Farbigen›.» [109]

109 In: *Labour and Racism*, S. 153.

Die Beunruhigung über den gesellschaftlichen Abstieg ist gerechtfertigt, und es gibt Gründe dafür. Allerdings gibt es keinen Grund, ‹die Ausländer› für diesen Abstieg verantwortlich zu machen. Aber in diesem Moment erwacht der latente Rassismus, der schon vorher da war. Tatsächlich können wir – wie es bereits anderweitig über den Antisemitismus formuliert wurde[110] – von einem gerechtfertigten gesellschaftlichen Protest mit einer falschen Lösung sprechen. Aber können wir deshalb behaupten, daß Leute aus der Arbeiterklasse rassistischer seien als Leute aus den höheren Klassen? David Wellman sagt: «Toleranz ist ein Luxus, den sich die Mittelschicht erlauben kann.»[111] Solange die Schwarzen mit ihrem Bedürfnis nach Gleichheit den weißen Angehörigen der Mittelschicht nicht zu sehr in die Quere kommen, können die Weißen ihren Rassismus vor anderen und vor sich selbst leicht verborgen halten.

Hieraus können wir lernen, daß die öffentliche Äußerung von Rassismus mit der Klassenstellung der Weißen zusammenhängt, aber dieses wenig über die tieferliegenden Gefühle der Gesamtheit aussagt. Wir sehen auch, daß es schwer sein wird, den Rassismus zu beenden, wenn sich nicht einerseits die Klassenstellung von schwarzen Menschen verbessert und andererseits bei Weißen der Anlaß wegfällt, sich gegen eine andere Gruppe abzugrenzen.

10. Geschlecht und Rassismus, Hautfarbe und Sexismus

Auf eine komplizierte Weise greifen Rassismus und Sexismus ineinander. Rassismus und Sexismus beeinflussen das Verhältnis zwischen schwarzen Frauen und Männern unterein-

110 D. van Arkel, ‹Racism in Europe›, S. 16.
111 In: *Portraits of White Racism*, S. 32.

ander und auch jeglichen Umgang zwischen Frauen und Männern über die Barrieren der Hautfarbe hinweg.

In den USA besteht eine lange und komplizierte Geschichte des miteinander verwobenen Sexismus und Rassismus, deren Folgen noch immer zu spüren sind: Beispielsweise in den Beziehungen zwischen schwarzen Männern und Frauen, in dem Verhältnis zwischen schwarzen Männern und weißen Männern (die Beziehung zwischen weißen und schwarzen Menschen habe ich schon einige Male erwähnt) und in den interethnischen Beziehungen zwischen den Geschlechtern. Geschichte ist nicht einfach auszulöschen. Wenngleich wir die Analysen, die sich auf die amerikanischen Verhältnisse beziehen, nicht einfach auf uns übertragen dürfen, denn in den Niederlanden leben schwarze und weiße Gruppen noch nicht so lange in so großer Zahl zusammen, können wir dennoch etwas von den dort beschriebenen Mechanismen der wechselseitigen und gegenseitigen Unterdrückung lernen. Die Sklaverei hatte einen großen Einfluß auf die Beziehungen zwischen schwarzen Frauen und Männern. Das schreiben unter anderem Michele Wallace und Robert Staples, beide schwarze Amerikaner.[112] Staples beschreibt das Dilemma der schwarzen Männlichkeit. Was für weiße Männer einen wesentlichen Teil ihres Gefühls von Männlichkeit ausmache, nämlich das Verfügungsrecht über die ‹eigene› Frau, die ‹eigenen› Kinder, die ‹seinen› Namen tragen, ein Beruf mit Ansehen und Status, davon war der überwiegende Teil der schwarzen Männer ausgeschlossen. Schwarze Kinder und schwarze Frauen waren ebenso wie schwarze Männer Eigentum der weißen Männer und in

112 Michele Wallace, *Black Macho and the Myth of the Superwoman*; Robert Staples, *Black Masculinity. The Black Male's Role in American Society*. Daß ich beide Autoren in einem Atemzug nenne, bedeutet nicht, daß sie ohne weiteres einer Meinung sind. Robert Staples reagierte sehr kritisch auf *Black Macho* in ‹Black Macho Versus Black Feminism›, enthalten in *Black Masculinity*. Audre Lorde kritisierte wiederum Staples wegen seines Antifeminismus. Siehe ihren Aufsatz ‹The Great American Disease›, in: *The Black Scholar*.

einem gewissen Maße auch der weißen Frauen. Obwohl die Vergewaltigung weißer Frauen durch schwarze Männer die verbreiteteste rassistische Schreckensvorstellung ist, sind es vor allem schwarze Frauen gewesen, die von weißen Männern sexuell mißbraucht wurden, und das fast immer straflos. Schwarze Männer, denen selbst ständig damit gedroht wurde, daß sie bei dem geringsten Verdacht, auch nur einen Finger nach weißen Frauen ausgestreckt zu haben, gelyncht werden würden, mußten machtlos zusehen, wie schwarze Frauen von Weißen mißbraucht wurden. Schwarze Frauen konnten von schwarzen Männern kaum Schutz erwarten, weil sie fast ebenso machtlos waren. Auch nachdem die Sklaverei offiziell abgeschafft worden war, wirkte die Erfahrung fort. Robert Staples und Michele Wallace beschreiben die Spannungen, die zwischen schwarzen Männern und Frauen heute noch bestehen. Als positive Folge der Geschichte bestehen zwischen schwarzen Frauen und Männern im Prinzip gleichberechtigtere Beziehungen als zwischen weißen Frauen und Männern. Schwarze Frauen haben nie die Chance gehabt, so hilflos und abhängig zu sein, wie es das Idealbild weißer ‹Weiblichkeit› vorschreibt. Schwarze Männer haben nie die Möglichkeit gehabt, über Frauen im großen Stil Herrschaft auszuüben. Aber mit dem weißen Ideal – die Familie, in welcher der Mann für Geld und Schutz sorgt, im Tausch für die Versorgung und die Bestätigung seiner Männlichkeit – sind sowohl Schwarze als auch Weiße aufgewachsen. Noch immer ist es für den überwiegenden Teil der schwarzen Männer unmöglich, genügend Geld zu verdienen, um eine Familie zu unterhalten. Einige schwarze Frauen werfen den Männern vor, daß sie die Versorgung der Kinder, auch die finanzielle, fast allein übernehmen müssen. Einige schwarze Männer werfen den schwarzen Frauen vor, daß sie nicht ebenso wie weiße Frauen zu ihnen aufschauen. Das Aufkommen der schwarzen Bewegung brachte diese wechselseitigen Mechanismen, das schwierige Verhältnis zwischen Solidarität und Mißtrauen an die Öffentlichkeit. Viele Schwarzenführer, meistens Männer, erwarteten nun öffentlich, daß die Frauen sich stärker in das Bild der ‹Weiblichkeit› fügten.[113] Eine berüchtigte Äußerung eines Schwarzenführers, Stokley Carmichael, lautet: Die einzige Stellung von Frauen in der Bewegung ist die Horizontale. Der obskure Moynihan-Report, in dem die Rückständigkeit der schwarzen Bevölkerung untersucht wurde, machte für diesen Rückstand vor allem die Frauen verantwortlich, das schwarze ‹Matriarchat›[114], die Mütter, die ohne die Hilfe der Männer ihre Kinder aufziehen und damit zu ‹dominant› seien. Das träfe besonders auf die Fälle zu, die recht häufig sind, in denen Frauen einer Arbeit nachgehen und das Geld verdienen und somit die Männer ihrer Männlichkeit beraubten. Einige schwarze Männer übernahmen diese Auffassung. Schwarze Frauen wurden ‹kastrierend› und ‹dominant› genannt und sollten nun zugunsten ihrer Männer zurückstecken. Um es noch schlimmer zu machen, suchten einige schwarze Männer ihr Heil bei weißen Frauen. Manchmal, wie Eldridge Cleaver[115] es beschrieb, aus einem Bedürfnis nach Rache: Weiße Männer haben sich unsere Frauen geschnappt, jetzt nehmen wir ihre. Das lag teilweise aber auch daran, daß schwarze Frauen durchschnittlich selbständiger sind als weiße und deshalb als zu dominant erfahren werden, teilweise führte der Rassismus dazu, daß das Schönheitsideal – weiß, blond, blauäugig – von dominierten Gruppen ‹verinnerlicht› worden ist.

113 Dazu gehörte, daß auch eine intolerante Atmosphäre gegenüber der Homosexualität entstand, besonders der von Frauen in der eigenen Gemeinschaft. Schwarzen lesbischen Frauen warf man noch mehr als heterosexuellen Frauen vor, daß sie ‹die Männlichkeit› schwarzer Männer angriffen.
114 Zur sogenannten ‹Matriarchatsdiskussion› und zu den Folgen des Moynihan-Reports siehe außer Michele Wallace, *Black Macho* auch Linda La Rue, ‹The Black Movement and Women's Liberation›; Jane W. Torrey, ‹Racism and Feminism. Is Women's Liberation for Whites Only?›; Pauline Terrelonge Stone, ‹Feminist Consciousness and Black Women›; Mae C. King, ‹The Politics of Sexual Stereotypes›; Jaquelyne J. Jackson, ‹But Where Are the Men?›. Siehe auch Robert Staples, ‹The Myth of the Black Matriarchy›.
115 *Seele auf Eis.*

Gegen die Verinnerlichung dieses weißen Schönheitsideals entstand auch eine Gegenbewegung, die zu der alten afrikanischen Kultur zurückkehren wollte. Unter dem Slogan *black is beautiful* kam die eigene Haartracht wieder zu Ehren, die Versuche, das krause Haar zu glätten oder eine dunklere Haut zu bleichen, wurden aufgegeben. Viele schwarze Männer verkehrten grundsätzlich nur mit schwarzen Frauen. Trotzdem darf nicht vergessen werden, daß der Rassismus und die Sklaverei zwischen schwarzen Frauen und Männern viel Zwietracht gesät hat.

Sexuelles Mißtrauen spielt auch zwischen Weißen und Schwarzen eine Rolle. Schwarze Männer, die von weißen Männern als Zuchtbullen, als ‹hypersexuell› apostrophiert werden, haben durch das Fehlen erreichbarer anderer Modelle von Männlichkeit manchmal selbst begonnen, an dieses Stereotyp zu glauben.[116] Auch das erleichtert nicht gerade die Beziehung zu Frauen. Selbst wenn weiße Männer ihrer Ideologie nach Rassismusgegner sind, hegen sie gegen schwarze Männer häufig dennoch sexuelles Mißtrauen. ‹Man stelle sich nur vor, es stimme doch, daß sie besser im Bett wären.› Solche Gefühle kommen auf, wenn schwarze Männer zu einer weißen Frau eine Beziehung anknüpfen. Der Rassismus wirkt sich ebenfalls auf die Beziehung zwischen schwarzen und weißen Frauen aus. Auf der einen Seite gibt es die weißen Frauen, die nicht von Rassismus frei sind, und auf der anderen die schwarzen Frauen, die weiße Frauen mißtrauisch als ihre Rivalinnen betrachten, die versuchen, ihnen die schwarzen Männer wegzunehmen.

Bei den vielfältigen Beziehungen zwischen Frauen und Männern können wir nicht einfach von einer besonderen ‹Art› der einen oder der anderen Gruppe sprechen. Diese Beziehungen werden von spezifischen historischen und materiellen Umständen beeinflußt.

116 Behauptet Robert Staples in ‹Black Manhood in the 1970's›, enthalten in *Black Masculinity*.

Spielen solche Mechanismen auch bei uns eine Rolle? Vielleicht in abgeschwächter Form und versteckter, weil sich der niederländische Kolonialismus außerhalb der Landesgrenzen abspielte, aber einiges können wir doch auch bei uns wiederfinden. So hat die Sklaverei in Surinam auch in den Beziehungen zwischen schwarzen Frauen und Männern ihre Spuren hinterlassen. Schwarze Plantagenbesitzer hatten über schwarze Sklavinnen die Verfügungsgewalt, auch die sexuelle. Das stereotype Denken in sexuellen Begriffen, schwarze Frauen seien exotischer, wilder und freier oder schwarze Männer potentielle Vergewaltiger weißer Frauen, zeigt auch bei uns seine Wirkung und wird zur Abschreckung benutzt: «Würdest du etwa wollen, daß deine Schwester oder Tochter mit einem Neger nach Hause kommt?» Sexismus und Rassismus beeinflussen sich wechselseitig, das spricht schon daraus, daß die eben erwähnte Frage fast ausschließlich Töchter und Schwestern nennt, selten Söhne oder Brüder. Nach einer Ideologie, die es Männern zugesteht, über Frauen zu herrschen, ist es viel weniger schlimm, wenn ein weißer Mann mit einer schwarzen Frau verkehrt: Seine dominante Stellung wird dadurch nur bestätigt. Wenn es aber um einen schwarzen Mann geht, der es mit einer weißen Frau ‹treibt›, werden die Tabus in zweifacher Weise durchbrochen. Sie ‹erniedrigt› sich als Weiße, und sie untergräbt die Privilegien weißer Männer. Weiße niederländische Frauen, die schwarze Männer oder Ausländer heiraten, bekommen die Folgen bald zu spüren: Der Rassismus erstreckt sich jetzt auch auf sie. Von allen Seiten werden sie gewarnt, auf eine Art, welche die ‹normale› Besorgnis wegen der eventuellen Kulturunterschiede weit übersteigt. [117]

Julian With untersuchte ‹gemischte› Beziehungen und wie die Umgebung auf sie reagierte. Er wies nach, daß die Feindseligkeit, mit der die weiße Gemeinschaft auf ein gemischtes

117 Siehe Gerda Wezenberg, *Twee kulturen op één kussen, daar slaapt de hele wereld tussen. Relaties tussen witte vrouwen en zwarte mannen.*

Paar reagiert, von der Zusammenstellung dieser Beziehung abhängt. Die Feindseligkeit ist stärker, wenn der Mann schwarz ist und die Frau weiß, als wenn der Mann weiß ist und die Frau schwarz.[118] Julian With erklärt dies aus der Tatsache, daß sowohl die schwarze wie auch die weiße Gemeinschaft von Männern dominiert werden und daß in beiden Frauen als Besitz betrachtet werden, der geschützt werden muß.[119] Ist der Mann schwarz, dann wird die weiße Frau wahrscheinlich in die schwarze Gemeinschaft aufgenommen werden, ist der Mann weiß, dann wird die schwarze Frau höchstwahrscheinlich eher in weißen Kreisen landen.

Es sind also immer noch schwierige Situationen. In mehreren Untersuchungen, die With zitiert, wurden die Motive dafür, daß weiße und schwarze Menschen Beziehungen miteinander eingehen, in Negativbegriffen gesucht, Rache, Minderwertigkeitsgefühle und so weiter. Aber einer der wichtigsten Gründe, der für die Aufnahme von nicht-gemischten Beziehungen von ausschlaggebender Bedeutung ist, scheint als Motiv in gemischten Beziehungen die gleiche Rolle zu spielen. Ich meine, sagt With, die Liebe.[120]

118 Julian With, *Rassenvoorkeur bij partnerkeuze*, S. 114.
119 Ebd., S. 51.
120 Ebd., S. 157.

Die einen werfen mir vor, daß ich ein Jude sei; die anderen verzeihen mir es; der Dritte lobt mich gar dafür; aber alle denken daran.

Ludwig Börne

Der Antisemitismus ist kein jüdisches Problem: er ist unser Problem.

Jean-Paul Sartre

Der Antisemit: Die Juden sind der Untergang dieser Gesellschaft.
Der Jude: Sicher, die Juden und die Radfahrer.
Der Antisemit: Warum die Radfahrer?
Der Jude: Warum die Juden?

(Aus dem Film *Das Narrenschiff*)

IV. Unterdrückung der Juden

1. Einleitung

Nachdem wir uns in einem Teil des IVABO-Programms mit der Stellung der Frauen, mit unserer Sozialisation als Frauen beschäftigt haben, kommen wir zu den Unterschieden, die zwischen uns bestehen. Wir stellen mehrere Stühle in einer Reihe auf und bitten eine ältere Frau, eine junge, eine lesbische, eine verheiratete Frau, eine Mutter, eine Behinderte, eine farbige und eine jüdische Frau, sich auf diese Stühle zu setzen. Manchmal ist keine Jüdin unter uns, dann bleibt dieser Stuhl leer, um uns daran zu erinnern, daß es kein Zufall ist, wenn in einer Gruppe von fast fünfzig Frauen keine einzige jüdische Frau dabei ist. Gelegentlich stellt sich später heraus, daß doch Frauen unter uns sind, die einen jüdischen Elternteil haben und die nicht wissen, ob sie sich als jüdisch bezeichnen sollen oder nicht. Manchmal sind Frauen da, die ‹eigentlich› jüdisch sind, aber die ihr Judentum zu Hause nicht mehr praktizieren. Diese Verwirrung, gelte ich nun als Jüdin oder nicht und soll ich es sagen, bin ich repräsentativ, traue ich mich, damit herauszurücken, ist an sich schon ein Teil des Themas, über das wir sprechen.[1]

---

1 Es besteht immer noch Verwirrung darüber, wer als jüdisch bezeichnet werden sollte und wer nicht. Nach der Halacha, dem jüdischen Gesetz, ist jeder Jude, dessen Mutter jüdisch ist. Aber für die Nazis waren Menschen Juden oder Halb- und Vierteljuden, je nachdem, wieviel jüdische Vorfahren sie hatten. Juden, die selbst glaubten, daß sie aufgehört hatten, jüdisch zu sein, weil sie nicht mehr religiös waren und die aus der jüdischen Gemeinde austraten, wurden dann während des Krieges doch wieder zu den Juden ge-

Nach und nach erzählen die Frauen, was gut daran ist, lesbisch, verheiratet, Mutter oder farbig zu sein, und dann, was schwierig daran ist. Anschließend sprechen die Frauen über dasjenige, von dem sie wünschen, daß die anderen es wissen, und das, was sie nie mehr hören wollen. Als die Jüdin an der Reihe ist, bringt sie zuerst kein Wort heraus. Sie beschreibt es später in ihrem Aufsatz.

Die Dozentin forderte mich auf, davon zu erzählen, was am Jüdisch-Sein schön sei. Soll das ein Witz sein? Schön am Jüdisch-Sein? Überhaupt nichts war schön am Jüdisch-Sein. In diesem Moment beschäftigte mich nur der Gedanke, daß alle Frauen nun wußten, daß ich Jüdin bin, meine Adresse konnten sie sich aus dem Studentenverzeichnis heraussuchen und sie dann den anderen verraten.

Die Lehrerin bat mich um eine Erklärung.

Ich war fassungslos. Das wußte doch jeder! Sie drängte mich, es doch bitte zu sagen, und ich erzählte, daß wir während des Krieges auf der Liste gestanden hätten und welche Folgen das gehabt hätte. Die Angst, die sei geblieben. Noch viel mehr erzählte ich: Durchsuchungen, Untertauchen, keine Familie mehr zu haben oder das Schweigen darüber in der Familie.

Vorsichtig schaute ich mich um, als die Lehrerin sagte, daß es hier sicher wäre. Ich sah, daß andere Frauen weinten. Sie schienen es zu verstehen! Einige erzählten, das nie gewußt zu haben. Andere erkannten in meiner Erzählung ihre eigene Unterdrückung wieder. Das also war mit mir geschehen. Durch die Bemerkungen

rechnet: Die Listen mit den Austritten waren aufgehoben worden. Der Sozialismus in der jüdischen Arbeiterklasse ist in den Niederlanden einer der stärksten Einflüsse bei der Assimilation gewesen. Sylvain Wijnberg, *De Joden van Amsterdam*, S. 5. Unter Juden wird momentan heftig diskutiert, was Jüdisch-Sein für Juden, die nicht religiös sind, bedeutet: die gemeinsame Geschichte, die Tatsache der Verfolgung, ganz gleich, ob man sich selbst als jüdisch definierte (was es unmöglich macht, damit nichts zu tun zu haben), oder eine gemeinsame Schicksalsverbundenheit. Vielleicht besteht das Judentum vor allem aus dieser Diskussion selbst, sagte ein Freund.

der anderen konnte ich zum erstenmal in meinem Leben meine ei-
gene Geschichte mit Unterdrückung in Verbindung bringen. Alle
nannten sie es so! Der Antisemitismus war eine Form von Unter-
drückung.[2]

2. Unterdrückung der Juden

Ist es notwendig, zusätzlich zu einem Kapitel über den Rassismus die Aufmerksamkeit auf die Stellung der Juden, die
Unterdrückung von Juden zu lenken? Einige Argumente
sprechen für die Annahme, daß Rassismus und Antisemitismus[3] in Wirklichkeit verschiedene Namen für das gleiche
Phänomen sind. Menschen mit rassistischen Auffassungen
haben häufig auch antisemitische Auffassungen und umgekehrt.

Unter dem Faschismus der Nationalsozialisten hatte sich
der Antisemitismus zu einer rassischen Theorie entwickelt:
Juden wurden als ‹Rasse› bezeichnet. Viele Autoren wie Fanon und Memmi,[4] die sich mit dem Rassismus beschäftigen,
ziehen Parallelen. Aber das Eingliedern des Antisemitismus
unter den Überbegriff ‹Rassismus› führt auch zu Schwierigkeiten. Als wäre es Jacke wie Hose, und wir bräuchten uns
nicht mehr anzuschauen, wo die Unterschiede zwischen ihnen liegen. Nach meiner Erfahrung kommt es bei der Diskussion über Antisemitismus, über die Unterdrückung der
Juden zu vielen Mißverständnissen. Diese ergeben sich aus

2 Tony Kornman, *Sterren stralen overal,* S. 19.
3 Der Begriff Antisemitismus ist in Wirklichkeit falsch, weil es mehr se-
mitische Völker gibt als nur die Juden. Worüber wir sprechen, ist die Unterdrückung der Juden. Aber weil sich der Begriff ‹Antisemitismus› so einge-
bürgert hat und niemand darunter die Unterdrückung eines anderen Volkes
als des jüdischen verstehen wird, muß er als solcher zu keinen Mißverständnissen führen.
4 Frantz Fanon, *Schwarze Haut, weiße Masken,* Albert Memmi, *Rassismus.*

der Tatsache, daß das ‹Objekt› des Antisemitismus eine andere Geschichte hat als die Zielgruppe des Rassismus und daß einige Äußerungsformen des Antisemitismus oft nicht als Unterdrückung erkannt werden. Memmi, selbst Jude und Tunesier, beschreibt Antisemitismus als eine durch sein Objekt spezifische Form des Rassismus, mit besonderen Merkmalen, die er durch sein spezifisches Opfer und durch die ursprüngliche Beziehung zwischen Opfer und Aggressor erhält.[5]

Viele Leute glauben, daß die Unterdrückung der Juden und die Judenverfolgung eine Folge des Kriegs gewesen seien und somit jetzt nicht oder kaum mehr eine Rolle spielten. Wer bei Unterdrückung lediglich an eine Benachteiligung und Diskriminierung denkt, muß ebenso zu dem Schluß kommen, daß es so schlimm doch nicht sei. Anders als es bei den bereits genannten Gruppen – Frauen, untere Klassen, farbige Menschen und Einwanderer – der Fall ist, kann man bei Juden kaum von einer gesellschaftlich benachteiligten Stellung sprechen. Frauen haben in bezug auf Männer eine niedrigere Klassenstellung, farbige Menschen und Einwanderer finden wir in großer Zahl in der Arbeiterklasse. Juden finden wir in allen Klassenlagen.[6] Und obwohl es zur Diskriminierung und Benachteiligung gehört, daß Mitglieder der unterdrückten Gruppe im Verhältnis zur dominanten Gruppe seltener in einer leitenden Position angetroffen werden (Frauen haben selten über Männer zu bestimmen, Leute aus der Arbeiterklasse selten über Leute aus der besitzenden Klasse, Schwarze selten über Weiße), gilt dies für Juden nicht.[7] Jüdinnen und Juden sind in fast allen leitenden Positionen anzutreffen. Dieses löst ein anderes stereotypes Denken aus. Wie der Rassist sagt, daß Schwarze sich ihre untergeordnete Stellung

5 Rassismus, S. 72.
6 Zur Klassenstellung der Amsterdamer Juden siehe beispielsweise Sylvain Wijnberg, De Joden van Amsterdam.
7 Siehe u. a. ‹Joods Bevrijdingsprogramma. Vierde Ontwerp›.

selbst zu verdanken hätten, und der Sexist behauptet, daß Frauen von Natur aus besser für eine dem Manne nach- oder untergeordnete Rolle geeignet seien, sagt der Antisemit etwas anderes. Er spricht von dem ‹Komplott› der Juden, das ihnen Macht verleihe, und vom ‹Reichtum› der Juden, den sie hinter dem Rücken der anderen erworben hätten.

Nicht auseinanderhalten zu können, in welchem Maße sich Antisemitismus und Rassismus gleichen und in welchem Maße sie sich unterscheiden, führt zur Verwirrung. Ein Gespräch zwischen einer schwarzen Frau und einer Jüdin machte das deutlich.[8] Sind Juden nun Opfer des Rassismus und gehören sie deshalb zu den ‹Schwarzen› oder nicht? Nein, meint die schwarze Frau. «In der niederländischen Gesellschaft haben Juden eine andere Machtstellung als Schwarze. Wenn hier eine Schwarze und eine Jüdin über die Straße gehen würden, dann hätte die Jüdin doch gute Chancen, daß sie zur herrschenden Gruppe der Weißen gerechnet wird. Während die Schwarze immer herausfällt.» Die Jüdin sieht das nicht so, denn wurde die relative Unsichtbarkeit nicht immer gegen die Juden gewendet? Schwarze sind anders und minderwertig, Juden hingegen anders, unsichtbar und deshalb unheimlich, denn sie könnten hinter allem stecken. Beide haben recht. Schauen wir uns erst einmal an, wie die besondere Stellung der Juden entstanden ist.

3. Die historische Stellung der Juden

Juden sind keine Rasse, auch keine rassische Gruppe. Es gibt keine gemeinsamen körperlichen Merkmale wie eine dunklere Haut oder eine besondere Art des Haares, die alle Juden

8 Anet Bleich in der Diskussion mit Lya Djadoenath, Interview von Bleich und Rudi Boon, ‹Alle witten zijn in principe racisten›.

von Nichtjuden unterscheiden.[9] Juden sind ein Volk, mit einer spezifischen Geschichte, mit einer eigenen Religion, auch wenn nicht jeder jüdische Mensch gläubig ist. Viele der Bräuche ihrer alten und reichen Tradition werden an die folgenden Generationen weitergegeben, selbst von nicht streng orthodoxen Familien und auch dann, wenn dazwischenliegende Generationen weitgehend assimiliert waren und ihr Judentum nicht mehr praktizierten.

Als ich in der Gruppe am IVABO gefragt wurde, ob ich Jüdin sei, sagte ich zuerst nein. Ich bin katholisch getauft. Meine Mutter erzählte, daß sie jüdisch gewesen sei, aber es jetzt nicht mehr wäre. Aber als ich mich mit anderen jüdischen Frauen unterhielt, entdeckte ich zu Hause immer mehr Dinge, die eigentlich typisch jüdisch sind. Wir aßen nie Schweinefleisch. Es sei so ungesund, wurde gesagt. Zu Ostern kam Opa und brachte immer eine Schachtel Matze mit.

Ich verstand erst später, daß nicht jeder so etwas aß. Freitagabend war noch immer der festlichste Abend der Woche. Dann mußte man zu Hause sein, und es wurde etwas Leckeres gekocht, und es gab mehr Naschkram als an anderen Tagen. Ich weiß auch, daß Opa immer über den Weihnachtsbaum geschimpft hat, daß der doch zu nichts nütze sei. Es tauchte immer mehr aus der Erinnerung auf, vor allem vieles, was mit dem Essen zu tun hatte. Die Ausdrücke zu Hause, gebbetjes machen (Spielchen machen), kinnesinne (Neid), ich wußte nicht einmal, daß das jüdische Ausdrücke waren. Und meine Mutter wußte immer sofort, wer jüdisch war.

9 Es gibt Juden mit unterschiedlichen Hautfarben und unterschiedlicher ethnischer Herkunft. Die Aschkenasim, die ‹ostdeutschen› Juden, die meist aus Osteuropa kamen, haben fast immer eine Hautfarbe, die wir als ‹weiß› bezeichnen. Aber viele Unterschiede gibt es zwischen den Sephardim (‹portugiesische Juden›) aus Syrien, der Türkei, Äthiopien, Marokko, Spanien und Indien. Es gibt schwarze Juden und chinesische Juden. Siehe u. a. Elly Bulkin, ‹Hard Ground›, S. 97. Damit können wir weder alle Juden zu den farbigen Menschen zählen noch zu den ‹Weißen›.

Seit dem ersten Jahrhundert der christlichen Zeitrechnung leben die Juden ohne eigenes Vaterland, in der Diaspora, das heißt verstreut. Einige Sitten ihrer Kultur, beispielsweise der Aufbau einer sehr engen Gemeinschaft und die Essensgesetze, die eine allzu starke Vermischung mit anderen Völkern unmöglich machten, haben den Juden geholfen, als Juden zu überleben.[10] Auch die traditionelle Betonung des Lernens und die Auslegbarkeit der jüdischen Gesetze, die an neue Umstände angepaßt werden konnten, halfen den Juden als Gruppe. Lea Dasberg: «Eine sehr wichtige Vorschrift der jüdischen Tradition, der jüdischen Religion ist Wachai-Bahem: man soll dabei leben. Das heißt, daß nach der jüdischen Religion jedes Gebot, auch jedes religiöse Gebot, beiseite geschoben werden darf, wenn es darum geht, das Leben zu retten.»[11]

Die jüdischen Gemeinschaften, die nach einem Ort suchten, wo sie sich niederlassen konnten, waren dabei von dem Wohlwollen der örtlichen herrschenden Klasse abhängig.[12] Dadurch sind sie oft in eine Situation gekommen, in der sie von den örtlichen Machthabern ausgenutzt werden konnten. Beispielsweise wurden die Juden dort, wo es Angehörigen der christlichen Kirche verboten war, Geldhandel zu betreiben, als Geldverleiher eingesetzt. Juden wurden auch als Steuerpächter und als höhere Beamte gebraucht. Daneben waren Juden bestimmte Berufe untersagt: Meist durften Ju-

10 Die Gesetze der ‹koscheren› Essenzubereitung, daß man beispielsweise bestimmte Dinge wie Schweinefleisch nicht essen darf, sind es nicht allein, auch daß Milch- und Fleischgerichte nicht zusammen gegessen werden dürfen und daß es deshalb auch zwei Geschirrsätze und zwei Spülen geben muß. Juden, die sich an diese Gesetze halten, können also nicht bei Leuten essen, die eine nichtkoschere Küche haben.

11 Lea Dasberg, ‹Honing versus Holocaust›, S. 26.

12 Die folgende, schon sehr knappe Zusammenfassung der historischen Stellung des jüdischen Volkes findet man im ‹Joods bevrijdingsprogramma. Vierde Ontwerp›, in *Lechaim 3*. Siehe auch: D. van Arkel, ‹Racism in Europe›, und ‹Een voorzichtige prognose› in der Aufsatzsammlung *Veertig jaar na '45*.

den kein eigenes Land besitzen, und sie waren von den Zünften ausgeschlossen. Das ist die historische Erklärung dafür, daß wir immer noch verhältnismäßig viele Juden in den sogenannten freien Berufen und in der Lehre antreffen, gleichzeitig ist es der Auslöser für ein weitverbreitetes Vorurteil gewesen, nämlich daß Juden immer auf Geld aus wären und daß Juden reicher wären als Nichtjuden. Dabei wird meistens vergessen, daß der größte Teil der Juden ebenso wie Nichtjuden vom Handwerk leben mußten. Wenn sich eine Gruppe von Juden irgendwo niedergelassen hatte, waren es vor allem die Steuereintreiber, Geldverleiher und Beamte, die für das Volk sichtbar waren. Sie wurden als ‹Puffergruppe› zwischen die wirklich Herrschenden und die Untertanen geschoben. Das hatte zur Folge, daß sich ein Großteil des Grolls der unterdrückten Gruppen gegen die Juden als Ausführende des Willens der Herrschenden richtete. Die Herrschenden haben sich diesen Tatbestand immer wieder geschickt zunutze gemacht, indem sie den antijüdischen Gefühlen Nahrung gaben, ohne sich selbst zu gefährden. Die Geschichte zeigt, daß jedesmal, wenn ein Aufstand drohte, die Juden als Sündenbock geopfert und ihnen die erworbenen Bürgerrechte aberkannt wurden.[13] Der Haß und die Ablehnung konnten sich an ihnen austoben, individuell oder durch Massenmorde, Deportationen und die Drohung der Ausrottung. Beispiele hierfür sind die Pogrome in Osteuropa und das jüngste, die Konzentrationslager der Nazis.

Nach den Verfolgungen beginnt dann wieder eine Periode der ‹Wiedergutmachung›, eine Zeit der Entschuldigung und einer gewissen Unterstützung, um die Gemeinschaften wiederaufzubauen. Diese besondere historische

13 Eine solche Stellung als Sündenbock oder als Puffer zwischen der herrschenden Klasse und dem Volk hatten auch die Peranakan-Chinesen in Indonesien. Siehe u. a. Ien Siang Oei, *Tussen drie kulturen* und Jarti Notohadinegoro, ‹Chinezen in Indonesië›.

Stellung der Juden als Sündenbock, als Puffer zwischen der herrschenden Gruppe und der normalen Bevölkerung hat mehrere Konsequenzen.

Erstens: In den Zeiten, in denen Juden nicht verfolgt werden, glauben viele Leute, daß Juden keine unterdrückte Gruppe darstellten. Aber weder die Versuche der Assimilation, das heißt der unsichtbaren Eingliederung in die herrschende Gruppe, noch die Privilegien oder die günstigeren Aufstiegschancen, als sie beispielsweise schwarzen Menschen geboten werden, sind verläßliche Zeichen dafür, daß Juden nicht unterdrückt würden.

Zweitens: Die besondere Zwischenstellung hat dazu geführt, daß Juden von anderen unterdrückten Gruppen nicht als unterdrückt angesehen werden. So rechnen schwarze Menschen die Juden zu den Weißen, da sie ihrer Meinung nach, wenn es um Ausbildungsmöglichkeiten geht, um eine Arbeitsstelle oder darum, ohne tägliche Diskriminierung zu leben, die Vorrechte der Weißen besäßen. Historisch gesehen haben Juden aus der Sicht der Schwarzen außerdem oft die Stellung der Unterdrücker innegehabt.[14] In Surinam wie auf den Antillen gab es eine Gruppe jüdischer Plantagenbesitzer. In den USA, wo viele Juden später als Afroamerikaner eintrafen, wurden Juden schneller assimiliert. Barbara Smith schreibt hierzu: «Ein Unterschied zwischen ihnen besteht darin, daß die Mehrheit der Juden, die in die Vereinigten Staaten immigrierten, um der Unterdrückung in Europa zu entkommen, hier eine Gesellschaft vorfanden, die zwar nicht frei von Antisemitismus war, in der es ihnen aber in den meisten Fällen doch möglich war, wieder zu Atem zu kommen. Den schwarzen Menschen auf der anderen Seite, die mit Ge-

---

14 Vgl. D. van Arkel, die den Antisemitismus unter schwarzen Amerikanern aus der Tatsache erklärt, daß Juden in den Gettos der Schwarzen oft Hausbesitzer oder Geschäftsinhaber waren: ‹Een voorzichtige prognose›, in: *Veertig jaar na '45*, S. 28. Vgl. auch: Nat Hentoff, *Black Antisemitism and Jewish Racism*; Robert Weisbord und Arthur Stein, *Bittersweet Encounter. The Afro-American and the American Jews*.

walt als Sklaven hierher gebracht worden sind, bot dieses Land kein Entkommen. Im Gegenteil.»[15]

Es gibt zwei Überlebensstrategien, mit denen das jüdische Volk in der Diaspora ständig von neuem seinen Weg suchte. Diese boten eine gewisse Möglichkeit, der Verfolgung zu entkommen, aber wie alle Überlebensstrategien, wenn sie sich zu starren Gewohnheiten entwickeln, haben sie auch Nachteile. Eine ist das Sichzurückziehen in die eigene Gemeinschaft, Sicherheit und Geborgenheit nur noch bei Juden zu suchen. Verständlich, hat die Geschichte doch gelehrt, wie oft Juden verraten wurden. Die andere Strategie ist die der Assimilation, das heißt in der Kultur der dominanten Gruppe aufzugehen und alle Gewohnheiten abzulegen, die auf das Jüdisch-Sein hinweisen. Das kann sich in verschiedenen Formen äußern, beispielsweise in der Aufgabe der eigenen und der Annahme der dominierenden Religion, indem man sich taufen läßt oder indem man seinen jüdischen Nachnamen in einen nichtjüdischen ändern läßt.[16] Oder indem man alle Äußerlichkeiten, die wie dunkles, krauses Haar, eine große Nase mit dem Jüdisch-Sein assoziiert werden, verändern läßt.[17] Man kann sich alle Gewohnheiten abgewöhnen, die wie Jiddisch zu sprechen, schnell zu sprechen, mit den Händen zu sprechen mit dem Jüdisch-Sein verbunden werden. Beide Vorgehensweisen führen außer zu einem gewissen Maß an Sicherheit auch zu einem gewissen Maß der Isolierung. Bei der ersten manchmal durch das Fehlen nichtjüdischer Freunde, was in Zeiten der Verfolgung von entscheidender Bedeutung werden kann. Bei der zweiten Lösung,

---

15 Barbara Smith, ‹Between a Rock and a Hard Place›, S. 72.
16 Eine faszinierende Studie, die sich mit der Erforschung der jüdischen Nachnamen und mit ihren Veränderungen durch die Geschichte hindurch befaßt: Benzion C. Kaganoff, *A Dictionary of Jewish Names and Their History*. Viele jüdische Immigranten haben bei ihrer Ankunft in den USA ihre jüdischen Namen amerikanisiert. So wurde aus Cohen häufig Coleman und aus Rubinstein Rubin (Kapitel 8).
17 Siehe Cherie Brown und Diane Balser, ‹Joodse vrouwen›.

der Assimilation, macht das Verbergen der jüdischen Identität eine eigene Organisation unmöglich. Es ist denn auch auffällig, wie viele Juden in den Befreiungsbewegungen für andere an der Spitze mitgelaufen sind – sowohl im Sozialismus, in der Arbeiterbewegung, in der Frauenbewegung als auch in der Bewegung für die Bürgerrechte der Schwarzen –, in der Hoffnung, daß eine bessere Welt für alle auch der eigenen Gruppe Sicherheit böte.[18] Ellen Santen: «Bei dem Gedanken ‹wir Juden› fühle ich mich unwohl. Zu Hause lernte ich früher, daß der Klassenkampf und die politischen Auffassungen eines jeden wichtiger seien als das Jüdisch-Sein. Alle Menschen sind gleich, und danach streben wir in der sozialistischen Gesellschaft. Dann wird es keinen Antisemitismus mehr geben, denn dann brauchen Menschen nicht gegeneinander ausgespielt zu werden.»[19]

4. Judentum und Sozialisation

Gibt es eine jüdische Sozialisation? Lea Dasberg weist darauf hin, daß die Erziehung zum Juden etwas anderes ist als die Erziehung der Juden.[20] Die Vermittlung einer jahrhundertealten Tradition, einer jüdischen Identität ist für die jüdische Nachkriegsgeneration nicht das gleiche wie die Erinnerung an die Verfolgung: «Wir sind in letzter Zeit immer noch dabei, unsere Identität vollkommen von diesem Antisemitismus abzuleiten. Und ich glaube, daß dies eine gefährlichere Entwicklung in unserer Geschichte bedeutet als alle Verfolgungen zusammen.[21] Wir sind keine ‹Kinder des Holocaust›.

18 Siehe das ‹Joods Bevrijdingsprogramma›, *Lechaim 3*. Und: Mark A. Chesler, ‹Creating and Maintaining Interracial Coalitions›, S. 227.
19 Ellen Santen, ‹Ontdekkingsreis›, S. 18.
20 Lea Dasberg, ‹Honing versus Holocaust. De relatie tussen Joodse religie, pedagogische filosofie en identiteit›.
21 Ebd., S. 25.

Wir sind ‹Kinder einer sehr langen Geschichte›, Kinder einer sehr alten Geschichte, einer sehr alten Tradition, die sich durch alle Verfolgungen hindurch als unzerstörbar erwiesen hat. Es widerspricht demnach vollkommen dieser jüdischen Kultur, unsere Identität vom Tod herzuleiten.»[22]

Rochelle Allebes beschreibt, was geschieht, wenn jüdische Eltern, die den Krieg überlebt haben, ihre Kinder zu schonen versuchen. «Es geht um Menschen, die ihrem Judentum nach dem Krieg keinen einzigen positiven Inhalt geben konnten, die ihre Identität am liebsten vor der Außenwelt versteckt hielten. Aber selbst dann wird das Verhältnis zu anderen und zu einem selbst natürlich von dieser jüdischen Identität bestimmt. Jüdisch-Sein bedeutete Lebensgefahr *und* die Sehnsucht nach allem, was es nicht mehr gab und was nie mehr wiederkehren würde. Jüdisch-Sein bedeutete auch, überlebt zu haben, oft als einziger der ganzen Familie, und sich dafür schuldig und verstört zu fühlen.»[23] Und: «Indem man das Judentum für die Kinder unsichtbar macht, bleibt schließlich nur der Krieg übrig, und die Kinder bekommen das Gefühl, daß der Krieg dem Judentum inhärent sei. Das ist nichts, zu dem man gehören möchte.»[24] Dasberg führt Beispiele dafür an, wie die jüdische Sozialisation aussähe, wenn wir sie nicht aus dem Antisemitismus herleiteten. Zum einen findet sich die sehr starke Ausrichtung der jüdischen Religion auf Kinder und damit die Betonung der Kindererziehung.[25] Der Lehrer soll nicht vorn unterrichten, sondern das gemeinsame Lernen von Lehrer und Kind steht im Vordergrund. Deshalb ist es wichtiger, daß ein Schüler eine richtige Frage stellt, als daß er eine Frage richtig beantwortet.[26] Auch bei Juden, die ‹zu Hause ihr Judentum nicht mehr praktizieren›, hat sich diese Einstellung oft gehalten. ‹Frag nur, Kind, das macht

22 Ebd., S. 26.
23 Rochelle Allebes, *Joodse identiteit in Nederland na 1945*, S. 19.
24 Ebd., S. 46.
25 In: ‹Honing versus Holocaust›, S. 30.
26 Ebd., S. 32.

dich klug›, ist eine andere Haltung als ‹Wer zuviel fragt, bekommt auch dumme Antworten› oder ‹Kinder müssen gesehen werden, aber nicht gehört›.[27] Jude zu sein ist Freude und
Stolz, schreibt Lea Dasberg.[28] Aber durch die Unterdrükkung der Juden wird Jüdisch-Sein auch als gefährlich, als le-
bensgefährlich erfahren, wie Eddo Rosenthal betont.[29] «Der
Schmerz über das Leid, das den Eltern zugefügt wurde, ist so
groß, daß die meisten Kinder immer noch Schwierigkeiten
haben, ihrer Mutter oder ihrem Vater über die Einzelheiten
dieser Zeit Fragen zu stellen. Die meisten von uns sind bis
heute nicht in der Lage, einen Familienstammbaum zusammenzustellen, weil sie die Namen der ermordeten Großeltern, der Onkel und Tanten, der Brüder und Schwestern
nicht kennen. Viele von uns wissen nicht einmal, wie viele
Brüder und Schwestern ihre Eltern vor dem Krieg hatten, ob
sie älter oder jünger waren als unsere eigenen Eltern, wie ihr
Alltag aussah, wo sie gelebt haben und in welchem Jahr sie
ermordet wurden.»

«Wir haben nach und nach bestimmte Botschaften von unseren Eltern vermittelt bekommen», schreibt Ellen Santen.
«Es scheint so, als ob man mit ihnen ein Geheimnis teile, über
das man nicht zuviel sprechen darf und das nicht für die Außenwelt bestimmt ist. Und man darf vor allem seine schmut-
zige Wäsche nicht nach draußen hängen. Weil man das ‹Geheimnis› nicht lüften darf, entsteht ein gespanntes Verhältnis
zu den Eltern.»[30] Das konnte mehrere Folgen haben: «Bei
dem einen zu Hause wurde bei jeder Kleinigkeit vom Krieg
gesprochen, und bei dem anderen wurde er mit keinem Wort
erwähnt. Es macht traurig. Zu streiten, vor allem mit den
Eltern, war verpönt.»[31] Auch andere Autoren verweisen auf
den Druck, ein ‹gutes Kind› zu sein, die Eltern nicht zu ent-

27 Vgl. Tony Kornman, *Sterren stralen overal*, S. 5.
28 In: ‹Honing versus Holocaust›, S. 34.
29 Eddo Rosenthal, ‹Jullie naam was het enige wat we nog hadden›, S. 44.
30 Ellen Santen, ‹Ontdekkingsreis›, S. 20.
31 Ebd., S. 20. Siehe auch: Paul Damen, ‹Ik ben niet joods, g.dverdomme!›.

täuschen, ihnen vor allem nicht noch mehr Kummer zu bereiten.[32] Dies und die Notwendigkeit, die man verspürt, seinen Eltern wieder eine Familie zu geben, belastet das Eltern-Kind-Verhältnis. Die Art, in der die Nachkriegsgeneration mit der Verarbeitung der Verfolgung und der Angst vor einer neuen umgeht, kann unterschiedlich aussehen.[33] Der eine arbeitet und arbeitet, nur um nicht an irgend etwas anderes denken zu müssen. Für andere vergeht kein Tag, an dem sie nicht daran denken. Der eine kann Schwierigkeiten haben, sich an Menschen zu binden, denn es kann ja jederzeit vorbei sein, der andere neigt dazu, seine Familie, seine Kinder und Enkel als allerwichtigstes zu empfinden. Das kann die folgende Generation stark belasten.[34]

Ich verstehe, daß meine Eltern es fürchterlich gern sähen, wenn ich einen netten jüdischen Jungen heiraten würde und ein paar hübsche Kinder bekäme. Für sie füllt das eine Art von Leere in der Familie, die abtransportiert worden ist. Einmal sagte mein Vater, wenn unser Name ausstirbt, hat Hitler doch noch seinen Willen bekommen. Ich gönne es meinen Eltern vollkommen, aber ich weiß nicht, ob ich schon soweit bin, zu heiraten und Kinder zu bekommen, und ob es unbedingt ein jüdischer Mann sein muß. Eine meiner Freundinnen ist lesbisch, sie hat sich nicht getraut, es zu Hause zu erzählen. Ihre Freundinnen finden das komisch und ein bißchen feige, daß sie nicht dazu stehen will. Aber ich verstehe sehr gut, was es für jüdische Eltern bedeutet.

32 Wie Abraham de Swaan, in: ‹De na-oorlogse Joodse generatie en de verwerking van het oorlogsverleden›, S. 13.
33 Siehe zur unterschiedlichen Art, wie mit der Kriegsvergangenheit der Eltern umgegangen wird, die Interviews in: Helene Weijel, *In twee werelden* und Helen Epstein, *Die Kinder des Holocaust.*
34 Beispiele dafür in: Helene Weijel, *In twee werelden. Gesprekken mit kinderen van joodse overlevenden.*

Das Verhältnis untereinander ist von der Erfahrung der extremen Form von Unterdrückung geprägt, wie auch die Beziehungen zu anderen Menschen. Wem kann man wirklich vertrauen, wenn es darauf ankommt?

Bloß nicht auffallen. Es gibt dafür sogar einen besonderen jüdischen Ausdruck, Risches machen, Anlaß zu Antisemitismus geben.[35] «Als ich nach meiner ersten politischen Aktion – drei Tage Uni-Besetzung – nach Hause kam, war mein Vater böse und empört. Nicht über die Aktion selbst, was ich erwartet hatte, sondern über meine Teilnahme. ⟨Juden sollten solche Sachen nicht tun, Juden sollten sich nicht so in den Vordergrund stellen, das gibt nur Schwierigkeiten⟩», schreibt Marjan Sax.[36] Und weitere Erfahrungen:

Ich fand meine Mutter immer schrecklich konservativ. Immer kritisierte sie mich, wenn ich ein bißchen auffällig angezogen war, immer kritisierte sie andere, die ihre politische Meinung ein bißchen deutlicher vertraten oder auf eine andere Weise auffielen. Dann sagte sie einmal, als wir eine bekannte Jüdin in einer Fernseh-Talkshow sahen, die etwas tat, womit sie überhaupt nicht einverstanden war, als jüdische Frau sollte sie es doch besser wissen. Damals verstand ich, daß sie ewig in Angst davor lebte, daß Juden in einem ungünstigen Augenblick auffallen würden und daß das Folgen auch für alle anderen Juden haben könnte. Bloß keinen Anlaß zum Antisemitismus geben.

Ich habe mich lange Zeit für meine Eltern geschämt, und dafür schäme ich mich jetzt. Damals verstand ich es noch nicht so, jetzt schon, daß es vor allem immer dann war, wenn sie sich so ⟨jüdisch⟩ verhielten. Ich meine, wenn mein Vater all sein Geld lose in der Hosentasche aufbewahrte oder wenn meine Mutter ihren ganzen Goldschmuck trug. Ich glaubte, schon die Blicke der Leute zu sehen.

35 Siehe H. Beem, *Jerösche. Jiddische spreekwoorden en zegswijzen uit het Nederlandse taalgebied*, S. 201.
36 In: ⟨Aardige Joodse meisjes⟩.

Reiche Juden. Ich habe erst später verstanden, daß das Geld und der Schmuck für sie etwas anderes bedeuteten. Man hatte es so immer bei sich und konnte es mitnehmen, wenn es mal darauf ankommen sollte. Im Krieg haben die Menschen damit ihr Leben retten können.

Zu Hause habe ich gelernt, vor allem nicht schnell zu reden. Und mit den Händen zu reden war völlig falsch. Diese Angst, als Jude erkannt zu werden, habe ich irgendwie übernommen. Ich erzähle es kaum jemandem. Mir fällt plötzlich ein, wenn Freunde meiner Eltern, ebenfalls Juden, zu uns zum Musizieren kamen, wurden die Gardinen zugezogen, und sie gingen nie gleichzeitig weg.

5. Verinnerlichte Unterdrückung und Antisemitismus

Wenn wir uns anschauen, was verinnerlichte Unterdrückung für Juden bedeutet, dann vor allem der Versuch, nicht dem jüdischen Stereotyp zu entsprechen.

«Wir haben versucht, uns anzupassen, dazuzugehören und akzeptiert zu werden. Einige von uns haben ihr Haar entkraust und blondiert oder ihre Nasen ‹gerade› operieren lassen. Einige von uns haben die Hände gefaltet und ihre Stimme weicher klingen lassen. Wir haben uns etwas darauf eingebildet, daß wir nicht wie ‹diese aufdringlichen Frauen› wären (...). Viele von uns haben hart mit sich kämpfen müssen, um den scheinbaren Konflikt zwischen der Herkunft aus einer Tradition starker Mütter und dem Hineinpassenwollen in Kulturen mit anderen Normen von ‹Weiblichkeit› auszuhalten. Andere von uns haben eine starke Frauengeneration (die sich in den jüdischen Frauenorganisationen oder als Pionierinnen zionistischer Organisationen oder in der Organisation arbeitender Frauen und als politische Aktivistinnen engagierten) beinahe an den Rand gedrängt. Wir haben die

Abwertung starker Frauen zu einem Großteil verinnerlicht»,
schreiben Cherie Brown und Diane Balser.[37]

«Selbsthaß und die Angst davor, was die Nichtjuden sagen
werden, liegen nahe beieinander», sagt Sylvain Wijnberg in
seiner Untersuchung über die veränderte Einstellung der
Amsterdamer Juden ihrem Judentum gegenüber.[38] Gerade
die Eigenschaften, die Nichtjuden Juden zuschreiben, nimmt
man einander am meisten übel: Angeberei, Prahlsucht, mit
den Händen zu reden, ‹jüdisch› zu reden, sich in den Vordergrund zu stellen, Geschäfte zu geschickt abzuwickeln.[39]

«Wenn man perfekt war, dann machte es nichts, daß man
ein Jude war», schreibt Adrienne Rich.[40]

Die Angst vor der Vernichtung ist mit Kriegsende nicht
verschwunden, und Bemerkungen wie ‹Es passiert doch jetzt
nichts›, nehmen niemandem diese Angst. Ruda Kowadlo:
«Juden haben ein Verhaltensmuster des Sichzurückziehens
entwickelt, nicht aufzufallen, nicht lästig zu werden, weil es
gefährlich sein kann, sich zu zeigen und etwas von sich hören
zu lassen. Juden haben gelernt, etwas zu leisten, in Kunst und
Wissenschaft zu glänzen, um so eine größere Überlebens-
chance zu haben. Wir haben ein Verhaltensmuster entwik-
kelt, um trotz der Angst, vernichtet zu werden, weiterhin
funktionieren zu können. Wenn wir nicht mehr gut funktionieren, kommt diese Angst zum Vorschein.»[41] Das Gefühl,
nicht sein zu dürfen, wie man ist, nicht zeigen zu dürfen, wer
man ist, ist die Folge der jüdischen Unterdrückung, auch in
Zeiten, wo man nicht von einer unmittelbaren Verfolgung
sprechen kann. Eigentlich bedeutet es, noch immer unterge-
taucht zu leben. Aber man kann auch immer noch von einem

37 In: ‹Joodse vrouwen›, enthalten in *Vrouwen en welzijnsweerk, Wat bindt ons
en wat scheidt ons.*
38 *De Joden van Amsterdam,* S. 93.
39 Ebd.
40 Siehe ihren Aufsatz: ‹An der Wurzel gespalten›.
41 In: ‹Misschien gaat het wel nooit over›, in *Lechaim 4,* S. 33.

Antisemitismus sprechen, auch wenn dieser selten die klassische Form annimmt, wie die Nazis sie propagierten.

Henryk M. Broder bezeichnet den Antisemitismus als emotionalen Selbstbedienungsladen. Jeder kann etwas nach seinem Geschmack finden. «Linke Antisemiten, die ihren Marx gelesen haben, können Juden nicht leiden, weil sie Kapitalisten, Ausbeuter und Unternehmer sind. Rechte Antisemiten (...) hassen Juden, weil sie Revolutionäre, Sozialisten und Skeptiker sind. Gläubige Menschen mögen Juden nicht, weil viele Juden Ketzer und überzeugte Atheisten sind. Freidenker nehmen es den Juden übel, daß sie immer noch an ihrem alten Glauben festhalten. Feministinnen (...) sind über die notorische Frauenfeindlichkeit des Judentums voll im Bilde. Tierschützer und Vegetarier regen sich über das koschere Schächten von Tieren auf. Internationalisten machen es Juden zum Vorwurf, daß sie einen eigenen Staat gegründet haben, und Nationalisten bemängeln, daß noch nicht alle Juden geschlossen hingezogen sind. So sucht sich ein jeder aus, was ihm paßt, um seine Leidenschaft zu befriedigen. Egal, worum es geht: Der Jud' ist schuld.»[42]

Auffälligerweise existieren bei Nichtjuden Gefühle der Eifersucht. Niemand will leiden, aber es gibt doch einen Neid auf die vermeintlich große Aufmerksamkeit, die denjenigen zukommt, die gelitten haben. Nichtjuden empfinden oft ein Gefühl von Farblosigkeit[43], sie meinen, kein Recht auf Aufmerksamkeit zu haben, nicht wirklich etwas erlebt zu haben, was den Juden übelgenommen wird. «Sie glauben wohl, sie seien etwas Besonderes.»

Verkappter Antisemitismus spricht aus der Hetze über ‹reiche Juden›, der man in progressiven Kreisen durchaus noch begegnen kann. «Ich habe ja nichts gegen Juden, aber wenn ich dann so ein Pärchen mit diesen ganzen Diamanten in einem teuren Restaurant sehe, dann finde ich das doch wi-

---

42 In: *Der ewige Antisemit*, S. 34.
43 Siehe auch: Gail Pheterson, ‹Bondgenootschap tussen vrouwen›, S. 415.

derlich.» Auch die Linke hat sich im ganzen als nicht immun gegen Antisemitismus erwiesen, wie viele linke Juden und Jüdinnen haben erfahren müssen. [44]

Manchmal äußert sich das in einem völligen Verschweigen der Tatsache, daß einige in der Gruppe jüdisch sind und damit einen besonderen Grund haben, bei antijüdischen Anschlägen emotional zu reagieren. Linke Juden, die für die Rechte der Juden in der Sowjetunion eintraten, erhielten oft keine Unterstützung, weil das den Rechten in die Hand gespielt hätte. [45] Vor allem aber zeigt sich der Antisemitismus in der selektiven Empörung über Israel. [46] Der Grat zwischen gerechter Kritik an den Handlungen einer Regierung und Ablehnung des Existenzrechtes eines Staates, in dem Juden sich sicher fühlen können, ist schmal. Kritik an sich ist kein Antisemitismus. Bedenklicher wird es, wenn niederländische Juden zu hören bekommen: «Ihr habt da ja ordentlich gewütet, was?» [47] Ebenso verdächtig ist es, wenn an Israel Forderungen gestellt werden, wie es etliche Male geschehen ist, die an angrenzende Länder nicht gestellt werden. Dahinter steckt teilweise das eigene Schuldgefühl, zumindest bei Nichtjuden, im Krieg viel zuwenig getan zu haben. Henryk M. Broder beschreibt diesen Mechanismus für Deutschland, wo das Trauma der Mitschuld eine größere Be-

44 Selma Leydesdorff, ‹Beelden en Symbolen›, in: *Israël: een blanco cheque?* und in: ‹Antisemitisme tussen twijfel en angst. Aantekeningen van een geassimileerde Jodin›. In der Sammlung *Israël: een blanco cheque?* finden sich noch weitere Beispiele, ebenso in den Aufsätzen von Ornstein, ‹Brief aan Dov› oder von Eva van Sonderen, ‹Linkse Joden in Nederland: tussen solidariteit en kritiek›. Siehe auch: Steven Lubet und Jeffrey (Shaye) Mallow, ‹That's funny, You Don't Look Anti-Semitic›.
45 Selma Leydesdorff, ‹Antisemitisme tussen twijfel en angst›.
46 Ebd., siehe auch: D. van Arkel u. a., *Veertig jaar na '45. Visies op het hedendaagse antisemitisme* und *Israël: een blanco cheque?*
47 «Würde man eine solche Form kollektiver Anschuldigung gegen Surinamer richten, wüßte jeder wohlmeinende Mensch: das ist Rassismus», schreibt Eva van Sonderen in ‹Linkse Joden in Nederland: tussen solidariteit en kritiek›, S. 39.

deutung hat als hier.[48] Er zitiert einen deutschen Filmemacher, der das Los der Kinder in Palästina heute mit dem Los der jüdischen Kinder im Krieg vergleicht. Durch diese Gleichsetzung werden die israelischen Juden, eigentlich alle Juden, in die Rolle der Nazis gedrängt und der Deutsche, der das anklagt, in die Rolle des Retters anstatt in die des Verfolgers. Das Bedürfnis, Juden auch als Verfolger zu bezichtigen, wurzelt im Schuldgefühl, in dem Bedürfnis, sich selbst freizusprechen. Wenn sie sich als ebenso schlimm erweisen, dann sollen sie jetzt endlich einmal mit ihrem Jammern darüber aufhören, was ihnen angetan worden sei, lautet die Argumentation zusammengefaßt.

Broder: «Der ganz normale Antisemitismus besteht nicht darin, daß Juden gejagt, geprügelt und umgebracht werden. Seine banale Alltagsversion zeichnet sich dadurch aus, daß Juden per se mehr zugemutet wird als anderen und daß sie sich weniger herausnehmen dürfen als andere. Das heißt, sie müssen als Opfer geduldiger, wehrloser, leidensbereiter sein und werden, umgekehrt, als Täter einer viel strengeren Beurteilung unterzogen. Was Juden angetan wird, zählt nur halb, sie sind ja Opfer von Natur aus, was sie selber anderen antun, zählt doppelt – nichts aktiviert mehr Aggressionen als ein ‹geborenes Opfer›, das sich mit seiner Rolle nicht abfinden will.»[49]

Abgesehen von dem Streben nach einem Heimatland, in dem man vor Verfolgung sicher wäre, also abgesehen von dem Zionismus[50], konnte nachweislich nie von einer der Arbeiterbewegung, der schwarzen Bürgerrechtsbewegung, der Frauenbewegung vergleichbaren jüdischen Befreiungsbewe-

---

48 In: ‹Het denkt binnenin Duitsers›.
49 Henryk M. Broder, *Der ewige Antisemit*, S. 148.
50 Auf die Tatsache, daß es nicht nur einen Zionismus gibt, verweist Anet Bleich in ‹Het zionisme kan men niet vereenzelvigen met een bepaalde politieke positie.› Siehe ferner auch die Diskussion darüber, ob der Antizionismus dem Antisemitismus gleichkomme: Hans Buis u. a., *Ik heb ze onder mijn beste vrienden*.

gung die Rede sein. Einige Erklärungen hierfür, so die Versuche, sich zu assimilieren, die Uneinigkeit untereinander, die besondere Zwischenstellung, durch die Juden von anderen unterdrückten Gruppen zu den Machthabern gezählt wurden, sind schon genannt worden. Was heißt jüdische Befreiung? Sichtbar sein zu dürfen, eine eigene Identität haben zu dürfen und diese zeigen zu können, auch wenn die jüdische Identität nicht für jeden gleich aussieht. In der letzten Zeit sind viele Selbsthilfegruppen entstanden, gerade für die assimilierten Juden oder, wie Rochelle Allebes sie nennt, für die «betroffenen und beteiligten Juden»[51], um durch die verinnerlichte Unterdrückung hindurch herauszufinden, was an einer jüdischen Identität wertvoll ist. Jüdische Sozialeinrichtungen setzen sich hierfür ein, in Bergen wurde eine Konferenz gegründet, es gibt Council-Gruppen, Unterrichtsgruppen wie am IVABO und Solidaritätsprojekte.[52]

6. Beziehungen innerhalb und außerhalb des Judentums

Wie es auch bei der Klassenherkunft und den ethnischen Unterschieden der Fall ist, muß noch vieles innerhalb der jüdischen Gruppen, beispielsweise die Beziehungen der Juden untereinander, ihre Beziehungen zur Außenwelt, erforscht werden. Innerhalb der Gruppe spielen die Gegensätze zwischen orthodoxen und assimilierten Juden eine große Rolle. Auch die Beziehung zwischen jüdischen Männern und Frauen ist problematisch.[53] Wie in den meisten Religionen und Traditionen gab es innerhalb des Judentums fest umris-

51 In: *Joodse identiteit in Nederland na 1945*, S. 43.
52 Zu Sozialeinrichtungen als jüdische Treffpunkte siehe Allebes, S. 39. Zur Konferenz in Bergen: ICODO: ‹De Joodse naoorlogse generatie in Nederland›. Über Solidaritätsprojekte: Gail Pheterson, ‹Bondgenootschap tussen vrouwen›.
53 Siehe zum Beispiel Tineke Sjenitzer, ‹Joodse mannen en vrouwen›, und

sene Männer- und Frauenrollen. Durch das Auseinander-
brechen der alten osteuropäischen jüdischen Gemeinschaften
geriet dieses Verhältnis zueinander ins Wanken. Frauen übernahmen innerhalb dieser Tradition die wichtige und anerkannte Aufgabe des Zusammenhalts der Familie. Häufig
wurde der Vater soweit wie möglich von den täglichen Sorgen ferngehalten, damit er ‹lernen› konnte.[54] Die Umstellung
nach der Emigration in die USA war für Frauen oft einfacher
als für Männer. Ob man im Schtedtl, dem alten jüdischen
Städtchen, oder auf einem amerikanischen Markt Hering
verkaufte, machte keinen großen Unterschied. Mit ihrer weniger praktischen Lebenseinstellung konnten die Männer in
der neuen Situation nicht viel anfangen, sie mußten eine
starke Abwertung ihres Status in Kauf nehmen. Der Mann,
der ‹lernte›, gehörte in der neuen Situation nicht mehr automatisch zur Elite. Batya Weinbaum schreibt, daß diese
psychologische Unterminierung jüdischer Väter für den
Aufbau der ersten jüdischen Gewerkschaften, von denen
Frauen schon bald ausgeschlossen wurden, ein Motiv gewesen sein könnte.[55] Der psychologische Druck auf jüdische
Frauen, weniger ‹dominant›, weniger stark zu sein, spielt in
den Beziehungen zwischen jüdischen Frauen und Männern
noch immer eine Rolle.[56] Auch das Streben nach Assimilation, sich einem nichtjüdischen Umfeld anzupassen und
darin aufzugehen, hat mitunter dazu geführt, daß jüdische
Frauen und Männer einander als Partner mieden.[57]

---

das Interview mit Jaap Sanders, in: van Soest und Meulenbelt, *Mannen, wat is er met jullie gebeurd?*

54 ‹Lernen› bedeutet nach Beem das Studium der Gesetze (S. 138). Einige Männer wurden vollkommen von gesellschaftlichen Pflichten freigestellt, um lernen zu können.

55 Batya Weinbaum, *The Curious Courtship of Women's Liberation and Socialism*, S. 47. Siehe auch: Hannah Davis, ‹Naar een nieuwe begrip van Joodse mannen›; Cherie Brown, ‹Jewish Women›; Audrey Gellis, ‹The View from the Back of the Shul›.

56 Siehe Hannah Davis, ‹Naar een nieuw begrip van Joodse mannen›.

57 Jaap Sanders weist in dem Interview mit ihm darauf hin, daß auch das

Jüdische Frauen, von denen viele schon von Beginn der Frauenbewegung an aktive Feministinnen waren, nahmen ihre eigene Beziehung zum Judentum und zu jüdischen Männern erneut unter die Lupe. Relativ neu jedoch ist, daß sich auch innerhalb der Frauenbewegung die Aufmerksamkeit auf die Bedeutung einer jüdischen Identität und auf den Antisemitismus richtet.[58] «Ist der Feminismus koscher?» fragt eine jüdische Feministin sich selbst.[59] Die Praxis des orthodoxen Judentums, in dem Männer jeden Morgen beten: «Gelobt seist Du Ewiger, unser Gott, König der Welt, der mich nicht als Weib erschaffen»[60], läßt sich nicht leicht mit den Werten und Normen der Frauenbewegung verbinden. Gerade der psychologische Druck, das zu bewahren, was beinahe vernichtet wurde, führt dazu, daß jeder Versuch, inner-

nichtjüdische Schönheitsideal, der Playboytyp, dazu führte, daß viele jüdische Männer nichtjüdische Frauen als anziehender und spannender empfanden (van Soest und Meulenbelt, *Mannen, wat is er met jullie gebeurd?*, S. 87).

58 Siehe zum Beispiel Marja Vuijsje, ‹Het ‹vergeten› antisemitisme›, die in der Ausgabe von *Katijf* zu den Unterschieden zwischen Frauen darauf hinweist, daß Jüdinnen als unterdrückte Gruppe vergessen worden waren. Zum Antisemitismus in der Frauenbewegung siehe ferner: Irena Klepfisz, ‹Anti-Semitism in the Lesbian / Feminist Movement›; Letty Cottin Pogrebin, ‹Anti-Semitism in the Women's Movement›; Selma Miriam, ‹Anti-Semitism in the Lesbian Community: a Collage of Mostly Bad News by One Jewish Dyke›; Roszika Parker, ‹Being Jewish. Anti-Semitism and Jewish Women›.

Es gibt auch verschiedene Veröffentlichungen, die aus der Sicht des Feminismus die Stellung der Frauen innerhalb des Judentums bzw. vom Judentum aus den Feminismus betrachten, sich also in jedem Fall mit der Stellung der Frauen beschäftigen. Eine neuere niederländische Sammlung: Rachel van Emden, ... *Die mij niet gemaakt heeft tot man. Joodse vrouwen tussen traditie en emancipatie.* Zum Verhältnis von Feminismus und Judaismus siehe Susannah Heschel, *On Being a Jewish Feminist. A Reader.* Für nicht religiöse jüdische Feministinnen: Melanie Kaye-Kantrowitz und Irena Klepfisz, *The Tribe of Dinah. A Jewish Women's Anthology.* Und für lesbische jüdische Feministinnen: Evelyn Thornton Beck, *Nice Jewish Girls.*

Und dann gibt es noch: Elizabeth Koltun, *The Jewish Women. New Perspectives* und Susan Weidmann Schneider, *Jewish and Female.*

59 Paula Hymen, ‹Is It Kosher to Be a Feminist?›.

60 Siehe Rachel van Emden, ... *Die mij niet gemaakt heeft tot man. Joodse vrouwen tussen traditie en emancipatie.*

halb der eigenen Gemeinschaft als Frau dennoch eine andere soziale Stellung zu erreichen, mit Loyalitätskonflikten einhergeht.

Jüdischen Schwulen und Lesbierinnen fällt es schwer, homosexuell zu sein, ohne das Gefühl zu haben, ihr Judentum zu verleugnen und ihre Familien im Stich zu lassen.[61] Vielen Eltern macht es außerdem angst, wenn ihre Kinder sozial abweichen und sich erneut einer Verfolgung aussetzen, was angesichts der Geschichte der Judenverfolgungen verständlich ist.

Auch im Verhältnis zwischen schwarzen und jüdischen Frauen muß einiges geklärt werden. Jüdisch-Sein ist keine Garantie gegen Rassismus und Schwarz-Sein keine Garantie gegen Antisemitismus, auch wenn eine große Chance auf gegenseitiges Verständnis und Solidarität besteht. Viele schwarze Frauen fühlen sich nicht von der Geschichte der Judenverfolgung angesprochen und betrachten diese als ein Problem der Weißen untereinander. Nach einem Seminar, welches das Judentum und die jüdische Unterdrückung zum Thema hatte, sagte einmal eine Surinamerin: «Wieder einen Vormittag mit vaterländischer Geschichte verbracht.» Konflikte zwischen jüdischen und schwarzen Frauen in der Redaktion einer feministischen Zeitschrift haben die englische Bewegung gespalten.[62] Aber daneben beginnen auch die ersten offenen Diskussionen zwischen schwarzen und jüdi-

---

61 Deshalb zum Beispiel die Einrichtung der Selbsthilfegruppe Shalhomo für jüdische homosexuelle Frauen und Männer.

62 Das Blatt hieß *Spare Rib*. Der Ausgangspunkt der Konflikte war ein Artikel von schwarzen Frauen, in dem der Zionismus dem Rassismus gleichgestellt wurde. Viele schwarze Menschen haben die Neigung, sich mit dem palästinensischen Volk zu identifizieren. Meist werden dabei die Palästinenser als ‹schwarz› angesehen, die Israelis als ‹weiß›. Aber wer den Zionismus dem Rassismus gleichstellt, der leugnet, daß Juden ebenso wie jedes andere Volk das Recht auf einen eigenen, sicheren Staat haben. Das soll wiederum nicht heißen, daß jede Kritik an der Politik des Staates Israel als Antisemitismus anzusehen ist. Siehe zu dieser schwierigen Frage u. a. Barbara Smith, ‹Between a Rock and a Hard Place›; Elly Bulkin, ‹Hard Ground: Jewish Identity, Racism and Anti-Semitism›.

schen Frauen, um gegenseitige Vorurteile auszuräumen und nach Gemeinsamkeiten zu suchen.[63] «Wenn ich», sagt die schwarze Feministin Barbara Smith, «mit jüdischen Frauen spreche, kann ich nicht vergessen, daß ich mit weißen Frauen spreche.»[64] Aber sie sagt auch: «Wir müssen begreifen, daß wir sowohl gegen Antisemitismus als auch gegen Rassismus zugleich kämpfen können und damit auch gegen den Rassismus der weißen Juden.»[65]

63 Unter anderem in: E. Bulkin, M. B. Pratt und B. Smith, *Yours in Struggle*.
64 In: ‹Between a Rock and a Hard Place›, S. 69.
65 Ebd., S. 81.

Die Frauen sind Sklaven einer organisierten Tyrannei der Männer, so wie Arbeiter Sklaven einer organisierten Tyrannei von Müßiggängern sind. Die unterdrückten Frauen und die unmittelbaren Produzenten müssen verstehen, daß ihre Emanzipation nur ihr eigenes Werk sein kann. Die Frauen werden unter den Philosophen, Künstlern und Dichtern Verbündete finden. Aber sie haben von den Männern insgesamt ebenso wenig zu erwarten wie die anderen von der Mittelschicht als Ganzem.

Eleanor Marx

Auf der einen Seite gibt es Frauen, die meinen, daß wir nicht mit unserem Feind verhandeln dürfen, und Männer, die überhaupt keine Verantwortung für eine Veränderung übernehmen wollen und so tun, als ob das aus einem Respekt vor der Selbständigkeit der Frauenbewegung geschähe. Auf der anderen Seite stehen die Männer, die es vor Ungeduld nicht erwarten können, die Zügel in die Hand zu nehmen. Aber wir müssen doch trotzdem den Männern, die unsere Verbündeten zu sein glauben, klarmachen können, was wir wollen.

Jan Bradshaw

Wenn wir uns in einer Gruppe von Männern unterhalten, kommen wir immer auf die Frauenbewegung. Es wird gelacht, gegrinst, böse Witze werden gerissen, und dann folgen die Ablehnungen. Es besteht eine Art Absprache, daß Männer sich in einer bedrohten Lage befinden und die Reihen geschlossen werden müssen vor den Angriffen dieser fehlgeleiteten Frauen. Immer findet sich jemand, der mich über meine Auffassung zurechtweisen will, gerade, da ich hundertprozentig für die Frauenbefreiung bin. Das bringt sie völlig durcheinander. Sie starren mich an, als ob meine Augenbrauen voller Läuse wären. Sie denken: Was für ein Mann ist das? Ich bin ein schwarzer Mann, der begreift, daß Frauen nicht mein Feind sind.

Morris Conerly

V. Männer

1. Einleitung

Viele Menschen wehren sich dagegen, sich selbst als Mitglied einer unterdrückten Gruppe zu begreifen. Noch größere Schwierigkeiten, sofern das überhaupt noch möglich ist, bereitet das Eingeständnis, daß man daneben auch noch einer dominanten Gruppe angehören kann. In den letzten Jahren ist viel mit sogenannten ‹Solidaritätsgruppen› experimentiert worden. Dabei stellte sich heraus, daß es nicht schwierig ist, genügend Leute zu finden, die für einen begrenzten Zeitraum untersuchen wollen, was es für sie bedeutet, weiß oder nicht-jüdisch zu sein, heterosexuell oder mit wirtschaftlichen Privilegien aufgewachsen zu sein. Viele der Gruppen und Workshops, an denen ich teilnahm, bestanden aus Frauen, aber in einigen waren auch beide Geschlechter vertreten. An sich war es eine gute Erfahrung, mit weißen Männern zusammen für ein gemeinsames Ziel zu arbeiten, zum Beispiel die Bekämpfung des Rassismus. In dem Institut, in dem ich seit einigen Jahren als Dozentin tätig bin, machten wir Frauen, die wir die Programme dieser Solidaritätsgruppen leiten, die Entdeckung, daß wir nun Stück für Stück beinahe alle verschiedenen Arten der Unterdrückung behandelt hatten. Aber nie hatten wir Männer gebeten, als potentielle Verbündete an einer Gruppe teilzunehmen, die sich mit der Ungleichheit zwischen den Geschlechtern befassen sollte. Wir beschlossen zum erstenmal, eine solche Gruppe gemeinsam mit unseren männlichen Kollegen zusammenzustellen. Nicht nur die ‹Frauen und Sozialarbeit›-Gruppen richteten schließlich ihre

Aufmerksamkeit auf die Unterschiede zwischen Frauen und Männern. Wir gingen davon aus, daß auch die Männer an einer weiteren Ausarbeitung dieses Themas ein Interesse hätten, und die Atmosphäre untereinander war auch lange nicht mehr so mißtrauisch und feindselig, wie es noch vor zehn Jahren der Fall gewesen war. Die meisten Männer, die wir einluden, hatten keine Zeit. Einige waren zwar interessiert, aber... vielleicht nächstes Jahr. Nachdem einige Männer zugesagt hatten, legten wir ein erstes Treffen fest. Zur verabredeten Zeit erschien ein einziger Mann, der sich schon lange zuvor zur Teilnahme bereit erklärt hatte.

Ein anderes Erlebnis: Zwischen feministischen Frauen und organisierten homosexuellen Männern fand eine Diskussion statt, die sich mit der Frage beschäftigte, unter welchen Bedingungen und in welchen Punkten sie zusammenarbeiten könnten. Die teilnehmenden Frauen, ich war eine von ihnen, hatten eine Liste mit Punkten möglicher Zusammenarbeit vorbereitet. Dazu gehörten beispielsweise das Antidiskriminierungsgesetz und die Individualisierung der ökonomischen Stellung, also daß jeder, Mann oder Frau, mit oder ohne Beziehungen, in die Lage versetzt werden sollte, für den eigenen Unterhalt zu sorgen, ohne von jemand anderem abhängig zu sein. Selbst Kinder, glaubten wir, wären ein gemeinsames Anliegen. Warum sollten homosexuelle Männer nicht auch an der Erziehung der Kinder ihren Anteil haben?

Daneben gab es eine Liste mit Voraussetzungen, die unserer Meinung nach erfüllt sein müßten, um eine Zusammenarbeit überhaupt möglich zu machen. So die Aufforderung, daß auch Männer einmal über ihre eigene Stellung nachdächten, daß sie sich mit ihren Widerständen, Frauen in leitenden Funktionen zu akzeptieren, auseinandersetzen sollten. Auf der Männerseite war es auffallend still, als es um diese Voraussetzungen ging. Die Männer gaben zu, daß sie darüber eigentlich noch nicht nachgedacht hätten. Und dann kam die Frage eines Mannes, ehrlich erstaunt: «Aber wollt ihr denn überhaupt, daß die Männer mit euch zusammenarbeiten?»

In den letzten zwei Jahrzehnten entschlossen sich sehr viele weiße Menschen dazu, in Antifaschismuskomitees oder Antirassismusgruppen mitzuarbeiten. Noch immer stammen ziemlich viele Sozialisten aus den wirtschaftlich privilegierten Schichten der Bevölkerung. Aber die Unterstützung der Frauenemanzipation beschränkt sich nach wie vor auf vereinzelte Männergruppen gegen sexuelle Gewalt und auf individuelle Versuche, zu einer gerechteren Rollenverteilung zu kommen.[1] Liegt dieser Mangel an organisierter Unterstützung seitens der Männer nur an der Tatsache, daß Männer von den meisten feministischen Aktivitäten ausgeschlossen sind? Ich glaube nicht. *MVM* und *Dolle Mina*, die beiden ersten feministischen Organisationen, standen Männern offen. Sturm gelaufen sind sie nicht. Die Empörung vieler Männer gegen Frauencafés und Ausbildungen, zu denen Männer keinen Zugang hatten, kam hauptsächlich von Männern, die bestimmt nicht teilgenommen hätten, wenn sie zugelassen worden wären. Meist ähnelte sie eher einer grundsätzlichen Verärgerung solcher Leute, die sich so an ihre Vorrechte, daß die Welt ihnen gehört, gewöhnt hatten, daß sie schon allein die Vorstellung, irgendwo nicht hineinzudürfen, als einen nicht zu duldenden Angriff auf ihre Rechte empfanden.[2]

Auch Schwarze organisieren sich oft unter Ausschluß von Weißen. Es gibt Ausländergruppen, und es gibt surinamische Frauengruppen. Wenngleich es wohl immer weiße Menschen

---

1 Siehe zu den individuellen Versuchen: Marjo van Soest und Anja Meulenbelt, *Mannen, wat is er met jullie gebeurd?*

2 Die Niederlande sind das einzige Land, wo die ‹zweite feministische Strömung› in Form zweier gemischter Organisationen begonnen hat. Es ist bei dieser Frage auch wichtig, zwischen der Segregation, dem unfreiwilligen Ausschluß einer unterdrückten Gruppe, und der Separation zu unterscheiden, der freiwilligen Organisation einer unterdrückten Gruppe unter Ausschluß der Mitglieder der dominanten Gruppe – mit dem Ziel, Kräfte zu sammeln, um die Segregation endlich zu beenden. Vorwürfe eines ‹umgekehrten Sexismus› an die Adresse der feministischen Institutionen, die nur mit Frauen arbeiten, sind also nicht angebracht.

geben wird, die es nicht verstehen, daß unterdrückte Gruppen sich in erster Linie selbst organisieren müssen, hat dieser ‹Separatismus› nicht dazu geführt, daß von seiten der Weißen keine Solidaritätskomitees oder Aktionsgruppen gegen Rassismus entstanden wären.

Ein Grund, warum so wenig Männer sich für Frauen, für die Verbesserung ihrer gesellschaftlichen Stellung einsetzen, liegt auf der Hand. Es scheint möglich, als Weißer gegen Rassismus zu kämpfen oder sich als Mittelständler für eine gerechtere ökonomische Verteilung einzusetzen, ohne daß man gleich zu sehr um seine eigene Position fürchten muß. Der soziale Abstand zwischen Frauen und Männern ist geringer als der zwischen anderen Gruppen. Viele Männer haben vollkommen zu Recht das Gefühl, daß der Feminismus ihnen sehr nahe auf den Pelz rückt. Ein Großteil spricht sich zwar für die Gleichberechtigung der Frauen aus, aber sie wollen nur ja nichts damit zu tun haben. Wenn es nur nicht bedeutet, daß gleich eine Frau die Führungsposition bekommt, die sie selbst haben wollen. Und wenn es nur nicht bedeutet, daß sie wegen der Kinder häufiger zu Hause bleiben müssen. So erweisen sich die Widerstände gegen die Gleichberechtigung der Schwarzen auch als um so größer, je stärker diese die eigenen Lebensumstände verändern würden.[3] Aber es geht noch um mehr. In diesem Kapitel will ich mich im Rahmen der drei genannten Unterdrückungssysteme erneut mit Frauen und Männern befassen und dabei besonders mit der Frage, inwieweit Männer potentielle Verbündete sein können. An anderer Stelle bin ich schon ausführlich auf die unterschiedliche Sozialisation eingegangen, die uns zu Frauen und zu Männern macht, und ich werde das hier nicht wiederholen. Aber ich möchte die Hindernisse untersuchen, abgesehen von solchen der Sozialisation, die auf beiden Seiten bestehen und einer möglichen Zusammenarbeit entgegenwirken.

3 Das führt David Wellman aus in: *Portraits of White Racism*.

2. Werden Männer unterdrückt?

Wenn wir die gesellschaftliche Stellung von Männern im Rahmen einer Unterdrückungstheorie betrachten, ergeben sich zwei mögliche Standpunkte:[4]

a) Männer unterdrücken Frauen oder profitieren zumindest von der Frauenunterdrückung.

b) Männer sind selbst unterdrückt, sie leiden ebenso wie Frauen unter den Geschlechterrollen, die sie in bestimmte Verhaltensmuster pressen.

In den letzten Jahren ist als Reaktion auf die Flut feministischer Literatur von Männern zunehmend der letzte Standpunkt betont worden. Demzufolge leiden Männer in Wirklichkeit ebenso unter der bestehenden Rollenverteilung wie Frauen. Mitunter bekommt man den Eindruck, daß sie sogar mehr als Frauen darunter leiden.[5]

Die Frauenbewegung reagierte auf diese letzte Strömung mit einem angemessenen Mißtrauen. Wären alle Männer selbst bemitleidenswert, wer soll dann noch für die Unterdrückung der Frauen verantwortlich sein, für die sexuelle Bedrohung und den hohen Prozentsatz an Vergewaltigungen? Oder für die Tatsache, daß Frauen den Löwenanteil der versorgenden Arbeit leisten? Oder dafür, daß Frauen noch immer im Durchschnitt gesehen weniger als Männer verdienen? Sollen wir die Schuld bei einem unsichtbaren System suchen, und wer soll das dann sein? Müssen wir den abstrakten ‹Geschlechterrollen› die Schuld geben, und wer ist dann

4 Siehe das Kapitel: ‹Men, Comrades in Struggle› von Bell Hooks in: *Feminist Theory*, die aus der Sicht des schwarzen Feminismus hinsichtlich der ‹Männerfrage› zu einem ähnlichen Standpunkt kommt wie ich. Die Unterscheidung der Männer in Unterdrücker und als selbst unterdrückt kommt auch in der Männerbewegung zum Ausdruck: Männer, die sich als ‹Antisexisten› bezeichnen wie Jon Snodgrass *(For Men against Sexism. A Book of Readings)*, und Männer, die sich mit der ‹Männerbefreiung› beschäftigen. Siehe auch: Joe Interrante, ‹Dancing along the Precipice› und Meulenbelt, ‹Die Männerfrage›.

5 Siehe einige Beispiele dazu: Meulenbelt, ‹Die Männerfrage›.

noch dafür verantwortlich, daß sie bestehen, wenn anscheinend jeder durch sie unterdrückt wird?

Die Feministin Carol Ehrlich stellt es so dar: «Ein Mann kann sich weigern, Frauen, die er kennt, zu unterdrücken; er kann den Haushalt und die Sorge für die Kinder teilen, er kann jede unappetitliche Einzelheit des Machoverhaltens ablegen. Aber in dem Moment, wo er mehr Geld als seine weiblichen Kolleginnen verdient, anstelle einer ebenso qualifizierten Frau angenommen wird oder Karriere macht, weil er eine Familie unterhalten muß, oder eine Stelle bekommt wegen einer nicht zur Sache gehörenden Eigenschaft wie beispielsweise seiner Körpergröße, oder wenn ihm während einer Diskussion zugehört wird, weil er ein Mann ist, oder wenn er jedes Schulbuch nehmen und darin lesen kann, daß jeder menschliche Fortschritt seinesgleichen zu verdanken ist, oder wenn er achtlos an Fremden vorbeigehen kann, ohne daß ihm hinterhergepfiffen wird, ohne daß er angesprochen wird und ohne die Angst vor Vergewaltigung, oder wenn er nicht mit der schrecklichen Sorge zu tun hat, wie er von Tag zu Tag die Kinder von der Sozialhilfe ernähren soll, oder sich nie Sorgen über die schädlichen Nebenwirkungen von Verhütungsmitteln auf seinen Körper zu machen braucht, ist er immer noch Mitglied einer privilegierten Gruppe.»[6]

Kehren wir zu meiner ursprünglichen Definition der Unterdrückung zurück. Ich verstehe darunter die systematische Benachteiligung einer Gruppe gegenüber einer anderen, die auf verschiedenen Ebenen zugleich stattfindet, auf der politischen, der ökonomischen und auf der ideologischen. Diese Definition macht es offensichtlich, daß Männer gegenüber Frauen eine dominante Gruppe darstellen, ebenso wie Weiße gegenüber Schwarzen oder die ‹höheren› Klassen gegenüber den ‹unteren›. Die Unterdrückung äußert sich in ungleichen Chancen und in einem ungleichen Machtverhältnis, sowohl auf persönlicher Ebene als auch auf der gesellschaftlichen.

6 Carol Ehrlich, ‹The Reluctant Patriarchs›, S. 144.

Ich bin dagegen, diese nachweisbare Realität zu leugnen. Rassismus verschwindet schließlich auch nicht, indem wir als Weiße sagen, daß wir es auch nicht leicht hätten, oder als Mittelklasse verkünden, daß Geld auch nicht glücklich mache. Und ich sehe keinen Grund, von dieser ursprünglichen Definition abzugehen. Männer werden nicht als *Männer* unterdrückt, ebensowenig wie Weiße als Weiße unterdrückt werden. Das bedeutet nicht, daß es nicht auch nützlich sein kann, sich mit dem auseinanderzusetzen, was Männer über ihre Position zu sagen haben.

In einigen Richtungen des Feminismus ist es weit verbreitet, Männer als geschlossenen Machtblock anzusehen und es zugleich als gefährlich zu empfinden, eine etwas differenziertere Sichtweise zu entwickeln und zu fragen, ob nicht auch zwischen Männern untereinander Unterschiede bestünden. Gelegentlich führt diese Haltung zu dem ideologischen Verbot, sich damit zu beschäftigen, wie Männer zu dem, was sie sind, geworden sind und welche Faktoren dazu führen können, daß Männer sich verändern, und was wir dazu beitragen könnten.[7] Wenn ich sehe, daß es in meiner Umgebung viele Weiße gibt, die wirklich motiviert sind, den Rassismus zu bekämpfen (das bedeutet nicht, daß nicht viele Fehler gemacht werden, aber das ist wieder eine andere Geschichte), dann wüßte ich nicht, warum wir nicht auch darauf vertrauen sollten, daß es Männer gibt, die in unseren Bemühungen, diese Welt vom Sexismus zu befreien, unsere Verbündeten sein könnten. Auch wenn wir, um mit Eleanor Marx zu sprechen, von Männern als Gruppe nicht zuviel zu erwarten haben, braucht uns das nicht davon abzuhalten, unter den ‹Philosophen und Dichtern› Verbündete zu finden.

7 Besonders in dem stärker separatistischen, radikal-feministischen Teil der Frauenbewegung. So wurde zum Beispiel das Buch *Mannen, wat is er met jullie gebeurd?* von einigen Frauenbuchläden boykottiert, ohne es übrigens gelesen zu haben, allein der Tatsache wegen, daß Männer dort selbst zu Wort kamen.

3. Männer als potentielle Verbündete

Einige populäre Mythen verhindern bei manchen feministischen Gruppen, Männer als potentielle Verbündete zu sehen.

a) Dem dient eine bestimmte Form des biologischen Denkens. Simone de Beauvoir mag zwar gesagt haben, daß Frauen nicht als Frauen geboren werden, sondern dazu gemacht werden, aber Männer sind Männer, von Anfang an. Diese Auffassung, die übrigens selten so explizit dargestellt wird, ist natürlich in sich widersprüchlich. Wenn Frauen das Produkt von Sozialisationsprozessen sind, wenn ‹Weiblichkeit› in Wirklichkeit ein ‹soziales Konstrukt› ist, dann gilt das auch für Männer. Und dann ist eine Veränderung auch möglich. Möglich ist nicht gleichbedeutend mit einfach.

b) Ein zweiter Mythos ist die Vorstellung, alle Männer bildeten unterschiedslos einen geschlossenen Machtblock, das Patriarchat, das durch die Jahrhunderte hindurch unverändert geblieben sein soll.[8]

---

8 Die Frage, ob ‹das Patriarchat› tatsächlich der richtige Begriff für die Herrschaft der Männer über Frauen sei, bleibt ziemlich umstritten. Manche verneinen dies, denn historisch gesehen bedeutet Patriarchat die Herrschaft der Väter, nicht die der Männer im allgemeinen. Wo Patriarchat benutzt würde, um eine Art ewig dauernder und unveränderbarer Männergesellschaft anzudeuten, lasse man die historischen Unterschiede und die Klassenunterschiede außer acht usw. Heidi Hartmann benutzt den Begriff folgendermaßen: «Obwohl das Patriarchat hierarchisch aufgebaut ist und Männer unterschiedlicher Klasse, Rasse oder ethnischer Zugehörigkeit im Patriarchat eine unterschiedliche Stellung einnehmen, sind sie doch durch ihre dominante Position Frauen gegenüber vereinigt, sie sind voneinander abhängig, um diese Dominanz auszuüben. (...) In dieser Hierarchie werden alle Männer, ganz gleich, wie ihre Rangordnung im Patriarchat auch aussehen mag, durch das Versprechen der Kontrolle über mindestens eine Frau mitschuldig» (‹The Unhappy Marriage of Marxism and Feminism›, S. 14). So formuliert, wird mit dem Begriff ‹Patriarchat› weder geleugnet, daß es innerhalb der ‹Männergesellschaft› auch zwischen Männern Unterschiede gibt, noch werden die zwischen ihnen hinsichtlich ihrer Klassenherkunft oder Hautfarbe bestehenden Unterschiede verschwiegen. Siehe ferner zu dieser Diskussion: Sheila Rowbotham, ‹The Trouble with Patriarchy›; Sally Alexander und Barbara Taylor, ‹In Defence of Patriarchy›.

Natürlich ist ein solch simples Feindbild für eine Bewegung vorteilhaft. Auch daß der Feind in diesem Fall an äußerlichen Merkmalen zu erkennen ist, erleichtert das Vorgehen. So ist es für schwarze Gruppen einfacher, alle Weißen zu Feinden zu erklären, und für einige antifaschistische Gruppen, die meiste Kraft darauf zu verwenden, die ‹wahren› Faschisten auszumachen. Frauen erleben einen Vergewaltiger als einen Machthaber, und angesichts der Tatsache, daß nicht immer gleich zu erkennen ist, wer der Vergewaltiger sein wird, werden Männer häufig in ihrer Gesamtheit als potentielle Vergewaltiger erlebt. Wir übersehen dabei meist, daß es einen bestimmten Typus von Vergewaltigern gibt. Wer wirklich darauf aus ist, eine Frau mit Gewalt zu nehmen, wird von dieser Frau sicher als Machthaber erlebt, ist es aber außerhalb dieses einen Bereichs gerade nicht. Viele Vergewaltiger gehören zur Gruppe der Männer, die überhaupt keine soziale Stellung innerhalb der Gesellschaft bekleiden, die sich selbst als Versager erfahren, als Ausschuß. Ihre Aggressionen über das, was ihnen die Gesellschaft angetan haben soll, können sie an denen abreagieren, die als Opfer am ehesten in Betracht kommen, also an Frauen. Mehrere Untersuchungen haben gezeigt, daß Rache bei Vergewaltigung ein wichtiges Motiv ist. Dieses Bedürfnis nach Rache wird von einem patriarchalischen und sexistischen System aufrechterhalten, welches Männern ständig vor Augen führt, daß schöne Frauen eine Belohnung für ‹männliches Verhalten› darstellen.[9] Man sehe sich nur die Zigaretten- und Getränkewerbung oder die Play-

9 Siehe zum Beispiel D. J. West, C. Roy und F. L. Nichols, *Understanding Sexual Attacks*; Timothy Beneke, *Men on Rape*; Nicholas Groth, *Men who Rape. The Psychology of the Offender*; A. van Stolk, ‹Verlaten mannen, angsten eigenwaarde en inschikking›, über mißhandelnde Männer, die von ihren Frauen verlassen worden waren: «Viele fühlten sich nicht allein von ihren Frauen, sondern auch von der Gesellschaft insgesamt im Stich gelassen» (S. 756). Ein geringes Selbstwertgefühl, ein niedriger gesellschaftlicher Status und die Neigung, aggressiv auf Frauen zu reagieren, die sich jetzt auch noch der Rollenverteilung entziehen, die ihnen wenigstens noch einen Rest an Selbstwertgefühl verschafft hat, hängen somit eng zusammen.

boy-Ideologie an, es gibt nichts, was sich so wenig mit der Wirklichkeit der Mehrheit der Männer deckt, die dafür weder das Geld noch den Status haben. Das macht einen extremen Sexismus nicht weniger sexistisch und auch nicht akzeptabler. Es könnte uns aber zu weiterem Nachdenken darüber veranlassen, ob nicht mehr dahintersteckt, ob nicht beispielsweise die Klassenverhältnisse zwischen Männern zur Aufrechterhaltung des Sexismus beitragen. Und obwohl es oft als Schwäche empfunden wird, wenn Frauen ‹Verständnis› aufbringen für das, was Männer begeistert, ist es nichts Böses, wenn wir uns näher mit Mechanismen auseinandersetzen, die Männer zu Unterdrückern machen.

Die schwarze Feministin Bell Hooks schreibt: «Frauen, die sich in der Frauenbewegung engagieren, wollten sich nicht mit dem Leid der Männer auseinandersetzen, um sich nicht von den männlichen Vorrechten ablenken zu lassen. In der separatistischen feministischen Rhetorik wurde so getan, als hätten alle Männer im gleichen Maße an den männlichen Privilegien teil, als zögen Männer einen positiven Nutzen aus dem Sexismus. Aber der Mann aus der Arbeiterklasse, der mit einer sexistischen Ideologie erzogen worden ist, in dem Glauben, daß ihm Macht und Vorrechte allein durch die Tatsache zustehen, daß er ein Mann ist, stellt fest, daß ihm nur wenige dieser Belohnungen automatisch zukommen. Stärker als jede andere männliche Gruppe in den USA ist er sich ständig der Kluft bewußt, die zwischen dem Bild der Männlichkeit, das er erlernt hat, und seinem Unvermögen besteht, diesem Bild zu entsprechen. Meist ist er ‹verletzt›, emotional beschädigt, weil er nicht die Vorrechte und die Macht besitzt, die er als ‹richtiger› Mann besitzen sollte. Entfremdet, frustriert und verärgert kann er eine einzelne Frau oder Frauen angreifen, mißhandeln oder unterdrücken, aber er zieht keinerlei positiven Nutzen aus seiner Unterstützung oder Fortsetzung der sexistischen Ideologie. Wenn er eine Frau schlägt oder vergewaltigt, handelt es sich dabei nicht um die Ausübung von Vorrechten oder das Empfangen positiver Belohnungen, er kann höchstens Befriedigung darüber empfinden, daß er die einzige Form von Herrschaft ausübt, die ihm erlaubt ist.»[10]

c) In diesem Zusammenhang taucht oft das Klischee des ‹Keine-Energie-in-Männer-stecken-Wollens› auf. Bei vielen Frauen gründet es sich ohne Zweifel auf Erfahrungen und mühsamen Versuchen, Männer zu erziehen. Es ist aber auch als Reaktion auf die vollkommen automatische Erwartung zu sehen, daß Frauen als Ehefrauen, als Mütter, als Angestellte Männern immer zur Verfügung stehen sollen, und insofern hat es einem wichtigen politischen Ziel gedient. Diese Art der Verweigerung hat sichtbar gemacht, wie viele der zwischen Frauen und Männern stattgefundenen Interaktionen gänzlich einseitig verlaufen sind (das ist bis heute so) und inwieweit das auf Kosten der Entwicklungsmöglichkeiten von Frauen gegangen ist, auf Kosten unseres Ehrgeizes, der immer für den der Männer beiseite geschoben wurde.

Wo aber diese ursprüngliche Erkenntnis zu dem Dogma und zu der feministischen Vorschrift erstarrt, die da lautet: ‹Du sollst keine Energie in Männer stecken, denn alle Energie, die in Männer geht, geht den Frauen verloren›, arbeitet sie schließlich einer wirklichen Veränderung entgegen. Es ist ein Mythos, daß alle Energie, die in Männer gesteckt wird, automatisch den Frauen verlorengeht. Als ob es sich dabei nur um das simple Prinzip eines Wetterhäuschens handelte, als wären wir lediglich mechanische Figuren mit Steckern und Steckdosen. Es hängt davon ab, wie, auf welche Weise, mit welchem Ziel wir mit unserer Energie umgehen.

Ich plädiere nicht dafür, von feministischen Ausgangspunkten abzurücken, die sich als nützlich erwiesen haben. Jede unterdrückte Gruppe muß einige Probleme im eigenen Kreis verhandeln. Um als Befreiungsbewegung wirken zu können, muß man ‹Ich› sagen können, muß man ‹Wir› sagen

10 Bell Hooks in: *Feminist Theory*, S. 73.

können. Aber sobald das ‹Wir› sich zu einer uneinnehmbaren Bastion entwickelt, erstarren die Verhältnisse, statt daß die Mauern endlich niedergerissen werden. Separatismus als Ziel an sich, anstatt als Mittel zum Ziel, hat keine Zukunft. Er hat allein schon deshalb keine Zukunft, weil – wie wir im letzten Kapitel haben sehen können – viele Frauen mit einer doppelten Loyalität leben, nicht nur mit ihrer Loyalität anderen Frauen gegenüber.

Ich will damit nicht sagen, daß ich es als persönliche Entscheidung nicht respektiere, wenn Frauen sagen, sie hätten keine Lust, mit Männern zusammenzuarbeiten oder zusammenzuleben. Nachdem es so lange für so viele Frauen eine Verpflichtung war und noch ist, ihre meiste Kraft den Männern abzutreten, wäre es falsch, nur um einer politischen Strategie willen erneut darauf zu drängen. Aber ich plädiere doch dafür, stärker als in den ersten feministischen Jahren als Teil der Befreiungsstrategie über die Stellung der Männer und über Männer als potentielle Verbündete nachzudenken.

Stefan Szczelkun nennt einige Gründe, warum es vielen Männern Schwierigkeiten macht, Frauen als unterdrückt zu sehen, und warum sie es nur schwer ertragen können, ihnen zuzuhören, wenn diese sie auf ihr sexistisches Verhalten hinweisen. Erstens, sagt Szczelkun, sind einige Männer in ihrer Jugend von Müttern oder Schwestern schlecht behandelt worden. Jedesmal, wenn eine Frau zu ihnen unfreundlich zu sein scheint oder sie kritisiert, spielen diese Erinnerungen eine Rolle. Es handelt sich hierbei um eine Unterdrückung, die ein Mann als *Kind* von Erwachsenen und häufig besonders von Frauen erfahren hat. Zweitens bringen es die Geschlechterrollen mit sich, daß Männer sich ‹männlich› zu verhalten haben. Lange nicht alle Männer fühlen sich in dieser Rolle sicher. Wenn sich ein Mann angegriffen fühlt, der sich sowieso schon als unzulänglich empfindet, kommt oft das Gefühl auf, er werde als Mann abgewiesen, er sei als Mann nicht attraktiv genug. Und drittens werden Männer oft auf eine andere Weise unterdrückt, beispielsweise als Bauern, als

Arbeiter oder als Schwarze. Kritik von weißen Frauen aus der Mittelschicht kann als Klassismus oder als Rassismus verstanden werden, und manchmal ist diese Kritik damit auch durchsetzt. In diesem Fall kann er sich wiederum unterdrückt fühlen und das als Unterdrückung *durch* Frauen erleben.[11]

Männer werden also nicht als Männer unterdrückt. Dennoch ist der zweite Standpunkt, den ich am Anfang dieses Kapitels nannte, daß nämlich auch Männer durch die bestehenden Rollenmuster geschädigt werden, nicht unsinnig. Szczelkun führt ebenfalls einige Punkte an, die für diese Sichtweise sprechen:

a) Männer haben ebenso wie Frauen eine frühe Sozialisation erlebt, in der sie als relativ machtloses Kind meist einer Frau gegenüberstanden.

b) Männer können durchaus unter den Erwartungen leiden, die an sie gestellt werden, auch wenn diesem Leid ihre Privilegien gegenüberstehen.

c) Männer sind nicht nur Männer, sondern auch Arbeiter, Arbeitslose, Juden, Homosexuelle oder Schwarze. Auch Männern fällt es nicht leicht zu unterscheiden, wo ihre Erfahrung als Mann aufhört und ihre Erfahrung zum Beispiel als Arbeiter beginnt.

Im nächsten Abschnitt möchte ich auf diese drei Punkte näher eingehen.

4. Die Sozialisation zum Mann

In *Wie Schalen einer Zwiebel* habe ich schon ausführlich die Geschlechtersozialisation beschrieben, obwohl über die Geschlechtersozialisation von Jungen weniger bekannt ist als über die der Mädchen. Unter dem Einfluß des Feminismus

11 Stefan Szczelkun, ‹Mistreatment / Oppression. Notes to the SW London Men's Class›.

wurde stärker untersucht, wie aus Mädchen Frauen als wie aus Jungen Männer werden. Das kann den Eindruck erwekken, als seien noch immer Frauen ‹das Problem› und als ginge es überhaupt nicht um die Männer. Es bestätigt das Bild, Frauen seien ein Geschlecht, Männer dagegen einfach nur Menschen. In der *Zwiebel* habe ich mich mit dem Erleben der Sozialisation, insbesondere der männlichen, beschäftigt. Von klein auf bekommen Jungen das Gefühl vermittelt, es sei besser, zur Kategorie der Männer zu gehören als zur Kategorie der Frauen. Nicht ohne Grund gibt es kaum einen Jungen, der lieber ein Mädchen wäre, während eine signifikante Anzahl von Mädchen sehr richtig begriffen hat, daß es unter den bestehenden Umständen schöner wäre, ein Junge zu sein. Es bürgt für mehr Bewegungsfreiheit, für ein spannenderes Zukunftsbild. Das soll nicht darüber hinwegtäuschen, daß viele Sozialisationserfahrungen von Jungen nicht viel angenehmer sind als die der Mädchen. Denken wir nur an den psychologischen Druck, sich ‹männlich› zu verhalten, nicht zu weinen, Leistungen zu erbringen, sportlich zu sein, der schon sehr früh auf Jungen ausgeübt wird. Das Fehlen eines einfühlsamen und körperlich zugewandten männlichen Elternteils erweist sich später für viele Männer als schmerzhafte Erfahrung. Wenn Männer wagen, es sich selbst einzugestehen, so trauern sie oft über die emotionale Distanz zwischen ihnen und ihren Vätern. Jungen kommen nicht von selbst auf die Idee, Mädchen als minderwertig zu empfinden, es wird ihnen Schritt für Schritt vermittelt. Auch das führt später zu unangenehmen Erinnerungen.

Ich hatte früher eine kleine Freundin, mit der ich immer ganz toll spielte. Dauernd bauten wir Hütten und gruben Höhlen. Wir spielten nie Vater und Mutter oder so etwas, und eigentlich dachte ich nie darüber nach, daß sie ein Mädchen war. Aber in der Grundschule fingen die anderen Jungen an, mich damit aufzuziehen. Wenn ich mit ihnen spielen wollte, durfte sie nicht mitmachen. Als wir einmal Ball spielten, stand sie mit einem enttäuschten Gesicht daneben, und ein paar Jungen riefen: ‹Hau ab, Mädchen, Mädchen haben hier nichts zu suchen.› Und ich habe nichts dagegen unternommen. Ich habe sie später auch nicht mehr besucht, ich habe sie einfach fallengelassen.

Das Trauma der Mitschuld kann viele Formen annehmen. Während eines ‹gemischten› Workshops mit Frauen und Männern, in dem die Arbeit teilweise getrennt und teilweise zusammen stattfand, erzählte ein Mann ein Erlebnis von früher, an das er sich seit kurzem wieder erinnern konnte. Es kostete ihn große Überwindung, es zu erzählen, sicherlich auch, weil Frauen anwesend waren.

Ich bin einmal dabeigewesen, als mein Vater meine Mutter schlug. Ich kann mich nicht mehr richtig daran erinnern, wie es passierte, aber ich muß dazwischengekommen sein. Ich schrie meinen Vater an, ‹Du darfst Mama nicht schlagen›, und ich glaube, daß ich auch nach ihm getreten habe. Da wurde er so böse auf mich, daß ich eine entsetzliche Tracht Prügel bekam. Danach versteckte ich mich, wenn sie Krach hatten, und sorgte dafür, daß ich es nicht hören konnte, soviel Angst hatte es mir eingejagt. Und noch heute bekomme ich eine Heidenangst, wenn ich erlebe, wie ein Mann einer Frau gegenüber handgreiflich wird, ich will es nicht sehen, ich will es nicht wissen, ich will nur weg.

Verinnerlichte Machtlosigkeit. Viele Frauen empfinden Männer lediglich als Machthaber und wollen nicht begreifen, daß Männer auch voreinander Angst haben können. Nicht nur Frauen sind Opfer männlicher Gewalt, auch andere Männer und besonders solche, die sich selbst als wehrlos erleben oder auf eine andere Art eine geeignete ‹Zielscheibe› darstellen wie homosexuelle Männer, alte Männer, ausländische Männer oder schwarze Jugendliche.

Daß die ersten Sozialisatoren von Jungen zumeist nicht Männer sind, obwohl nachgewiesen wurde, daß Väter im allgemeinen strenger zu Söhnen sind als Mütter, vereinfacht die Verhältnisse zwischen Männern und Frauen keinesfalls. Für Männer spielt die Angst, daß ihr Sohn kein ‹richtiger› Mann wird, sondern eine Tunte, eine größere Rolle als für Mütter. Nichtsdestotrotz waren es die Mütter oder eine sie ersetzende Frau, die in der frühen Kindheit belohnte oder bestrafte, die dafür sorgen konnte, daß er Hunger hatte oder satt war, die ihn streichelte oder auch nicht, wenn er das Bedürfnis danach hatte.[12] Unterbewußt werden Frauen oft als allmächtiger empfunden als Männer, weil sie das in der Erfahrung kleiner Kinder auch waren. Väter spielen erst später eine wichtige Rolle, dann nämlich, wenn ein Kind schon ‹vernünftiger› ist und besser verstehen kann, daß sein Vater auch nur ein Mensch ist und kein Gott. Wenn Männer ihr ganzes Leben lang von der emotionalen Zuwendung von Frauen abhängig geblieben sind, was sich mitunter ‹übersetzt› in einem Bedürfnis nach Sex äußert, und sie ständig die Bestätigung von Frauen benötigen, ein richtiger Mann zu sein, dann ist es für sie schwierig, Frauen als unterdrückte Gruppe zu begreifen. Ihre Macht über seine Gefühle wird mit einer tatsächlichen Macht auf gesellschaftlicher Ebene verwechselt. «Wenn sie nur wollen, bekommen Frauen doch immer ihren Willen», sagen Männer, die sich selbst als emotional abhängig erleben und damit als manipulierbar. So bringen einige Mütter ihren Töchtern auch bei, Männer seien wie Kinder, man brauche ihnen nur ihren Willen zu lassen, um das Gewünschte zu erreichen. Aber die Macht, die emotionale Abhängigkeit auszunutzen, ist die Macht der Ohnmächtigen. Sie führt zu keiner tatsächlichen Gewalt über das eigene Leben, zu keiner direkten öffentlichen Teilnahme an gesellschaftlichen Entscheidungen, die unser Leben bestimmen. Die Frau hinter dem Thron steht immer noch dahinter, sie sitzt nicht selbst auf dem Thron.

12 Über die emotionale ‹Macht›, die Frauen respektive Mütter über Männer besitzen, siehe Nancy Chodorow, ‹Reply. On the Reproduction of Mothering: a Methodical Debate›; Dorothy Dinnerstein, *Das Arrangement der Geschlechter*. Eine Zusammenfassung dieser Theorien siehe Meulenbelt, *Wie Schalen einer Zwiebel*.

Wir können überlegen, was wir hinsichtlich der Sozialisation von Jungen ändern könnten. Es ist schon häufiger betont worden, daß es vor allem Frauen seien, die für die Sozialisation der Kinder verantwortlich sind. Aber wir brauchen dieses Mal sicher nicht in die alte Falle zu tappen, die Mütter hätten immer alles falsch gemacht und trügen die Schuld. Als Feministinnen wissen wir mittlerweile, daß Mütter alles andere als die Allmächtigen sind, die Kinder in ihnen sehen. Wir werden in der Erziehung eingeschränkt, durch die Grenzen der eigenen Gewalt über unser Leben, durch materielle Umstände, durch die Isolierung, die in der Erziehung stattfindet, und durch die Instanzen, die oft sicher nicht in der Richtung mitarbeiten, in der wir unsere Kinder zu erziehen wünschen. Aber innerhalb unseres Freiraums ist es wichtig, darüber nachzudenken, wie wir Jungen gegen den Zwang zur Mitschuld wappnen können. Wenn ich sehe, wie einige Feministinnen die Erziehung von Jungen auffassen, dann erschrecke ich. In der deutschen feministischen Zeitschrift *Emma* stand ein Artikel zu diesem Thema. Dort fragte sich eine Mutter, in welchem Maße sie ihren Sohn verunsichern soll.[13] Als ob Unsicherheit und Wehrlosigkeit Männer weniger sexistisch machten! Haben wir nicht gerade dargestellt, daß es ausgerechnet die Männer sind, die sich selbst als Versager erleben, die ihre eigene Unfähigkeit bei Frauen abreagieren?

Es ist nicht erstaunlich, daß viele Männer Frauen nicht als unterdrückt empfinden, sondern eher als Menschen, die Macht über sie besitzen. Männer fürchten sich vor der weiblichen Macht, weil diese sie erneut an die emotionale Macht ihrer Mütter erinnert, behauptet Dinnerstein in ihrer Analyse

---

13 In *Emma*, Februar 1986: Maria Magdalena Rousseau über Traumtöchter. Ich zitiere: «Wenn wir wirklich wollen, daß es unsere Töchter einmal leichter haben, müssen wir es unseren Söhnen schwermachen.» Und über ihren kleinen Sohn: «Es geht ihm schlechter als seinen Schwestern, und das muß auch so sein.»

der Probleme zwischen Frauen und Männern.[14] Auch aus diesem Grund fühlen sich heterosexuelle Männer bei Frauen sicherer, die jünger sind als sie, und deshalb haben viele Männer mitunter solche Schwierigkeiten, die Führung von Frauen zu akzeptieren. Das objektive Machtübergewicht der Männer wird verzerrt wahrgenommen durch die Erinnerung an eine Zeit, da Frauen Macht über sie ausübten.

5. Die Schädlichkeit der Geschlechterrollen

Welche Schädigungen Männer von einer zu rigiden Geschlechtersozialisation erhalten, ist von mehreren Autoren ausführlich untersucht und kommentiert worden. Zum einen lassen sich körperliche Nebenwirkungen der männlichen Ausrichtung auf Erfolg und Leistung nachweisen, die mit der Unfähigkeit einhergehen, andere Gefühle als Wut zu äußern: Männer leiden stärker unter Herz- und Gefäßkrankheiten, haben häufiger Magengeschwüre, bekommen vom Rauchen häufiger Lungenkrebs und sind häufiger Alkoholiker. Sie gehen mehr Risiken ein und müssen dafür mehr bezahlen.[15] Der ‹Männlichkeitswahn›[16] schreibt vor, daß Männer erst richtige Männer sind, wenn sie schwere und gefährliche Arbeit verrichten, daher wehren sie sich seltener gegen zu harte Arbeitsbedingungen und sind so in einigen Berufen schon vor dem Erreichen des Pensions- oder Rentenalters körperlich verschlissen. Männer begehen häufiger als Frauen Selbstmord.[17]

Zum anderen gibt es die emotionalen Schädigungen. Obwohl die Medien ständig das Bild vom großen Verführer ver-

14 Dorothy Dinnerstein, *Das Arrangement der Geschlechter*.
15 Kenneth Solomon, ‹The Masculine Gender Role: Description›.
16 Der Begriff, äquivalent zum ‹Weiblichkeitswahn› von Betty Friedan, stammt von Robert Staples, *Black Masculinity*.
17 Kenneth Solomon, ‹The Masculine Gender Role: Description›.

breiten, haben Männer – wie Untersuchungen gezeigt haben – um so weniger Spaß am Sex, je mehr sie sich an das stereo-type Männlichkeitsbild klammern.[18] Wer in der Sexualität ein Gebiet sieht, auf dem man Leistung erbringen muß, auf dem es um Eroberung und Überwältigung geht, erfährt kaum eine Befriedigung seiner eigenen Bedürfnisse. Durch-schnittlich werten es Männer durchaus als positiv, daß Frauen, ebenfalls durchschnittlich betrachtet, auf sexuellem Gebiet aktiver geworden sind und für das eigene sexuelle Erleben stärker die Verantwortung übernehmen. Die ‹richti-gen› Männer fühlen sich dagegen durch diese Entwicklung eher bedroht. Männer, die Sexualität als Machtkampf emp-finden, werden auf selbständige Frauen und moderne Forde-rungen, die an sie als Liebhaber gestellt werden, eher mit Impotenz reagieren und diese aus dem gleichen ‹Männlich-keitswahn› heraus als große Niederlage erleben. Homopho-bie ist ein anderes Symptom des ‹Männlichkeitswahns›, die Angst vor der eigenen und eines anderen Homosexualität, die Angst vor der Intimität mit anderen Männern. Aus die-sem Grund bleiben viele Freundschaften zwischen Männern oberflächlich, viele Männer sind nicht in der Lage, wirkliche Freundschaften zu Männern aufzubauen, bei denen sie sich, wie die meisten Frauen es umgekehrt mit ihren Freundinnen

18 Robert E. Gould, ‹Sexual Functioning in Relation to the Changing Roles of Men›. Es gibt auch Männer, die aufgrund der Beziehung zwischen be-drohter Geschlechterrolle und ihrer Sexualität meinen, daß Frauen sich lie-ber ein wenig zurückhalten sollten. Wo kann ein Mann denn seine ‹Männ-lichkeit› noch beweisen, wenn Frauen auch dort Forderungen stellen? Siehe Wolfgang Lederer und A. Botwin: ‹Where Have All the Heroes Gone? An-other View of Changing Masculin Roles›; zur Homophobie bei Männern: James M. O'Neill, ‹Gender-Role Conflict and Strain in Men's Lives. Impli-cations for Psychiatrists, Psychologists and Other Human-Service Provi-ders›. Ferner über die emotionale Beschädigung durch rigide Geschlechter-rollen: H. Goldberg, *The Hazards of Being Male*; J. H. Pleck und J. Sawyer, *Men and Masculinity*; M. Komarovsky, *Dilemmas of Masculinity*; Andy Weiss-man, ‹Labour Pains›; John Lippert, ‹Sexuality as Consumption›; Sedeka Wa-dinasi, ‹Black Manliness, Some Fatal Aspects›.

machen, über Schwierigkeiten aussprechen können.[19] Die Schwierigkeiten, Gefühle in einer anderen als in der für ‹richtige› Männer akzeptablen Form zuzulassen und zu äußern, führt also einerseits zu einem ungesunden Lebensstil mit viel Stress und Verschleiß und andererseits zu schlechteren Beziehungen zu anderen Männern, zu Frauen und zu Kindern.

6. Männlichkeit, Klasse und Hautfarbe

Männer gehören als Männer zur dominanten Gruppe, aber sie können, wie ich es bereits dargestellt habe, daneben durchaus auch einer unterdrückten Gruppe angehören, beispielsweise als Arbeiter, Homosexuelle oder Schwarze. Ein großes Problem in diesem Zusammenhang ist, daß es kaum voneinander zu trennen oder gar zu unterscheiden ist, wo beispielsweise bei einem männlichen Arbeiter im Gewerkschaftskampf seine Interessen als *Mann* auf dem Spiel stehen und wo seine Interessen als *Arbeiter* auf dem Spiel stehen. Die sozialistische Feministin Bea Campbell, die selbst aus der Arbeiterklasse stammt, hat in eindringlicher Weise beschrieben, welch integraler Bestandteil der Arbeiterkultur der Männlichkeitswahn ist. Ein richtiger Arbeiter, den sich fast jeder automatisch als Mann vorstellt, lebt in einer mythischen Welt der Männlichkeit, der Muskeln und Maschinen. Vor allem die Grubenarbeiter, die auch Orwell beschrieben hat, werden als Helden betrachtet. «Männer scheint die Männlichkeit in ihrer machohaftesten Art zu faszinieren, Bergleute sind die Liebesobjekte der Männer. Sie vereinigen in sich alle notwendigen Elemente einer Romanze: Das Leben selbst ist ein Abenteuer, der Feind steckt in den Elementen, ihre Tragödie wird von Kräften gestaltet, die größer sind als sie, von den Naturgewalten und der Rache Gottes. Das macht sie zu Hel-

19 Lillian Breslow Rubin, *Just Friends*.

den und Opfern zugleich, und es macht sie unwiderstehlich. »²⁰ Auch Willis hat die Arbeiterkultur als eine spezifisch männliche beschrieben, in welcher der aggressiven Heterosexualität mehrere Funktionen zugleich zukommen: die Abgrenzung gegenüber Homosexuellen, Intellektuellen und vor allem eine große Abwehr gegenüber dem Eindringen von Frauen in die Arbeitsatmosphäre, außer als Pin-up-Girls oder Kaffeeholerinnen.

Das Bewußtsein von schwarzen Männern bedient sich ähnlicher Strategien. Michele Wallace beschreibt in ihrem Buch *Black Macho*, wie schwarze Männer, der Möglichkeit beraubt, die Statussymbole zu erobern, die weiße Mittelschicht-Männer zu richtigen Männern machen (eine gutbezahlte Arbeit, ein Netzwerk von Dienstleistungen in ihrer Umgebung, ein Gehalt, von dem eine Familie leben kann), auf ein Bild aggressiver sexueller Männlichkeit zurückgreifen, das sich vor allem in unterdrückendem Verhalten Frauen gegenüber äußert.²¹

Das Vermischen von Herrschaft (Sexismus) und Unterdrückung (Rassismus, Klassismus) macht es außerordentlich schwer, das eine zu bekämpfen, ohne das andere zu berühren. Das heißt konkret: Wer Männer wegen ihres unterdrückenden Verhaltens Frauen gegenüber kritisiert, verletzt diese damit nicht nur in ihrer ‹Männlichkeit›, sondern gleichzeitig auch in ihrem Selbstwertgefühl als Arbeiter oder als schwarzer Mann.

Behaupte ich jetzt damit, daß unterdrückte Männer sexistischer seien als Männer mit größeren Privilegien? Es ist jedenfalls nachzuweisen, daß ein hohes Maß an eigener Unterdrückung bei Männern zu einem krampfhaften Festhalten an

---

20 In: Bea Campbell, *Wigan Pier Revisited*.
21 Paul Willis, ‹Shop-Floor Culture, Masculinity and the Wage-Form›; Michele Wallaces Buch *Black Macho and the Myth of the Superwoman* wird natürlich kritisiert, weil es als ein Angriff auf schwarze Männer verstanden wird. Aber auch schwarze Männer verweisen auf diesen Punkt: Sedeka Wadinasi, ‹Black Manliness. Some Fatal Aspects›; Robert Staples, *Black Masculinity*.

ihren Privilegien als Mann führen kann. «Wenn du zu Hause nichts mehr zu sagen hast, wo denn überhaupt noch?» lautet eine typische Äußerung.[22] Die Rollenverteilung zwischen Frauen und Männern ist in den Gruppen rigider, in denen Männer wenig andere Statussymbole oder Werte haben, auf die sie zurückgreifen können. Damit sind weiße Mittelschicht-Männer nicht vom Sexismus freigesprochen, nur äußert sich ihr Sexismus verhaltener. Wer einen hohen sozialen Status besitzt und von Dienstbarkeit umgeben ist, kann sich den Luxus erlauben, ‹seiner› Frau den Freiraum zu lassen, ihr eigenes Leben zu leben, ohne sich angegriffen zu fühlen. Männer aus der Mittelschicht beginnen die Vorteile der Frauenemanzipation zu entdecken (sie brauchen weniger Alimente zu bezahlen, die Beziehungen zu Frauen sind interessanter, sie haben mehr Zeit für die Kinder, müssen nicht nur hart arbeiten und Leistungen erbringen). Das resultiert letztendlich aber nur aus der Tatsache, daß diese Männer sehr viel weniger Angst haben müssen, ihr Gesicht zu verlieren, denn ihr Status und ihr Selbstwertgefühl als Mann stehen nicht wirklich auf dem Spiel. Wenn Frauen selbständiger werden, entgehen Männer leichter dem Druck der Ernährerrolle. Barbara Ehrenreich spricht in ihrem faszinierenden Buch *Männerherzen* sogar davon, daß die Versuche der Männer, ihrer Stellung als Familienoberhaupt und als Familienvater zu entkommen, eher da waren als der Feminismus. Nicht die Männer reagierten auf die Emanzipationsbedürfnisse der Frauen, behauptet sie, sondern die Frauen reagierten auf die Bedürfnisse der Männer, die der Zwangsjacke der Familie

---

22 Bea Campbell, *Wigan Pier Revisited*, S. 106. Siehe zur Rigidität der Geschlechterrollen auch: Schmidt und Sigusch, *Arbeitersexualität*; Lee Rainwater, ‹Some Aspects of Lower Class Sexual Behaviour›. Die ‹Männerbefreier›, wie zum Beispiel Marc F. Fasteau in *The Male Machine* und Warren Farrell in *The Liberated Man*, die vor allem die Vorteile der Aufgabe einer rigiden Rollenverteilung erkennen, kommen nicht ohne Grund aus der beruflich gutgestellten und gutverdienenden Mittelschicht und beschäftigen sich nicht mit Männern, die einen niedrigeren gesellschaftlichen Status als sie selbst haben.

entkommen wollten.[23] Eine weniger starre Zweiteilung in Frauen- und Männerrollen hat noch weitere Vorteile, auch für Männer: eine bessere Gesundheit, die Möglichkeit, nicht vollständig in Leistungs- und Konkurrenzzwang aufzugehen, interessantere Beziehungen zu Frauen, angenehmere Beziehungen zu Kindern, weniger gehemmte Beziehungen zu anderen Männern. Männer aus der Mittelschicht verfügen über einen größeren Freiraum, sie besitzen Privilegien, die sie gegen ein entspannteres Leben eintauschen können, ohne daß dies gleich zu einem Status- oder Gesichtsverlust führt. Männer aus weniger privilegierten Gruppen haben diesen Spielraum nicht. Die Aufgabe des Sexismus, der starren Rollenverteilung und der Herrschaft über Frauen ist bedrohlicher, weil es nicht viel anderes gibt, aus dem sie ihr Selbstwertgefühl beziehen könnten.

Wir können beobachten, daß auch für Männer ein starker Zusammenhang zwischen Sexismus, Klassenstellung und ethnischer Abstammung besteht. Diesen Zusammenhang müssen wir als Feministinnen immer im Auge behalten. Niemand wird ohne weiteres Privilegien aufgeben, wenn er dafür nichts anderes erhält, und deshalb gibt es mehr als nur einen Grund, auch innerhalb des Feminismus den Folgen der Klassenunterschiede und des Rassismus mehr Aufmerksamkeit zukommen zu lassen.

23 Einige Frauen reagierten auf dieses Phänomen, indem sie Feministinnen wurden, andere genau umgekehrt, nämlich mit Antifeminismus. Frauen, die ihr Schicksal mit der Aufrechterhaltung ihrer Ehe verbunden haben, empfinden verständlicherweise Angst davor, daß sich Männer ihnen leichter entziehen können, sobald von Frauen erwartet wird, sie sollten gemäß den Zielen der Gleichberechtigung für sich selbst aufkommen. Interessant ist in diesem Zusammenhang, daß die antifeministischen Frauen, die Feministinnen des Männerhasses beschuldigen, selbst anscheinend wenig Vertrauen in ihre Männer setzen.

7. Anknüpfungspunkte

Wenn wir uns die gesellschaftliche Stellung von Männern anschauen, erkennen wir sowohl Hindernisse als auch Anknüpfungspunkte für eine mögliche Solidarität. Erstens ist die Geschlechtersozialisation ein Bereich, in dem wir als Frauen zwar nicht alles, aber doch viel zu sagen haben, und Fragen der Erziehung, der Wohnformen, des Lebensstils und der Elternschaft erweisen sich als wichtige feministische Angriffspunkte.

Ferner zeigt sich, daß eine Gruppe von Männern ebenfalls ein eigenes Interesse an einer anderen Rollenverteilung zusteht. Andere Männer müssen erst noch erkennen, daß beispielsweise eine bessere Arbeitsverteilung etwas ist, bei dem sie nicht nur etwas zu verlieren, sondern auch etwas zu gewinnen haben. Arbeitslosigkeit von Männern kann zu konservativem Verhalten führen, kann aber auch den Anstoß zu der Erkenntnis geben, daß Arbeitszeitverkürzung und eine gerechtere Verteilung der verfügbaren Arbeit auch im eigenen Interesse liegen. Proteste von Frauen gegen Überlastung und zu lange Wochenarbeitszeiten können auch Männer auf die Idee bringen, daß niemand 60 Stunden pro Woche zu arbeiten braucht oder ständig zur Verfügung stehen muß. Arbeit, die für Frauen ungeeignet ist, ist für jeden ungeeignet.

In den Interviews in meinem Buch *Mannen, wat is er met jullie gebeurd?* (Männer, was ist mit euch passiert?) erzählten einige der Befragten, was ihnen dabei geholfen habe, die Berechtigung der Forderungen der Frauenbewegung einzusehen. Ein Surinamer: «Als farbiger Mann werde auch ich ständig mit der Forderung nach gleichberechtigter Behandlung konfrontiert. Und wenn ich das fordere, muß ich konsequent sein. Es wäre doch heuchlerisch, würde ich den Weißen ihre Unterdrückung vorwerfen und selbst nicht den Frauen zuhören, die sie erleben. Ausschlaggebend war für mich unter anderem, daß mir zwei Frauen regelmäßig mein Verhalten vor Augen führten. Aber trotz ihrer Kritik haben sie mich nicht fallenlassen. Davor habe ich nie zuhören wollen und können. (...) Diese Frauen waren knallhart, aber gleichzeitig gaben sie mir das Gefühl, daß ich die Mühe wert sei. Das ist sehr wichtig gewesen.»[24]

Obwohl es für jede Befreiungsbewegung der erste wichtige Schritt ist, die eigene Unterdrückung in den Mittelpunkt zu stellen, können wir es dabei nicht belassen. Sich in den eigenen Schützengräben zu verschanzen, zu leugnen, daß es andere Formen der Unterdrückung gibt als die, unter der wir selbst am meisten zu leiden haben, führt zur Zersplitterung. So bleibt nur jede Gruppe unter sich, ist mit den anderen zerstritten und findet keine Verbündeten.

(Mann aus der Mittelschicht, Bauernherkunft:) *Ich habe diese Frauen schon wahrgenommen, und irgendwie fand ich auch, daß sie ein bißchen recht hatten, aber es drang doch nicht wirklich zu mir durch. Ich empfand es auch ein wenig als elitäres Getue. Ich dachte an meine Mutter, die ihr ganzes Leben hart gearbeitet hatte, um acht Kinder großzuziehen, und daneben auch noch im Betrieb mitarbeitete. Als abhängig sah ich sie nie. Vielleicht war mein Vater sogar abhängiger von ihr als sie von ihm. Irgendwann einmal bat mich dann eine feministische Kollegin, etwas über meine Herkunft zu erzählen. Sie sagte, es wäre ihr aufgefallen, daß ich stiller würde, wenn die anderen heiß diskutierten. Das war eigentlich das erste Mal, daß mich jemand danach fragte, was es für mich bedeute, mit einer Bauernherkunft zwischen all den städtischen Intellektuellen zu sitzen. Es war eine große Erleichterung, einfach einmal darüber zu sprechen und es nicht verstecken zu müssen. Ich hatte mich nie unterstützt gefühlt. Und ich merkte, daß ich von diesem Zeitpunkt an auch ihr besser bei dem zuhören konnte, was sie über Frauen und Männer zu sagen hatte. Ich erkannte immer mehr Übereinstimmungen in der Weise, wie über Bauern und wie über Frauen gedacht wird. Das war ein Anfang.*

24 Siehe das Interview mit Humphrey Levens (Marjo van Soest und Anja Meulenbelt, *Mannen, wat is er met jullie gebeurd?*).

Kein Mann wird weniger sexistisch werden, wenn er sich als Mann vollkommen abgelehnt fühlt und wenn es niemanden interessiert, was er erlebt hat.

Diese Einsicht verdanke ich auch der chinesischen Frauenbewegung. Dort herrschte für den europäischen und amerikanischen Feminismus wenig Verständnis, besonders für den selbstgewählten Separatismus. Ein aufgezwungener Separatismus war gerade die Erfahrung, die chinesische Frauen als unterdrückend erlebt hatten, warum sollte man sich jetzt freiwillig absondern? Ein anderer Unterschied im Denken bestand in der westlichen Ablehnung von Männern als Männer. Keine der Chinesinnen, mit denen ich sprach, sah darin einen Sinn. Sicherlich waren auch ‹ihre› Männer alles andere als frei von vermeintlichen Überlegenheitsgefühlen und von unterdrückendem Verhalten. «Chinesische Männer leiden noch sehr unter feudalen Ideen», lautete die Formulierung, lies: unter Sexismus. Und den brauchten die Frauen nicht zu akzeptieren. Wenn ein Mann seine Frau schlecht behandelte und der Vernunft unzugänglich war, dann war natürlich nichts dagegen einzuwenden, daß eine aus Frauen bestehende Kommission dem in Frage kommenden Mann einen Denkzettel verpaßte. Aber eine Voraussetzung war offensichtlich: Männer hinkten zwar mit ihren Auffassungen und ihrem Verhalten hinterher, aber es ging darum, die Krankheit zu bekämpfen und nicht den Patienten.

Bei unterdrückten Menschen findet sich eine bestimmte Verhaltensweise, die auf einem Irrtum basiert. Sie gründet sich auf die falsche Annahme, daß es nur eine begrenzte und abgezählte Menge von Freiheit gäbe, die unter uns aufgeteilt werden müßte, und daß die größten und die saftigsten Brocken dieser Freiheit dem Sieger oder der stärkeren Partei als eine Art Kriegsbeute zukämen. Anstatt uns zusammenzuschließen und gemeinsam um mehr Freiheit zu kämpfen, prügeln wir uns untereinander, um so ein größeres Stück dieser Torte zu ergattern. Schwarze Frauen kämpfen untereinander um Männer, statt daß wir versuchen herauszufinden, wer wir sind, und unsere Kräfte für dauerhafte Veränderungen nutzen. Schwarze Frauen und Männer streiten sich untereinander darüber, wer ein größeres Recht auf Freiheit habe, statt daß wir vereint für unser gemeinsames lebensnotwendiges Ziel kämpfen. Schwarze und weiße Frauen streiten untereinander darüber, wer mehr unterdrückt werde, statt die Bereiche zu sehen, in denen unsere Ziele die gleichen sind.

Audre Lorde

Ich fühle mich nicht persönlich beleidigt, wenn jemand sagt, daß mich mein Weiß-Sein in Amerika zu einem Rassisten mache. Das ist wahr. Ich fühle mich aber beleidigt, wenn jemand sagt, das sei alles, was ich bin. Das ist nicht wahr. Ich bin sowohl Rassist als auch Antirassist, und als Antirassist kämpfe ich gegen den Rassismus.

Robert W. Terry

VI. Perspektiven:
Hoffnung und Verzweiflung

1. Einleitung

Vor ungefähr fünf Jahren fand eine große Demonstration gegen Faschismus, Rassismus und Antisemitismus statt, Tausende von Menschen nahmen daran teil.[1] Mitglieder jüdischer, marokkanischer, türkischer und surinamischer Organisationen wandten sich an die Menschenmassen. Es gab auch einen Sprecher der Homosexuellenorganisation, der sich zu einem ziemlich späten Zeitpunkt angeschlossen hatte. Von Sexismus wurde nicht gesprochen, obwohl einige Organisationen darum gebeten hatten. Ich bedauerte das, aber wichtiger fand ich das Erlebnis, alle diese Menschen und Gruppen zusammen zu sehen. Erstmalig traten so viele Gruppen unterdrückter Menschen gemeinsam auf. Dieser Demonstration hatten sich auch viele Frauenorganisationen angeschlossen, mit eigenen Transparenten. Ich marschierte bei meiner damaligen Freundin mit, einer Jüdin und ihrer Familie. Eine Feministin nahm es mir später übel, daß ich nicht im ‹Frauenblock› mitgelaufen war. Es wird mehr Leute mit solchen doppelten Loyalitäten gegeben haben. Doch das vorherrschende Gefühl war: Es geht. Es ist möglich, daß so viele verschiedene Menschen ein und dasselbe Ziel vor Augen haben, nie mehr Faschismus, keine diskriminierten oder unterdrückten Gruppen mehr.

1 Demonstration gegen Faschismus, Rassismus und Antisemitismus am 14. Dezember 1980.

Diesen Traum habe ich noch immer, zum Beispiel wenn ich auf dem Weg zu meiner Arbeit in der Straßenbahn sitze. Wenn ich mich umschaue, sehe ich jüngere Leute, die auf dem Weg zur Schule sind, ältere Menschen, Menschen ohne Arbeit. Die meisten sind Frauen. Und von all diesen Menschen ist mindestens die Hälfte farbig, die ganze Skala von Honigfarben über Karamel und Kaffeebraun bis hin zu Espresso. Die einzige Gruppe, die eindeutig fehlt, sind weiße Männer, die Arbeit haben und schon dort sind oder mit dem Auto hinfahren. Angenommen, alle diese Menschen wären fest entschlossen, alle Unterdrückung zu beenden, sie einfach nicht mehr hinzunehmen und ohne Streitereien untereinander gemeinsam dafür zu kämpfen. Ist das nur ein Traum? Was hält uns davon ab? Wir sollten uns wünschen, die Erkenntnis der eigenen Unterdrückung würde automatisch zu der Erkenntnis führen, daß es noch andere unterdrückte Gruppen gibt. Aber so einfach ist es nicht. Es erfordert mehr als nur das Wissen um die eigene Gruppe. Es erfordert den Willen und die Fähigkeit, über die Grenzen des ‹Wir› hinauszuschauen, sowohl von seiten der dominanten Gruppen als auch von seiten der unterdrückten Gruppen aus.

Manchmal scheint es wirklich, als ob die eigene Unterdrückung Menschen noch mehr verhärte, noch blinder mache für die Unterdrückung der anderen. Während eines Vortrags über die Unterschiede zwischen Frauen sprach ich über die doppelte Loyalität, unter anderem der farbigen Frauen. Ich erzählte von dem Zwischenfall, als eine weiße Frau einen farbigen Jungen erschoß, weil er versucht hatte, ihre Tasche zu stehlen. Noch bevor ich die Geschichte zu Ende erzählen konnte, rief eine weiße Frau aus dem Publikum wütend: «Ich hoffe, daß er wenigstens tot war.» In solchen Augenblicken erschrecke ich, wenn ich sehe, wie Menschen sich hinter der Wut über ihre eigene Unterdrückung so verschanzen, daß sie nicht mehr erkennen können, nicht die einzigen ‹Ausgestoßenen dieser Erde› zu sein.

Wir sollten uns wünschen, daß Unterdrücktsein Menschen automatisch für die Unterdrückung empfindsamer macht, die andere Menschen erfahren. So funktioniert es aber offensichtlich leider nicht. Unterdrückung macht niemanden verständnisvoller. Obwohl es also wenige Leute gibt, die automatisch die Übereinstimmungen zwischen der am eigenen Leibe erfahrenen Unterdrückung und der Unterdrückung von anderen erkennen, ist ein bestimmter Bewußtseinsprozeß, eine gewisse Verarbeitung der eigenen Erlebnisse und der eigenen gesellschaftlichen Stellung diesem Ziel dennoch sehr dienlich. Ich habe zu diesem Thema noch wenig Literatur gefunden, aber ich kann es aus meiner eigenen Erfahrung bestätigen. Ungefähr zehn Jahre lang habe ich mich fast ausschließlich auf die Frauenunterdrückung konzentriert, und ich konnte während dieser Zeit nur schwerlich zugestehen, daß es noch anderes Unrecht als dieses gab. Auf einer abstrakten Ebene schon, aber es geschah nicht aus einem wirklichen Interesse heraus. Erst in den letzten Jahren begann ich fast von selbst das Bedürfnis zu entwickeln, meinen Blickwinkel zu erweitern und auf andere Gruppen als nur auf Frauen auszudehnen. Das hing mit einer bestimmten Phase der Verarbeitung zusammen. Ich weiß, daß ich noch immer zu einer unterdrückten Gruppe gehöre, aber ich fühle mich nicht mehr ohnmächtig, nicht mehr täglich verletzt oder ständig wütend. Der Kampf um mein Selbstvertrauen und gegen die verinnerlichte Unterdrückung gehört der Vergangenheit an. Ich fühle mich im Umgang mit Männern nicht mehr so schnell angegriffen, unabhängig von der Tatsache, ob sie inzwischen mehr von der Unterdrückung der Frauen begreifen. Das schafft Freiraum.

Den gleichen Prozeß beobachte ich bei Männern, die selbst zu einer unterdrückten Kategorie gehören. Eine gewisse Verarbeitung, ein gewisser Frieden mit der eigenen Stellung, ein gewisses Maß an Selbstbewußtsein sind förderlich, um die Verbindungslinien zwischen der eigenen Unterdrückung und der der Frauen erkennen und daraus die Konsequenzen ziehen zu können.

In den vorausgegangenen Kapiteln habe ich deutlich zu machen versucht, daß die verschiedenen Formen der Unterdrückung nicht isoliert voneinander bestehen, sondern miteinander verknüpft sind, daß das isolierte Arbeiten einer Gruppe sicher ein Anfang sein kann, aber auf die Dauer keine Perspektive bietet. Eine von weißen Männern dominierte Arbeiterbewegung, die Frauen, Farbige und Homosexuelle nur als wesensfremde Eindringlinge betrachtet, schwächt letztlich ihre eigene Position.

Wenn farbige Männer farbigen Frauen vorwerfen, daß ihr Eintreten für die Gleichberechtigung von Mann und Frau nur eine Imitation des weißen Feminismus sei, ein Versuch, sich zu hollandisieren, dann treiben sie diese Frauen anderen Gruppen geradezu in die Arme, statt sich mit ihnen zu verbünden. Wenn eine Frauenbewegung farbigen Frauen nur eine marginale Position zuweist oder nicht einsieht, daß ein extremer Separatismus die Frauen ausschließt, die es sich ökonomisch nicht erlauben können, in einer Subkultur zu leben, dann ist dies in Wirklichkeit keine Frauenbewegung, sondern eine beschränkte Interessengruppe.

Obwohl die erste Reaktion auf die Kritik innerhalb der eigenen unterdrückten Gruppe oder Bewegung meist dahin geht, diese als ‹Spaltpilz› abzuqualifizieren, als einen Versuch, die Einheit zu stören, muß jeder schließlich einsehen, daß nur das Erkennen und Eingestehen der Unterschiede untereinander die immer schon vorhandene Kluft schließen kann. Es sind nicht die Feministinnen, die die Kluft zwischen Männern und Frauen schaffen, sie weisen nur auf diese hin. So werden auch die schwarzen Frauen, die Kritik an der Farblosigkeit der Frauenbewegung üben, den Feminismus letztendlich stärken, wenn wir auf ihre Worte hören und daraus die Konsequenzen ziehen. Das erweist sich nicht immer als einfach.

Es nützt nichts, mit Machtmitteln auf Unterdrückung zu

reagieren, da diese wiederum zur Unterdrückung führen. Die im dritten Kapitel wiedergegebene Erfahrung der schwarzen Krankenschwester hatte noch eine Fortsetzung. Als die alte weiße Frau ihr ins Gesicht gespuckt hatte, rächte sie sich, indem sie die Frau beim Waschen so unsanft anfaßte, daß sie ihr weh tat. «Nun wissen Sie, wie es ist, von einer Schwarzen bedient zu werden.» Der Wunsch, sich zu rächen, ist an sich verständlich. Es erleichtert. Es hält das Selbstbewußtsein intakt, was nicht der Fall ist, wenn man die Erniedrigung herunterschluckt. Wut ist eine Phase weiter als Opferbereitschaft, das habe ich an anderer Stelle bereits dargelegt. Aber eines verändert sie nicht. Die alte Frau ist durch diese Reaktion nicht weniger rassistisch geworden, im Gegenteil. Ihre Urteile über Schwarze haben sich dadurch nicht verbessert, und auch ihr Gefühl hat sich bestätigt, jüngere, nicht behinderte oder abhängige Leute würden einer hilfsbedürftigen Frau, wenn es darauf ankommt, nicht helfen.

Wer den Mechanismus einmal durchschaut hat, in der eine Unterdrückung gegen eine andere eingetauscht wird und jede Partei in der Begegnung ihre bestehenden Vorurteile nur bestätigt sieht, der erlebt zahllose solcher Fälle. Ich erinnere mich an ein Training, in dem Frauen versuchten, sich adäquate Reaktionen auf die sexuelle Belästigung auf der Straße zu überlegen. Fast alle Reaktionen, die sie sich ausgedacht hatten, wie beispielsweise den Mann als Bauerntrampel zu beschimpfen oder ihm mit dem Spruch ‹Du bist sicher der Schlaueste auf der Schule gewesen› zu begegnen, enthielten klassische Elemente oder spielten auf die schwachen Seiten der Männersozialisation an: ‹Kriegst du ihn überhaupt noch hoch, du Fettsack?› Für die Frauen in der Übungsgruppe war es lustig, ein Verhalten einzuüben, das uns immer verboten war, und nicht mehr automatisch in gelähmtes Erschrecken zu verfallen, sondern zu begreifen, daß man etwas tun kann und sich nicht alle Macht aus den Händen nehmen zu lassen braucht. Aber fast keiner der

Teilnehmerinnen fiel eine Entgegnung ein, welche die bestehenden Verhältnisse nicht letztlich wieder bestätigt hätte. Wer sich von Frauen in seiner Klassenherkunft erniedrigt fühlt, wird kaum mehr Verständnis für Frauen aufbringen oder weniger sexistisch werden. Wer sich als Mann vollkommen abgelehnt fühlt, wird noch härter als Mann zurückschlagen.

Noch kennen wir kaum Möglichkeiten, auf eine entwaffnende Art zu reagieren, statt auf eine nur stärker abschottende. Sicher ist dies sehr schwierig, und ganz sicher eignen sich auch nicht alle Situationen dafür. Wenn ein Mann eine Frau zu vergewaltigen versucht, sollte diese lieber laut schreien oder schnell weglaufen als mit ihm über die Unterschiede und Übereinstimmungen in ihren jeweiligen Unterdrückungen zu diskutieren.

2. Separatismus oder Zusammenarbeit?

Zu Beginn dieses Buches habe ich schon betont, daß die Bekämpfung der Unterdrückung notgedrungen auf verschiedenen Ebenen stattfinden muß. Von seiten der Frauenbewegung aus ist eine Vielzahl unterschiedlicher Strategien entwickelt worden, mit denen die Ungleichheit zwischen den Geschlechtern beendet werden soll. Auch Rassismusbekämpfung findet auf mehreren Ebenen statt: Antidiskriminierungsgesetze, Quotierung, Demonstrationen, Aufklärung, Unterrichtsmodelle, in denen ein Raum geschaffen wird für das Einüben von Antirassismus. Obwohl das sozialistische Ideal, die klassenlose Gesellschaft, weiter entfernt zu sein scheint als in den radikalen sechziger und siebziger Jahren, wird auch darüber nachgedacht.

Ich möchte mich in diesem Schlußkapitel mit der immer wieder auftretenden Frage der Zusammenarbeit befassen. Zusammenarbeit oder Separatismus, diese Frage wird meist auf einer ideologischen Ebene ausgefochten. Ein weitverbreitetes Mißverständnis ist der Glaube, die separatistischen Feministinnen seien auch die radikalsten.[2]

Es geht schließlich darum, daß etwas eine Wirkung hat, nicht darum, daß es ideologisch gesehen die reinste oder extremste Lehre zu sein scheint. Separatismus, Integration oder Zusammenarbeit, bei diesen Alternativen geht es um das Ziel, das wir erreichen wollen. Erfolgt Zusammenarbeit und Integration ohne einen Ort, von dem aus die eigenen Interessen formuliert werden können, kommt es fast unausweichlich zum Verschwinden dieser Interessen und zur Anpassung an die dominanten Normen. Aber Separatismus als Ziel statt als Mittel zum Zweck führt zu neuen Gettos, schließt potentielle Verbündete aus. Anders als es manchmal die feministische Rhetorik glauben machen will, führt der erfolgreiche Separatismus keineswegs zu einer Gefährdung der bestehenden Ordnung, er läßt die vorgefundenen Machtverhältnisse vollkommen intakt. Daneben haben wir feststellen können, daß ein konsequenter Separatismus Menschen mit doppelter Loyalität ausgrenzt. Und davon gibt es viele.

Worum geht es? In erster Linie darum, daß unterdrückte Gruppen für sich selbst eintreten, verinnerlichte Unterdrückung abschütteln und eine positivere eigene Identität aufbauen oder zurückerobern. Die Frauen des *Combahee River Collective*, schwarze Frauen, schreiben dazu: «Wir machen uns bewußt, daß die einzigen Menschen, die genügend von uns halten, um systematisch an unserer Befreiung zu arbeiten, wir selbst sind. Unsere Politik entsteht aus einer gesunden Liebe zu uns selbst, zu unseren Schwestern und zu unse-

2 Barbara Smith sagt hierzu in einem Gespräch mit Beverly Smith (‹Across the Kitchen Table›, S. 126): «Wirklich radikal ist für mich der Versuch, mit Leuten zu koalieren, die anders sind als du selbst. Ich denke, es ist radikal, sich gleichzeitig mit der Hautfarbe, dem Geschlecht, der Klasse und der sexuellen Identität auseinanderzusetzen. Ich glaube, daß das wirklich radikal ist, weil das noch niemand getan hat. Zwischen Extremismus und Radikalität besteht ein Unterschied.»

rer Gemeinschaft, die es uns ermöglicht, unseren Kampf und unsere Arbeit fortzusetzen. Diese Ausrichtung auf unsere eigene Unterdrückung ist in dem Konzept der Identitätspolitik verkörpert. Wir glauben, daß die weitestgehende und potentiell radikalste Politik unmittelbar aus unserer eigenen Identität entspringt, im Unterschied zu der Aufgabe, die Unterdrückung anderer zu beenden.»[3]

Wir sollten diesen Prozeß, das Aufbauen der eigenen Identität und eines gesunden Selbstwertgefühls, als ‹Identitätspolitik› bezeichnen.[4] Aber Identitätspolitik ist nur der Anfang. Bleibt die Entwicklung bei ihr stehen, dann kommt es zur großen Gefahr zersplitterter, nebeneinander existierender und relativ machtloser Grüppchen. Wir kennen das. Es scheint unter einigen Aktivisten das Gefühl zu bestehen, Aufmerksamkeit und Energie seien knapp, daher gehe es darum zu entscheiden, welche unterdrückte Gruppe die wirklich einzige, die wirklich unterdrückte Gruppe ist, eine Art Kompetenzstreit um den wahren Opferstatus.[5]

In jeder Bewegung geschieht es, daß die Mitglieder leugnen, eine andere Unterdrückung als diejenige, unter der sie selbst gelitten haben, besitze auch eine Relevanz. Abgesehen von diesem Streit untereinander gibt es einen zweiten Grund, warum ein allzu tiefes Sichversenken in die eigene Identitätspolitik letztlich zu kurz greift: Wir haben alle schon erlebt, daß viele Menschen nicht nur einer Kategorie angehören, um ihrer Zugehörigkeit willen wären sie somit gezwungen, einen Teil ihrer Identität zu leugnen. Das passiert oft genug. So beschreibt eine jüdische Frau ihren Eintritt in die Frauenbewegung: «Es war für mich ausgesprochen wichtig, diesen neuen Ort gefunden zu haben, er sollte mein Zuhause werden, als Ersatz für das Zuhause, das ich verloren hatte.

3 Zitiert in Elly Bulkin, ‹Hard Ground: Jewish Identity, Racism and Anti-Semitism›, S. 99.
4 Ebd., S. 98.
5 Barbara Smith, ‹Between a Rock and a Hard Place›, S. 75.

Ich brauchte einen Ort mit anderen Frauen, der mir gehörte, wo ich wieder Hoffnung schöpfen konnte. Aus dieser Not kam ich nicht dazu, mir klarzumachen, was mich von anderen Frauen trennte und was mich von ihnen unterschied.»[6] Wenn wir nicht wollen, daß Identitätspolitik auf die Dauer in einer Zersplitterung versandet, ein Grüppchen jüdischer Lesben aus der Arbeiterklasse neben einem Grüppchen Heterofrauen mit Kindern aus der Mittelschicht,[7] dann müssen wir notgedrungen über die Mauern unserer eigenen Identität hinausblicken und erkennen, daß es neben allen Unterschieden viele Gemeinsamkeiten und gemeinsame Anliegen gibt, für die es sich zu arbeiten lohnt. Und obwohl wir mit den Unterschieden innerhalb der Frauenbewegung alle Hände voll zu tun haben, können wir dabei nicht stehenbleiben.

«Eines der Mißverständnisse», schreibt die schwarze Feministin Barbara Smith, «ist die Vorstellung, daß eine Politik notwendig sei, um ausschließlich im Kontext der Frauenbewegung gegen Antisemitismus, Rassismus und andere Systeme der Unterdrückung vorzugehen. Obwohl es unvermeidlich ist, daß alle Formen der Unterdrückung sich auch innerhalb der Frauenbewegung manifestieren, ist das weder der Ort, wo sie beginnen, noch der Ort, wo sie enden.»[8]

Was wir in der Folge der Identitätspolitik und der Selbstorganisation brauchen, sind Solidaritätsgruppen und Koalitionen untereinander.

In diesem letzten Kapitel möchte ich mich sowohl mit der Identitätspolitik als auch mit den Solidaritätsgruppen beschäftigen. Die Modelle, die ich dabei benutze, sind noch in ihrer Experimentierphase und stammen aus begleitenden

6 Minnie Bruce Pratt, ‹Identity: Skin Blood Heart›, S. 30.
7 Damit will ich nicht sagen, daß es nicht außergewöhnlich nützlich sein kann, zeitweilig eine Selbsthilfegruppe oder Gesprächsgruppe zu organisieren, in denen von mehreren gemeinsamen Aspekten der Unterdrückung ausgegangen wird.
8 Barbara Smith, ‹Between a Rock and a Hard Place›, S. 84.

Gruppen innerhalb des Co-Counsellings oder aus Ausbildungen, die sich damit befaßt haben. Ich glaube aber, daß sie sich auch in der politischen Arbeit als brauchbar erweisen werden, wenngleich es sich dabei nicht um speziell dafür entwickelte Übungsprogramme handelt.

Jede unterdrückte Gruppe hat bestimmte Dinge zu ordnen, währenddessen Topfgucker nicht erwünscht sind. Ich denke hierbei in erster Linie an das Aufbauen einer positiven Identität und das Abbauen der verinnerlichten Unterdrückkung. Es muß die Möglichkeit geschaffen werden, die Mechanismen des ‹Teile und herrsche› abzubauen, unter denen fast alle unterdrückten Gruppen leiden.

Der Widerstand, sich mit Menschen aus der eigenen Gruppe zu identifizieren, ist oft groß. In jeder Gruppe tauchen die Folgen der älteren Teile-und-herrsche-Mechanismen auf: In jüdischen Gruppen geht es darum, wer den Krieg miterlebt hat und wer nicht. Während einer Auschwitz-Gedenkstunde hörte ich, wie Überlebende aus den Konzentrationslagern zueinander sagten: «Wo hast du gesessen, in X? Da war es nicht so schlimm. Ich komme aus Z, dort war es viel schlimmer.» Jüdische Frauen, die orthodox erzogen worden sind, können sich mitunter nur schwer mit Frauen identifizieren, die zu Hause ihr Judentum nicht mehr praktizieren. Lesbische Frauen, die ‹es schon immer waren›, fühlen sich bei den ‹Neuen› nicht zu Hause, die erst Beziehungen zu Frauen eingingen, als der Feminismus aufkam. Gail Pheterson äußert in ihrer Beschreibung einiger Solidaritätsgruppen: «Wer in der Vergangenheit am stärksten gelitten hat, betrachtet sich selbst gewöhnlich als die wirklich unterdrückte Gruppe, als die wirklichen Lesbierinnen oder die wirklichen Juden. ‹Du bist nur eine neue Lesbe.› ‹Was wißt ihr amerikanischen Juden denn schon vom Jüdisch-Sein?› Mit anderen Worten: Ihr habt nicht genug gelitten. Dagegen wollen diejenigen, die jetzt die gleiche politische Identität wie die ‹richtigen› Unterdrückten besitzen, aber in der Vergangenheit die Unterdrückung nicht so persönlich empfunden hatten, sich selbst im allgemeinen nicht zu der unterdrückten Gruppe rechnen. ‹Ich will nicht zu ihnen gehören.› ‹Nur politisch bin ich lesbisch, sexuell bin ich heterosexuell.› ‹Meine Mutter ist Jüdin, ich nicht!› ‹Ich habe mich nie als Schwarze empfunden.›»[99]

Es kann noch sehr viel komplexer sein, manchmal verwirft gerade diejenige, die am meisten gelitten hat, am stärksten die Identität, und manchmal bejaht gerade diejenige, die am wenigsten gelitten hat, die Identität mit der geringsten Zurückgezogenheit.

Kurz: Eine unterdrückte Gruppe bildet noch keine selbstverständliche Einheit. Inwieweit wir uns mit einer bestimmten Gruppe identifizieren, erweist sich ebensosehr von der früheren Geschichte abhängig wie von der ‹objektiven› gesellschaftlichen Stellung, die wir einnehmen. Verinnerlichte Unterdrückung hat eine Hierarchie innerhalb der unterdrückten Gruppe zur Folge. Diese Rangordnung wird während der Bewußtwerdung und der Politisierung der Gruppe oft umgekehrt. Die Gefahr dabei ist nicht so sehr, daß eine alte Hierarchie eingerissen wird, sondern daß eine neue Hierarchie aufgebaut wird und damit von neuem ein Zwiespalt entsteht, wo nach einer Einheit gesucht wird. Während wir mit der Auffassung erzogen worden sind, daß ‹hetero› besser sei als ‹homo›, wird in einer bestimmten Phase von vielen Frauengruppen die Hierarchie umgekehrt: Nun sind die lesbischen Frauen die ‹richtigen› Feministinnen. Die dunkelsten Menschen sind die ‹richtigen› Schwarzen. Nur wenn beide Elternteile noch immer zur Arbeiterklasse gehören, ist man ‹wirklich› Teil der Arbeiterklasse.

In dieser Phase muß ein neues Vertrauen untereinander geschaffen werden und neben dem eigenen Selbstwertgefühl eine gegenseitige Akzeptanz aufgebaut werden. Das allein ist schon keine leichte Aufgabe, denn dabei müssen sowohl die alten Normen als auch die Erstarrung ‹revolutionärer› Nor-

9 Gail Pheterson, ‹Bondgenootschap tussen vrouwen›, S. 411.

men durchbrochen werden. Die Anwesenheit von Außenstehenden nützt zu diesem Zeitpunkt fast nie.

Und dann haben wir uns noch lange nicht mit allen Unterschieden innerhalb der eigenen Gruppe befaßt, wobei wir ebenfalls keine Einmischung von anderen gebrauchen können. Was weiße und schwarze Frauen untereinander herauszufinden haben, sollte besser ohne die Anwesenheit von Männern geschehen, ebenso wie Nichtjuden lieber nicht dabeisein sollten, wenn Jüdinnen und Juden untereinander ihre Angelegenheiten regeln, und Weiße nicht, wenn es sich um die Konflikte zwischen schwarzen Frauen und schwarzen Männern handelt.[10]

Jede unterdrückte Gruppe muß einige Dinge allein regeln. Aber das bedeutet nicht, daß die Menschen, die zur dominanten Gruppe gehören und gern etwas täten, hilflos abwarten müßten, bis sie erwünscht sind. Ich erinnere mich noch an eine große *MVM*-Versammlung, bei der es um die Gründung mehrerer Gesprächsgruppen für Frauen ging. Die anwesenden Männer fragten, wie lange das nun noch dauern sollte und wann die Frauen die Absicht hätten zurückzukommen. Ein paar Monate? Ein halbes Jahr? Und was sollten sie denn inzwischen tun? Keiner kam in diesem Augenblick auf die Idee, daß Männer untereinander auch das eine oder andere herauszufinden hätten und daß sie, indem sie sich so abhängig aufführten, eher eine Last wären als eine Bereicherung. Sie begriffen nicht, daß sie das eigentliche Problem der Frauenunterdrückung den Frauen zuschoben und nicht den Männern. Als ob alles schon in Ordnung käme, wenn Frauen

10 Manchmal wird von dieser Regel abgewichen. Beispielsweise ist einmal eine Gruppe Jüdinnen und Juden von einer Nichtjüdin begleitet worden. Sie wurde ausdrücklich darum gebeten, weil die Gruppe eine nichtjüdische Begleiterin haben wollte, die außerhalb aller Verhaltensmuster zwischen jüdischen Männern und Frauen stand. Es versteht sich von selbst, daß die Begleitung eines ‹Außenstehenden› nur funktioniert, wenn diese Person ihre oder seine eigene Stellung hinsichtlich der begleitenden Gruppe ausreichend verarbeitet hat und nicht unbeabsichtigt aus eigenen Bedürfnissen oder Motiven heraus reagiert.

sich ein wenig emanzipierten und dann zurückkämen, um gemeinsam den Weg fortzusetzen. Sie begriffen ebensowenig, daß diese Phase eine sehr gute Möglichkeit für Männer böte, sich antisexistische Strategien zu überlegen und auszuführen, denn dafür wäre die Anwesenheit von Frauen an sich nicht notwendig.

Manche unterdrückten Gruppen wünschen keine Zusammenarbeit, sie würden und könnten ihre eigenen Probleme schon selbst lösen. Aber letztlich stimmt das nicht. Sexismus verschwindet nicht, wenn sich Männer nicht verändern. Rassismus ist kein schwarzes, sondern ein weißes Problem. Wer sich engagieren will, braucht nicht hilflos abzuwarten, bis er erwünscht ist oder bis jemand kommt und sagt, was er zu tun hat.

3. Solidarität

Meine Erfahrungen haben gezeigt, daß es sehr nützlich ist, wenn Mitglieder der dominanten Gruppe Hilfe bei ihresgleichen suchen und so den Menschen der unterdrückten Gruppe nicht ständig vor die Füße laufen. In einer solchen Selbsthilfegruppe ist es möglich, Erfahrungen auszutauschen und zu erkennen, ob die eigenen Erlebnisse ‹normal› sind. Hier findet sich die Chance, eigene Gefühle auf Unredlichkeit usw. zu hinterfragen. Solidarität ist ein schöner Begriff, aber wenn Unterdrückte und Mitglieder der dominanten Gruppe zusammenarbeiten, ziehen sich auch die Menschen der letztgenannten Gruppe Beulen und Blessuren zu.

Auch bei Menschen aus den dominanten Gruppen entsteht allmählich das Bedürfnis, die eigene Stellung zu diskutieren. Das haben Angehörige einer herrschenden Gruppe selten getan, höchstens wenn sie durch Konfrontationen dazu gezwungen wurden. Kein Weißer überlegt von sich aus, was es bedeutet, weiß zu sein, die meisten finden es sogar lächerlich, sich selbst so zu nennen. Vor zehn Jahren – in einer Ausbildungsgruppe, in der unter der Mehrheit von Frauen auch einige Männer saßen – verstanden die Männer anfänglich absolut nicht, was wir von ihnen erwarteten, als wir sie nach ihren Erfahrungen als *Mann* fragten. Die dominante Position ist immer die selbstverständliche, über die man nicht nachzudenken braucht. «Wir sind doch normale Menschen», sagt jemand aus der höheren Schicht, ohne sich des eigenen Ständegefühls bewußt zu sein. «Was soll ich denn darüber nachdenken, daß ich weiß bin?» sagt ein Kursteilnehmer. «Wir wollten doch über Rassismus, über schwarze Menschen sprechen?» Auch den Menschen aus der dominanten Gruppe tut es gut, einmal über die eigene Identität nachzudenken und ihre Erfahrungen auszutauschen.

Es erscheint vielen widersinnig, daß es auf der dominanten Seite ebenso darum gehen soll, ein positives Selbstbild aufzubauen, vor allen denjenigen, die glauben, daß die dominante Gruppe einen Kopf kleiner gemacht werden sollte, also vor allem bekämpft werden müßte. Keinem schwarzen Menschen wäre geholfen, wenn Weiße sich für die fahlrosa Haut, mit der sie geboren worden sind, schämen würden. Keiner Feministin geht es letztlich besser, wenn Männer anfangen, sich für ihr Mannsein zu schämen. Wenn wir von Unterdrückung sprechen, dann sprechen wir von Positionen. Wir würden in eine neue Art biologischen Denkens verfallen, wenn wir davon ausgingen, einen Männerkörper oder eine helle Hautfarbe zu haben sei an sich falsch, und die Normen lediglich umkehrten. Wie paradox das für einige klingen mag: Angehörige der dominanten Gruppe sind in ihrer Loyalität der unterdrückten Gruppe gegenüber verläßlicher, wenn sie einigermaßen mit sich selbst zufrieden sind. Wir haben mehr von einem Mann, der sich in seinem Körper wohl fühlt, als von einem Mann, der es nötig hat, seine Männlichkeit zu beweisen, indem er sich von Frauen abgrenzt, der sich bedroht fühlt, wenn Frauen sich aufrichten, weil seine ‹Männlichkeit› eine defensive ist und ständig mit der ‹Schwachheit› der

Frauen gefüttert werden muß. Dieser Grundsatz gilt genauso für andere Gruppen. Nichtjuden, die eifersüchtig sind auf Juden, weil sie selbst sich so ‹normal› und ‹farblos› fühlen, fallen leichter in Antisemitismus zurück als Nichtjuden, die vollkommen zufrieden sind mit ihrer eigenen Identität. Um wirklich effektiv zu sein, auch auf lange Sicht, muß ein Teil des Kampfes getrennt stattfinden und ein Teil des Kampfes gemeinsam. Ich habe das auf dieser Seite schematisch wiedergegeben.

Das Schema entstammt ursprünglich dem antirassistischen Kampf, aber es gilt ebenso für andere Kategorien.[11] So wäre Frau oder Arbeiterklasse für schwarz einzusetzen usw.

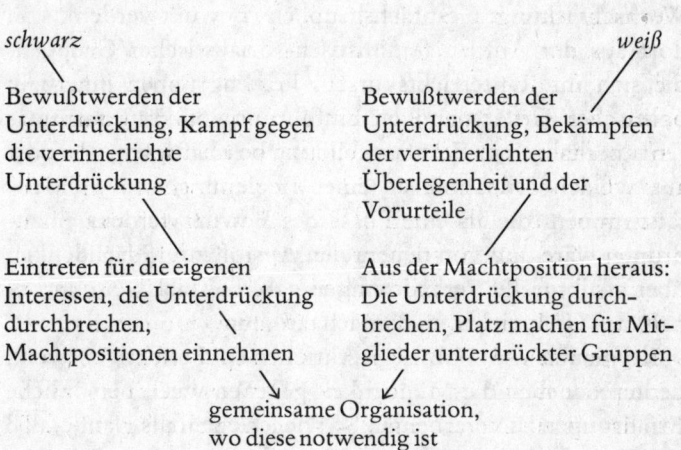

schwarz   *weiß*

Bewußtwerden der Unterdrückung, Kampf gegen die verinnerlichte Unterdrückung

Bewußtwerden der Unterdrückung, Bekämpfen der verinnerlichten Überlegenheit und der Vorurteile

Eintreten für die eigenen Interessen, die Unterdrückung durchbrechen, Machtpositionen einnehmen

Aus der Machtposition heraus: Die Unterdrückung durchbrechen, Platz machen für Mitglieder unterdrückter Gruppen

gemeinsame Organisation, wo diese notwendig ist

Warum finde ich dieses Schema wichtig? Meiner Erfahrung nach werden in vielen politischen Bewegungen, Aktionsgruppen und in Diskussionen zwischen einzelnen Leuten oft künstliche Zweiteilungen vorgenommen zwischen dem, was ‹politische Aktion› heißt auf der einen Seite,

11 Das Schema habe ich dem Vortrag ‹Antiracisme, een andere richting› von Lida van den Broek entnommen.

und ‹Bewußtwerden› auf der anderen. Als ob wir uns zwischen dem einen oder dem anderen entscheiden müßten, als ob politische Aktionen ein Bewußtwerden ausschlössen oder umgekehrt. Wenn wir davon ausgehen, daß Unterdrückung sowohl eine Frage von strukturell verankerter Ungleichheit als auch eine Frage individueller Sozialisation ist, dann wird deutlich, daß wir in Wirklichkeit nicht wählen können. Wir müssen aber Strategien und Methoden entwickeln, mit denen beide Seiten berücksichtigt werden, gleichzeitig oder nacheinander. Mit dem Schema will ich nicht vorgeben, daß wir mit politischen Aktionen so lange warten sollen, bis wir alle ‹bewußt› geworden sind. Betrachte ich noch einmal meine eigene Geschichte, dann entdecke ich eine ständige Wechselwirkung: Gesprächsgruppen (Bewußtwerden); von dort aus der Aufbau feministisch-sozialistischer Gruppen, die sich mit Unterrichtskursen, Frauengruppen innerhalb politischer Parteien und der Einführung von Frauenseminaren innerhalb einer Berufsausbildung beschäftigten; von dort aus wieder Teilnahme an einer Begleitung von Solidaritätsgruppen, die als eine Phase des Bewußtwerdens einzuordnen wäre und von neuem den Anstoß zum Nachdenken über strukturelle Veränderungen gab, beispielsweise innerhalb des Unterrichts, in dem ich tätig bin.

Ich glaube also, politische Aktionen sind effektiver, wenn Leuten daneben die Möglichkeit gegeben wird, persönliche Erfahrungen zu verarbeiten. So wie ich ebenfalls glaube, daß der Bewußtseinsprozeß schneller vonstatten geht, wenn daneben in konkreten Aktionen Erfahrungen gesammelt werden, ob das nun in der Form eines Antifaschismuskomitees geschieht oder in der, dafür zu sorgen, daß innerhalb der eigenen Arbeitssituation mehr für das Akzeptieren farbiger Menschen und Frauen getan wird. Ich habe gute Erfahrungen mit einer Selbsthilfegruppe weißer Leute gemacht, die alle daneben auch noch in einer anderen Weise aktiv den Rassismus bekämpften. Der eine, indem er versuchte, einen antirassistischen Unterricht zu geben, ein anderer als Beamter innerhalb des Minderheitenausschusses der Regierung. Die Gruppe war nicht nur sehr nützlich, um Ideen darüber zu entwickeln, was jeder von uns in Angriff nehmen wollte, welche Strategie dabei praktikabel war, sondern es war auch ein Ort, wo man seine Gefühle von Mutlosigkeit beim Entwirren von Konflikten einbringen konnte, wo man Ermutigung und Hilfe von anderen bekam, wenn man diese brauchte.

Ähnliches ist mir in unterschiedlicher Gestalt zunehmend häufiger begegnet. Manchmal in der Form von Trainingsprogrammen und Workshops, bei denen Menschen einzeln oder als bestehende Gruppe für eine Weile neue Impulse bekamen, um den Kampf fortsetzen zu können. In manchen Ausbildungsgängen wie der Fachhochschule für Sozialpädagogik oder der beruflichen Weiterbildung, der ich angehöre, ist ‹Sozialisation› und damit die Untersuchung der eigenen Herkunft und der Unterschiede zwischen Menschen mittlerweile ein integraler Bestandteil des Studiengangs. Anderswo gründen Menschen nach dem Vorbild der ‹Solidaritätsgruppen› eigene Selbsthilfegruppen, die sich eine Weile unter einem bestimmten Vorzeichen zusammentun. Für Leute, die mit den Methoden des Co-Counsellings vertraut sind, werden regelmäßig Workshops angeboten, beispielsweise für Leute mit unterschiedlichen Klassenherkünften oder für homosexuelle Männer und Frauen und ihre heterosexuellen Verbündeten oder für behinderte Menschen und ihre körperlich ‹normalen› Verbündeten. Wer Erfahrungen mit dieser Art von Arbeit gemacht hat, bietet sich manchmal wieder als Begleiter für neue Gruppen an, die darum bitten.

Bei dieser Arbeit, ich nenne sie der Einfachheit halber ‹Solidaritätsgruppen›, obwohl verschiedene Bezeichnungen existieren, kann man von einer bestimmten Theorie sprechen, in der der Begriff ‹Unterdrückung› im Mittelpunkt steht, und von einer bestimmten Methode. Über die Theorie habe ich in diesem Buch bereits ausführlich gesprochen. In diesem letzten Kapitel möchte ich noch über eine Reihe methodischer Erkenntnisse sprechen, von denen ich glaube, daß sie für jeden nützlich sind, der sich mit Antirassismus, Feminismus oder mit dem Bekämpfen anderer Formen der Unterdrückung beschäftigt.

4. Bewußtseinsphasen

In den Solidaritätsgruppen ist der Versuch unternommen worden, die Bewußtseinsphasen darzustellen, die Menschen durchleben, wenn sie sich entweder von dominanter Seite oder von dominierter Seite aus aktiv gegen Unterdrückung wehren. Ich habe dieses Schema von Gail Pheterson übernommen und es nach eigenen Erkenntnissen bearbeitet. Das Schema gibt die Bewußtseinsphasen wieder, wie sie einzelne Menschen durchleben können. (Mit der Betonung auf *können*. Wir sind natürlich nicht alle auf die gleiche Weise programmiert). In einem bestimmten Maße lassen sich die verschiedenen Phasen meiner Meinung nach auch auf Gruppen und Bewegungen anwenden. Das ist nicht weiter verwunderlich, wenn wir bedenken, daß wir als einzelne Menschen dazu neigen, uns den Aktionsgruppen oder Bewegungen anzuschließen, die der Phase, in der wir uns selbst gerade befinden, in diesem Augenblick am nächsten kommen.

Daß ich mich in einem bestimmten Augenblick einer Gesprächsgruppe angeschlossen habe und nicht der *Dolle Mina* oder der *MVM*, hatte sicherlich mit meiner politischen Überzeugung zu tun, aber auch, und das wird weniger schnell erkannt, mit meinen emotionalen Bedürfnissen zu diesem Zeitpunkt, mit der Bewußtseinsphase, die ich gerade erreicht hatte. Um kurz bei dem Beispiel der Frauenbewegung zu bleiben: Warum sich Frauen einer Gruppe anschließen, die vor allem auf die Zusammenarbeit mit Männern ausgerichtet ist oder auf die Integration in das bestehende System, und warum andere Frauen sich eher den separatistischen Initiativen verbunden fühlen und nichts mit der ‹Männermacht› zu tun haben wollen, ist nicht nur eine Frage politischer Auffassungen, sondern gleichzeitig auch eine verschiedener Bewußtseinsphasen. Zu einem bestimmten Zeitpunkt der Frauenbewegung bestanden feministische Gruppen vor allem aus Frauen, die sich in der Phase der größten Wut befanden, die sich in militanten Aktionen, wie Fenster mit Steinen einzuschmeißen, und agressiven Parolen äußerte. Diese Gruppen leerten sich nach einiger Zeit wieder, nicht weil das Ziel nicht gut gewesen wäre oder schon erreicht war, sondern weil wenig Leute jahrelang im gleichen emotionalen Stadium oder in der gleichen Bewußtseinsphase verharren. Das Schema sieht folgendermaßen aus:[12]

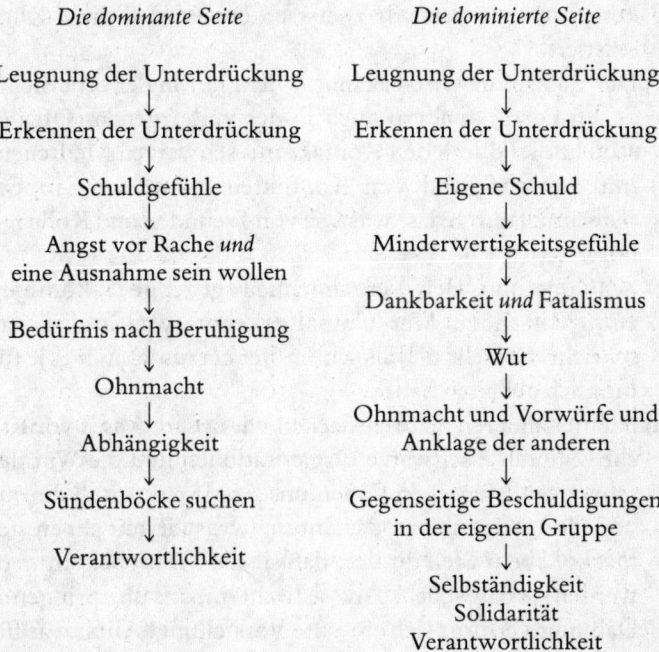

Die dominante Seite	*Die dominierte Seite*
Leugnung der Unterdrückung	Leugnung der Unterdrückung
↓	↓
Erkennen der Unterdrückung	Erkennen der Unterdrückung
↓	↓
Schuldgefühle	Eigene Schuld
↓	↓
Angst vor Rache *und* eine Ausnahme sein wollen	Minderwertigkeitsgefühle
↓	↓
Bedürfnis nach Beruhigung	Dankbarkeit *und* Fatalismus
↓	↓
Ohnmacht	Wut
↓	↓
Abhängigkeit	Ohnmacht und Vorwürfe und Anklage der anderen
↓	↓
Sündenböcke suchen	Gegenseitige Beschuldigungen in der eigenen Gruppe
↓	↓
Verantwortlichkeit	Selbständigkeit Solidarität Verantwortlichkeit

12 Mit einigen Änderungen dem Kongreßvortrag der Stiftung «Ombudsvrouw», ‹Antiracisme, een andere richting›, entnommen.

Schauen wir uns einmal an, was dieses Schema konkret bedeuten kann. Zuerst werde ich auf der dominanten Seite den
verschiedenen Bewußtseinsphasen nachgehen. Ich nehme
dafür das Weißsein als Ausgangspunkt. Danach folgt die dominierte Seite. Um nicht ‹für andere› sprechen zu müssen,
wähle ich dabei den Bewußtseinsprozeß von Frauen.

a) Anfangs wird noch geleugnet, daß ‹weiß zu sein› etwas
   bedeutet. «Wir sind doch alle nur Menschen», «Wir sollten
   uns nicht gegenseitig in irgendwelche Ecken stellen», «Ich
   sehe nicht einmal, daß du schwarz bist», lauten die typischen Sätze, die zu dieser Phase gehören. Aber gesellschaftliche Ungleichheit verschwindet nicht, indem man
   sie leugnet. Wollen wir eine bestehende Kluft überbrük-
   ken, dann müssen wir zuerst erkennen, daß diese Kluft
   existiert.

b) Der Rassismus wird erkannt. Nicht nur in der offensichtlichen Form, sondern auch in der verborgenen. Oft geschieht dies durch den Kontakt mit schwarzen Menschen,
   mitunter aufgrund von Konflikten mit dieser Gruppe,
   manchmal durch das, was wir von Freunden und Kollegen
   hören.

c) Schuldgefühle der Vergangenheit gegenüber kommen
   zum Vorschein. Wer einmal erkennt, was los ist, er-
   schrickt. Es stellt sich als schlimmer heraus, als wir es je für
   möglich gehalten haben.

d) Auf der anderen Seite entdecken wir unsere Angst vor Rache. Militante schwarze Organisationen und die Wut der
   schwarzen Menschen flößen uns Angst ein. «Stell dir nur
   vor, daß sie mir / uns das antun, was wir mit ihnen gemacht haben? Stell dir vor, daß sie die Macht bekommen,
   werden sie dann ebenso ‹rassistisch› mit uns umspringen?»
   Dahinter verbirgt sich eine alte Vorstellung: Alles, was für
   ‹schwarz› ist, muß gegen ‹weiß› sein. Wir ertappen uns bei
   einem polarisierten Denken, in dem schwarz und weiß als
   Gegenpole empfunden werden, wenn es dem einen gut
   geht, muß es dem anderen doch schlecht gehen. In milder

Form begegnen wir dieser Bewußtseinsphase in Einwänden gegen eine Quotierung. Die Angst, daß ‹wir Weiße› nicht mehr ans Ruder kommen, wenn die Schwarzen endlich die Chancen bekommen, die wir schon immer gehabt haben.

Gleichzeitig empfinden wir das Bedürfnis, von schwarzen Menschen beruhigt zu werden: «Sag mir, daß du mir nichts Böses tun wirst, ich bin doch nicht so wie die anderen.» Ricky Sherover Marcuse nennt diese Mechanismen «das Betteln um Unschuldszertifikate».[13] In dieser Phase benötigen wir – als gute Weiße – Beruhigung und Bestätigung. Wir wollen Applaus für unsere guten Taten. Wir wollen als Ausnahme gesehen werden. Das kann für schwarze Menschen sehr ermüdend sein, die sicher anderes im Kopf haben. Es spielt außerdem noch etwas hinein. Wir wollen oft das Gefühl haben, daß uns vertraut wird, bevor wir zu Taten übergehen. Farbige wiederum – die viele Gründe haben, mißtrauisch zu sein – wollen erst die Taten sehen und dann die Worte hören.

e) Das Gefühl von Ohnmacht: Wer sieht, wie alles miteinander zusammenhängt, fühlt sich oft ohnmächtig, wirklich etwas daran zu ändern. «Ich allein gegen die ganze Welt» – und die Schwarzen scheinen auch überhaupt nicht auf mich zu warten. Bis wir entdecken, daß wir die Macht haben, andere weiße Menschen zur Mitarbeit anzuregen.

f) Ein Gefühl der Abhängigkeit gegenüber schwarzen Menschen: «Sagt uns, was wir tun sollen – wir werden den Rassismus für euch bekämpfen; wenn ihr uns sagt, wie wir das tun müssen.» Schon wieder sind wir in dieser Phase ein Klotz am Bein der schwarzen Menschen und der Organisationen der Schwarzen. Wenn wir uns aktiv gegen Rassismus einsetzen wollen, dann nicht, weil wir den Schwarzen helfen wollen, sondern weil wir selbst erkennen, daß es nötig ist.

13 Mündliche Äußerung während eines Workshops.

g) Wir haben die Neigung, Sündenböcke unter den anderen Weißen zu suchen. Das gleiche selbstverständliche Gefühl der Überlegenheit gegenüber Schwarzen wird um 180 Grad gedreht. Nun gilt dieses Überlegenheitsgefühl den Weißen, die ‹noch nicht soweit› sind. Obwohl eine harte Konfrontation manche Leute erwachen läßt, ist Anschuldigung auf die Dauer eine schlechte Methode, Menschen zu verändern. Wer anklagt, vergißt oft, daß er selbst vor gar nicht langer Zeit die gleichen Züge hatte, die er jetzt den anderen vorwirft.

Die Phasen dieses Bewußtseinsprozesses sind vor allem negativ formuliert. Aber in ihnen kann gleichzeitig ein anderer Prozeß stattfinden: Die wachsende Erkenntnis dessen, was tatsächlich geschieht; die Bereitschaft, auch die eigenen Motive und Verhaltensweisen zu durchschauen und nicht nur die der anderen; eine geringer werdende Abhängigkeit von schwarzen Menschen und dabei zugleich eine größere Nähe; eine Abnahme des Schuldgefühls und eine Zunahme der Verantwortlichkeit.

Die verschiedenen Phasen sind nicht immer angenehm. Wichtig ist deshalb zu wissen, daß die Abläufe normal sind und auch andere diese durchleben, so daß Verständnis hierfür entsteht. Die Unterstützung anderer Menschen in einer ähnlichen Situation kann dabei sehr nützen.

Und nun die andere Seite, die der dominierten Gruppe, in diesem Fall die Gruppe der Frauen.
a) Zuerst wird der Sexismus geleugnet. Frauen sind nicht unterdrückt. Wenn sie es schwer haben, haben sie es sich selbst zuzuschreiben. «Es war doch deine Entscheidung, Kinder zu bekommen – eine Führungsposition anzustreben – mit einem Mann zusammenzuleben», «Männer haben es auch schwer», «Als Frau kann man alles miteinander vereinbaren, wenn man es nur wirklich will», «Du hast selbst dazu Anlaß gegeben. Hättest du nicht...»

b) Wir erkennen, was Sexismus bedeutet, nämlich eine systematische Benachteiligung.

c) Wir geben uns selbst die Schuld, eine falsche Wahl getroffen zu haben, den falschen Mann ausgesucht zu haben. «Wäre ich doch nicht so dumm gewesen.»

d) Minderwertigkeitsgefühle kommen auf: «Ich bin auch dumm.» Daneben Gefühle der Beruhigung: «Ich bleibe dumm.»

e) Es wird Dankbarkeit gegenüber den Männern empfunden, die nett sind, die auch einmal abwaschen, die es nicht schlimm finden, wenn man weggeht und spät nach Hause kommt, die selbst auch einmal kochen wollen, die die Kinder zur Schule bringen. Verglichen mit anderen Männern... Es wird Dankbarkeit Männern gegenüber empfunden, die einem immerhin eine ‹Chance› geben wollen, eine gute Stellung zu bekommen. Daneben Fatalismus: «Es ist schon immer so gewesen, es verändert sich nie. Männer sind nun einmal so.»

f) Wir werden wütend, wenn wir begreifen, wie das ganze System aufgebaut ist. Es kann eine Wut sein, die sich jahrelang einfrißt, gemischt mit Gefühlen der Machtlosigkeit, weil nicht alles mit einemmal zu verändern ist. Das Gefühl der Ohnmacht, weil man denkt, es alleine verändern zu müssen. Ungeduld und Ärger, daß man den Männern immer wieder von neuem erklären muß, was los ist. Vorwürfe und Beschuldigungen. Und manchmal werden Männer als Person oder ganze Gruppe abgelehnt.

g) Es entsteht der Wunsch, andere Frauen anzuklagen, die ‹noch nicht soweit sind›, und wir vergessen, welchen Prozeß wir selbst hinter uns haben. Doch daneben findet sich auch ein wachsendes Bewußtsein, eine wachsende Selbständigkeit und Selbstsicherheit. Wenn es gelingt, wird aus der blinden Wut gerechte Empörung. Sexismus nicht mehr akzeptieren zu wollen, sich aber auch nicht ständig persönlich verletzt zu fühlen. Sie können ruhig mit Steinen werfen, wir sind nicht verpflichtet, uns dort hinzustellen, wo sie hinunterfallen. Wir lernen andere Frauen in den Phasen zu akzeptieren, in denen sie sich befinden, ohne sie anzuklagen oder eine neue Rangordnung aufzustellen. Wir überlegen, auf welche Weise Männer unsere Verbündeten werden können und was wir selbst dafür tun können.

Ich habe diese zwei Prozesse, den auf der dominanten Seite und den auf der dominierten Seite, nebeneinandergestellt, als hätten sie wenig miteinander zu tun. Tatsächlich gehen wir natürlich nicht in Klausur, bis wir auf der anderen Seite geläutert und bewußt herauskommen. Unterwegs finden ständig Konfrontationen statt, und diese Konfrontationen sind gerade das, was unsere Entwicklung am meisten beschleunigt. So sind – um nur ein Beispiel aus dem antirassistischen Kampf zu nennen – die Reaktionen von schwarzen Menschen, von Studenten und von Kollegen auf die Versuche, innerhalb des Lehrplans am IVABO Antirassismus zu einem festen Bestandteil zu machen, lehrreicher für die Phase gewesen, in der ich mich selbst befand, als ein abstraktes Schema oder ein Training in Abgeschiedenheit für mich je hätte sein können.

Dieses Schema wurde aus einem experimentellen Setting heraus entwickelt, in einer Situation, in der von Begleitung die Rede war und in der zielstrebig an einem Bewußtseinsprozeß gearbeitet wurde. Aus Erfahrung weiß ich, daß es auch für Leute, die regelmäßig mit Unterschieden in der Klassenherkunft und der gesellschaftlichen Stellung konfrontiert werden, anzuwenden ist, sei es in ihrer Arbeit, in Aktionsgruppen oder in politischen Gruppen. Ich möchte damit erreichen, daß wir ein bißchen mehr von den Phasen des Bewußtseinsprozesses verstehen, von unseren eigenen, von denen, die andere oder Gruppen durchleben. Ich will hier bestimmt nicht behaupten, daß alle politischen Meinungsverschiedenheiten untereinander auf individuelle Bewußtseinsphasen zurückzuführen seien, aber es wäre schon hilfreich, wenn wir uns etwas mehr der Tatsache bewußt wären, daß sie eine Rolle spielen.

Es ist sicher hilfreich, wenn wir uns vor Augen führen, welche Konflikte oder Mißverständnisse entstehen können, wenn wir uns in den verschiedenen Phasen begegnen. Beispielsweise können weiße Menschen gerade entdeckt haben, daß Rassismus nicht nur ein Problem der Schwarzen ist, sondern daß sie selbst für sein Bestehen verantwortlich sind. Mitten in dieser Phase des großen Schuldgefühls wenden sie sich an schwarze Menschen, die gerade die Nase voll davon haben, Weißen immer wieder zu erklären, was los ist und was sie zu tun haben. Anstatt daß die Weißen einsehen, daß sie sich Hilfe bei anderen Weißen holen können, kann sie das dann entmutigen und abspringen lassen. Was sich auf der Seite der Schwarzen wieder sehr bestätigend auf die Meinung auswirken kann, siehst du wohl, von allein rühren sie keinen Finger. So nützt es auch sehr wenig, wenn sich eine Männergruppe demütig an einen feministischen Club mit der Frage, ‹wie es nun weitergehen soll›, wendet, wenn die Frauen gerade zum erstenmal entdecken, wie wütend sie eigentlich sind.

Ich glaube also, daß etwas mehr Einsicht in das, was unterwegs mit uns geschieht, uns helfen würde. Aber ich denke auch, daß wir mit einem Schema wie diesem vorsichtig umgehen sollten.

Erstens ist es wichtig, daß wir es nicht allzu mechanisch anwenden. Wir unterscheiden uns voneinander, was wir erleben, ist nicht das gleiche, und es ist nicht gesagt, daß jeder diese Phasen in der gleichen Reihenfolge durchläuft oder nicht etwas aus einer vergangenen Phase zurückbehält. Und außerdem glaube ich, daß wir ein Schema wie dieses nicht benutzen dürfen, um eine neue Hierarchie zu schaffen und einander danach beurteilen, in welcher Phase wir uns befinden sollten. Das kann für die einzelne Person gefährlich werden: Niemand kann jemand anderem eine bestimmte Bewußtseinsphase einreden, und für jeden einzelnen von uns ist es wichtig, daß wir keine überschlagen. Heute kann ich beispielsweise meinen, daß ich die Phase der großen Wut, in der ich die ganze Männergesellschaft als ein großes Komplott sah, allmählich hinter mir gelassen habe und die Dinge etwas differenzierter sehe, aber ich weiß auch, daß ich diese große Wut nicht hätte überschlagen können und daß mir auch niemand in dieser Phase hätte zu erzählen brauchen, sie würde sicher bald vorübergehen. Und ebenso wie ich nicht möchte, daß wir uns individuell nach einem neuen hierarchischen Normensystem beurteilen, scheint es mir auch nicht angebracht, dies mit Gruppen und Bewegungen zu tun. Wenn wir uns die politische Effektivität anschauen, dann können wir sehen, daß für jeden Emanzipationsprozeß mehrere Phasen nach- und nebeneinander notwendig sind. Deshalb hat es wenig Sinn, darüber zu diskutieren, welche Strategie nun die richtigere sei, eine eher militante, kämpferische Aktion oder eine kooperative, differenzierte Zusammenarbeit. Um ein Beispiel zu nennen: Im Kampf um die Schwangerschaftsunterbrechung, soweit wir diesen als erstritten betrachten können, war es von großer Wichtigkeit, daß eine sehr kämpferische Gruppe autonomer Frauen die *Bloemenhovekliniek* besetzte. Daneben war ein Aktionskomitee wie ‹Wir Frauen fordern› notwendig, das Forderungen aufstellte und bereit war, sich dafür mit aller Kraft einzusetzen. Daneben waren Frauen und Männer in den politischen Parteien notwendig, um ihre eigene Partei unter Druck zu setzen. Und auf der ganz anderen Seite der Kampflinie war es notwendig, daß sich Parlamentarier und Juristen mit der Gesetzgebung beschäftigten. Wer sich an welchem Ort einsetzt, ist eine Frage von politischer Einsicht, aber auch des Temperaments und der Phase des Bewußtseinsprozesses. Etwas Ähnliches können wir auch innerhalb der Homosexuellenbewegung beobachten, wo von jeher viel darüber diskutiert worden ist, ob es einer von der Regierung anerkannten Organisation bedürfe, in der Sozialarbeit geleistet wird, oder eher einer militanten Gruppe, die nicht mehr darum bettelt, akzeptiert zu werden, sondern die andere Menschen mit ihrem Heterosexismus konfrontiert. Und auch dabei können wir sehen, daß es sich nicht um die Frage des einen oder des anderen handelt und daß die Entscheidung für die eine oder andere Herangehensweise nicht nur mit politischen Auffassungen zu tun hat, sondern auch mit dem eigenen Bedürfnis in diesem Moment. Wollen wir wirklich von der Unterdrükkung loskommen, ganz gleich, um welche Unterdrückung es sich auch immer handelt, dann müssen wir stets bedenken, daß wir es mit Menschen in sehr verschiedenen Phasen und mit den verschiedensten Bedürfnissen zu tun haben. Und wir brauchen die ganze Skala von brav und kooperativ bis böse und militant.

Ich habe auch darstellen wollen, in welchem Maße es sich bei der Unterdrückung nicht nur um die Frage des Drucks von außen handelt, sondern auch um die Art und Weise, in der wir erzogen werden, um die Sozialisation. Ich sehe ihre Folgen auf vielen Ebenen; auf der individuellen Ebene und im Umgang mit anderen Menschen. Sie beeinflußt, wen wir als ‹Wir› definieren und wie wir mit denjenigen umgehen, die nicht dazugehören. Es handelt sich um Unterdrückung, wenn sich eine weiße Frau und ein schwarzer Mann in der Kantine gegenseitig wegschubsen, während die Frau denkt: ‹Typisch Mann›, und der Mann denkt: ‹Die Weißen gehen überall vor.›

Unterdrückung macht uns nicht per definitionem großmütiger. «Sicher sind wir geschädigt», schreibt Barbara Smith, «aber die Frage lautet schließlich: Benutzen wir diese Schädigung, die Kenntnis davon, was Unterdrückung ist, die wir aus erster Hand haben, um einander zu erkennen, um zusammenzuarbeiten, wo wir können? Oder benutzen wir sie, um uns gegenseitig kaputtzumachen?»[14]

14 In: ‹Between a Rock and a Hard Place›.

5. Schlußwort

Ich habe mit diesem Buch mehrere Dinge erreichen wollen. Ich habe versucht, die Notwendigkeit aufzuzeigen, jede Form von Unterdrückung für sich zu betrachten, wie diese historisch gewachsen ist, welche Folgen diese für Menschen auf der unterdrückten Seite und welche Folgen sie auf der dominanten Seite hat.

Daneben ist es aber nötig, daß wir über die Grenzen unserer eigenen Unterdrückung hinausschauen und erkennen, wie die verschiedenen Formen – Sexismus, Rassismus und Klassismus – sich gegenseitig bedingen. Es erweist sich als beinahe unmöglich, ein Unrecht zu bekämpfen, ohne andere Formen von Unrecht dabei zu berühren. Klasse hängt mit der Hautfarbe zusammen, Hautfarbe mit Geschlecht, Geschlecht mit Klasse, und damit haben wir noch nicht alles genannt. Die erste Reaktion vieler Menschen, wenn sich diese untereinander bestehenden Zusammenhänge und die gegenseitige Abhängigkeit abzuzeichnen beginnen, ist eine starke Ermüdung. Man weiß nicht, wo man anfangen soll, und vor allem – es ist kein Ende in Sicht. Und soll nun alles gleichzeitig geschehen? «Hilfe», sagte eine Frau, «ich komme schon aus der Arbeiterklasse, ich bin eine Frau und auch noch lesbisch, und nun stellt sich heraus, daß ich eigentlich auch noch jüdisch bin, weil meine Großeltern Juden waren. Gott bewahre mich, wie soll ich das alles bewältigen, bevor ich sterbe.»

Einmal habe ich geglaubt, und mit mir andere Frauen und vor uns wieder andere Gruppen, schwarze Gruppen, die Arbeiterbewegung, daß der Zeitpunkt für eine Revolution gekommen sei, dank der mit einem Schlag allem grundsätzlichen Unrecht ein Ende bereitet werden würde. Inzwischen sprechen wir von einem langen Weg, einem Weg, der nicht einfach ist, aber die Mühe lohnt. «Der Weg voraus ist immer verschlungen», sagen die Chinesen.

Deshalb will ich jetzt zu euch sprechen, um euch zu sagen: Niemand, der versucht, für ihre oder seine Identität die Verantwortung zu übernehmen, sollte so allein gelassen werden. Es muß Menschen geben, mit denen wir zusammen sitzen und weinen können, während wir dennoch zu den Kämpfern gezählt werden. Du magst denken, daß es für dich so einen Ort nicht gab, und vielleicht gab es ihn damals auch nicht, und vielleicht gibt es ihn immer noch nicht; aber wir werden ihn schaffen müssen, wir, die wir wollen, daß das Leid endet, die die Gesetze der Geschichte verändern wollen, wenn wir uns selbst nicht verraten wollen.

Adrienne Rich

Bibliographie

Abontaleb, Ahmed/Burght, Fike van der: ‹De helden van de tweede generatie. Jonge Turken en Marokkanen in Nederland›, in: Franke, Simon u. a., Hg., *Maak er een gewoonte van*. Amsterdam 1986

Abraham-van der Mark, Eva/Wurff, Adri van der: ‹«Ze pikken onze banen in». Fictie en feiten over de arbeidsmarkt voor etnische minderheden', in: *Intermediair*, Jg. 20, Nr. 20, 18. Mai 1984

Abrahamse, Marien: ‹Verdraagzaam, maar met mate. Op zoek naar rasdis- kriminatie›, in: Kok, G. J./Knippenberg, A. van/Wilke, H., Hg.: *Vooroor- deel en discriminatie*. Alphen aan den Rijn 1979

Acker, Joan: ‹Women and Social Stratification: a Case of Intellectual Sexism›, in: Huber, Joan, Hg.: *Changing Women in a Changing Society*. Chicago 1973

Adlam, Diana: ‹Review of «The Main Enemy» by Christine Delphy›, in: *Red Rag*. 1979 (?)

Adorno, Theodor W.: *Studien zum autoritären Charakter*. Frankfurt 1973

Aerts, Anita/Helweg, Lydia u. a.: *Vrouwen en welzijnswerk*. Den Haag 1986

Aerts, Mieke: ‹Gewoon hetzelfde of gewoon anders? Een feministisch di- lemma›, in: *Wending*, Jg. 39, Nr. 2, Februar 1984

Ahmed, Leila: ‹Western Ethnocentrism and Perceptions of the Harem›, in: *Feminist Studies*, Bd. 8, Nr. 3, Herbst 1982

Alcan, Metin: ‹Eigen taal en cultuuronderwijs aan Turkse kinderen›, in: Moor, Ed de, Hg.: *Arabisch en Turks op school*. Muiderberg 1985

Alexander, Sally/Taylor, Barbara: ‹In Defence of Patriarchy›, in: Samuel, Raphael, Hg.: *People's History and Socialist Theory*. London 1981

Alexander, Sally: ‹Women, Class and Sexual Differences in the 1830s and 1840s: Some Reflections on the Writing of a Feminist History›, in: *History Workshop Journal 17*, Frühjahr 1984

Alexander, Sally: ‹Women's Work in Nineteenth-Century London. A Study of the 1820–50›, in: Mitchell, Juliet/Oakley, Ann, Hg.: *The Rights and Wrongs of Women*. Harmondsworth 1976

Allebes, Rochelle: *Joodse identiteit in Nederland na 1945*, Seminararbeit IVABO, Amsterdam 1984

Allen, Sheila: ‹Gender Inequality and Class Formation›, in: Giddens, An- thony/Mackenzie, Gavin, Hg.: *Social Class and the Division of Labour*. Cam- bridge 1982

Allen, Sheila: ‹Race and Ethnicity in Class Formation: a Comparison of Asian and West Indian Workers›, in: Parkin, Frank, Hg.: *The Social Analysis of Class Structure*. London 1974

Allport, Gordon W.: *Die Natur des Vorurteils.* Köln 1971

Almquist, Elizabeth M.: ‹Black Women and the Pursuit of Equality›, in: Freeman, Jo, Hg.: *Women: a Feminist Perspective.* Palo Alto 1979[2]

Améry, Jean: *Jenseits von Schuld und Sühne.* Stuttgart 1976

Améry, Jean: ‹Zwang und Unmöglichkeit Jude zu sein›, in: Améry, Jean: *Jenseits von Schuld und Sühne.* Stuttgart 1976

Amos, Valerie / Parmar, Pratibha: ‹Resistances and Responses: the Experience of Black Girls in Britain›, in: McRobbie, Angela / McCabe, Trishna, Hg.: *Feminism for Girls.* London 1981

Amos, Valerie / Parmar, Pratibha: ‹Challenging Imperial Feminism›, in: *Feminist Studies, Many Voices, One Chant,* Nr. 17, Herbst 1984

Anne Frank Stichting, *Oud en nieuw fascisme.* Amsterdam 1982

Anne Frank Stichting, *Vooroordelen veroordeeld / Feiten tegen vooroordelen over buitenlanders.* Den Haag 1984

Anon.: ‹Primaire en secundaire klassen: wat feministen van het marxisme kunnen leren en wat niet›, in: *Feminist* 2, 1977, De Bonte Was

Anon.: ‹Such Devoted Sisters›, *Red Rag,* undatiert

Anthias, Floya / Yuval-Davis, Nira: ‹Contextualizing Feminism-Gender, Ethnic and Class Divisions›, in: *Feminist Review* 15, Winter 1983

Anti fascisme tijdschrift, 25, Mai / Juni 1986: *Doe effe normaal, Anti-racisme en onderwijs*

Anyon, Jean: ‹Intersections of Gender and Class: Accomodation and Resistance by Working-Class and Affluent Females to Contradictory Sex-Role Ideologies›, in: Walker, Stephen / Barton, Len, Hg.: *Gender, Class and Education.* New York 1983

Apuzzo, Ginny / Powell, Betty: ‹Confrontation: Black / White›, in: Bunch, Charlotte u. a., Hg.: *Building Feminist Theory.* New York 1981; und in: *Quest,* Bd. III, Nr. 4, Frühjahr 1977

Arbeitsgruppe Frauenkongreß, Hg.: *Sind wir uns denn so fremd? Ausländische und deutsche Frauen im Gespräch.* Berlin 1985

Arkel, D. van: ‹Racism in Europe›, in: Ross, Robert, Hg.: *Racism and Colonialism.* Den Haag 1982

Arkel, D. van / Bauer, Jehuda u. a.: *Veertig jaar na '45. Visies op het hedendaagse antisemitisme.* Amsterdam 1985

Armstrong, Pat und Hugh: ‹Beyond Sexless Class and Classless Sex: Towards a Feminist Marxism›, in: *Studies in Political Economy,* Nr. 10, Winter 1983

Ashmore, Richard D. / Del Boca, Frances K.: ‹Psychological Approaches to Understanding Intergroup Conflict›, in: Katz, Phyllis, Hg.: *Towards the Elimination of Racism.* New York 1976

Atkinson, Ti-Grace: *Amazonen Odyssee.* München 1978

Attar, Dena: ‹An Open Letter on Anti-Semitism and Racism›, in: *Trouble and Strife,* Nr. 1, Winter 1983

Axwijk, Hilly: *De Surinaamse vrouwen en haar ‹onvolledig gezin›, in: Nederland,* Seminararbeit HBO-MW, Amsterdam 1980

Bader, Veit-Michael, ‹Nieuw racisme of neo-nationalisme?›, in: *Komma,* Jg. 5, Nr. 1, 1985

Baldwin, James / Mead, Margaret: *Rassenkampf-Klassenkampf. Ein Streitgespräch*. Reinbek 1973

Balswik, Jack O.: ‹Male Inexpressiveness: Psychological and Social Aspects›, in: Solomon, Kenneth / Levy, Norman B., Hg.: *Men in Transition*. New York 1982

Bardwick, Judith: *Readings on the Psychology of Women*. New York 1972

Barker, D. L. / Allen, S., Hg.: *Sexual Divisions and Society: Process and Change*. London 1976

Barker, Martin: *The New Racism. Conservatives and the Ideology of the Tribe.* London 1981

Barrett, Michèle: *Links en de vrouwenbeweging. Het wankele verbond.* Mit einer Einleitung von Mieke Aerts. Weesp 1984

Barrett, Michèle: *Women's Oppression Today. Problems in Marxist-Feminist Analysis*. London 1980

Barrett, Michèle / McIntosh, Mary: *The Anti-Social Family*. London 1982

Barrett, Michèle / McIntosh, Mary: ‹Towards a Materialist Feminism›, in: *Feminist Review*, Nr. 1, Januar 1979

Barrett, Michèle / McIntosh, Mary: ‹The «Family Wage»: Some Problems for Socialists and Feminists›, in: *Capital and Class*, Nr. 11, 1980

Barrett, Michèle / McIntosh, Mary: ‹Ethnocentrism and Socialist-Feminist Theory›, in: *Feminist Review*, Nr. 20, Juni 1985

Barton, Len / Walker, S., Hg.: *Race, Class and Education*. London 1983

Barton, Len / Walker, Stephen, Hg.: *Gender, Class and Education*. New York 1983

Batterink, Roel: *Klein verzet, groot gevolg*. Seminararbeit IVABO. Amsterdam Mai 1984

Baxandall, Rosalyn: ‹Women in American Trade Unions: A Historical Analysis›, in: Mitchell, Juliet / Oakley, Ann, Hg.: *The Rights and Wrongs of Women*. Harmondsworth 1976

Baxandall, Rosalyn / Ewen, Elisabeth / Gordon, Linda: ‹The Working Class Has Two Sexes›, in: *Monthly Review*, Bd. 28, Nr. 3, 1976

Beal, Frances M.: ‹Double Jeopardy: To Be Black and Female›, in: Morgan, Robin, Hg.: *Sisterhood Is Powerful*. New York 1970

Beal, Frances M.: ‹Let's Stop Chasing Shadows›, in: Shapiro, Evelyn und Barry M., Hg.: *The Women Say, the Men Say*. New York 1979

Beauvoir, Simone de: *Das andere Geschlecht. Sitte und Sexus der Frau.* Reinbek 1968

Beauvoir, Simone de: ‹Ich bin Feministin›, in: Alice Schwarzer: *Simone de Beauvoir heute. Gespräche aus zehn Jahren*. Reinbek 1983

Beck, Evelyn Thornton, Hg.: *Nice Jewish Girls: a Lesbian Anthology*. Watertown, Mass. 1982

Beechey, Veronica: ‹Women and Production: a Critical Analysis of Some Sociological Theories of Women's Work›, in: Kuhn, Anette / Wolpe, Ann-Marie, Hg.: *Feminism and Materialism*. London 1978

Beechey, Veronica: ‹On Patriarchy›, in: *Feminist Review* 3, 1979; und in: Samuel, Raphael, Hg.: *People's History and Socialist Theory*. London 1981

Beekman-Mocking, Miep: *Een pak van mijn hart: gedachten rond leidsterschap*, Seminararbeit IVABO. Amsterdam 1985

Beelaerts, M. / Grotenhuis, S. / Grunell, M., Hg.: *Congresbundel zomeruniversiteit vrouwenstudies.* Amsterdam 1981

Beem, H.: *Jerôsche (Erfenis). Jiddische spreekwoorden en zegswijzen uit het Nederlandse taalgebied.* Assen 1970²

Bel Ghazi, Hassan: *Mythen. Buitenlandse arbeiders tussen kulturele konfrontatie en overheidsfalen.* Amsterdam 1985

Bel Ghazi, Hassan: *Over twee kulturen, uitbuiting en opportunisme.* Rotterdam 1982

Bel Ghazi, Hassan: ‹Del rol van migrantenorganisaties in het bestrijden van racisme›, in: Franke, Simon u. a., Hg.: *Maak er een gewoonte van.* Amsterdam 1986

Bellos, Linda: ‹Advice to White Collectives Wishing to Employ Black Workers›, in: *Trouble and Strife* 5, Frühjahr 1985

Belotti, Elena Gianini: *Was geschieht mit kleinen Mädchen? Über die zwangsweise Herausbildung der weiblichen Rolle in den ersten Lebensjahren durch die Gesellschaft.* München 1983

Benard, Cheryl: *Die geschlossene Gesellschaft und ihre Rebellen. Die internationale Frauenbewegung und die schwarze Bewegung in den USA.* Frankfurt a. M. 1981

Beneke, Timothy: *Men on Rape. What They Have to Say about Sexual Violence.* New York 1982

Benton, Sarah: ‹Consciousness, Class and Feminism›, in: *Red Rag*, Nr. 12, Frühjahr 1977

Bergh, Harry van den / Reinsch, Peter: *Racisme in schoolboeken.* Amsterdam 1983

Berg, Harry van den / Stam, BasJan van: ‹Bestrijding van fascisme! Maar welk fascisme?›, in: *Komma*, Jg. 3, Nr. 3, 1982

Bergh, Harry van den / Stam, BasJan van: ‹Anti-fascisme en het machteloze gebaar›, in: *Tussen verwarring en verzet, fascisme en welzijnswerk. Marge*, Nr. 7/8, 1983

Bernard, Jessie: *The Female World.* New York 1981

Bernstein, Basil: ‹Linguistic Codes, Hesitation Phenomena and Intelligence›, in: *Language and Speech*, Nr. 5, 1962

Bernstein, Basil: ‹Education Cannot Compensate for Society›, in: *New Society*, 26. Februar 1970

Berry, Benjamin D.: ‹Black Power and Straight White Males›, in: Butcher, Glenn R., Hg.: *Straight / White / Male.* Philadelphia 1976

Berting, Jan: ‹In het brede maatschappelijke midden: de veranderende positie van de middengroepen in de Nederlandse samenleving tussen 1850–1980›, in: Weyers, Ido / Offe, Claus / Therborn, Göran u. a.: *Klassen of bewegingen.* Amsterdam 1986

Bishop, Sharon / Weinzweig, Marjorie, Hg.: *Philosophy and Women.* Belmont, Calif. 1979

Black Women's Action Committee: ‹The Black Woman›, in: Wandor, Michelene, Hg.: *The Body Politic.* London 1972

Blau, F. / Junsenius, C.: ‹Economists Approaches to Sex Segregation in the Labour Markets: an Appraisal›, in: Blaxall, M. / Reagan, B., Hg.: *Women and the Workplace.* Chicago 1976

Blauner, Robert: ‹Colonized and Immigrant Minorities›, in: Giddens, Anthony/Held, David, Hg.: *Classes, Power and Conflict*. Houndsmills Basingstoke 1982

Bleich, Anet/Boon, Rudi: ‹«Alle witten zijn in principe racisten». Gesprek met de Surinaamse Lya Djadoenat›, in: *De Groene Amsterdammer*, 13.4.1983

Bleich, Anet/Schumacher, Peter u. a., Hg.: *Nederlandse racisme*. Amsterdam 1984

Bleich, Anet: ‹We groeien allemaal voorbij de pijn›, in: *De Groene Amsterdammer*, 25.Juli 1984

Bleich, Anet: ‹Het zionisme kan men niet vereenzelvigen met één bepaalde politieke positie›, in: Buis, Hans/Holtackers, Judith/Leenders, Christel, Hg.: *Ik heb ze onder mijn beste vrienden*, Anti-fascisme komitee 1984

Bloem, Marion: *Geen gewoon Indisch meisje*. Haarlem 1983

Blok, Josine u. a.: *Vrouwen, kiesrecht en arbeid, in Nederland 1889–1919*. Groningen 1977

Boer, Anne de: ‹Over de positie van buitenlandse arbeid(st)ers in Nederland›, in: *Komma*, Jg. 3, Nr. 2, 1982

Bolle, Willeke/Dijk, Henk van/Hetebrij, Dieke: ‹Discriminatie bij het verhuren van kamers aan gastarbeiders›, in: Bovenkerk, Frank: *Omdat zij anders zijn*. Meppel 1978

Bollée, Henriette/Gephen, Frederika/Scholtens, Gré: *Weerstanden tegen emancipatieactiviteiten*. Leeuwarden 1983

Boon, Martin/Kok, Gerjo: ‹De moeizame strijd tegen de vooroordelen›, in: *Intermediair*, Jg. 20, Nr. 37, 14. September 1984

Boonmans, Kees: ‹«Voor ons is de oorlog in '45 pas goed begonnen». NSB-kinderen: het stigma van de schuld›, in: *De Tijd*, 9. April 1982

Bornemann, Ernest, Hg.: *Arbeiterbewegung und Feminismus*. Frankfurt a. M. 1982

Boserup, Ester: *Women's Role in Economic Development*. New York 1970

Bourne, Jenny: ‹Towards an Anti-Racist Feminism›, in: *Race and Class*, Bd. XXV, Nr. 1, Sommer 1983

Bovenkerk, Frank, Hg.: *Omdat zij anders zijn. Patronen van rasdiscriminatie in Nederland*. Meppel 1978

Bovenkerk, Frank: ‹Minderheden in Engeland: het zwarte antwoord›, in: *Intermediair*, Jg. 20, Nr. 48, 30. November 1984

Bovenkerk, Frank/Breuning van Leeuwen, E.: ‹Rasdiscriminatie en rasvooroordeel op de Amsterdamse arbeidsmarkt›, in: Bovenkerk, Frank, Hg.: *Omdat zij anders zijn*. Meppel 1978

Bowser, Benjamin P./Hunt, Raymond G., Hg.: *The Impact of Racism on White Americans*. Beverly Hills 1981

Braden, Anne: ‹A Second Open Letter to Southern White Women›, in: *Southern Exposure*, Bd. IV, Nr. 4, Winter 1977

Bradshaw, Jan: ‹Now What Are They up to? Men in the «Men's Movement»›, in: Friedman, Scarlet/Sarah, Elizabeth, Hg.: *On the Problem of Men*. London 1982

Brake, Mike: ‹I May Be a Queer, but at Least I'm a Man: Male Hegemony and Ascribed versus Achieved Gender›, in: Barker, Diana Leonard/Allen, Sheila, Hg.: *Sexual Division and Society: Process and Change*. London 1976

Brants, Kees / Pennings, Paul: ‹Antiracistische strijd: mythes en mogelijk-heden›, in: Hisschemöller, Matthijs, Hg.: *Strategieën tegen het racisme. Komma*, Jg. 5, Nr. 1, 1985

Braverman, Harry: *Die Arbeit im modernen Produktionsprozeß.* Frankfurt a. M. / New York 1985

Breughel, Irene: ‹Bourgeois Economics and Women's Oppression›, in: *m /*, Nr. 1, 1978

Breughel, Irene: ‹Women as a Reserve Army of Labour: a Note on Recent British Experience›, in: *Feminist Review*, Nr. 3, 1979

Bridges, Amy / Weinbaum, Batya: ‹The Other Side of the Paycheck›, in: *Monthly Review*, Bd. 28, Nr. 3, Juli–August 1976

Brinkgreve, Christien / Regt, Ali de: ‹Mannen, vrouwen en kinderen›, in: Wilterdink, Nico / Heerikhuizen, Bart van, Hg.: *Samenlevingen*. Groningen 1985

Brittan, Arthur / Maynard, Mary: *Sexism, Racism and Oppression.* Oxford 1984

Britten, N. / Heath, A.: ‹Women, Men and Social Class›, in: Garmanikov, E., Hg.: *Gender, Class and Work.* London 1983

Broder, Henryk M.: ‹Het denkt binnenin Duitsers›, in: *Vrij Nederland*, Jg. 46, 14. Dezember 1985

Broder, Henryk M.: *Der ewige Antisemit.* Frankfurt a. M. 1986

Broek, Lida van den: ‹Lezing›, in: Lie, Kitty / Schouten, Marja, Hg.: *Anti-racisme, een andere richting.* Amsterdam 1983

Broek, Lida van den: ‹Zwarte en witte vrouwen›, in: *Katijf*, Jg. 2, Nr. 9, Juni 1982

Bronfenbrenner, U.: ‹Socialisation and Social Class through Time and Space›, in: Maccoby, E. E. / Newcomb, T. M. / Hartley, E. L.: *Readings in Social Psychology.* New York 1958

‹Brother: a Forum for Men Against Sexism. Collective Statement on the Family›. *Brother*, Sommer 1976

‹Brother: a Forum of Men against Sexism. Men and Class›, in: Shapiro, Evelyn und Barry M., Hg.: *The Women Say, the Men Say.* New York 1979

Brown, Cherie: ‹Jewish Women›, in: *Ruah Hadashah. Newsletter for Jewish Liberation*, 3. Seattle 1978

Brown, Cherie / Balser, Diane: ‹Joodse vrouwen›, in: *Vrouwen in welzijns-werk. Wat bindt ons en wat scheidt ons.* IVABO. Amsterdam Mai 1982

Brown, George W. / Bhrolchán, Máire Ni / Harris, Tirril: ‹Social Class and Psychiatric Disturbance among Women in an Urban Population›, in: *Sociology 9*, 1975

Brown, Rita Mae: ‹The Last Straw›, in: Bunch, Charlotte / Myron, Nancy, Hg.: *Class and Feminism.* Baltimore 1974

Brunt, E.: *Boerinnen, burgeressen en buitenlui.* Amsterdam 1977

Brunt, E.: ‹Vrouwen op het platteland›, in: *Sociologische Gids* 22, Nr. 4, 1976

Bucher, Glenn R.: ‹The Enemy: He Is Us›, in: Bucher, Glenn R., Hg.: *Straight / White / Male.* Philadelphia 1976

Bucher, Glenn R.: ‹The Oppressor Dehumanized›, in: Bucher, Glenn R., Hg.: *Straight / White / Male.* Philadelphia 1976

Budike, Fred / Mungra, Bim: *Creolen en Hindostanen.* Selbstverlag. 1985

Budike, Fred: *Surinamers naar Nederland. De migratie van 1687–1982.* Seminararbeit IVABO. Amsterdam 1982

Budike, Fred: ‹Zwart-zelfbewustzijn›, in: *VSAW*, Zeitschrift des Vereins der Surant Sozialarbeiter, Jg. 1, Nr. 1, Februar 1981

Buis, Brigitte u. a.: ‹Dolle Mina 1970–72›, in: Akkerman, Tjitske/Stuurman, Siep, Hg.: *De zondige Riviera van het Katholicisme.* Amsterdam 1985

Buis, Hans/Holtackers, Judith/Leenders, Christel, Hg.: ‹*Ik heb ze onder mijn beste vrienden*›. Politokologen Anti-fascisme Komitee 1984

Bujra, J./Caplan, P., Hg.: *Women United, Women Divided. Cross Cultural Perspectives on Female Solidarity.* London 1978

Bulkin, Elly: ‹Racism and Writing: Some Implications for White Lesbian Critics›, in: *Sinister Wisdom* 13, Frühjahr 1980

Bulkin, Elly: ‹Hard Ground: Jewish Identity, Racism and Anti-Semitism›, in: Bulkin, E./Pratt, M. B./Smith, B.: *Yours in Struggle: Three Perspectives on Anti-Semitism and Racism.* New York 1984

Bulkin, E./Pratt, M. B./Smith, B.: *Yours in Struggle: Three Perspectives on Anti-Semitism and Racism.* New York 1984

Bunch, Charlotte u. a., Hg.: *Building Feminist Theory. Essays from Quest.* New York 1981

Bunch, Charlotte/Myron, Nancy, Hg.: *Class and Feminism.* Baltimore 1974

Bunch, Charlotte: ‹Copenhagen and Beyond. Prospects for Global Feminism›, in: *Quest*, Bd. V, Nr. 4, 1982

Bunch, Charlotte/Pollack, Sandra, Hg.: *Learning Our Way. Essay in Feminist Education.* Trumansburg, N. Y. 1983

Bunch, Charlotte: ‹Not for Lesbians Only›, in: *Quest*, Bd. II, Nr. 2, 1975

Bunch, Charlotte/Reid, Coletta: ‹Revolution Begins at Home›, in: Bunch, Charlotte/Myron, Nancy, Hg.: *Class and Feminism.* Baltimore 1974

Burnat, Joanna: ‹Home and Work. A New Context for Trade Union History›, in: *Radical America* 12, Sept./Okt. 1978

Bussemaker, Jet, Hg.: *Zielig zijn we niet. Het politieke verzet van bijstandsvrouwen.* Amsterdam 1985

Cade, Toni, Hg.: *The Black Woman: An Anthology.* New York 1970

Calcar, van/Soutendijk, S./Tellegen, B.: ‹School, milieu en prestatie›, in: Heek, F. van u. a.: *Het verborgen talent.* Meppel 1968

Cameron, Barbara: ‹Gee, You Don't Seem Like an Indian from the Reservation›, in: Moraga, Cherríe/Anzaldúa, Gloria, Hg.: *This Bridge Called My Back.* Watertown, Mass. 1981

Campbell, Beatrix: *Wigan Pier Revisited: Poverty and Politics in the 80s.* London 1984

Campbell, Wilfried: ‹Anti-racisme als nieuwe norm in het onderwijs. Een beschouwing over onderwijsvernieuwing en racismebestrijding›, in: *Doe effe normaal. Vernieuwing.* Jg. 45, Nr. 5, Mai/Juni 1986

Cantor, Milton/Bruce, Laurie, Hg.: *Class, Sex and the Woman Worker.* Westport, Connecticut 1977

Carby, Hazel V.: ‹Schooling in Babylon›, in: Centre for Contemporary Cultural Studies, Hg.: *The Empire Strikes Back.* London 1982

Carby, Hazel V.: ‹White Women Listen! Black Feminism and the Boundaries of Sisterhood>, in: Centre for Contemporary Cultural Studies, Hg.: *The Empire Strikes Back*. London 1982

Carmen / Gail / Shaila / Pratibha: ‹Becoming Visible: Black Lesbian Discussions›, in: *Feminist Review, Many Voices, One Chant* 17, Herbst 1984

Carmichael, Stokely / Hamilton, Charles V.: *Black Power*. New York 1967

Carrilho, Mavis: ‹Racisme, een strijdpunt in en voor de vrouwenbeweging›, in: Sonderheft Verschillen in de Vrouwenbeweging. *Katijf*, Jg. 2, Nr. 9, Juni 1982

Carrilho, Mavis / Honten, Tineke van, Hg.: *Want zwijgen biedt geen bescherming. Portretten van zwarte schrijfsters*. Amsterdam 1985

Carrington, Bruce: ‹Sport as a Side-Track. An Analysis of West Indian Involvement in Extra-Curricular Sport›, in: Balton, Len / Walker, Stephan, Hg.: *Race, Class and Education*. London 1983

Carroll, Constance M.: ‹Three's a Crowd: the Dilemma of the Black Woman in Higher Education›, in: Hull, Gloria R. / Scott, Patricia Bell / Smith, Barbara, Hg.: *All the Women Are White, All the Blacks Are Men, But Some of Us Are Brave*. Old Westbery, N. Y. 1982

Castles, Stephen / Booth, Heather / Wallace, Tina: *Here for Good. Western Europe's New Ethnic Minorities*. London 1984

Castles, Stephen / Kosack, Godula: *Immigrant Workers and Class Structure in Western Europe*. Oxford 1985

Caulfield, Mina Davis: ‹Imperialism, the Family and Cultures of Resistances›, in: *Social Revolution* 20; und in: Shapiro, Evelyn und Barry, Hg.: *The Women Say, The Men Say*. New York 1979

Celis, Annie: *Terug naar mijn wortels. Over de gevolgen van etnocentrisme*. Seminararbeit IVABO. Amsterdam 1984

Chesler, Mark A.: ‹Contemporary Sociological Theories of Racism›, in: Katz, Phyllis A., Hg.: *Towards the Elimination of Racism*. New York 1976

Chesler, Mark A.: ‹Creating and Maintaining Interracial Coalitions›, in: Bowser, Benjamin P. / Hunt, Raymond G., Hg.: *Impacts of Racism on White Americans*. Beverly Hills 1981

Chisholm, Shirley: ‹Race, Revolution and Women›, in: *The Black Scholar*. Sonderheft *The Black Woman*. Dezember 1971

Chodorow, Nancy: *Das Erbe der Mütter. Psychoanalyse und Soziologie der Mütterlichkeit*. München 1985

Chodorow, Nancy: ‹Reply. On the Reproduction of Mothering: A Methodological Debate›, in: *Signs*, Bd. 6, Nr. 3, 1981

Claassen, Hans / Gevers, Ada / Gerritsen, M.: *Schaften met mes en vork. Een confrontatie tussen twee klassen*. Seminararbeit IVABO. Amsterdam 1982

Claessens, Dieter / Milhoffer, Petra, Hg.: *Familiensoziologie. Ein Reader als Einführung*. Frankfurt a. M. 1973

Clark, Kenneth: *Dark Ghetto*. London / New York 1965

Clark, Kenneth: *Prejudice and Your Child*. Boston 1955

Clark, Kenneth und Mamie: ‹Racial Identification and Preference of Negro Children›, in: Newcomb, T. M. / Hartley, E. L., Hg.: *Readings in Social Psychology*. New York 1947

Clarke, Cheryl: ‹Lesbianism: an Act of Resistance› in: Moraga, Cherríe / Anzaldúa, Gloria, Hg.: *This Bridge Called My Back*. Watertown, Mass. 1981

Clarke, John / Critcher, Chas / Johnson, Richard, Hg.: *Working Class Culture. Studies in History and Theory.* London 1979

Cleaver, Eldridge: *Seele auf Eis.* München 1969

Cockburn, Cynthia: ‹The Material of Male Power›, in: *Feminist Review* 9, Herbst 1981

Cockburn, Cynthia: ‹The Relations of Technology. What Implications for Theories of Sex and Class?›, in: Crompton, Rosemary / Mann, Michael, Hg.: *Gender and Stratification.* Cambridge 1986

Combahee River Collective, The: ‹A Black Feminist Statement›, in: Eisenstein, Zillah R., Hg.: *Capitalist Patriarchy and the Case for Socialist Feminism.* New York 1979; und in: Hull, G. / Bell, Scott P. / Smith, B.: *All the Women Are White, All the Blacks Are Men, But Some of Us Are Brave.* New York 1982; und in: Moraga / Anzaldúa: *This Bridge Called My Back.* Watertown, Mass. 1981

Cone, James H.: *Liberation: A Black Theology of Liberation.* Philadelphia 1970

Conelly, Patricia M. / Mac Donald, Martha: ‹Womens Work: Domestic and Wage Labour in a Nova Scotia Community›, in: *Studies in Political Economy,* Nr. 10, Winter 1983

Corten, Monique / Kaptein, Mieke: ‹Er zijn twee vrouwenbewegingen›, in: Sonderheft *Verschillen in de vrouwenbeweging. Katijf,* Jg. 2, Nr. 9, Juni 1982

Cotera, Martha: ‹Among the Feminists: Racist Classist Issues›, in: Shapiro, Evelyn und Barry M., Hg.: *The Women Say, the Men Say.* New York 1979

Coulson, Margaret / Magaš, Branca / Wainwright, Hilary: ‹Women and the Class Struggle›, in: *New Left Review* 89, 1975

Cox, Sue, Hg.: *Female Psychology: the Emerging Self.* Chicago 1976

Coyle, Angela: ‹The Protection Racket?›, in: *Feminist Review,* Nr. 4, 1980

Cramon-Daiber, Birgit / Jaeckel, Monika / Köster, Barbara: ‹Zur Frage der Klassenunterschiede zwischen Frauen›, in: Cramon-Daiber, Birgit / Jaeckel, Monika u. a., Hg.: *Schwesternstreit.* Reinbek 1983

Cramon-Daiber, Birgit / Jaeckel, Monika u. a., Hg.: *Schwesternstreit. Von den heimlichen und unheimlichen Auseinandersetzungen zwischen Frauen.* Reinbek 1983

Crompton, Rosemary / Mann, Michael, Hg.: *Gender and Stratification.* Cambridge 1986

Crompton, Rosemary: ‹Women and the «Service Class»›, in: Crompton, Rosemary / Mann, Michael, Hg.: *Gender and Stratification.* Cambridge 1986

Cross, Tia / Klein, Frea de / Smith, Barbara / Smith, Beverly: ‹Face-to-Face, Day-to-Day-Racism CR›, in: Hull, Gloria T. / Bell Scott, Patricia / Smith, Barbara, Hg.: *All the Women Are White, All the Men Are Black, But Some of Us Are Brave.* New York 1982

Crucifix, Marijke: *Doe maar gewoon, dan doe je al gek genoeg: over het terugvinden van mijn arbeidersklasse achtergrond en leiderschap.* Seminararbeit IVABO. Amsterdam 1983

Culley, Margo / Porteges, Catherine, Hg.: *Gendered Subjects. The Dynamics of Feminist Teaching.* Boston 1985

Daalen, Rineke van: ‹Verzorgingsinstellingen›, in: Wilterdink, Nico/ Heerikhuizen, Bart van, Hg.: *Samenlevingen*. Groningen 1985

Dalla Costa, Mariarosa: *The Power of Women and the Subversion of the Community*. Bristol 1972

Dam, Ineke van: *Arbeiderstaal, middenklassetaal en hulpverlening.* Seminararbeit AAF. November 1984

Damen, Paul: ‹Ik ben niet joods, g.dverdomme!›, in: Sonderheft: *Racisme, antisemitisme en ‹links›. Machiavelli mededelingen bulletin*, Jg. 10, Nr. 1, 20. Febr. 1981

Daniels-Eichelberger, Brenda: ‹Voices on Black Feminism›, in: *Quest*, Bd. III, Nr. 4, 1977

Dasberg, Lea: ‹Honing versus Holocaust. De relatie tussen Joodse religie, pedagogische filosofie en identiteit›, in: *Stichting ICODO, De Joodse naoorlogse generatie in Nederland*. Utrecht 1984

Davin, Delia: *Woman Work. Women and the Party in Revolutionary China.* Oxford 1976

Davies, Miranda, Hg.: *Third World, Second Sex. Women's Struggles and National Liberation.* London 1983

Davis, Angela: *Rassismus und Sexismus. Schwarze Frauen und Klassenkampf in den USA.* Berlin 1982

Davis, Angela: ‹Reflections on the Black Woman's Role in the Community of Slaves›, in: *The Black Scholar*, Sonderheft: *The Black Woman*, Dezember 1971

Davis, Angela: ‹The Myth of the Black Matriarch›, in: Klagsbrun, Francine, Hg.: *The First Ms Reader*. New York 1973

Davis, Angela: ‹Rape Racism and the Capitalist Setting›, in: *The Black Scholar*, April 1977; und in: Shapiro, Evelyn und Barry, Hg.: *The Women Say, the Men Say*. New York 1979

Davis, Hannah: ‹Naar een nieuw begrip van Joodse mannen›, in: *Lechaim* 3. Amstelveen 1984

Davis, M.: ‹Woman's Place is at the Typewriter: the Feminization of the Clerical Labour Force›, in: *Radical America*, Jg. 8, Nr. 4, 1974

Delamont, Sara: *The Sociology of Women. An Introduction.* London 1980

Delphy, Christine: *Close to Home. A Materialist Analysis of Women's Oppression.* London 1984

Delphy, Christine: *The Main Enemy. Women's Research and Resources Centre.* London 1977; und in: Delphy, Christine: *Close to Home.* London 1984

Delphy, Christine: ‹Sharing the Same Table: Consumption and the Family›, in: Delphy, Christine: *Close to Home.* London 1984

Delphy, Christine: ‹Women in Stratification Studies›, in: Roberts, Helen, Hg.: *Doing Feminist Research*. London 1981; und in Delphy, Christine: *Close to Home.* London 1984

Delphy, Christine/Leonhard, Diana: ‹Class Analysis, Gender Analysis and the Family›, in: Crompton, Rosemary/Mann, Michael, Hg.: *Gender and Stratification*. Cambridge 1986

Dennis, Rutledge M.: ‹Socialization and Racism: the White Experience›, in: Bowser, Benjamin P./Hunt, Raymond G., Hg.: *Impacts of Racism on White Americans*. Beverly Hills 1981

Diaz, Manuel: ‹Who Invented Machismo›, in: *VSAW Bulletin*. Zeitschrift der Organisation schwarzer Sozialarbeiter/innen, Jg. 4, Nr. 3/4, Nov. 1984

Diaz-Diocaretz, Myriam: ‹«Mijn naam is van mij van mij van mij». Zwarte noordamerikaanse dichteressen in haar context›, in: *Lover*, Jg. 10, Nr. 4, Dezember 1984

Diaz-Diocaretz, Myriam/Zavala, Iris, Hg.: *Women, Feminist Identity and Society in the 1980's*. Amsterdam 1985

Dill, Bonnie Thornton: ‹Race, Class and Gender: Prospects for an All-Inclusive Sisterhood›, in: *Feminist Studies*, Bd. 9, Nr. 1, Frühjahr 1983

Dinnerstein, Dorothy: *Das Arrangement der Geschlechter*. Stuttgart 1979

Dixon, Marlene: *The Future of Women*. San Francisco 1983

Docentenhandleiding bij de Anne Frankkrant: *De Joden, wie zijn dat eigenlijk*. März 1981

Dolle Mina: *Een rebelse meid is een parel in de klassenstrijd*. Amsterdam 1970

Dolle Mina: *Krachtvoer*. Amsterdam 1972

Dooremalen, Ans van: *Dat doe je toch gewoon: boerendochter en leidsterschap*. Seminararbeit IVABO. Amsterdam 1982

Dorresteijn, J.: *Vaders beste knecht heeft geen toekomst*. Seminararbeit Hogere Landbour School. Den Bosch 1984

Dosser Jr., David A.: ‹Male Inexpressiveness: Behavioral Intervention›, in: Solomon, Kenneth/Levy, Norman B., Hg.: *Men in Transition*. New York 1982

Draper, H./Lipow, A. G.: ‹Marxist Women versus Bourgeois Feminism›, in: Miliband, R./Saville, J., Hg.: *The Socialist Register*. London 1976

Dunbar, Ortiz Roxanne: ‹Toward a Democratic Women's Movement in the United States›, in: Shapiro, Evelyn und Barry: *The Women Say, the Men Say*. New York 1979

Duyves, Mattias/Hekma, Gert/Koelemij, Paula, Hg.: *Onder mannen, onder vrouwen. Studies van homosociale emancipatie*. Amsterdam 1984

Dijk, Ans van: *Het mag geen naam hebben. Over lesbische vrouwen uit de arbeidersklasse*. Seminararbeit IVABO. Amsterdam 1985

Dijk, Cock van: *Een tipje van de sluier*. Seminararbeit IVABO. Amsterdam 1986

Dijk, Teun A. van: *Minderheden in de media*. Amsterdam 1983

Eekhuis, Dinie: *Arbeidersvrouw in arbeiders- en vrouwenbeweging*. Seminararbeit. IVABO. Amsterdam 1983

Eekhuis, Dinie: *Toets over taal*. Seminararbeit IVABO. Amsterdam 1983

Ehrenreich, Barbara: *Die Herzen der Männer. Auf der Suche nach einer neuen Rolle*. Reinbek 1984

Ehrenreich, Barbara/Stallard, Karin: ‹The Noveau Poor›, in: *Ms*, August 1983

Ehrenreich, Barbara: ‹Toward Socialist Feminism›, in: Shapiro, Evelyn und Barry, Hg.: *The Women Say, the Men Say*. New York 1979

Ehrlich, Carol: ‹The Reluctant Patriarchs: a Review of «Men and Masculinity»›, in: Snodgrass, Jon, Hg.: *For Men Against Sexism. A Book of Readings*. New York 1977

Eichelberger, Brenda: ‹Voices on Black Feminism›, in: *Quest*, Bd. III, Nr. 4, 1977

Eichler, Margrit: ‹The Origin of Sex Inequality. A Comparison and Critique of Different Theories and Their Implications for Social Policy›, in: *Women's Studies International Quarterly*, Bd. 2, Nr. 3, 1979
Eichler, Margrit: *The Double Standard. A Feminist Critique of Feminist Social Science*. London 1980
Eisenstein, Zillah, Hg.: *Capitalist Patriarchy and the Case for Socialist Feminism*. New York 1979
Eisenstein, Zillah: *The Radical Future of Liberal Feminism*. New York 1981
Eisenstein, Zillah: ‹Some Notes on Relations of Capitalist Patriarchy›, in: Eisenstein, Zillah, Hg.: *Capitalist Patriarchy and the Case for Socialist Feminism*. New York 1979
El Saadawi, Nawal: *Tschador. Frauen im Islam*. Bremen 1980
El Saadawi, Nawal (Interview mit): ‹Arab Women and Western Feminism›, in: *Race and Class*, Bd. XXII, Nr. 2, Herbst 1980
Emden, Rachel van, Hg.: *...Die mij niet gemaakt heeft tot man... Joodse vrouwen tussen traditie en emancipatie*. Kampen 1986
Ensering, Harriet: *Eigenwijs of eigen wijs*. Seminararbeit IVABO. Amsterdam 1985
Eppink, Andreas: *Cultuurverschillen en communicatie*. Alphen a. d. Rijn 1981
Epstein, Barbara: ‹Family Politics and the New Left: Learning from Our Own Experience›, in: *Socialist Review*, Nr. 63–64, Bd. 12, Nr. 3–4, Mai–August 1982
Epstein, Cynthia F.: ‹Positive Effects of the Multiple Negative: Explaining the Success of Black Professional Women›, in: Huber, J., Hg.: *Changing Women in a Changing Society*. Chicago 1973
Epstein, Helen: *Die Kinder des Holocaust. Gespräche mit Söhnen und Töchtern von Überlebenden*. München 1987
Erp, Marja van / Soutendijk, Sibe: *Sociaal milieu en lesgebeuren. Een literatuuronderzoek*. Amsterdam 1973
Es, Ina van: ‹Wederzijdse herkenning. Impressies van de werkgroepen›, in: Stichting ICODO: *De Joodse na-oorlogse generatie in Nederland*. Utrecht 1984
Essed, Philomena: *Alledaags racisme*. Amsterdam 1984
Essed, Philomena: ‹«Blanke vrouwen moeten ook direct verantwoordelijk worden gesteld»*, Interview met Sandra Young, over feminisme en racisme›, in: *Serpentine*. Juni 1981
Essed, Philomena: ‹Feminisme en racisme›, in: Beelaerts, M. / Grotenhuis, S. / Grunell, M., Hg.: *Congresbundel zomeruniversiteit vrouwenstudies*. Amsterdam 1981
Essed, Philomena: ‹Hoe racisme er uit ziet.› Vortrag, in: Lie, Kitty / Schouten, Marja, Hg.: *Anti-racisme, een andere richting*. Amsterdam 1983
Essed, Philomena: ‹Racisme en feminisme›, in: *Socialisties-Femininistiese Teksten* 7. Amsterdam 1982
Evans, Sara: *Personal Politics. The Roots of Women's Liberation in the Civil Rights Movement and the New Left*. New York 1979
Evans, Sara: ‹Women's consciousness and the Southern Black Movement›, in: *Southern Exposure*, Bd. IV, Nr. 4, Winter 1977
Eijk, Alie van: *Als je voor een dubbeltje geboren bent ben je een kwartje waard*. Seminararbeit IVABO. Amsterdam 1983

Falk, Candance: ‹Women and the «Karl Marx Question»: Radical Feminism and Socialist Feminism›, in: Shapiro, Evelyn und Barry M., Hg.: *The Women Say, the Men Say*. New York 1979

Fanon, Frantz: *Schwarze Haut, weiße Masken*. Frankfurt a. M. 1980

Farrell, Warren: *The Liberated Man. Beyond Masculinity: Freeing Men and Their Relationships with Women*. New York 1974

Fasteau, Marc Feigen: *The Male Machine*. New York 1974

Feinstein, Gale: ‹Het onder ogen zien van de realiteit van het geinternaliseerd klassisme›, in: Vrouwen en welzijnswerk: *Wat bindt ons en wat scheidt ons*. IVABO. Amsterdam, Mai 1982

Feminist Review: *Many Voices, One Chant. Black Feminist Perspectives*. Sonderheft *Feminist Review* 17, Herbst 1984

Fennema, Meindert / Loewenthal, Troetje: ‹Oud en nieuw racisme›, in: *Marge,* Nr. 2, 1984

Ferguson, Ann / Folbre, Nancy: ‹The Unhappy Marriage of Patriarchy and Capitalism›, in: Sargent, Lydia, Hg.: *Women and Revolution*. London 1981

Ferguson, Ann: ‹Women as a New Revolutionary Class›, in: Walker, Pat, Hg.: *Between Labour and Capital*. Brighton 1979

Ferguson, Renee: ‹Women's Liberation Has a Different Meaning for Blacks›, in: Lerner, Gerda: *Black Women in White America*. New York 1972

Firestone, Shulamith: *Frauenbefreiung und sexuelle Revolution*. Frankfurt a. M. 1987

Firestone, Shulamith / Koedt, Anne, Hg.: *Notes from the Second Year*. New York 1970

Fisher-Manick, Beverly: ‹Race and Class: Beyond Personal Politics›, in: Bunch, Charlotte u. a., Hg.: *Building Feminist Theory*. New York 1981; und in: *Quest*, Bd. III, Nr. 4, 1977

Flax, Jane: ‹Do Feminists Need Marxism?›, in: Bunch, Charlotte u. a., Hg.: *Building Feminist Theory*. New York 1981; und in: *Quest*, Bd. III, Nr. 1, Sommer 1976

Fox, Bonnie, Hg.: *Hidden in the Household. Women's Domestic Labour under Capitalism*. Toronto 1980

Franke, Simon u. a., Hg.: *Maak er een gewoonte van. Racismebestrijding in de grote stad*. Amsterdam 1986

Frankenberg, Ruth / Martens, Janet: ‹Racism: Not a Moral Issue›, in: *Trouble and Strife,* Nr. 5, Frühjahr 1985

Freeman, Jo: ‹The 51 Percent Minority Group: a Statistical Essay›, in: Morgan, Robin, Hg.: *Sisterhood is Powerful*. New York 1970

Freeman, Jo, Hg.: *Women: a Feminist Perspective*. Palo Alto 1975

Friedan, Betty: *Der Weiblichkeitswahn oder die Selbstbefreiung der Frau. Ein Emanzipationskonzept*. Reinbek 1970

Friedman, Deb: ‹Rape, Racism and Reality›, in: *Quest*, Bd. V, Nr. 1, Sommer 1979

Friedman, Scarlet / Sarah, Elizabeth, Hg.: *On the Problem of Men*. London 1982

Fritz, Leah: *Dreamers & Dealers. An Intimate Appraisal of the Women's Movement*. Boston 1980

Frye, Marilyn: ‹On Being White: Thinking toward a Feminist Understanding of Race and Race Supremacy›, in: Frye, Marilyn: *The Politics of Reality: Essays in Feminist Theory*. New York 1983

Frye, Marilyn: *The Politics of Reality: Essays in Feminist Theory*. New York 1983

Fujitomi, Irene / Wong, Diane: ‹The New Asian-American Woman›, in: Cox, Sue, Hg.: *Female Psychology: the Emerging Self*. Chicago 1976

Fuller, Mary: ‹Qualified Criticism, Critical Qualifications›, in: Baston, Len / Walker, Stephen, Hg.: *Race, Class and Education*. London 1983

Gaertner, Samuel L.: ‹Nonreactive Measures in Racial Attitude Research: a Focus on «Liberals»›, in: Katz, Phyllis A., Hg.: *Towards the Elimination of Racism*. New York 1976

Gage, Frances D.: ‹Sojourner Truth›, in: Tanner, Leslie B., Hg.: *Voices from Women's Liberation*. New York 1971

Garconius, Irma: ‹Moederschap in het Caribisch gebied, toegespitst op Suriname›, in: Vrouwen en welzijnswerk: *Wat bindt ons en wat scheidt ons*. IVABO. Amsterdam, Mai 1982

Gardiner, Jean: ‹Women in the Labour Process and Class Structure›, in: Hunt, Alan, Hg.: *Class and Class Structure*. London 1977

Gardiner, Jean: ‹Women's Domestic Labour›, in: *New Left Review* 89, Jan. / Febr. 1975; und in: Eisenstein, Zillah, Hg.: *Capitalist Patriarchy and the Case for Socialist Feminism*. New York 1979

Garnsey, Elizabeth: ‹Women's Work and Theories of Class and Stratification›, in: Giddens, Anthony / Held, David, Hg.: *Classes, Power and Conflict*. London 1982

Geerman, Eddy: *Etnische vervreemding*. Seminararbeit IVABO. IKW. Amsterdam 1985

Gellis, Audrey: ‹The View from the Back of the Shul›, in: *MS*, Juli 1974

Gemst-Knaap, Bep van: *Vooroordelen van arbeidersvrouwen tegen feminisme*. Seminararbeit IVABO. Amsterdam, Mai 1983

Genovese, Eugene: *Roll, Jordan, Roll: The World the Slaves Made*. New York 1972

Gibbs, Joan / Bennett, Sara, Hg.: *Top Ranking*. New York 1977

Giddens, Anthony / Held, David, Hg.: *Classes, Power and Conflict. Classical and Contemporary Debates*. London 1982

Giddens, Anthony: ‹Class Structuration and Class Consciousness›, in: Giddens, Anthony / Held, David, Hg.: *Classes, Power and Conflict*. London 1982

Giddens, Anthony: *Die Klassenstruktur fortgeschrittener Gesellschaften*. Frankfurt a. M. 1984

Giddens, Anthony / Mackenzie, Gavin, Hg.: *Social Class and the Division of Labour*. Cambridge 1982

Giele, Jacques: *Arbeidersleven in Nederland 1850–1914*. Nijmegen 1979

Gilroy, Paul: ‹Steppin' out of Babylon-Race, Class and Autonomy›, in: Centre for Contemporary Cultural Studies, *The Empire Strikes Back*. London 1982

Gimenez, M.: ‹Marxism and Feminism›, in: *Frontiers: a Journal of Women Studies*, II, 1975

Gipple, Cindy: *The Women's Movement and the Class Struggle. A Radical Women Position Paper*. Seattle. undatiert.

Gittins, Diana: ‹Inside and Outside Marriage›, in: *Feminist Review* 14, Sommer 1983

Go, Gien Tjwaan: ‹Chinezen in Indonesia, schets van een gediscrimineerde minoriteit›, in: *Intermediair*, Jg. 8, Nr. 36, 8. September 1972

Goemans, Adrian: ‹De Centrumpartej›, in: Bleich, Anet/Schumacher, Peter u. a., Hg.: *Nederlands racisme*. Amsterdam 1984

Goldberg, H.: *The Hazards of Being Male. Surviving the Myth of the Masculine Privilege*. New York 1976

Goldthorpe, J. H.: ‹Women and Class Analysis: in Defence of the Conventional View›, in: *Sociology*, Bd. 18, Nr. 4, 1984

Good, Th. L./Brophy, J. E.: *Looking in Classrooms*. New York 1978

Gordon, Linda: ‹Kostwinnen en koesteren›, in: *Socialisties-Feministiese Teksten* 2, Amsterdam 1978

Gordon, Maralee: ‹Feminist Frustrations with the Forefathers›, in: Jewish Socialists' Group-Cambridge Branch: *Jewish Socialism*. undatiert

Gornick, Vivian/Moran, Barbara K., Hg.: *Women in Sexist Society. Studies in Power and Powerlessness*. New York 1971

Gottschalch, Wilfried/Neumann-Schönwetter, Marina/Soukop, Gunter: *Sozialisationsforschung*. Frankfurt a. M. 1979

Gould, Robert E.: ‹Measuring Masculinity by the Size of the Paycheck›, in: Jagger, Alison M./Rothenberg Struhl, Paula, Hg.: *Feminist Frameworks*. New York 1978

Gould, Robert E.: ‹Sexual Functioning in Relation to the Changing Roles of Men›, in: Solomon, Kenneth/Levy, Norman B., Hg.: *Men in Transition*. New York 1978

Green, Martin: ‹Het masculinisme in de literatuur›, in: Duyves, Mattias/Hekma, Gert/Koelemij, Paula, Hg.: *Onder mannen, onder vrouwen*. Amsterdam 1984

Green, Philip: *The Pursuit of Inequality*. New York 1981

Greer, Germaine: *Die heimliche Kastration*. Frankfurt a. M. 1984

Grimké Weld, Angeline: ‹The Right of Women and Negroes›, in: Tanner, Leslie B., Hg.: *Voices from Women's Liberation*. New York 1971

De Groene Amsterdammer: Sonderheft. *De oorlog na de oorlog*. 7. Mai 1980

De Groene Amsterdammer: Sonderheft. *De oorlog en de ‹tweede generatie›*. 5. Mai 1982

Groot, Greetje: ‹Ik heb geen vader, juf›. *Angst als remmer en soms als stimulator tot falen en succes tijdens de beroepsontwikkeling bij vrouwen afkomstig uit de arbeidersklasse*. Seminararbeit IVABO. Amsterdam 1985

Groth, A. Nicholas: *Men Who Rape. The Psychology of the Offender*. London 1979

Gültekin, Neval: ‹Eine schweigende Minderheit meldet sich zu Wort›, in: Arbeitsgruppe Frauenkongreß, Hg.: *Sind wir uns denn so fremd?* Berlin 1985

Gwynne, Anne und Penny: ‹Some Notes on Sex and Class. Feminism and the Class Struggle›, in: *Scarlet Woman*, Nr. 5, 1977

Hacker, Helen Mayer: ‹Women as a Minority Group›, in: Cox, Sue, Hg.: *Female Psychology: the Emerging Self*. Chicago 1976

Haden, Patricia / Middleton, Donna / Robinson, Patricia: ‹A Historical and Critical Essay for Black Women›, in: Tanner, Leslie B., Hg.: *Voices from Women's Liberation*. New York 1971

Hagedoorn, A.: *Het nazisme als ideologie. Een socio-psychologisch onderzoek naar de bepaaldheid van politiek gedrag*. Arnhem 1982

Hagemann-White, Carol / Wolff, Reinhart: *Lebensumstände und Erziehung. Grundfragen der Sozialisationsforschung*. Frankfurt a. M. 1975

Hak, Tony: ‹Onderzoek naar etniese vooroordelen in Nederland›, in: *Psychologie en maatschappij* 33, Jg. 9, Nr. 4, 1985

Hamblin, Angela: ‹What Can One Do with a Son?›, in: Friedman, Scarlet / Sarah, Elizabeth, Hg.: *On the Problem of Men*. London 1982

Hammond, Judith / Enoch, J. Rex: ‹Conjugal Power Relations among Black Working Class Families›, in: *Journal of Black Studies*, Jg. 7, Nr. 1, September 1976

Hanish, Carol: ‹An Experience with Worker Consciousness-Raising›, in: *Red Stockings*. 1975

Hanmer, Jalna / Lunn, Cathy / Jeffreys, Sheila / McNeill, Sandra: ‹Why Is It Important to Call Women a Class?›, in: *Scarlet Woman* 5, ca. 1977

Hare, Nathan und Julia: ‹Black Women›, in: Bardwick, Judith, Hg.: *Readings on the Psychology of Women*. New York 1972

Hark, Nonnie ter: ‹Een pannetje welzijn in plaats van een pannetje soep?›, in: Sonderheft: *Verschillen in de vrouwenbeweging. Katijf*, Jg. 2, Nr. 9, Juni 1982

Harris, Hermione: ‹Black Women and Work›, in: Wandor, Michelene, Hg.: *The Body Politic*. London 1972

Harris, La-Neeta: ‹Black Women in Junior High Schools›, in: Tanner, Leslie B., Hg.: *Voices from Women's Liberation*. New York 1971

Harman, Mary / Banner, Lois W., Hg.: *Clio's Consciousness Raised*. New York 1974

Hartmann, Heidi: ‹The Family as the Locus of Gender, Class and Political Struggle: the Example of Housework›, in: *Signs*, Bd. 2, Nr. 3, Frühling 1981

Hartmann, Heidi: ‹Capitalism, Patriarchy and Job Segregation by Sex›, in: Eisenstein, Zillah: *Capitalist Patriarchy and the Case for Socialist Feminism*. New York 1979

Hartmann, Heidi: ‹The Unhappy Marriage of Marxism and Feminism: Towards a More Progressive Union›, in: Sargent, Lydia, Hg.: *Women and Revolution*. Boston 1981

Hartsock, Nancy: ‹Comment and Debate: Feminists, Black Candidates and Local Politics: a Report from Baltimore›, in: *Feminist Studies*, Bd. 10, Nr. 2, Sommer 1984

Heek, F. van u. a.: *Het verborgen talent. Milieu, schoolkeuze en schoolgeschiktheid*. Meppel 1968

Helman, Albert, Hg.: *Cultureel mozaïek van Suriname*. Zutphen 1977

Helwig, Lydia: ‹Kleur in het onderwijs. Over transculturele aspecten in de vrouwenleergroup›, in: Aerts, Anita / Helwig, Lydia u. a.: *Vrouwen en welzijnswerk* (Arbeitstitel). Den Haag

Hentoff, Nat, Hg.: *Black Antisemitism and Jewish Racism*. New York 1969

Heresies: ‹Third World Women›, in: *The Politics of Being Other*, Bd. 2, Nr. 4, 1979

Heresies: ‹Racism Is the Issue›, in: *The Politics of Being Other*, Bd. 3, Nr. 4, 1981

Hermsen, Joke: ‹Klasseverschillen›, in: Vrouwen en welzijnswerk: *Wat bindt ons en wat scheidt ons?* IVABO. Amsterdam, Mai 1982

Hernton, Calvin: *Sex and Racism in America.* New York 1965

Herve, Sister Julia: ‹Interview with Kathleen Cleaver›, in: *The Black Scholar.* Sonderheft: *The Black Women.* Dezember 1971

Heschel, Susanna, Hg.: *On Being a Jewish Feminist. A Reader.* New York 1983

Hielkema, Haro: ‹Discriminerende elementen in wetten, regels en de dagelijkse praktijk›, in: Franke, Simon, u. a., Hg.: *Maak er een gewoonte van.* Amsterdam 1986

Hill Witt, Shirley: ‹Native Women Today: Sexism and the Indian Women›, in: Cox, Sue, Hg.: *Female Psychology: the Emerging Self.* Chicago 1976

Hine, Darlene / Wittenstein, Kate: ‹Female Slave Resistance: the Economics of Sex›, in: Steady, Filomena Chioma, Hg.: *The Black Woman Cross-Culturally.* Cambridge, Mass. 1981

Hisschemöller, M. / Fennema, M.: ‹‹Een kwestie van langdurige opvoeding». Gesprek met W. F. Wertheim over racisme›, in: Hisschemöller, Matthijs, Hg.: ‹Strategieën tegen het racisme›. Sonderheft *Komma,* Jg. 5, Nr. 1, 1985

Hisschemöller, Matthijs, Hg.: ‹Strategieën tegen het racisme›, Sonderheft *Komma,* Jg. 5, Nr. 1, März 1985

Hobbelink, Ans: *Je trouwt niet alleen met een boer... Een antropologische studie naar boerinnen in een Nederlandse plattelandsgemeente 1950–1980.* Dissertation. Nijmegen 1982

Hobbelink, Ans / Spijkers, Saskia: ‹De mooie kamer beter benutten. Boerinnenstudies in Nederland›, in: *Lover,* Nr. 1, 1981

Hoch, Paul: *White Hero, Black Beast. Racism, Sexism and the Mask of Masculinity.* London 1979

Hofman, Hanneke: *Omgaan met klassen. Mijn verhaal over klasseverschillen in klassen van de MHNO KV/JV-Opleiding.* Seminararbeit IVABO. Amsterdam, Mai 1981

Hofstra, Jitske: *Ik maak mijn ramen schoon. Het werk van een arbeidersdochter.* Seminararbeit IVABO. Amsterdam, Dezember 1984

Holtrop, Aukje / Tex, Ursula den: ‹Bij ons in Holland; kroniek van een jaar racisme en fascisme›, *Vrij Nederland Kleurkatern,* 10. Juni 1984

Holtrop, Aukje: ‹Een speciale minderheid: mensen die getrouwd zijn met een buitenlander› (Interview mit Rosi Wolf), in: *Vrij Nederland,* 7. Mai 1983

Hood, Elizabeth F.: ‹Black Women, White Women: Separate Paths to Liberation›, in: *The Black Scholar,* April 1978

Hoogenboom, Annemiek u. a.: *Trefpunt Nairobi.* Amsterdam / Den Haag 1986

Hoogenboom, Annemiek / Voets, Annemieke: ‹Vrouwenstrijd in de derde wereld. Slaat de aanval op imperialistische bolwerken ook bressen in het patriarchaat?›, in: *Socialisties-feministiese teksten* 3. Amsterdam 1979

Hoogland, Anja: ‹Heb je je handen aan de zaligheid beloofd?› *Over arbeiders-*

dochters in het Voortgezet Middelbaar en Universitair Onderwijs. Fachbereich Andrologie und Sozialpädagogik. Vrije Universiteit Amsterdam, Juni 1982

Hooks, Bell: *Ain't I a Woman. Black Women and Feminism*. Boston 1981

Hooks, Bell: *Feminist Theory. From Margin to Center*. Boston 1984

Horowitz, R. E.: ‹Racial Aspects of Self-Identification in Nursery School Children›, in: *Journal of Psychology* 7, 1939

Horst, Jan van der: ‹Over hoe goede bedoelingen verkeerd uitpakken. Over Andreas Eppink: Cultuurverschillen en communicatie›, in: *Welzijnsweekblad*, Nr. 29, 3. September 1982

Huber, Joan, Hg.: *Changing Women in Changing Society*. Chicago 1973

Hull, Gloria T. / Bell Scott, Patricia / Smith, Barbara, Hg.: *All the Women Are White, All the Blacks Are Men, But Some of Us Are Brave*. Old Westbery, N. Y. 1982

Hull, Gloria T. / Smith, Barbara: *The Politics of Black Women's Studies*. Trumansburg, N. Y. 1983

Humphries, Jane: ‹Class Struggle and the Persistance of the Working Class Family›, in: *Cambridge Journal of Economics*, 1. Sept. 1977; und in: Giddens, Anthony / Held, David, Hg.: *Classes, Power and Conflict*. London 1982

Humphries, Jane: ‹Protective Legislation, the Capitalist State and Working Class Men; the 1842 Mines Regulation Act›, in: *Feminist Review* 7, Frühjahr 1981

Hunt, Alan, Hg.: *Class and Class Structure*. London 1977

Hunt, Pauline: *Gender and Class Consciousness*. London 1980

Hwa, Tjoa Tjheng: ‹De samenhang tussen racisme en seksisme›, in: *Katijf*, Nr. 15, Juli 1983

Hymen, Paula: ‹Is It Kosher to Be a Feminist?›, in: *MS*, Juli 1974

ICODO, Stichting: *De Joodse na-oorlogse generatie in Nederland*. Utrecht 1984

Interrante, Joe: ‹Dancing along the Precipice: The Men's Movement in the '80s›, in: *Radical America*, Bd. 15, Nr. 5, September 1981

IVABOkrant: ‹Zwart en hoe zit het nou met wit?› Amsterdam, November 1982

Jackins, Harvey: ‹Jewish Liberation is Everybody's Concern›, in: Jackins, Harvey: *The Upward Trend*. Seattle 1977

Jackins, Harvey / Sherover Marcuse, Ricky u. a.: *Nieuwe inzichten over sociale verandering*, Teil I. Amsterdam 1983

Jackins, Harvey: *The Upward Trend*. Seattle 1977

Jackson, Brian / Marsden, Dennis: *Education and the Working Class*. Harmondsworth 1966

Jackson, Jaquelyne J.: ‹But Where Are the Men?›, in: *The Black Scholar*, Sonderheft *The Black Woman*. Dezember 1971

Jagger, Alison M. / Rothenburg Struhl, Paula, Hg.: *Feminist Frameworks*. New York 1978

Jagger, Alison M.: *Feminist Politics and Human Nature*. Totowa, New Jersey 1983

James, Selma: *Sex, Race and Class*. Bristol 1975

Jansen, Annelies: ‹Buitenlandse vrouwen in Nederland›, in: *Politiek en Cultuur*, Jg. 42, Nr. 6, Juni / Juli 1982

Jansen, Tineke: ‹Zwarte vrouwen op de winteruniversiteit en hoe verder?›, in: *VSAW Bulletin*, Zeitschrift der Vereinigung surinamischer und antillianischer Sozialarbeiter / innen, Jg. 4, Nr. 2, Juni 1984

Jansz, Ulla / Loonbroek, Tineke: ‹Nieuwe literatuur over de eerste feministische golf›, in: Reys, Jeske / Loonbroek, Tineke u. a.: *De eerste feministische golf, zesde jaarboek voor Vrouwengeschiedenis.* Nijmegen 1985

Jeffreys, Sheila: ‹Male Sexuality as Social Control›, in: *Scarlet Woman* 5, ca. 1977

Jewish Socialists' Group – Cambridge Branch: *Jewish Socialism. Introductory Readings* (Aufsätze aus der amerikanischen Zeitschrift *Chutzpah*), undatiert

Jones, Jacqueline: ‹«My Mother Was Much of a Woman»: Black Women, Work and the Family under Slavery›, in: *Feminist Studies*, Bd. 8, Nr. 2, Sommer 1982

Jones, James M.: ‹The Concept of Racism and Its Changing Reality›, in: Bowser, Benjamin P. / Hunt, Raymond G., Hg.: *Impacts of Racism on White Americans.* Beverly Hills 1981

‹Joods Bevrijdingsprogramma. Vierde Ontwerp›, in: *Lechaim* 3. *Tijdschrift over Joodse Bevrijding en Bondgenootschap in Nederland.* Amstelveen 1984

Joseph, Gloria / Lewis, Jill: *Common Differences. Conflicts in Black and White Feminist Perspectives.* New York 1981

Joseph, Gloria: ‹The Incompatible Menage à Trois: Marxism, Feminism and Racism›, in: Sargent, Lydia, Hg.: *Women and Revolution.* London 1981

Jungbluth, Paul: *Docenten over onderwijs aan meisjes. Positieve diskriminatie met een dubbele bodem.* Nijmegen 1981

Kaganoff, Benzion C.: *A Dictionary of Jewish Names and Their History.* New York 1976

Kaluzynska, Eva: ‹Wiping the Floor with Theory. A Survey of Writings on Housework›, in: *Feminist Review*, Nr. 6, 1980

Kamarovsky, Mirra: *Dilemma's of Masculinity.* New York 1976

Karner, Frances P.: *The Sephardics of Curaçao. A Study of Socio-Cultural Patterns in Flux.* Assen 1968

Karp, Joan B.: ‹The Emotional Impact and a Model for Changing Racist Attitudes›, in: Bowser, Benjamin P. / Hunt, Raymond G., Hg.: *Impacts of Racism on White Americans.* Beverly Hills 1981

Karp, Joan: ‹Jews and Allies. Similarities Between Jews and Chinese and Japanese›, in: *Ruah Hadashah*, Nr. 5, *Re-Evaluation Counseling Newsletters for Jewish Liberation.* Seattle

Karp, Joan: ‹Open brief aan de HC gemeenschappen›, in: *Lechaim* 4, Sonderheft: *Bondgenootschappen.* Amstelveen 1985

Kasteren, Joost van: ‹Boerin op eigen kracht. Boerendochters beginnen eigen bedrijf›, in: *NRC-Handelsblad*, 1. Mai 1985

Katijf: Sonderheft: *Verschillen in de vrouwenbeweging*, Jg. 2, Nr. 9, Juni 1982

Katz, Judy: *White Awareness, Handbook for Anti-Racism Training.* Norman 1978

Katz, Phyllis A.: ‹The Acquisition of Racial Attitudes in Children›, in: Katz, Phyllis A., Hg.: *Towards the Elimination of Racism.* New York 1976

Katz, Phyllis A., Hg.: *Towards the Elimination of Racism.* New York 1976

Katz, Sheila: ‹Unity of All Oppressed People. Jews, Class and Race›, in: *Ruah Hadashah*, Nr. 3, Seattle 1978

Kaye-Kantrowitz, Melanie: ‹Anti-Semitism, Homophobia and the Good White Knight›, in: *Off Our Backs*. Mai 1982

Kaye-Kantrowitz, Melanie/Klepfisz, Irena: ‹In Gerangl/In Struggle. A Handbook for Recognizing and Resisting Anti-Semitism and for Building Jewish Identity and Pride›, in: Kaye-Kantrowitz, Melanie/Klepfisz, Irena: *The Tribe of Dinah.* Sinister Wisdom, 29/30, 1986

Kaye-Kantrowitz, Melanie/Klepfisz, Irena, Hg.: *The Tribe of Dinah. A Jewish Women's Anthology.* Sinister Wisdom, 29/30, 1986

Kazi, Hamida: ‹The Beginning of a Debate Long Due: Some Observations on «Ethnocentrism and Socialist-Feminist Theory»›, in: *Feminist Review*, Nr. 22, Februar 1986

Kelly-Gadol, Joan: ‹The Social Relation of the Sexes: Methodological Implication of Women's History and Theory›, in: *Signs*, Bd. 1, Nr. 4, Sommer 1976

Kelly, Joan: ‹Family and Society›, in: Kelly, Joan: *Women, History and Theory. Essays.* Chicago 1984

Kelly, Joan: *Women, History and Theory. Essays.* Chicago 1984

Kester, Alie: *Gewoon good is prima. Over middenklassepatronen en de samenwerking met vrouwen uit de arbeidersklasse.* Seminararbeit IVABO. Amsterdam 1985

King, Mae C.: ‹The Politics of Sexual Stereotypes›, in: *The Black Scholar*, Jg. 4, Nr. 6–7, März/April 1973

Kiskwar, Madku/Vanita, Ruth, Hg.: *In Search of Answers: Indian Women's Voices from «Manushi».* London 1984

Kittler, Gertrude: *Hausarbeit. Zur Geschichte einer ‹Naturressource›.* München 1980

Klagsbrun, Francine, Hg.: *The First Ms Reader.* New York 1973

Klein, Gillian: *Readings into Racism. Bias in Children's Literature and Learning Materials.* London 1985

Klepfisz, Irena: ‹Anti-Semitism in the Lesbian/Feminist Movement›, in: Beck, Evelyn Thornton, Hg.: *Nice Jewish Girls.* Watertown, Mass. 1982

Koedt, Anne/Levine, Ellen/Rapone, Anita, Hg.: *Radical Feminism.* New York 1973

Kohn, Melvin L.: *Class and Conformity. A Study in Values.* Homewood, Ill. 1969

Kok, G. I. J./Knippenberg, A. van/Wilke, H., Hg.: *Vooroordeel en discriminatie.* Alphen a. d. Rijn 1979

Kok, Gerjo: ‹Veranderen en vooroordelen›, in: Kok, G. J./Knippenberg, A. van/Wilke, H., Hg.: *Vooroordeel en discriminatie.* Alphen a. d. Rijn 1979

Kollias, Karen: ‹Class Realities: Create a New Power Base›, in: Bunch, Charlotte u. a., Hg.: *Building Feminist Theory.* New York 1981; und in: *Quest. A Feminist Quarterly*, Bd. I, Nr. 3, Winter 1975

Koltun, Elizabeth, Hg.: *The Jewish Woman. New Perspectives.* New York 1976

Komarovsky, Mirra: *Blue Collar Marriage.* New York 1967

Komarovsky, Mirra: *Dilemmas of Masculinity. A Study of College Youth.* New York 1976

Komma: Sonderheft: ‹Racisme/antisemitisme›, Jg. 3, Nr. 2, 1982

Komter, Aafke E.: *De macht van de vanzelfsprekendheid. Relaties tussen vrouwen en mannen.* Den Haag 1985

Köppen, Ruth: *Die Armut ist weiblich.* Berlin 1985

Kornman, Tony: *Sterren stralen overal. Hoe ik ondanks de WUV en dankzij het IVABO voor mijn Joods-zijn leerde uitkomen.* Seminararbeit IVABO. Amsterdam 1986

Kortram, Lucy: ‹De geschiedenis van de vrouwenarbeid in Suriname›, in: ‹De rol van de vrouw in de Surinaamse geschiedenis›, in: *Oso, tijdschrift voor Surinaamse taalkunde, letterkunde en geschiedenis,* Jg. 3, Nr. 2, Dezember 1984

Köster, Barbara: ‹Exkurs zum Klassencharakter der Hausarbeit›, in: Cramon-Daiber, Birgit/Jaeckel, Monika, Hg.: *Schwesternstreit.* Reinbek 1983

Kowadlo, Ruda: «‹Misschien gaar het wel nooit over». Joden en de angst voor vernietiging›, in: *Lechaim* 4, Sonderheft: *Bondgenootschap.* 1985

Kraaykamp, J. J. H.: *Als je voor een dubbeltje geboren bent.* Groningen 1980

Kropmans, Marjorie: *Meer dan een witte huid... Witte vrouwen en racisme.* Seminararbeit IVABO. Amsterdam 1984

Krijnen, Henk: ‹Arbeidersjongens of de universiteit. Tussen emancipatie en identiteitsverlies›, in: *Psychologie en maatschappij* 33, Jg. 9, Nr. 4, 1985

Kuczynski, Jürgen: *Das Entstehen der Arbeiterklasse.* München 1967

Kuhn, Annette/Wolpe, Ann Marie, Hg.: *Feminism and Materialism. Women and Modes of Production.* London 1978

Kushnick, Louis V.: ‹Racism and Class Consciousness in Modern Capitalism›, in: Bowser, Benjamin P./Hunt, Raymond G., Hg.: *Impacts of Racism on White Americans.* Beverly Hills 1981

La Rue, Linda: ‹The Black Movement and Women's Liberation›, in: Cox, Sue, Hg.: *Female Psychology: the Emerging Self.* Chicago 1976

Ladner, Joyce, Hg.: *The Death of White Sociology.* New York 1973

Ladner, Joyce A./Stafford, Walter W.: ‹Defusing Race: Developments Since the Kerner Report›, in: Bowser, Benjamin P./Hunt, Raymond G., Hg.: *Impacts of Racism on White Americans.* Beverly Hills 1981

Ladner, Joyce A.: ‹Racism and Tradition: Black Womanhood in Historical Perspective›, in: Steady, Filomina Chioma, Hg.: *The Black Woman Cross-Culturally.* Cambridge, Mass. 1981

Ladner, Joyce: *Tomorrow's Tomorrow. The Black Woman.* New York 1972

Land, Fettje: ‹Bondgenootschap met mensen met een NSB achtergrond. Interview met Jaap Sanders›, in: *Lechaim* 3. Amstelveen 1984

Land, Hilary: ‹The Family Wage›, in: *Feminist Review* 6, 1980

Land, Hilary: ‹Women: Supporters or Supported?›, in: Barker, D. L/Allen, S.: *Sexual Divisions and Society: Process and Change.* London 1976

Landelijk overleg vrouwenstudies in antropologie: ‹Unity in Diversity›, in: *Lova Nieuwsbrief,* Jg. 5, Nr. 2, Frühjahr 1984

Lawrence, Errol: ‹Just Plain Common Sense: The «Roots» of Racism›, in: *The Empire Strikes Back.* London 1982

Laws, Sophie: ‹Power and the Right to Choose›, in: *Trouble and Strife* 5, Frühjahr 1985

Lawton, Denis: *Social Class, Language and Education.* London 1970

Le Rider, Jacques: *Der Fall Otto Weininger. Wurzeln des Antifeminismus und Antisemitismus.* Wien 1985

Lebsock, Suzanne: ‹Free Black Woman and the Question of Matriarchy: Petersburg, Virginia, 1784–1820›, in: *Feminist Studies*, Bd. 8, Nr. 2, Sommer 1982

Lechaim 4, Sonderheft: *Bondgenootschap. Tijdschrift over Joodse bevrijding en bondgenootschap.* Amstelveen 1985

Lederer, Wolfgang: ‹Counter Epilogue›, in: Solomon, Kenneth/Levy, Norman B., Hg.: *Men in Transition.* New York 1982

Lederer, Wolfgang/Botwin, A.: ‹Where Have All the Heroes Gone? Another View of Changing Masculine Roles›, in: Solomon, Kenneth/Levy, Norman B., Hg.: *Men in Transition.* New York 1982

Leeman, Yvonne/Saharso, Sawitri: ‹Om de kleur van vrouwenstudies›, in: *Tijdschrift voor vrouwenstudies* 23, Jg. 6, Nr. 3, 1985

Leeman, Yvonne: ‹Onderwijsbeleid en etnische verscheidenheid in Nederland›, in: *Comenius*, Nr. 20, Winter 1985

Leeman, Yvonne/Saharso, Sawitri: ‹Verbindingen verbroken, hoezo?›, in: *Vrouwenstudies* 26, Jg. 7, Nr. 2, 1986

Lees, Sue: ‹Sex, Race and Culture: Feminism and the Limits of Cultural Pluralism›, in: *Feminist Review*, Nr. 22, Februar 1986

Lenders, Maria/Rhoer, Marjolein van de: *Mijn God, hoe ga ik doen?* Amsterdam 1983

Lenski, Gerhard: *Macht und Privileg. Eine Theorie der sozialen Schichtung.* Frankfurt a. M. 1977

Leonard, Diana: ‹Male Feminists and Divided Women›, in: Friedman, Scarlet/Sarah, Elizabeth, Hg.: *On the Problem of Men.* London 1982

Lerner, Gerda: *Black Women in White America: a Documentary History.* New York 1972

Levin, Jack/Levin, William: *The Functions of Discrimination and Prejudice.* New York 1982[2]

Levins Morales, Aurora: ‹. . . And Even Fidel Can't Change That›, in: Moraga, Cherríe/Anzaldúa, Gloria, Hg.: *This Bridge Called My Back.* Watertown, Mass. 1981

Lewis, Diane: ‹A Response to Inequality: Black Women, Racism and Sexism›, in: *Signs* 3, Nr. 2, Winter 1977

Lewis, Jane, ‹The Debate on Sex and Class›, in: *New Left Review* 149, Jan./Febr. 1985

Leydesdorff, Selma: ‹Antisemitisme tussen twijfel en angst. Aantekeningen van een geassimileerde jodin›, in: *Komma*, Jg. 3, Nr. 2, September 1982

Leydesdorff, Selma/Mock, Minny/Weezel, Max van, Hg.: *Israël: een blanco cheque?* Amsterdam 1983

Leydesdorff, Selma: *Verborgen arbeid, vergeten arbeid. Een verkenning in de geschiedenis van de vrouwenarbeid rond negentienhonderd.* Assen 1977

Leydesdorff, Selma: ‹Wie heeft het recht «namens ons» te spreken?›, in: *De Groene Amsterdammer*, 18. 1. 1984

Lie, Kitty/Schouten, Marja, Hg.: *Anti-racisme. Een andere richting.* Kongreßvortrag 12.–13. November 1982. Stiftung Ombudsvrouw 1983

Lieuw-On, Yvonne: *Zwart-bewustzijn en vrouw-bewustzijn. Want zwijgen biedt geen bescherming.* Seminararbeit IVABO. IKW Amsterdam 1985

Lindner, Charles E.: ‹Maleness and Heterosexuality›, in: Bucher, Glenn R., Hg.: *Straight/White/Male*. Philadelphia 1976

Lindsay, Beverly, Hg.: *Comparative Perspectives of Third World Women, the Impact of Race, Sex and Class.* New York 1980

Lippert, John: ‹Sexuality as Consumption›, in: Snodgrass, Jon, Hg.: *For Men against Sexism.* New York 1977

Lockwood, David: ‹Class, Status and Gender›, in: Crompton, Rosemary/ Mann, Michael, Hg.: *Gender and Stratification.* Cambridge 1986

Loeffen, G. M. J.: *Boerinnen en tuindersvrouwen in Nederland.* Landbouw-Economisch Instituut, Den Haag 1984

Loeffen, Magda: ‹*Waarom heeft niemand mij dit ooit verteld*›. *Naar een midden-klasseafkomst met een arbeidersklasseachtergrond.* Seminararbeit IVABO. Amsterdam 1983

Loermans, Hannie: *Van vermijden naar bestrijden. Verslag van een onderzoek naar de bestrijding van racisme.* Dissertation Cultuurele Antropologie. Utrecht 1984

Loewenstein, Sophie F.: ‹Integrating Content on Feminism and Racism into the Social Work Curriculum›, in: *Journal of Education for Social Work*, Bd. 12, Nr. 1, Winter 1976

Loewenthal, Troetje: ‹De witte toren van vrouwenstudies›, in: *Tijdschrift voor Vrouwenstudies* 17, Jg. 5, Nr. 1, 1984

Loewenthal, Troetje: ‹Naschrift bij «De witte toren van vrouwenstudies»›, in: *Tijdschrift voor vrouwenstudies* 18, Jg. 5, Nr. 2, 1984

Loewenthal, Troetje: ‹«Sexism, Racism and Oppression» van Arthur Brittan and Mary Maynard›, in: *Vrouwenstudies* 25, Jg. 7, Nr. 1, 1986

Loewenthal, Troetje/Kempadoo, Kamala: ‹Verbroken verbindingen. Kritiek op een etnies feministies perspektief›, in: *Vrouwenstudies* 25, Jg. 7, Nr. 1, 1986

Lorde, Audre: ‹Scratching the Surface: Some Notes on Barriers to Women and Loving›, in: Lorde, Audre: *Sister Outsider.* New York 1984

Lorde, Audre: *Sister Outsider.* New York 1984

Lorde, Audre: ‹The Great American Desease›, in: *The Black Scholar*, Bd. 10, Nr. 9, Mai/Juni 1979

Lorenz, Lothar: *Arbeiterfamilie und Klassenbewußtsein. Zum Zusammenhang von der Klassenlage der Familie, der familiären Sozialisation der Kinder und des Klassenbewußtseins des Arbeiters.* Gießen 1972

Lubet, Steven/Mallow, Jeffrey (Sahye): ‹That's Funny, You Don't Look Anti-Semitic: Perspective on the American Left›, in: Jewish Socialists' Group-Cambridge Branch: *Jewish Socialism*, undatiert

Luttikholt, An: ‹Dan valt het zwijgen weg. Effecten van supervisie combinaties die zijn samengesteld naar specifieke achtergrond, afkomst en onderdrukking›, in: *Supervisie in opleiding en beroep*. Mai 1985

Maccoby, E. E./Newcomb, T. M./Hartley, E. L., Hg.: *Readings in Social Psychology.* New York 1958

Machiavelli Mededelingen Bulletin. Sonderheft: *Racisme, antisemitisme*

en ‹links›, Vakbond van politikologen Machiavelli. Universiteit van Amsterdam. Jg. 10, Nr. 1, 20. Februar 1981

Margas, Branka: ‹Sex Politics: Class Politics›, in: *New Left Review* 66, 1971

Malos, Ellen, Hg.: *The Politics of Housework*. London 1980

Mama, Amina: ‹Black Women, the Economic Crisis and the British State›, in: *Feminist Review, Many Voices, One Chant* 17. Herbst 1984

Marge. Sonderheft: *Lesbisch in het welzijnswerk*, Jg. 6, Nr. 7/8, Juli/Aug. 1982

Marge. Sonderheft: *Tussen verwarring en verzet, fascisme en welzijnswerk*, Nr. 7/8, 1983

Marsden, Dennis: *Mothers Alone. Poverty and the Fatherless Family*. Harmondsworth 1973

Martens, Janet/Frankenberg, Ruth: ‹White Racism: More than a Moral Issue›, in: *Trouble and Strife*, Nr. 5, Frühjahr 1985

Marijnissen, Peter: ‹Interview met Michael den Hartog. Onderzoek naar vermeende taalachterstand van schipperskinderen wijst uit: «Hun woordenschat is niet kleiner maar anders»›, in: *Vrije Volk*, Wochenausgabe 12, Juni 1986

Masson, Jeffrey M.: *Was hat man dir, du armes Kind, getan? Sigmund Freuds Unterdrückung der Verführungstheorie*. Reinbek 1986

Matthijssen, M. A. J. M.: *Klasse-Onderwijs*. Deventer 1972

May, Ronald: ‹De macht van het «witte» ideaal›, in: *Zwart, en hoe zit het nou met wit*. IVABO. Amsterdam, November 1982

Mazow, Julia Wolf, Hg.: *The Woman Who Lost Her Names. Selected Writings by American Jewish Women*. San Francisco 1980

McAdoo, Harriette Pipes/Lewis, John, Hg.: *Black Children. Social, Educational and Parental Environments*. Beverly Hills 1985

McCandles, Cathy: ‹Some Thoughts about Racism, Classism and Separatism›, in: Gibbs, Joan/Bennett, Sara, Hg.: *Top Ranking*. New York 1979

McCourt, Kathleen: *Working-Class Women and Grass-Roots Politics*. Don Mills, Ontario 1977

McKenny, Mary: ‹Class Attitudes and Professionalism›, in: Bunch, Charlotte u. a., Hg.: *Building Feminist Theory*. New York 1981; und in: *Quest*, Bd. 3, Nr. 4, Frühjahr 1977

McRae, Susan: *Cross-Class Families. A Study of Wives' Occupational Superiority*. Oxford 1986

McRobbie, Angela/McCabe, Trishna, Hg.: *Feminism for Girls*. London 1981

McRobbie, Angela: ‹Working Class Girls and the Culture of Feminity›, in: Women's Studies Group: *Women Take Issue*. London 1978

Meeren, F. P. M. J. van der: *De methode ben ik*. Seminararbeit IVABO. Amsterdam 1986

Mehrhof, Barbara: ‹On the Class Structure within the Women's Movement›, in: Firestone, Shulamith/Koedt, Anne, Hg.: *Notes from the Second Year*. New York 1970

Memmi, Albert: *Rassismus*. Frankfurt a. M. 1987

Memmi, Albert:*Der Kolonisator und der Kolonisierte. Zwei Porträts*. Frankfurt 1980

Men. *A Journal of the Re-Evaluation Counseling Community* 1, Seattle 1977

Meulenbelt, Anja: *Die Scham ist vorbei.* München 1978

Meulenbelt, Anja: *Feminismus. Aufsätze zur Frauenbefreiung.* München 1982

Meulenbelt, Anja: *Für uns selbst.* München 1979

Meulenbelt, Anja: *Kleine Füße, große Füße.* München 1982

Meulenbelt, Anja: *Weiter als die Wut.* Aufsätze. München 1983

Meulenbelt, Anja: *Wie Schalen einer Zwiebel.* München 1986

Meulenbelt, Anja: ‹Die Männerfrage. Über Männer und Männerbefreiung›, in: M., A.: *Feminismus. Aufsätze zur Frauenbefreiung.* München 1982

Meulenbelt, Anja: ‹Das Persönliche bleibt politisch›, in: Meulenbelt, Anja: *Weiter als die Wut.* Aufsätze. München 1983

Meulenbelt, Anja: ‹Privat-Mütter und öffentliche Mütter›, in: *Weiter als die Wut.* Aufsätze. München 1983

Meulenbelt, Anja: ‹Die politische Ökonomie der Reproduktionsarbeit›, in: *Feminismus. Aufsätze zur Frauenbefreiung.* München 1982

Meulenbelt, Anja: ‹Über politisches Bewußtsein und die Frage der Männlichkeit›, in: *Feminismus. Aufsätze zur Frauenbefreiung.* München 1982

Meulenbelt, Anja: ‹Die Wahl zwischen Regen und Traufe. Nachtschichtprobleme›, in: *Feminismus. Aufsätze zur Frauenbefreiung.* München 1982

Meulenbelt, Anja: «‹Ik heb altijd gediend maar nu wil ik eisen». Interview met een Open School team›, in: *Marge* 3/4, 1979

Meulenbelt, Anja: ‹Klasse in de klas. Over klassesocialisatie en de betekenis van klasseachtergronden in de opleiding «vrouwen en welzijnswerk» aan een Voortgezette Opleiding›, in: Aerts, Anita / Helwig, Lydia u. a., Hg.: *Vrouwen en welzijnswerk.* Den Haag 1986

Meulenbelt, Anja: *Wat is feminisme?* Amsterdam 1981

Meulenbelt, Anja: ‹Tut «Führen» weh? / Schafft «Leiten» Leiden?›, in: Meulenbelt, Anja: *Weiter als die Wut.* Aufsätze. München 1983

Meynen, G. W.: *Maatschappelijke achtergronden van intellectuele ontwikkeling.* Groningen 1977

Middleton, Chris: ‹Sexual Inequality and Stratification Theory›, in: Parkin, F., Hg.: *The Social Analysis of Class Structure.* London 1974

Miles, Robert: *Racism and Migrant Labour.* London 1982

Miles, Robert / Phizacklea, Annie, Hg.: *Racism and Political Action in Britain.* London 1979

Miles, Robert / Phizacklea, Annie: *White Man's Country. Racism in British Politics.* London 1984

Milhoffer, Petra: *Familie und Klasse. Ein Beitrag zu den politischen Konsequenzen familiärer Sozialisation.* Frankfurt a. M. 1973

Miller, Casey / Swift, Kate: *Words and Women. New Language in New Times.* Harmondsworth 1979

Miller, Kathey / Ramos-Diaz, Emma / Balser, Diane u. a.: *Vrouwenbundel I: Samen tegen onderdrukking.* Amsterdam / Groningen 1983

Millet, Kate: *Sexus und Herrschaft. Die Tyrannei des Mannes in unserer Gesellschaft.* Reinbek 1985

Millman, Marcia / Moss Kanter, Rosabeth, Hg.: *Another Voice. Feminist Perspectives on Social Life and Social Science.* New York 1975

Milner, David: *Children and Race, Ten Years on.* London 1983

Miriam, Selma: ‹Anti-Semitism in the Lesbian Community: a Collage of Mostly Bad News by One Jewish Dyke›, in: *Sinister Wisdom.* Winter 1982

Mirza, Heidi Safia: ‹The Dilemma of Socialist Feminism: a Case for Black Feminism›, in: *Feminist Review* 22, Februar 1986

Mitchell, Juliet / Oakley, Ann, Hg.: *The Rights and Wrongs of Women.* Harmondsworth 1976

Molyneux, Maxine: ‹Beyond the Domestic Labour Debate›, in: *New Left Review* 116, 1979

Moor, Ed de, Hg.: *Arabisch en Turks op school.* Muiderberg 1985

Moraga, Cherríe / Anzaldúa, Gloria, Hg.: *This Bridge Called My Back. Writings by Radical Women of Color.* Watertown, Mass. 1981

Morales, Rosario: ‹Stop Leaving Women out of the Proletariat›, in: *Guardian*, 15. August 1973; und in: Red Stockings: *Feminist Revolution*, 1975

Morgan, Robin, Hg.: *Sisterhood is Powerful. An Anthology of Writings from the Women's Liberation Movement.* New York 1970

Moskovitch, Judit: ‹But I Know You, American Woman›, in: Moraga, Cherríe / Anzaldúa, Gloria, Hg.: *This Bridge Called My Back.* Watertown, Mass. 1981

Mosse, George L.: ‹Ras en sexualiteit. De bourgeois maatschappij en de buitenstaander in de negentiende eeuw›, in: Duyves, Mattias u. a., Hg.: *Onder mannen, onder vrouwen.* Amsterdam 1984

Moynihan, Daniel P.: *The Negro Family: the Case for National Action.* Washington 1965

Mullard, Chris: *Anti-Racist Education, the Three O's.* National Association for Multi-Racial Education 1984

Mullard, Chris: *Race, Class and Ideology: Some Formal Notes.* London 1985

Munters, Q. J. / Mommaas, Hans / Wolffensperger, Joan: ‹Sociale theorie als maatschappelijk projekt. Een interview met Anthony Giddens›, in: *Sociologisch Tijdschrift,* Jg. 11, Nr. 4, 1985

Murphy, Lindsay / Livingstone, Jonathan: ‹Racism and the Limits of Radical Feminism›, in: *Race & Class* XXVI, 4, 1985

Murray, Pauli: ‹The Liberation of Black Women›, in: Freeman, Jo, Hg.: *Women: a Feminist Perspective.* Mayfield 1975

Myers, Lena Wright: ‹Black Women and Self-Esteem›, in: Millman, Marcia / Moss Kanter, Rosabeth, Hg.: *Another Voice.* New York 1975

Myrdal, Gunnar: *An American Dilemma. The Negro Problem and Modern Democracy.* New York 1944

Myron, Nancy / Bunch, Charlotte, Hg.: *Lesbianism and the Women's Movement.* Oakland 1975

Naftaniel, Ronny: ‹Het antisemitisme en de Nederlandse Joden›, in: *Lechaim* 3. Amstelveen 1984

Nalbantoğlu, Papatya: *Aysel en anderen. Turkse vrouwen in Nederland.* Amsterdam 1981

Newcomb, T. M. / Hartley, E. L., Hg.: *Readings in Social Psychology.* New York 1947

Newton, Judith L. / Ryan, Mary P. / Walkowitz, Judith R., Hg.: *Sex and Class in Women's History.* London 1983

Nieto-Gomez, Anna: ‹Heritage of la Hembra›, in: Cox, Sue, Hg.: *Female Psychology: the Emerging Self.* Chicago 1976

Notohadinegoro, Jarti, ‹Chinesen in Indonesië›, in: Sonderheft: *Racisme, antisemitisme en ‹links›. Machiavelli mededelingen bulletin.* Jg. 10, Nr. 1, 20. Febr. 1981

Nijssen, Wim/Bours, Jos/Hautvast, Marlies: *Mijnwerkers. Verhalen om the onthouden.* Nijmegen 1979

Oakley, Ann: *Subject Women.* Oxford 1981

Oei, Ien Siang: *Tussen drie kulturen.* Seminararbeit IVABO. Amsterdam 1983

O'Neill, James M.: ‹Gender-Role Conflict and Strain in Men's Lives: Implications for Psychiatrists, Psychologists and Other Human Service Providers›, in: Solomon, Kenneth,/Levy, Norman B., Hg.: *Men in Transition.* New York 1982

Oosterhuis, Harry: ‹Otto Weininger. Worsteling met het vrouwelijke›, in: *Homologie,* 6, Nov./Dez. 1984

Oren, Laura: ‹The Welfare of Women in Labouring Families: England 1860–1950›, in: *Feminist Studies,* Bd. I, Nr. 3/4, 1973; auch in: Hartman, Mary S./Brunner, Lois W., Hg.: *Clio's Consciousness Raised: New Perspectives on the History of Women.* New York 1974

Orwell, George: *Der Weg nach Wigan Pier. Sozialreportage von 1936 aus dem Industriegebiet Nordenglands.* Zürich 1982

Ortmann, Hedwig: *Arbeiterfamilie und sozialer Aufstieg. Kritik einer bildungspolitischen Leitvorstellung.* München 1974

Oso: ‹De rol van de vrouw in de Surinaamse geschiedenis›, Sonderheft *Oso, Tijdschrift voor Surinaamse taalkunde, letterkunde en geschiedenis,* Jg. 3, Nr. 2, 1984

Oudenhoven, J. P. van/Siero, F.: ‹Vooroordelen in het onderwijs›, in: Kok, G. J./Knippenberg, A. van/Wilke, H., Hg.: *Vooroordeel en discriminatie.* Alphen a. d. Rijn 1979

Outshoorn, Joyce: *Vrouwenemancipatie en Socialisme.* Nijmegen 1973

Outshoorn, Joyce: ‹Feminisme en Marxisme: het relaas van een echtscheiding op zoek naar een omgangsregeling›, in: *Tijdschrift voor Vrouwenstudies,* Jg. 2, Nr. 3, 1981

Outshoorn, Joyce: ‹Loondrukster of medestrijdster›, in: *Feminisme I, Te Elfder Ure 20.* Nijmegen 1975

Outshoorn, Joyce: ‹Zo vader zo zoon en van moeder op dochter›, in: *Socialisties-feministiese Teksten* I. Amsterdam 1978

Packwood, Marlene: ‹The Colonel's Lady and Judy O'Grady: Class in the Women's Liberation Movement›, in: *Trouble and Strife,* Nr. 1, Winter 1983

Palmer, Phyllis Marynick: ‹White Women/Black Women: the Dualism of Female Identity and Experience in the United States›, in: *Feminist Studies,* Bd. 9, Nr. 1, Frühjahr 1983

Pannebakker, Maria: *Een leidinggevende funktie: een hindernisbaan voor vrouwen.* Seminararbeit IVABO. Amsterdam 1985

Parker, Pat: *Womens laughter.* Oakland 1978

Parker, Roszika: ‹Being Jewish. Anti-Semitism and Jewish Women›, in: *Spare Rib,* Nr. 79, Febr. 1979

Parkin, Frank: *Class Inequality and Political Order.* London 1972

Parkin, Frank: *Marxism and the Class Theory.* London 1979

Parkin, Frank, Hg.: *The Social Analysis of Class Structure.* London 1974

Parmar, Prathiba: ‹Gender, Race and Class: Asian Women in Resistance›, in: Centre for Contemporary Cultural Studies, Hg.: *The Empire Strikes Back.* London 1982

Pattynama, Pamela: ‹Een inleiding›, in: Carrilho, Mavis / Houten, Tineke van, Hg.: *Want zwijgen biedt geen bescherming.* Amsterdam 1985

Pence, Ellen: ‹Racism a White Issue›, in: Hull, Gloria T. / Bell Scott, Patricia / Smith, Barbara, Hg.: *All the Women Are White, All the Blacks are Men, But Some of Us are Brave.* Old Westbery, N. Y. 1982

Perlet, Karin: *Ich liebe einen Ausländer!* Hamburg 1983

Perlman, Myron: ‹The Better to Smell You With, My Dear›, in: Jewish Socialists' Group – Cambridge Branch: *Jewish Socialism Introductory Readings,* undatiert

Peschar, J. L.: *Milieu-school-beroep, een achteraf experiment over de periode 1958–1970 naar de invloed van het sociaal milieu op school en beroepsbaan.* Groningen 1975

Petchesky, Rosalind: ‹Dissolving the Hyphen: a Report on Marxist-Feminist Groups 1–5›, in: Eisenstein, Zillah R., Hg.: *Capitalist Patriarchy and the Case for Socialist Feminism.* New York 1979

Petchesky, Rosalind: ‹Workers, Reproductive Hazards and the Politics of Protection: an Introduction›, in: *Feminist Studies,* Jg. 5, Nr. 2, Sommer 1979

Peterson, Tasha: ‹Gimme Shelter›, in: Bunch, Charlotte / Myron, Nancy, Hg.: *Class and Feminism.* Baltimore 1974

Pettigrew, Thomas F.: ‹The Mental Health Impact›, in: Bowser, Benjamin P. / Hunt, Raymond G., Hg.: *Impacts of Racism on White Americans.* Beverly Hills 1981

Phelps, Linda: ‹Patriarchy and Capitalism›, in: Bunch, Charlotte u. a., Hg.: *Building Feminist Theory.* New York 1981; und in: *Quest. A Feminist Quarterly.* Bd. II, Nr. 2, 1975

Pheterson, Gail: ‹Bondgenootschap tussen vrouwen. Een theoretiese en empiriese analyse van onderdrukking en bevrijding›, in: *Psychologie en maatschappij,* Nr. 20, Sept. 1982; englisch: ‹Alliances Between Women›, in: *Signs,* Herbst 1986

Philipson, Ilene: ‹Narcisism and Mothering. The 1950s Reconsidered›, in: *Women's Studies International Quarterly,* Bd. 5, Nr. 1, 1982

Phillips, Anne / Taylor, Barbara: ‹Sex and Skill: notes toward a Feminist Economics›, in: *Feminist Review* 6, 1980

Phizacklea, Annie / Miles, Robert: *Labour and Racism.* London 1980

Phizacklea, Annie, Hg.: *One Way Ticket: Migration and Female Labour.* London 1983

Phizacklea, Annie / Miles, Robert: ‹Working-Class Racist Beliefs in the Inner City›, in: Miles, Robert / Phizacklea, Annie, Hg.: *Racism and Political Action in Britain.* London 1979

Pietersen, Lieuwe: *Taalsociologie. Minderheden, Tweetaligheid, Taalachterstand.* Groningen 1980

Pinl, Claudia: *Das Arbeitnehmer-Patriarchat. Die Frauenpolitik der Gewerkschaften.* Köln 1977

Plate, Michele / Toure, Nhenge / Feminist Alliance against Rape: ‹The Treatment of Third World Women›, in: *Feminist Alliance against Rape Newsletter*, Nov./Dez. 1976; und in Shapiro, Evelyn und Barry M., Hg.: *The Women Say, the Men Say.* New York 1979

Pleck, J. H. / Sawyer, J., Hg.: *Men and Masculinity.* Cambridge 1981

Poelstra, Jannie: ‹Eeen meisje moet zenuwen hebben›, in: *Sociologisch Tijdschrift*, Jg. 11, Nr. 4, 1984

Poerter, Marilyn: *Homework and Class Consciousness.* Manchester 1983

Pogrebin, Letty Cottin: ‹Anti-Semitism and the Women's Movement›, in: *MS*, Juli 1982

Pollmann, Tessel / Seleky, Juan: *istori-istori Maluku. Het verhaal van de Mulukkers.* Amsterdam 1979

Porter, Marily: ‹Worlds Apart: the Class Consciousness of Working Class Women›, in: *Women's Studies International Quarterly*, 1978

Powell, Linda: ‹Black Macho and Black Feminism›, in: *Radical America*, Bd. 14, Nr. 2, März/April 1980

Pratt, Minnie B.: ‹Identity: Skin Blood Heart›, in: Bulkin, Elly u. a.: *Yours in Struggle.* Brooklyn 1984

Rainwater, Lee: ‹Some Aspects of Lower Class Sexual Behaviour›, in: *Journal of Social Issues* 22, April 1966

Ramazanoglu, Caroline: ‹Ethnocentrism and Socialist-Feminist Theory: a Response to Barrett and McIntosh›, in: *Feminist Review*, Nr. 22, Febr. 1986

Ramos-Diaz, Emma: ‹Laten we er zeker van zijn dat we voor iedereen spreken›, in: Miller, Kathy / Ramos-Diaz, Emma / Balser, Diane u. a.: *Vrouwenbundel I: samen tegen onderdrukking.* Amsterdam / Groningen 1983

Raspe, Jan: ‹Vergleichende Diskussion historischer und neuerer Untersuchungsergebnisse zur Sozialisation proletarischer Kinder›, in: Claessens, Dieter / Milhoffer, Petra, Hg.: *Familiensoziologie.* Frankfurt a. M. 1973

Reagon, Bernice Johnson: ‹My Black Mothers and Sisters or: on Beginning a Cultural Autobiography›, in: *Feminist Studies*, Bd. 8, Nr. 1, Frühjahr 1982

Red Stockings: *Feminist Revolution* (abridged edition with additional writings). New York 1978

Red Stockings: ‹Manifesto›, in: Morgan, Robin, Hg.: *Sisterhood is Powerful.* New York 1970

Redmond, Roline: *Zwarte mensen in kinderboeken.* Den Haag 1980

Ree, Ada van: ‹Niet kankeren maar praten: racismebestrijding begint op de trap›, in: Franke, Simon u. a., Hg.: *Maak er een gewoonte van.* Amsterdam 1986

Reed, Evelyn: ‹Women: Caste, Class or Oppressed Sex?›, in: Jagger, Allison M. / Rothenberg Struhl, Paula, Hg.: *Feminist Framework.* New York 1978; und in: *Problems of Women's Liberation.* New York 1970; und in: *International Socialist Review*, Sept. 1970

Regt, Ali de: *Arbeidersgezinnen en beschavingsarbeid.* Meppel / Amsterdam 1984

Reid, Colletta: ‹The Upward Mobility of Lesbians›, in: Myron, Nancy / Bunch, Charlotte, Hg.: *Lesbianism and the Women's Movement*. Oakland 1975

Reid, Inez Smith: *Together Black Women*. New York 1972, 1975

Reys, Jeske: ‹De boerin op de zandgronden in Oost-Noord-Brabant 1880–1910›, in: *Jaarboek voor vrouwengeschiedenis*. Nijmegen 1980

Riccio, Mary-Therese: ‹If I've Upset You, You've Got the Message›, in: *Quest*, Jg. 4, Nr. 4, Herbst 1978

Rich, Adrienne: *Bloed, brood en poëzie*. Essays 1971–1984. Amsterdam 1985

Rich, Adrienne: *Keuze uit de gedichten 1950–1984*. Samenstelling en vertaling Maaike Meyer. Amsterdam 1985

Rich, Adrienne: ‹An der Wurzel gespalten›, in: Dagmar Schultz, Hg.: *Macht und Sinnlichkeit. Ausgewählte Texte von Adrienne Rich und Audre Lorde*. Berlin 1983

Rich, Adrienne: ‹Disloyal to Civilization: Feminism, Racism and Gynephobia›, in: *On Lies, Secrets and Silence: Selected Prose 1966–1978*. Norton 1979

Rich, Adrienne: ‹Notes Toward a Politics of Location›, in: Diaz-Diocaretz, Myriam / Zavala, Iris: *Women, Feminist Identity and Society in the 1980s*. Amsterdam 1985

Richardson, Laurel / Taylor, Verta, Hg.: *Feminist Frontiers. Rethinking Sex, Gender and Society*. Reading, Mass. 1983

Roberts, Helen, Hg.: *Doing Feminist Research*. London 1981

Roberts, Ken / Duggan, Jill / Noble, Maria: ‹Racial Disadvantage in Youth Labour Markets›, in: Barton, Len / Walker, Stephen, Hg.: *Race, Class and Education*. London 1983

Roby, Pamela: ‹Sociology and Women in Working-Class Jobs›, in: Millman, Marcia / Kanter, Rosabeth Moss, Hg.: *Another Voice*. New York 1975

Roelofs, Inez: ‹Klasse! Interview door Tineke Sjenitzer en Lydia Helwig›, in: *Vrouwencounselkrant*, Nr. 3, 1985

Römer, René A., Hg.: *Culturele mozaïek van de Nederlandse Antillen*. Zutphen 1978

Römer, René A.: *Een volk op weg. Een sociologisch historische studie van de Curaçaose samenleving*. Zutphen 1977

Rooij, Sabine / Huybrechts, Monique: ‹Het onzichtbare werk van de boerin›, in: Sonderheft: *De buitenlui. De Groene Amsterdammer*, 19. Dez. 1979

Rosaldo, Michelle: ‹The Use and Abuse of Anthropology: Reflection on Feminism and Cross-Cultural Understanding›, in: *Signs*, Bd. 5, Teil 3, 1980

Rose, Steven u. a.: *Not in Our Genes: Biology, Ideology and Human Nature*. Harmondsworth 1984

Rosenthal, Eddo: ‹Jullie naam was het enige wat we nog hadden. De trots van de Joodse kinderen na de holocaust›, in: *de Volkskrant*, 7. 6. 1984; und in: Stichting ICODO: *De Joodse na-oorlogse generatie in Nederland*. Utrecht 1984

Rosenthal, R. / Jacobson, L.: *Pygmalion in the Classroom*. New York 1968

Ross, Robert, Hg.: *Racism and Colonialism. Essays on Ideology and Social Structure*. Den Haag 1982

Roszak, Betty und Theodore: *Masculine / Feminine*. New York 1969

327

Roszak, Betty: ‹The Human Continuum›, in: Roszak, Betty und Theodore: *Masculine/Feminine*. New York 1969

Rothbart, Myron: ‹Achieving Racial Equality: an Analysis of Resistance to Social Reform›, in: Katz, Phyllis A., Hg.: *Towards the Elimination of Racism*. New York 1976

Rowbotham, Sheila: ‹The Trouble with Patriarchy›, in: Samuel, Raphael, Hg.: *People's History and Socialist Theory*. London 1981

Ruah Hadashah. *Jewish Liberation Policy Statement.* 5, Seattle 1981

Rubin, Gayle: *The Traffic in Women.* New York 1975

Rubin, Lillian Breslow: *Busing and Backlash. White against White in an Urban School District.* Berkeley 1972

Rubin, Lillian Breslow: *Just Friends.* New York 1985

Rubin, Lillian Breslow: *Worlds of Pain. Life in the Working-Class Family.* New York 1976

Ruf, Anja: ‹Was haben ausländische und deutsche Frauen gemeinsam?›, in: Arbeitergruppe Frauenkongreß, Hg.: *Sind wir uns denn so fremd?* Berlin 1985

Ruimers, Joseline: *Terug naar huis. Een speurtocht naar mijn Joodse verleden en wat ik onderweg tegenkwam.* Seminararbeit IVABO. Amsterdam 1982

Russel, Michelle/Lupton, Mary Jane: ‹Black Women and the Market›, in: Jaggar, Allison M./Rothenberg Struhl, Paula, Hg.: *Feminist Frameworks*. New York 1978

Ryan, Jake/Sackrey, Charles: *Strangers in Paradise. Academics from the Working Class.* Boston 1984

Rijsdijk, Arie: ‹Een kille thuiskomst. De opvang van Indische Nederlanders›, in: *Intermediair*, Jg. 21, Nr. 5, Febr. 1985

Saal, D. D.: *Het boerengezin in Nederland: sociologische grondslagen van gezin en bedrijf.* Assen 1958

Saffioti, Heleieth: *Women in Class Society.* New York 1980

Samuel, Raphael, Hg.: *People's History and Socialist Theory.* London 1983

Sanders, Jaap: ‹Culturele minderheidsgroepen moeten van elkaar leren›, in: *Nieuw/Israelisch Weekblad*, 20. November 1980

Sanders, Jaap/Sjenitzer, Tineke: ‹Vrouwen zoeken eigentijdse bindingen met het Jodendom›, in: *Nieuw Israelisch Weekblad*, 17. April 1981

Sanders, Jaap: *Wat doen wij er zelf aan.* Amsterdam 1980

Sanders, Ellen: *Aan twee minuten heb ik niet genoeg.* Amsterdam 1983

Santen, Ellen: ‹Ontdekkingsreis›, in: Stichting ICODO. *De Joodse na-oorlogse generatie in Nederland.* Utrecht 1984

Sargent, Lydia: *The Unhappy Marriage of Marxism and Feminism. A Debate on Class and Patriarchy.* London 1981

Sargent, Lydia, Hg.: *Women and Revolution. A Discussion of the Unhappy Marriage of Marxism and Feminism.* London 1981

Sax, Marjan: ‹Aardige Joodse meisjes›, in: *Lover*, Jg. 10, Nr. 2, 1983

Sayers, Janet: *Biological Politics. Feminist and Anti-Femist Perspectives.* London 1982

Schepel-Verschoor, Marjoke: *Is deze vrede nog niet over? Hulpverlening aan kinderen uit de Japanse bezetting, volwassenen van nu.* Seminararbeit IVABO. Amsterdam 1986

Scheu, Ursula: *Wir werden nicht als Mädchen geboren, wir werden dazu gemacht. Zur frühkindlichen Erziehung in unserer Gesellschaft.* Frankfurt a. M. 1977

Schmidt, Günter / Sigusch, Volkmar: *Arbeitersexualität.* Darmstadt und Neuwied 1971

Schneider, Susan Weidmann: *Jewish and Female. A Guide and Sourcebook for Today's Jewish Woman.* New York 1984

Schoenmakers, Mariet: *Hoe je van een dubbeltje een kwartje maakt. Over vrouw-zijn, arbeidersklasse en leiderschap.* Seminararbeit IVABO. Amsterdam, April 1984

Schumacher, Peter: *De minderheden.* Amsterdam 1980

Schumacher, Peter: ‹De onverwerkte koloniale ervaring›, in: Bleich, Anet / Schumacher, Peter u. a.: *Nederlands racisme.* Amsterdam 1984

Schumacher, Peter: ‹Slotwoord. Het gevaar van de onberedeneerde hoop›, in: Bleich, Anet / Schumacher, Peter u. a.: *Nederlands racisme.* Amsterdam 1984

Schwarzer, Alice: *Simone de Beauvoir heute. Gespräche aus zehn Jahren.* Reinbek 1983

Scott, Hilda: *Working Your Way to the Bottom. The Feminization of Poverty.* London 1984

Scott, Joan / Tilly, Louise: ‹Women's Work and the Family in Nineteenth-Century Europe›, in: *Comparative Studies in Society and History*, Bd. XVII, Nr. 1, Januar 1975

Scott, Patricia Bell: ‹Debunking Sapphire: toward a Non-Racist and Non-Sexist Social Science›, in: Hull, Gloria T. / Smith, Barbara, Hg.: *All the Women are White, All the Blacks Are Man, But Some of Us are Brave.* Old Westbery, N. Y. 1982

Seidman, Ann, Hg.: *Working Women: a Study of Women's Paid Jobs.* Boulder, Colorado 1978

Sennett, Richard / Cobb, Jonathan: *The Hidden Injuries of Class.* New York 1972

Servellen, A. van / Bravenboer, G.: ‹Nederlandse bond van plattelandsvrouwen, een funktionele eenheid›, in: *Marge*, Jg. 6, 1984

Sevenhuijsen, Selma: ‹Vadertje staat, moedertje thuis? Vrouwen, reproduktie en de staat›, in: *Socialisties-feministiese teksten* I. Amsterdam 1978

Shapiro, Evelyn / Shapiro, Barry M. / Mattelart, Michele: ‹Toward Correcting the Ethnocentrism of American Feminism (II). Lessons from Chile. The Danger of Seeing All Women as a Class›, in: Shapiro, Evelyn und Barry M., Hg.: *The Women Say, the Men Say.* New York 1979

Shapiro, Evelyn und Barry M., Hg.: *The Women Say, the Men Say. Women's Liberation and Men's Consciousness.* New York 1979

Sharpe, Sue: *Just like a Girl.* Harmondsworth 1976

Sherover Marcuse, Ricky: ‹Naar een perspectief om racisme af te leren›, in: Jackins, Harvey / Sherover Marcuse, Ricky u. a.: *Nieuw inzichten over sociale verandering.* Teil I. Amsterdam 1983

Sherover Marcuse, Ricky: ‹Towards a Perspective on Unlearning Racism›, in: *Present Time*, Nr. 44, Seattle, Juli 1981

Sherover Marcuse, Ricky: ‹Een werkdefinitie van racisme›, in: Jackins

Harvey / Sherover Marcuse, Ricky u. a.: *Nieuw inzichten over sociale verande-ring*, Teil I. Amsterdam 1983

Shively, Charles: ‹Beyond the Binary: Race and Sex›, in: Snodgrass, Jon, Hg.: *For Men against Sexism*. New York 1977

Sidel, Ruth: *Urban Survival. The World of Working-Class Women*. Boston 1978

Simons, Margaret A.: ‹Racism and Feminism: a Schism in the Sisterhood›, in: *Feminist Studies*, Jg. 5, Nr. 2, Sommer 1979

Simonse, Jaap: *Belemmerde kansen. Sociologie van de volksbuurt*. Alphen a. d. Rijn 1974²

Sivanandan, A.: *A Different Hunger. Writings on Black Resistance*. London 1982

Sjenitzer, Tineke: ‹Joodse mannen en vrouwen›, in: *Lechaim* 3. Amstel-veen 1984

Sjenitzer, Tineke: ‹Joodse vrouwen en bondgenoten›, in: *Lechaim* 3. Am-stelveen 1984

Slaughter, M. J.: ‹Feminism and Socialism›, in: *Marxist Perspectives* 2–3, 1979

Small, Margaret: ‹Lesbians and the Class Position of Women›, in: Myron, Nancy / Bunch, Charlotte, Hg.: *Lesbianism and the Women's Movement*. Oakland 1975

Smit, Joke: ‹Vrouwen als minderheitsgroep›, in: Smit, Joke: *Er is een land waar vrouwen willen wonen. Teksten 1967–1981*. Amsterdam 1984

Smit, Joke: *Er is een land waar vrouwen willen wonen. Teksten 1967–1981*. Amsterdam 1984

Smith, Barbara / Smith, Beverly: ‹Across the Kitchen Table. A Sister-to-Sister Dialogue›, in: Moraga, Cherríe / Anzaldúa, Gloria, Hg.: *This Bridge Called My Back*. Watertown, Mass. 1981

Smith, Barbara, Hg.: *Home Girls. A Black Feminist Anthology*. New York 1983

Smith, Barbara: ‹Notes for Yet Another Paper on Black Feminism, or, Will the Real Enemy Please Stand up?›, in: Richardson, Laurel / Taylor, Verta, Hg.: *Feminist Frontiers*. Reading, Mass. 1983

Smith, Barbara: ‹Racism and Women's Studies›, in: Hull, Gloria T. / Scott, Patricia Bell / Smith, Barbara, Hg.: *All the Women Are White, All the Blacks Are Men, But Some of Us are Brave*. Old Westbery, N. Y. 1982

Smith, Barbara: *Toward a Black Feminist Criticism*. New York 1977

Smith, Barbara: ‹Between a Rock and a Hard Place›, in: Bulkin, elly u. a.: *Yours in Struggle,* Brooklyn 1984

Smith, Beverly / Stein, Judith / Golding, Priscilla, Hg.: ‹The Possibility of a Life between Us: a Dialogue between Black and Jewish Women›, in: *Conditions Seven,* 1981

Snodgrass, Jon, Hg.: *For Men against Sexism. A Book of Readings*. New York 1977

Socialist Feminist Women: ‹Against «Sex-Class» Theories›, in: *Scarlet Woman* 5, 1977

Soest, Marjo van / Meulenbelt, Anja: *Mannen, wat is er met jullie gebeurd? Interviews*. Amsterdam 1984

Solomon, John / Findlay, Bob / Jones, Simon / Gilroy, Paul: ‹The Organic Crisis of British Capitalism and Race: the Experience of the Seventies›, in: Center of Contemporary Cultural Studies, Hg.: *The Empire Strikes Back*. London 1982

Solomon, Kenneth: ‹The Masculine Gender Role: Description›, in: Solomon, Kenneth / Levy, Norman B., Hg.: *Men in Transition*. New York 1982

Solomon, Kenneth / Levy, Norman B., Hg.: *Men in Transition. Theory and Therapy*. New York 1982

Sonderen, Eva van: ‹Linkse Joden in Nederland: tussen solidaritei en kritiek›, in: Leydesdorff, Selma u. a., Hg.: *Israël: een blanco checque?* Amsterdam 1983

Soutendijk, Sibe: ‹Eénoudergezinnen, etniese groepen en gelijke onderwijskansen›, in: *Comenius* 21, Frühjahr 1986

Spanjers, Teja: *Anorexia Nervosa en boerenafkomst*. Seminararbeit IVABO. Amsterdam 1982

Spelman, Elizabeth V.: ‹Combating the Marginalization of Black Women in the Classroom›, in: Culley, Margo / Porteges, Catherine, Hg.: *Gendered Subjects*. Boston 1985

Spelman, Elizabeth V.: ‹Women as Body: Ancient and Contemporary Views›, in: *Feminist Studies*, Bd. 8, Nr. 1, Frühjahr 1982

Spelman, Elizabeth V.: ‹Theories of Race and Gender: the Erasure of Black Women›, in: *Quest*, Bd. V, Nr. 4, 1982

Sperber, Manès: ‹Mein Judentum›, in: Schultz, Hans Jürgen, Hg.: *Mein Judentum*. Stuttgart 1978

Stacey, Margaret: ‹Gender and Stratification. One Central Issue or Two?›, in: Crompton, Rosemary / Mann, Michael, Hg.: *Gender and Stratification*. Cambridge 1986

Stack, Carol B.: *All Our Kin. Strategies for Survival in a Black Community*. New York 1974

Stack, Carol B.: ‹Sex Roles and Survival Strategies in an Urban Black Community›, in: Rosaldo, Michelle / Lampere, Louise, Hg.: *Women, Culture and Society*. Stanford 1974

Staples, Robert: ‹The Myth of the Black Matriarchy›, in: *The Black Scholar*, Januar 1970; und in: Staples, Robert: *Black Masculinity*. San Franscisco 1982

Steady, Filomena Chioma: *The Black Women Cross-Culturally*. Cambridge, USA 1981

Steen, Maria van der: *Die Annie ben ik*. Baarn 1985

Stember, Gary: *Sexual Racism*. New York 1976

Stewart, A. / Prandy, K. / Blackburn, R. M.: *Social Stratification and Occupations*. London 1980

Stichting Blijf van m'n lijf: *Jahresbericht* Amsterdam 1977

Stichting Blijf van m'n lijf: *Vrouwenmishandeling en hulpverlening in Amsterdam, speerpuntenonderzoek*. Amsterdam undatiert.

Stichting ICODO: *De Joodse na-oorlogse generatie in Nederland*. Utrecht 1984

Stichting landelijke federatie van welzijnsstichtingen voor Suriname: *Surinaamse vrouwen en slavernij naar bevrijding*. Utrecht 1977

Stichting Nairobi initiatief: *Forum '85*. Inventarisatie verslag wereldvrouwenkonferentie 1985. Amsterdam 1986

Stichting Ombudsvrouw: *Antiracisme, een andere richting.* Amsterdam 1983

Stienstra, Riek: ‹«Een beetje alsof je uit het verzet komt». Interview door Anja Meulenbelt›, in: Sonderheft: *Lesbisch in het welzijnswerk. Marge,* Juli/ Aug. 1982

Stimpson, Catherine: ‹«Thy Neighbour's Wife, Thy Neighbour's Servant's Servant»: Women's Liberation and Black Civil Rights›, in: Gornick, Vivian/Moran, Barbara K., Hg.: *Woman in Sexist Society.* New York 1971

Stinton, Judith, Hg.: *Racism and Sexism in Children's Books.* London 1979

Stolk, A. van: ‹Verlaten mannen: angsten, eigenwaarde en inschikking›, in: *Maandblad Geestelijke Volksgezondheid,* Nr. 7/8, 1984

Stolk, Bram van/Wouters, Cas: *Vrouwen in tweestrijd. Tussen thuis en tehuis.* Deventer 1983

Stone, Maureen: *The Education of the Black Child: The Myth of Multiracial Education.* London 1981

Stone, Pauline Terrelonge: ‹Feminist Consciousness and Black Women›, in: Freeman, Jo, Hg.: *Women: a Feminist Perspective.* Palo Alto 1979²

Swaan, Abram de: ‹De na-oorlogse Joodse generatie en de verwerking van het oorlogsverleden›, in: Stichting ICODO: *De Joodse na-oorlogse generatie in Nederland.* Utrecht 1984

Swaan, Abram de: *Kwaliteit is klasse. De sociale wording en werking van het cultureel smaakverschil.* Amsterdam 1985

Syer, Michael: ‹Racism, Ways of Thinking and School›, in: Tierney, John, Hg.: *Race, Migration and Schooling.* Eastbourne 1982

Szczelkun, Stefan: ‹Mistreatment/Oppression. Notes to the S. W. London Men's Class›, in: *Men. A Journal of the Re-Evaluation Counseling Nr. 1 Community,* Seattle 1977

Tanner, Leslie B., Hg.: *Voices from Women's Liberation.* New York 1971

Taylor, Barbara: ‹Who Are We? Class and the Women's Movement›, in: *Red Rag,* Nr. 11, ca. 1977

Taylor, Barbara: ‹The Man Are as Bad as Their Masters›, in: *Feminist Studies,* Bd. 5, Nr. 1, Frühjahr 1979

Tennekes, J.: ‹De vage grenzen van de tolerantie›, in: *Intermediair,* Jg.21, Nr. 9, 1. März 1985

Terborg-Penn, Rosalyn: ‹Discrimination against Afro-American Women in the Women's Movement, 1830–1920›, in: Steady, Filomena Chioma, Hg.: *The Black Woman Cross-Culturally.* Cambridge, Mass. 1981

Terry, Robert W.: ‹The Negative Impact of White Values›, in: Bowser, Benjamin P. /Hunt, Raymond G., Hg.: *Impacts of Racism on White Americans.* Berverly Hills 1981

Terry, Robert W.: *For Whites Only.* Grand Rapids, Mich. 1975

Testa, Wassy: ‹Der alltägliche Rassismus gegen Frauen›, in: Arbeitsgruppe Frauenkongreß, Hg.: *Sind wir uns denn so fremd?* Berlin 1985

Thiruchandran, Ms. Selvy: ‹Feminism Faces a Dilemma: Is It a Western Phenomenon?›, in: *Landelijk overleg vrouwenstudies in de antropologie. Unity in Diversity, Lova Nieuwsbrief,* Jg. 5, Nr. 2, Frühjahr 1984

Thompson, Dorothy: ‹Women in the Nineteenth Century. Radical Politics›, in: Mitchell, Juliet / Oakley, Ann, Hg.: *The Rights and Wrongs of Women*. Harmondsworth 1976

Thorne, Barrie / Yalom, Marilyn, Hg.: *Rethinking the Family. Some Feminist Questions*. New York 1982

Tierney, John, Hg.: *Race, Migration and Schooling*. Eastborne 1982

Tolson, Andrew: *The Limits of Masculinity*. London 1978

Tomlinson, Sally: ‹Black Women in Higher Education–Case Studies of University Women in Britain›, in: Baston, Len / Walker, Stephen, Hg.: *Race, Class and Education*. London 1983

Torrey, Jane W.: ‹Racism and Feminism: Is Women's Liberation for Whites Only?›, in: *Psychology of Women Quarterly*, Bd. 4, Nr. 2, Winter 1979

Trivedi, Parita: ‹To Deny Our Fullness: Asian Women in the Making of History›, in: *Feminist Review, Many Voices, One Chant*, 17, Herbst 1984

Truth, Sojourner: ‹The Women Want Their Rights›, in: Tanner, Leslie B., Hg.: *Voices from Women's Liberation*. New York 1971

Tsiakalos, Georgios: *Ausländerfeindlichkeit. Tatsachen und Erklärungsversuche*. München 1983

Tijen, Anke-Phien / Apeldoorn, Gerrie van: ‹De «kloof» tussen de vrouwenbeweging en de vrouwen aan de basis›, in: *Marge*, Jg. 3, Nr. 7/8, Juli / August 1979

Ubachs, M.: *Een eeuw modern kapitalisme. De Regouts – leed en strijd van Maastrichts proletariaat*. Nijmegen 1976

Valeska, Lucia: ‹The Future of Female Separatism›, in: Bunch, Charlotte, Hg.: *Building Feminist Theory*. New York 1981

Valkonet-Freeman, Mariëlle: ‹De «gesloten buurten» van Amsterdam›, in: Bovenkerk, Frank: *Omdat zij anders zijn*. Meppel 1978

Veen, Fineke van der: ‹Interview met Astrid Roemer. «Altijd dat hokjesdenken. Hokje lesbisch, hokje zwart»›, in: *Homologie*. Jg. 6, Nr. 4, Juli / August 1984

Verhoeven, Ludo: ‹Geschreven taal en etnische minderheden›, in: Moor, Ed de, Hg.: *Arabisch en Turks op school*. Muiderberg 1985

Vermij, Lucie T. H.: ‹Surinaamse vrouwen in Nederland, Interview met Charietje Chnoenni›, in: *Homologie*, Jg. 5, Nr. 4, Juli / August 1983

Vernieuwing: *Doe effe normaal. Anti-racisme en onderwijs*. Jg. 45, Nr. 5 1986

Versluis, Brigitte: *Vrouwen zwart / wit bekeken. Derde wereld vrouwen en wij, overeenkomsten en verschillen*. Seminararbeit IVABO. Amsterdam 1983

Vitale, Sylvia Witts: ‹A Historical Look at Some Aspects of Black Sexuality›, in: *Heresies*, Bd. 3, Nr. 4, 1981

Vogel, Lise: *Marxism and the Oppression of Women. Toward a Unitary Theory*. London 1983

Vogel, Lise: ‹Marxism and Feminism: an Unhappy Marriage. Trial Separation or Something Else›, in: Sargent, L.: *Women and Revolution*. London 1981

Vreugdenhil, Hélène: *Tussen Nilüfer en Madonna. Groepen Turkse meisjes en een gezamenlijke programma van Turkse en Nederlandse meisjes in het vormingswerk / dt KMBO*. Seminararbeit IVABO. Amsterdam 1986

Vries, Beccy de: «‹Alles mag, als je maar een goede joodse moeder bent.» Drie vrouwen in diskussie over hun positie binnen de joodse gemeenschap›, in: *Opzij*, Jg. 4, Nr. 4, April 1986

Vrouwengroep Ulrum: *Marnecipatie. Over vrouwen op het platteland.* Ulrum 1983

Vuijsje, Herman: *Vermoorde onschuld. Etnisch verschil als Hollands taboe.* Amsterdam 1986

Vuijsje, Marja: ‹Het «vergeten» antisemitisme›, in: *Katijf*, Jg. 2, Nr. 12, Dezember 1982

Wadinasi, Sedeka: ‹Black Manliness: Some Fatal Aspects›, in: Snodgrass, Jon, Hg.: *For Men against Sexism.* New York 1977

Wal, Geke van der: ‹«Ondanks de verschillen voelen wij ons een gemeenschap, door de diaspora». De «coming out» van de Armeniers in Nederland›, in: *De Groene Amsterdammer*, 23. Okt. 1985

Walby, Sylvia: ‹Gender, Class and Stratification. Towards a New Approach›, in: Crompton, Rosemary / Mann, Michael, Hg.: *Gender and Stratification.* Cambridge 1986

Walker, Pat, Hg.: *Between Labour and Capital.* Brighton 1979

Walker, Stephen / Barton, Len, Hg.: *Gender, Class and Education.* New York 1983

Wallace, Michele: ‹A Black Feminist's Search for Sisterhood›, in: Hull, Gloria T. / Scott, Patricia Bell / Smith, Barbara, Hg.: *All the Women Are White, All the Blacks Are Men, But Some of Us are Brave.* Old Westbery, N. Y. 1982

Wallace, Michele: *Black Macho and the Myth of the Superwoman.* London 1979

Wallace, Michele: ‹On the National Black Feminist Organization›, in: Red Stockings: *Feminist Revolution* (abridged edition with additional writings). New York 1978

Ware, Celestine: ‹The Black Family and Feminism›, in: Klagsbrun, Francine, Hg.: *The First MS Reader.* New York 1973

Wasserstrom, Richard A.: ‹Racism and Sexism›, in: Bishop, Sharon / Weinzweig, Marjorie, Hg.: *Philosophy and Women.* Belmont, Cal. 1979

Weathers, Mary Ann: ‹An Argument for Black Women's Liberation as a Revolutionary Force›, in: Tanner, Leslie B., Hg.: *Voices from Women's Liberation.* New York 1971

Weerman, Guus: *Tussen klassen. Over natte-dekenwarmte en zusterzorg.* Seminararbeit IVABO. Amsterdam, Mai 1981

Weinbaum, Batya: *The Curious Courtship of Women's Liberation and Socialism.* Boston 1978

Weinbaum, Batya / Bridges, Amy: ‹The Other Side of the Paycheck: Monopoly Capital and the Structure of Consumption›, in: *Monthly Review*, Juli / Aug. 1976; und in: Eisenstein, Zillah R., Hg.: *Capitalist Patriarchy and the Case for Socialist Feminism.* New York 1979

Weininger, Otto: *Geschlecht und Charakter. Eine prinzipielle Untersuchung.* Berlin 1932

Weisbord, Robert G. / Stein, Arthur: *Bittersweet Encounter. The Afro-American and the American Jews.* New York 1979

Weissman, Andy: ‹Labour Pains›, in: *Issues in Radical Therapy*, 1975; und in: Shapiro, Evelyn und Barry M., Hg.: *The Women Say, the Men Say.* New York 1979

Weisstein, Naomi: ‹Women as Nigger›, in: Tanner, Leslie B., Hg.: *Voices from Women's Liberation*. New York 1971

Wellman, David T.: *Portraits of White Racism*. Cambridge 1977

Wertheim, W. F.: *Het rassenprobleem, de ondergang van een mythe*. Den Haag 1949

Wesselingh, A. / Kley, P. van der: ‹Sociologisch onderzoek rond het probleem van onderwijs en maatschappelijke ongelijkheid›, in: Kley, P. van der / Wesselingh, A., Hg.: *Onderwijs en maatschappelijke ongelijkheid*. Rotterdam 1975

West, D. J. / Roy, C. / Nichols, F. L.: *Understanding Sexual Attacks*. London 1978

West, Jackie: ‹Women, Sex and Class›, in: Kuhn, Annette / Wolpe, Ann Marie, Hg.: *Feminism and Materialism. Women and Modes of Production*. London 1978; und in: Roberts, Helen, Hg.: *Doing Feminist Research*. London 1981

Weston, Peter J. / Mednick, Martha T.: ‹Race, Social Class and the Motive to Avoid Success in Women›, in: Bardwick, Judith, Hg.: *Readings on the Psychology of Women*. New York 1972

Weijel, Helene: ‹De kinderen van het KZ-syndroom›, in: *De Haagse Post*, 2. Mai 1981

Weijel, Helene: *In twee werelden. Gesprekken met kinderen van joodse overlevenden*. Amsterdam 1984

Weijers, Ido / Offe, Claus / Therborn, Göran u. a.: *Klassen of bewegingen*. SOMSO (Stichting maatschappelijke strategie). Amsterdam 1986

Wezenberg, Gerda: *Twee kulturen op één kussen, daar slaapt de hele wereld tussen. Relaties tussen witte vrouwen en zwarte mannen*. Seminararbeit. IVABO. Amsterdam 1984

Wilke, H.: ‹Vooroordeel: begripsvorming, de toekenning ervan en benaderingen›, in: Kok, G. J. / Knippenberg, A. van / Wilke, H., Hg.: *Vooroordeel en discriminatie*. Alphen a. d. Rijn 1979

Willemse, Thom. R. M.: ‹Kinderen van NSBers 1944–1949›, in: *Maandblad voor Geestelijke Volksgezondheid*, Jg. 41, Nr. 4, April 1986

Willis, Paul: *Learning to Labour. How Working Class Kids Get Working Class Jobs*. London 1977

Willis, Paul: ‹Shop-Floor Culture, Masculinity and the Wage Form›, in: Clarke, John / Critcher, Chas / Johnson, Richard, Hg.: *Working Class Culture*. London 1979

Willis, Paul: ‹Cultural Production and Theories of Reproduction›, in: Barton, Len / Walker, Stephen, Hg.: *Race, Class and Education*. London 1983

Wilson, Amrit: *Finding a Voice. Asian Women in Britain*. London 1978

Wilson, Elizabeth: ‹Gayness and Liberalism›, in: *Red Rag*, Nr. 6

Wilterdink, Nico: ‹Strateficatie›, in: Wilterdink, Nico / Heerikhuizen, Bart van, Hg.: *Samenlevingen*. Groningen 1985

Wilterdink, Nico / Heerikhuizen, Bart van, Hg.: *Samenlevingen. Een verkenning van het terrein van de sociologie*. Groningen 1985

With, Julian S.: *Rassenvoorkeur bij partnerkeuze*. Utrecht 1981

Wolf-Graaf, Anke: *Frauenarbeit im Abseits. Frauenbewegung und weibliches Arbeitsvermögen*. München 1981

Wolverton, Terry: ‹Unlearning Complicity, Remembering Resistance:

335

White Women's Anti-Racism Education›, in: Bunch, Charlotte/Pollack, Sandra, Hg.: *Learning Our Way*. Trumansburg, N. Y. 1983

Wright, Erik Olin: ‹Race, Class and Income Inequality›, in: Giddens, Anthony/Held, David, Hg.: *Classes, Power and Conflict*. Houndsmills Basingstoke 1982

Wright, Michael J.: ‹Reproductive Hazards and «Protective» Discrimination›, in: *Feminist Studies*, Jg. 5, Nr. 2, Sommer 1979

Wijmans, L.: ‹De nieuwe middenklasse: een begrip om mee te werken?›, in: *Cahiers voor de politieke en sociale wetenschappen*, Juli 1982

Wijnberg, Sylvain: *De Joden van Amsterdam. Een studie over verandering in hun attitudes*. Assen 1967

Yamada, Mitsuye: ‹Asian Pacific Women and Feminism›, in: Moraga, Cherríe/Anzaldúa, Gloria, Hg.: *This Bridge Called My Back*. Watertown, Mass. 1981

Yamada, Mitsuye: ‹Invisibility Is an Unnatural Disaster: Reflections of an Asian American Women›, in: Moraga, Cherríe/Anzaldúa, Gloria, Hg.: *This Bridge Called My Back*. Watertown, Mass. 1981

Young, Irene: ‹Socialist Feminist and the Limits of Dual Systems Theory›, in: *Socialist Review* 50, 1980

Zaretsky, Eli: *Die Zukunft der Familie. Über Emanzipation und Entfaltung der Persönlichkeit*. Frankfurt/New York 1978

Zee, Janetta H. van der: *Wit feminisme en racisme*. Dissertation. Rijksuniversiteit Groningen 1985

Zetkin, Clara: ‹Nur mit der proletarischen Frau wird der Sozialismus siegen›, in: Zetkin, Clara: *Ausgewählte Reden und Schriften*, Band I, Berlin 1960

Zetkin, Clara: *Zur Geschichte der proletarischen Frauenbewegung Deutschlands*. Frankfurt a. M. 1978

Anja Meulenbelt

Scheidelinien
Über Sexismus, Rassismus und Klassismus

**Aus dem Niederländischen
von Silke Lange**

Rowohlt

Die Originalausgabe erschien 1986 unter dem Titel
«De ziekte bestrijden, niet de patïent»
bei Van Gennep, Amsterdam
Veröffentlicht im Rowohlt Taschenbuch Verlag GmbH,
Reinbek bei Hamburg, Januar 1993
Copyright © 1988 by Rowohlt Verlag GmbH,
Reinbek bei Hamburg
«De ziekte bestrijden, niet de patïent»
Copyright © 1985 by Anja Meulenbelt /
Uitgeverij Van Gennep, Amsterdam
Alle deutschen Rechte vorbehalten
Umschlaggestaltung Rick Vermeulen / Hard Werken
Gesamtherstellung Clausen & Bosse, Leck
Printed in Germany
1290-ISBN 3 499 19355 8